Anton Makarenko

Hundert Jahre Anton Makarenko

Neue Studien zur Biographie

Herausgegeben
von

Götz Hillig

———

20 Abbildungen

EDITION TEMMEN

CIP-Kurztitelaufnahme der Deutschen Bibliothek:

100 Jahre Anton Makarenko; neue Studien zur Biographie/
hrsg. von Götz Hillig. - Bremen: Ed. Temmen, 1988
(Forschungen zu Osteuropa)
ISBN 3-926958-08-1
NE: Hillig, Götz [Hrsg.]

Umschlagbild:
A. Makarenko im Jahre 1932

Bremen 1988

©bei EDITION TEMMEN
Hohenlohestr.21 – 2800 Bremen 1
Tel.: 0421-344280

Druck: Geffken-Druck, Bremen
ISBN 3-926958-08-1

Inhaltsverzeichnis

A.S. Makarenko im Jahre 1935

Vorbemerkung

Die hier vorgelegten Studien — Orginalbeiträge und Übersetzungen — behandeln einzelne Etappen sowie übergreifende Aspekte von Leben und Werk des sowjetischen Pädagogen und Schriftstellers Anton Semenovič Makarenko. Es handelt sich dabei um Bausteine für eine noch zu erarbeitende wissenschaftliche Biographie.

Die Idee, neue Ergebnisse der historisch-biographischen Makarenko-Forschung in einem internationalen Rahmen vorzustellen, entstand im Zusammenhang mit zwei jüngst veranstalteten Expertentagungen: dem 2. Marburger Gespräch über aktuelle Tendenzen der Makarenko-Forschung auf dem Frauenberg bei Marburg (Mai 1986) und einem Makarenko-Symposium im Rahmen der IV. Erziehungstheoretischen Arbeitstagung der Ungarischen Pädagogischen Gesellschaft in Zánka am Balaton (September 1987). Den Ausgangspunkt bildeten dabei jene Referate, die im Protokollband des Marburger Gesprächs in der russischen Originalfassung veröffentlicht und hier auch in deutscher Übersetzung zugänglich gemacht werden. Der Anteil der Balatoner Tagung an der Entstehung dieses Bandes läßt sich eher im Bereich des Atmosphärischen ausmachen: es kam dort nämlich erstmals zu persönlichen und sehr kollegialen Begegnungen mit Makarenko-Forschern auch aus der Sowjetunion, um die wir Marburger uns seit dem ersten Symposion in Vlotho (1966) immer wieder bemüht hatten.

Nach Jahren der Ignoranz und Konfrontation ist es für das Makarenko-Referat, das in diesen Tagen auf eine zwanzigjährige Forschungstätigkeit zurückblicken kann, eine besondere Freude, daß auch mehrere sowjetische Wissenschaftler an diesem Publikationsprojekt beteiligt sind. Daß sich darunter niemand aus Moskau befindet, ist wohl kein Zufall: Relevante Beiträge zur Erforschung von Makarenkos Leben und Werk auf der Grundlage neuerschlossener Quellen wurden in der Sowjetunion, wo das Interesse an einer "schöpferischen Aneignung" der Kollektiverziehungskonzeption Makarenkos traditionell im Vordergrund steht, nun schon seit mehr als zwei Jahrzehnten allenfalls von Wissenschaftlern aus der 'Provinz' vorgelegt (Gor'kij, Char'kov, Poltava, L'vov). Auf dem 'Olymp', der Akademie der Pädagogischen Wissenschaften der UdSSR, begnügte man sich indessen damit, auf die ständig zunehmende Zahl westlicher Publikationen über Makarenko zu 'reagieren'. Das geschah zunächst in Form von zurechtweisenden Artikeln in der pädagogischen Fachpresse — erinnert sei etwa an Ljalin ("Im Zerrspiegel", 1963), Malinin ("In falscher Beleuchtung", 1964) und Kumarin ("Fälscher", 1973) —, dann jedoch durch eine erneute eigene wissenschaftliche Beschäftigung mit Makarenko — zwanzig Jahre nach Auflösung der seinerzeit von G. S. Makarenko gegründeten und geleiteten

"Arbeitsstelle zur Erforschung des pädagogischen Erbes A. S. Makarenkos". Im Zusammenhang mit diesen neuen Aktivitäten ist vor allem die — wohl durch die Marburger Makarenko-Ausgabe ausgelöste — achtbändige Edition der "Pädagogischen Werke" (Moskau 1983-86) zu nennen, bei deren Textgestaltung und Kommentierung sich die Moskauer Herausgeber in großzügiger Weise unserer ·Forschungsergebnisse bedienten, ohne das jedoch kenntlich zu machen und ohne sich um die international üblichen Urheberrechtsbestimmungen zu kümmern.

Doch inzwischen ist eine neue Zeit angebrochen. Damit scheint sich nun auch eine neue, sachgerechte Einschätzung des Beitrags westlicher Wissenschaftler zur Makarenko-Forschung anzubahnen. Ein erstes Zeichen war der Artikel eines Journalisten, V. Chiltunen, in der "Komsomol'skaja pravda" vom 4. Oktober 1987, in dem das Marburger Makarenko-Referat erstmals überaus positiv erwähnt wurde.

In diesem Sinne ist der hier zu Makarenkos 100. Geburtstag vorgelegte Band mit 19 Arbeiten von elf Wissenschaftlern aus fünf Ländern ein ermutigendes Beispiel für eine endlich möglich gewordene internationale Kooperation auf dem Gebiet der Makarenko-Forschung.

Allen, die am Zustandekommen dieses Bandes beteiligt waren, möchte ich auch auf diesem Wege meinen Dank aussprechen — nicht zuletzt Stefan Breuers, Natalia Micke und Irene Wiehl für ihre engagierte Mithilfe bei den Übersetzungen und Redaktionsarbeiten. Mein Dank gilt auch der Moskauer Autorenrechtsagentur VAAP für die Erteilung der Abdruckerlaubnis von drei bereits in der Sowjetunion erschienenen Beiträgen.

Marburg, im Februar 1988   G. Hillig

Leonhard Froese

Zum Geleit:
Der historische Makarenko

Ende der sechziger Jahre, als die Marburger "makarenkovedy" noch Besucher aus der UdSSR willkommen heißen konnten — darunter so prominente wie den damaligen Präsidenten der Akademie der Pädagogischen Wissenschaften, Chvostov —, fragte uns Frau Sokolova aus Moskau: "Weshalb beschäftigen Sie sich eigentlich mit A. S. Makarenko? Weshalb beschäftigen Sie sich nicht mit einem bedeutenden westlichen Pädagogen?" Wir entgegneten, daß wir uns durchaus auch mit anderen namhaften Pädagogen befaßten, Makarenko jedoch unser besonderes Interesse als ein noch nicht hinreichend erforschter "moderner Klassiker der Pädagogik" beanspruche. Denn für uns handele es sich bei Anton Semenovič Makarenko nicht nur um den herausragendsten sowjetischen Pädagogen, sondern zugleich um den bedeutendsten pädagogischen Schriftsteller russischer Sprache, der nicht nur der eigenen engeren, sondern auch der übrigen Welt einiges zu sagen habe.

Der namhafteste deutschsprachige Pädagoge, Johann Heinrich Pestalozzi, ist zwar bereits dreimal solange tot, und doch ist dessen pädagogisches Erbe bis heute gleichfalls noch nicht völlig erschlossen. Dies liegt einmal daran, daß die abschließende Edition der kritischen Gesamtausgabe der Werke und Briefe Pestalozzis — zuletzt besorgt von Emanuel Dejung — seit 1979 durch engstirnige bürokratische Entscheidungen blockiert ist. Andererseits vertrat man die Meinung — und diesem historischen "Irrtum" ist auch der von uns wissenschaftlich so geschätzte Senior der Schweizer Pestalozzi-Forschung "erlegen" —, "ihren" Pestalozzi nur aus Schweizer Sicht politisch richtig interpretieren und beurteilen zu können. Das heißt: Man erblickt in Pestalozzi einen "Nationalhelden", der auch vom "Rest der Welt" im staatspolitischen Kontext des Schweizer Patriotismus adaptiert und rezipiert werden soll.

Um diese und andere Aspekte der Pestalozzi-Forschung kritisch zu erörtern, fand 1980 auf dem Frauenberg bei Marburg eine Expertentagung statt, zu der sich vor allem solche Wissenschafter einfanden, die zum Thema des "politischen Pestalozzi" Veröffentlichungen vorgelegt hatten. Im Einführungsreferat versuchte ich damals den Kern des Problems dieses Forschungskomplexes auf den Nenner zu bringen, indem ich die Frage nach dem "historischen Pestalozzi" stellte. Dabei bot sich vom Marburger genius loci aus ein Hinweis auf die Position Rudolf Bultmanns innerhalb der dialektischen Theologie an, der radikal die

Frage nach der Historizität der christlichen Überlieferung aufgeworfen hatte. Ich sagte damals:

"Um eben dieses Thema geht es auch in anderen Disziplinen, soweit sie es mit klassischen Erscheinungen zu tun haben. Und es ist für die Pädagogik seit Wilhelm Dilteys wegweisender 'Kritik der historischen Vernunft' nicht möglich, ein Phänomen wie Pestalozzi anders als historisch-kritisch anzugehen, will man die Frage nach dem Wahrheitsgehalt des überkommenen 'Pestalozzi-Bildes' gerecht werden, dies gilt sowohl für den ideen- wie realgeschichtlichen Bereich, für den geistes- wie sozialwissenschaftlichen Ansatz, für das hermeneutisch-explikative wie das politökonomische Verfahren der Untersuchung."

Nicht anders stellt sich die Frage bei A. S. Makarenko, will man ihn wissenschaftlich erfassen. Auf den Zusammenhang zwischen jener Marburger Tradition und diesen Marburger Forschungsbemühungen hat Joseph Garcia dankenswerterweise auf unserer letzten Makarenko-Expertentagung (1986) hingewiesen.

Die Forderung nach dem *historischen Makarenko* heißt, eine solche Forscherhaltung einzunehmen, die sich zuerst und vor allem dafür interessiert, was sich in, um und mit A. S. Makarenko in der jeweiligen historischen Realität zugetragen hat. Sie erhebt zum Kriterium für ihren wissenschaftlichen Zugang zu Makarenko die historisch-kritische Interpretation der Quellen, wobei diese möglichst erschöpfend erschlossen werden sollen. Ein kritisch-produktiver Streit über den Wahrscheinlichkeitsgrad dieser Interpretation ist dabei selbstverständlich nicht nur erwünscht; er ist geboten.

Dem stehen Zugänge zum Phänomen und Problem A. S. Makarenko gegenüber, deren Deutungsinteresse von vornherein mit anderen als wissenschaftlichen Motiven vermengt sind. Wir wagen die Behauptung, daß der überwiegende Teil der bisherigen Sekundärliteratur durch solche außerwissenschaftlichen Interessen bestimmt worden ist. Das Ergebnis waren *verfremdete Makarenko-Bilder*.

Da ist zunächst der *ideologisierte Makarenko*. Deren Verfechter gingen bei ihren Untersuchungen und Interpretationen von der Prämisse aus: Weil Makarenko als ein führender Exponent der sowjetischen Pädagogik zu präsentieren sei, müßten sämliche Untersuchungsergebnisse dieser Aufgabenstellung untergeordnet werden. Es dürften folglich nur solche Angaben in das Interpretationsmuster aufgenommen werden, die diesem nicht widersprächen bzw. die dieses nicht "mißdeuten" ließen. Man kommt hier deshalb — ähnlich wie beim "apokryphen" Jesus — nicht ohne "Ausschmückungen" und Glorifizierungen aus, die nicht der Wahrheit entsprechen oder doch um einiges von dieser entfernt sind. Ein Beispiel dieser Art ist die von einer Reihe sowjetischer Autoren (so zum Beispiel von Medynskij und Balabanovič) aufgestellte und von anderen rezipierte Behauptung, Makarenko sei bereits vor der Revolution ein überzeugter Marxist gewesen.

Da ist sodann der *politisierte Makarenko.* Hier geht man von der Prämisse aus, Makarenko sei der Repräsentant der sowjetischen Pädagogik, er verkörpere diese "richtiger" als alle anderen, sei folglich auch mit dieser am ehesten zu identifizieren. Die Tatsache, daß er zu Lebzeiten nicht für "würdig" genug befunden wurde, Parteimitglied zu werden, wird dabei ignoriert; die Tatsache, daß er von seiten der Behörden zeitlebens mehr Widerstände als Förderung erfuhr, bleibt unberücksichtigt; die Tatsache schließlich, daß er kein bloßer Reproduzent des sowjetgesellschaftlichen und -pädagogischen Systems war, dieses vielmehr eigenschöpferisch mit geprägt hat, wird verschwiegen. A. S. Makarenko wird hochstilisiert zu einem Exponenten vor allem der stalinistischen Politik und Pädagogik. Diese Position vertreten nicht nur führende Pädagogen der Stalin-Ära, sondern auch exponierte Stimmen im Westen, so etwa Möbus, wenn er beispielsweise vom "pädagogischen Diktator" spricht.

Und da ist der *pädagogisierte Makarenko.* Breite Anerkennung wurde A. S. Makarenko bekanntlich erst, nach seinem Tode zuteil, zu einem Zeitpunkt nämlich, als man meinte, seine pädagogischen Einsichten und Erfahrungen in den verschiedenen Feldern der Erziehungs- und Unterrichtspraxis der Sowjetunion und der anderen sozialistischen Länder "anwenden" zu können. Das Problem, daß sich hier prinzipiell stellte, vor allem aber bei der konkreten Realisierung zunehmend als Hindernis erwies, war das der Übertragbarkeit bzw. Nichtübertragbarkeit der in einer bestimmten historischen Situation in einer konkreten sozialerzieherischen Konstellation entwickelten pädagogischen Maximen und Praktiken auf andere pädagogische Bereiche unter anderen Bedingungen. Das führte vor allem auf dem Schulsektor zu Fehlplanungen und -handlungen, die sich nicht nur auf die Schulwirklichkeit desorientierend auswirkten, vielmehr auch — erneut — die Bedeutung A. S. Makarenkos und dessen Pädagogik in Frage stellten. So kam es nach der Periode der Propagierung Makarenkos, vor allem auch in den anderen sozialistischen Ländern, bereits ab Mitte der 50er Jahre zu einer Kritik dieser Tendenz. Es wurden Stimmen laut, die vor Übereifer und Übertreibungen warnten. Zu den bedeutsamsten Kritikern zählt hier zweifellos Aleksander Lewin. Nimmt man die DDR als konkretes Beispiel, so lassen sich für beide Positionen Titel anführen, die diesen Auffassungswandel illustrieren: "Kollege Andrä schafft ein Lehrerkollektiv" (E. Stein, 1950) bzw. "So nicht, Kollege Direktor. Ein Wort gegen den Schematismus in der Schule" (H.- J. Laabs, 1953).

Nicht so eindeutig sind Phänomen und Problematik eines *literarisierten Makarenko.* Zwar dürfte außer Frage stehen, daß die Propagierung A. S. Makarenkos im Ausland sich seiner schriftstellerischen Ausdruckskraft bediente.

11

Es war jedoch auch sein pädagogisches Hauptwerk "Ein pädagogisches Poem", das Makarenko im mannigfachen Übersetzungen und einer immensen Stückzahl außerhalb der Sowjetunion bekannt und populär machte. Trotzdem läßt sich nicht leugnen, daß es bereits zu Lebzeiten — nicht zuletzt durch ihn selbst geförderte — Bestrebungen gab, seine schriftstellerischen Leistungen mißverständlicherweise höher zu werten als seine pädagogischen. Wenngleich ein Teil seiner umfangreichen literarischen Produktion etwa zehn Titel nichtpädagogischen Inhalts umfaßt und er schon allein durch seine Belletristik einen Platz in der sowjetischen Schriftstellergilde verdient hätte, war es das "Pädagogische Poem", das ihm nach einem Urteil Louis Aragons einen Platz in der Weltliteratur sicherte. Zu jener Tendenz paßt, daß man ihn in den sozialistischen Ländern gewöhnlich als "Pädagogen *und* Schriftsteller" präsentierte.

Fragen wir nun jenseits solcher oder auch anderer Hypostasierungen nach dem *historisch real existierenden Makarenko*, so besteht natürlich auch hier die Gefahr des hyperkritischen Herangehens. Eine solche ist — was sich nach Lage der Dinge nahezu von selbst versteht — eher im "Westen" als im "Osten" zu finden. In einem früheren Stadium ist der Anspruch, einen solchen "historischen" Makarenko zu rekonstruieren, namentlich bei Bruno M. Bellerate auszumachen. Hinsichtlich des an die Adresse des Verfassers gerichteten Vorwurfs, die "historischen Zusammenhänge" und einzelnen Tatsachen zu verkennen oder zu ignorieren, heißt es in einer Replik von Isabella Rüttenauer und Wolfgang Sünkel: "Diese Bemerkung wirft ein Licht auf die historische Gesamtkonzeption des Rezensenten, indem er eine auf der Gesamtheit historischer Fakten beruhende 'articolazione' ablehnt zugunsten einer individuell-biographischen".

Die historizistische Kritik Bellerates kam zu einer Zeit heraus, als sich in Marburg Forschungsaktivitäten ankündigten, die das nicht erst und allein von ihm erkannte Manko der bisherigen Makarenko-Rezeption — nämlich die unzureichende Erforschung der Quellen — angehen wollten. Zwar konnte dies gerade von einer westlichen Institution nicht über Nacht aus der Welt geschaffen werden. Wir waren jedoch entschlossen, das denkbar Mögliche in die Wege zu leiten, um jenes Defizit, das vor allem auf den eben nicht textkritischen Editionen aus der Sowjetunion beruhte, so weit wie möglich auszugleichen.

Nach entsprechenden Vorarbeiten baute Götz Hillig seit 1968 gemeinsam mit Siegfried Weitz an der Forschungsstelle für Vergleichende Erziehungswissenschaft der Philipps-Universität das Makarenko-Referat auf. Die anfänglich auch unter uns strittige Frage, ob die damals in Angriff genommene Sammlung und Bearbeitung des nur unter außergewöhnlichen Bedingungen erschließbaren Quellenmaterials Priorität gegenüber anderen Fragestellungen der Makarenko-Forschung haben sollte, wurde "nach Art des Hauses" entschieden: daß das eine mit Vorrang getan werden sollte, ohne andere Ansätze der Beschäftigung mit seinen Werken zu unterlassen.

Das Ergebnis ist bekannt: Innerhalb der ersten Abteilung der wissenschaftlichen Marburger Makarenko-Ausgabe sind inzwischen acht Bände erschienen, zuletzt im Verlag Klett-Cotta das neuübersetzte und kritisch edierte "Pädagogische Poem" (Bde. 3 - 5, 1982); für die zweite, den Nachlaß umfassende Abteilung wurden vorab vier Vortragsstenogramme auf der Grundlage der in sowjetischen Archiven befindlichen Originale innerhalb der Reihe "Opuscula Makarenkiana" ediert (Nr. 2, 1983; Nr. 4, 1984; Nr. 7. 1987). Zum Komplex der internationalen Makarenko-Rezeption wurden u. a. Bibliogaphien zur weltweiten Verbreitung der Werke Makarenkos (1969, 1971, 1980), ein Band für die Reihe "Wege der Forschung" sowie eine Dokumentation zum Thema "Makarenko in Deutschland" (1969) vorgelegt.

Schließlich folgte eine Reihe von Quelleneditionen und Studien zum Problemfeld "wissenschaftliche Biographie". Dieses steht im engen Kontext mit der Entstehungs- und Wirkungsgeschichte des belletristischen, erziehungstheoretischen und sozialerzieherischen Erbes A. S. Makarenkos. Unter den neuererschlossenen und ausgewerteten Quellen ist neben zahlreichen Archivalien vor allem das Zeugnis von Makarenkos bisher ignoriertem jüngeren Bruder zu nennen. Der entscheidende, gleichfalls auf Quellenstudium beruhende Beitrag zur Biographie A. S. Makarenkos wurde — und zwar unter Berücksichtigung Marburger Forschungsergebnisse — 1985 von Libor Pecha in Buchform unter dem Titel vorgelegt "Biographische Faktoren bei der Herausbildung der Persönlichkeit eines kreativen Pädagogen (anhand einer Analyse der Persönlichkeit A. S. Makarenkos)." Als Marburger Beitrag sei in diesem Zusammenhang vor allem ein Artikel von Götz Hillig angeführt, der eine Zwischenbilanz der historisch-biographischen Makarenkos Forschung nach dem damaligen Stand (1980) darstellt: "Der andere Makarenko".

An diesen und einer Reihe nicht aufgeführten Beiträgen derselben oder anderer Autoren zu diesen oder weiteren Fragekomplexen einer wissenschaftlichen, quellenorientierten Beschäftigung mit A. S. Makarenko wird deutlich, was unter dem "historischen Makarenko" zu verstehen ist. Dabei kommt allen in dieser Aufgabenstellung Einigen der Sachverhalt zugute, den Oskar Anweiler in seiner Abhandlung "A. S: Makarenko und die Pädagogok seiner Zeit" bereits 1963 in den bündigen Satz faßte: "Je größer die historische Distanz zu Makarenko wird, um so objektiver kann die Beurteilung ausfallen."

Es ist diese Distanz zum "Werden, Werken und Wirken" A. S. Makarenkos, die es den "marburžcy" ermöglichte, das bisherige Makarenko-Bild nicht im negativen Sinne, wie es ein Moskauer Kritiker unterstellte, sondern im positiven zu ergänzen bzw. zu verändern. So wie es beispielsweise der Birminghamer Kollege John Dunstan in seinem schon im Titel an die Marburger Tradition von

"Entmythologisierungen" anknüpfenden Aufsatz (1981) über den Marburger Beitrag zur Makarenko-Forschung beschrieben hat: "... nun haben die Marburger, ganz fleißig, mehr als nur die Vergoldung abgekratzt. Sie enthüllten einen privaten Makarenko mit einer teils unglücklichen, teils delikaten persönlichen Geschichte und einen öffentlichen Makarenko, der zu seinen Lebzeiten um vieles kontroverser war, als dies gemeinhin bekannt ist... Und obwohl das alles eine etwas weniger anziehende Persönlichkeit ergibt, so ist es doch auch eine wesentliche interessantere."

Die in diesem Band vorgelegten historisch-biographischen Untersuchungen sind Beiträge zur Rekonstruktion eines solchen "realen" und deshalb "interessanteren" A. S. Makarenko.

Götz Hillig

Das Zeugnis Vitalij Makarenkos über seinen Bruder[0]

Ehemaligen Zöglingen Anton Makarenkos war bekannt, daß dieser einen Bruder hatte, der nach der Revolution emigriert war. Dagegen werden in den Biographien der 40-60er Jahre, die das Makarenko-Bild maßgeblich bestimmten (E. N. Medynskij, E. Z. Balabanovič, N. A. Morozova, N.P. Nežinskij), weder der Bruder noch die drei Schwestern erwähnt.

1970 gelang es meinem Kollegen Siegfried Weitz und mir, Vitalij Makarenko in einem Altersheim in Hyères bei Toulon (Frankreich) ausfindig zu machen. Bei unserem ersten Besuch vermittelte Vitalij Semenovič Makarenko einen ausführlichen Überblick über die gemeinsam mit seinem Bruder verbrachte Kindheit und Jugend. Nach diesen Gesprächen entwickelte sich zwischen dem Makarenko-Referat und V. S. Makarenko ein intensiver Briefwechsel, in dessen Verlauf er mit offenen Fragen der Forschung sowie zwischenzeitlich bekannt gewordenen Quellen — Archivmaterial, Erinnerungen anderer Personen — konfrontiert wurde. Mitarbeiter und befreundete Kollegen besuchten ihn in den folgenden Jahren wiederholt in Hyères, und er selbst war zweimal (Juli 1971, September 1972) in Marburg, wo auch ein in Bild und Ton festgehaltenes Kolloquium stattfand. Darüber hinaus konnte V. S. Makarenko schon bald zur Niederschrift seiner Erinnerungen gewonnen werden.

Die zügig zu Papier gebrachten Erinnerungen erschienen zunächst — zusammen mit dem Protokoll des Kolloquiums vom 4. Juli 1971 sowie Auszügen aus dem Briefwechsel — innerhalb des Bandes "Makarenko-Materialien III" in deutscher Übersetzung[1] und dann 1977 auch in einer von Bruno M. Bellerate besorgten italienischen Ausgabe.[2] Die jetzt in der Reihe "Opuscula Makarenkiana" vorgelegte russische Edition[3] enthält neben der Originalfassung von V. S. Makarenkos Erinnerungen auch eine breite Dokumentation des Briefwechsels mit diesem, die Rückfragen, Präzisierungen, Korrekturen, aber auch Wiederholungen einschließt und so den Leser am Verlauf dieser interessanten Befragung

---

[0]Referat, gehalten auf dem 2. Marburger Gespräch über aktuelle Tendenzen der Makarenko-Forschung, Mai 1986. Entnommen aus: G. Hillig, Eine Jugend in Rußland. Anstelle eines Nachrufs, Marburg 1987 (leicht gekürzt).

[1]Makarenko-Materialien III. Quellen zur Biographie des jungen Makarenko (1888-1920), Marburg 1973.

[2]V. S. Makarenko, Anton S. Makarenko nelle memorie del fratello, Roma 1977.

[3]V. Makarenko, Moj brat Anton Semenovič. Vospominanija, pis'ma. (Hrsg.: G. Hillig), Marburg 1985.

teilnehmen läßt, die sich über einen Zeitraum von 13 Jahren erstreckte. Das Erscheinen dieser Edition konnte V. S. Makarenko nicht mehr erleben. Er starb am 22. Juli 1983 im Alter von 88 Jahren in Hyères.

Vitalij (l.) und Anton Makarenko um 1909.

Vitalij Semenovič Makarenko, geb. am 20.April (2. Mai) 1895, war zunächst Schüler seines Bruders und später dessen Mitarbeiter, als beide gemeinsam an der Höheren Eisenbahn-Elementarschule in Krjukov unterrichteten (1917-1919). Als Absolvent einer Militärschule und demobilisierter Offizier der zaristischen Armee führte er in den Turnunterricht und in die außerschulische Arbeit der Krjukover Schule, anfangs gegen den Widerstand seines ausgesprochen antimilitaristisch eingestellten Bruders, militärische Elemente wie Exerzieren und Marschieren mit Fahne und Blasorchester ein. Ein gemeinsames Betätigungsfeld der beiden Makarenko-Brüder in Krjukov bildete die Theaterarbeit. Sie gründeten auf Initiative von Vitalij Semenovič, der sich dabei auf eigene schauspielerische Erfahrungen an der von ihm besuchten Realschule stützen konnte, eine Laienspielgruppe, den Korolenko-Theaterzirkel, der schon bald mit Aufführungen bekannter Stücke in die Öffentlichkeit trat.

Mit diesen Initiativen wurden wesentliche Voraussetzungen für jene partielle

Militarisierung und damit auch Disziplinierung, aber auch "Theatralisierung" geschaffen, wie sie später von A. S. Makarenko in der Gor'kij-Kolonie praktiziert werden sollten. V. S. Makarenko hatte am Weltkrieg teilgenommen (1915-1917), sich im Sommer 1919 der 'Weißen Armee' angeschlossen und mit dieser 1920 seine Heimat verlassen.

V. Makarenko im bulgarischen Exil, Anfang 20er Jahre (l.); in Marburg 1971

Ganz offensichtlich aufgrund dieses biographischen Moments wird Vitalij Semenovič in der sowjetischen Makarenko-Literatur nicht erwähnt. Selbstzeugnisse A. S. Makarenkos, die entsprechende Hinweise enthalten, wurden bisher unterdrückt; und von diesem in öffentlichen Veranstaltungen gemachte Äußerungen wie die, daß er in seiner Familie nicht nur, wie bereits bekannt, den Sohn seiner Frau, sondern auch die Tochter seines Bruders miterziehe, hat man bei der Publikation der jeweiligen Stenogramme getilgt.

Dementsprechend war auch die Nichte A. S. Makarenkos, Olimpiada Vital'evna, die in Moskau lebende letzte Trägerin des Namens Makarenko aus der engeren Verwandschaft des Pädagogen, für die sowjetische Forschung lange Zeit eine Unperson. Erst in allerjüngster Zeit ist gelegentlich auch von ihr die Rede, und zwar bezeichnenderweise zunächst in Beiträgen eines Journalisten (L.A. Čubarov) über die wenigen noch lebenden Zöglinge A. S. Makarenkos und nun auch im Kommentar zu Bd. 7 der neuen Makarenko-Ausgabe.[4]

Bei den Erinnerungen und Briefen V. S. Makarenkos handelt es sich um ein Zeugnis aus dem engsten Familienkreis, wie es der Forschung bisher nicht zur Verfügung stand. Die frühe Emigration hat sicher mit dazu beigetragen,

---

[4]A. S. Makarenko, Pedagogičeskie sočinenija v vos'mi tomach, t. 7, Moskva 1986, S. 306.

daß die Erinnerung an Kindheit und Jugend bei diesem Zeugen in besonderer Weise lebendig geblieben ist. Andererseits handelt es sich dabei natürlich um Aussagen eines unbekannt Gebliebenen über seinen inzwischen weltbekannt gewordenen Bruder, was zuweilen zu gewissen Überspitzungen im Urteil geführt hat. Trotz dieser Einschränkung kann man sagen, daß es sich dabei um eine wichtige und äußerst ergiebige Quelle für die Erforschung des jungen Makarenko handelt.

In einer 1974, also noch vor der "Oral history"-Welle erschienenen Rezension des Bandes "Makarenko-Materialien III" wurde dieses Zeugnis von Wolfgang Sünkel, Professor für Pädagogik an der Universität Erlangen, wie folgt charakterisiert:

"Aus seinen Erinnerungen erfährt man viele Daten und Fakten, vieles über die Familienverhältnisse, über Verwandte, Nachbarn, Freunde und Kollegen, über die Kränklichkeit des Kindes Anton, über Wohnungen und Arbeitsverhältnisse, über die Liebschaften des großen Bruders (alle seine "Flammen" werden namentlich aufgezählt), über den ernsten Konflikt zwischen dem Jüngling Anton und seinem Vater. Vor allem aber erfährt man in eindrucksvoller Weise Atmosphärisches, Stimmungen, Einstellungen, Reaktionsweisen. Hier, auf dem familiengeschichtlichen Gebiet, liegt der besondere Wert dieser Erinnerungen als einer historischen Quelle."[5]

W. Sünkels sehr treffende Charakterisierung des Quellenwerts von Vitalij Semenovič's Zeugnis möchte ich noch bezüglich eines Sachverhalts ergänzen: Es vermittelt erstmals eine detaillierte Vorstellung von A. S. Makarenkos Lektüre, von seiner großen Belesenheit und dem auf diese Weise erworbenen Wissen, das ihm — trotz seiner vergleichsweise geringen Schulbildung — innerhalb der Bevölkerungen Krjukov eine Ausnahmestellung verschaffte.

Die jüngste Einschätzung von V. S. Makarenkos Erinnerungen stammt aus der Feder des tschechischen Makarenko-Forschers Libor Pecha, Dozent für Pädagogik an der Universität Olomouc, und ist in dessen 1985 erschienenen Untersuchung über "Biographische Faktoren bei der Herausbildung der Persönlichkeit eines kreativen Pädagogen (anhand einer Analyse der Persönlichkeit A. S. Makarenkos)" enthalten. Dabei handelt es sich übrigens um die erste Monographie auf dem Gebiet der Makarenko-Forschung, die intensiv aus dieser Quelle schöpft, ja deren Niederschrift im Grunde genommen dadurch erst ermöglicht wurde. Bei der Vorstellung der in dieser Arbeit herangezogenen Literatur führt der Autor aus, daß er V. S. Makarenkos Zeugnis — trotz aller kritischen Vorbehalte, die er diesem gegenüber habe — "nicht unberücksichtigt lassen konnte". Pechas differenzierte Einschätzung lautet wie folgt:

"Diese Erinnerungen sind insgesamt ein Beweis dafür, wie er von widersprüchlichen Gefühlen zu seinem verstorbenen Bruder hin- und hergerissen wurde. Dabei

---

[5]Pädagogische Rundschau, 1974, H. 1, S. 73-79.

dominiert der Neid auf dessen Ruhm und die Verbitterung als Emigrant angesichts seiner für immer verlassenen Heimat, verknüpft mit politischem Groll gegen die dortigen revolutionären Veränderungen. Der Autor dieser Erinnerungen kompensiert das durch verschiedene Anschuldigungen an die Adresse seines Bruders sowie durch das Hervorheben von dessen Unzulänglichkeiten. Dem stehen Bekundungen einer großen Liebe zu seinem Bruder und schöne Erinnerungen an die gemeinsam verbrachte Jugend gegenüber. Bezüglich einiger Fragen bilden Vitalijs Erinnerungen ein einmaliges und unersetzliches Zeugnis, und seine subjektiven Stimmungen lassen sich leicht erkennen und eliminieren."[6]

Sein außerordentliches Erinnerungsvermögen befähigte V. S. Makarenko auch, präzise Lageskizzen von den Schauplätzen seiner Kindheit und Jugend aus dem Gedächtnis anzufertigen. Hervorzuheben sind dabei ein Grundriß des 1905 errichteten Hauses der Familie Makarenko, in dem jetzt das Kremenčuger Makarenko-Museum untergebracht ist und dessen exakte Wiedergabe von Besuchern dieses Museums bestätigt wurde, sowie ein detaillierter Stadtplan von Krjukov, den Vitalij Semenovič 1972 während seines zweiten Aufenthaltes in Marburg innerhalb weniger Stunden gezeichnet hat und auf dem alle Schauplätze und die Wohnungen der "Hauptakteure" seiner Memoiren eingetragen sind. Wie wir kürzlich erfuhren, gelang es den Mitarbeitern des Makarenko-Museums anhand dieses Planes, das Grab des 1916 verstorbenen Vaters der Brüder Makarenko, Semen Grigor'evič, ausfindig zu machen; inzwischen wurden dorthin auch die Gebeine der — 1931 in Char'kov verstorbenen — Mutter überführt.

Die sowjetischen Makarenko-Forscher profitierten aber nicht nur auf diese Weise von Vitalij Semenovič's Zeugnis. Gelegentlich stößt man auf regelrechte Übernahmen daraus, die jedoch nicht als solche gekennzeichnet sind — wie sollte das auch geschehen, wenn es diese Quelle und diesen Mann offiziell doch gar nicht gibt!

Hier muß vor allem V.V. Kumarin genannt werden, von dem am 27. September 1973 in der Moskauer Lehrerzeitung, der "Učitel'skaja gazeta", ein Artikel über die bundesdeutsche Makarenko-Forschung und speziell uns "marburžcy" erschien. Überschrift dieses Artikel: "Fälscher!" (Falsifikatory), Untertitel: "Wie man in Marburg ein 'neues' Makarenko-Bild schafft" (Kak v Marburge sozdajut "novyj obraz" A. S. Makarenko). Indirekt geht Kumarin in dem Artikel auch auf den damals gerade erschienenen und ihm zugeschickten Band "Makarenko-Materialien III" ein, allerdings ohne jeden Hinweis darauf, daß es sich bei dem von ihm angesprochenen Text immerhin um die Erin-

---

[6]L. Pecha, Biografické činitele formování tvořivé pedagogické osobnosti (s použitím analýzy osobnosti A. S. Makarenka), Praha 1985, S. 12.

nerungen eines leiblichen Bruders von A. S. Makarenko handelt! Statt dessen spricht er von "Informationen eines uralten Weißen Emigranten, der mit antisowjetischen Greuelmärchen keineswegs geizt", was ihn selbst jedoch nicht daran hindert, in einem von ihm herausgegebenen und in Moskau — zunächst in englischer, französicher und spanischer Sprache (1976) und dann auch auf Bengalisch (1979) — erschienenen, also für Leser im Ausland bestimmten Buch mit dem Titel "Anton Makarenko. Sein Leben und sein pädagogisches Wirken" gleich seitenweise aus den Erinnerungen Vitalij Semenovič's abzuschreiben, ohne ein Wort über diese Quelle zu verlieren.

Dabei hatte Kumarin durchaus versucht, sich mit unserer Arbeit und speziell mit dem Zeugnis V. S. Makarenkos in kollegialer Weise auseinanderzusetzen. Eine erste Fassung seines Artikels, die er noch vor der Veröffentlichung von "Makarenko-Materialien III", und zwar anläßlich des Vorabdrucks aus diesem Zeugnis in der "Deutschen Volkszeitung" vom 29. März 1973, zu Papier gebracht hatte, trug die Überschrift "'Erinnerungen' eines Abtrünnigen" ("Vospominanija" otstupnika). Hier berichtet Kumarin davon, daß die Erinnerungen bisher unbekannte Details aus dem Leben des jungen A. S. Makarenko enthielten, die "interessant, teils komisch, teils traurig, insgesamt aber voll glaubwürdig" seien. Als "erfunden" weist er jedoch die — von ihm ebenfalls wiedergegebene — Episode der Freundschaft A. S. Makarenkos mit dessen Mitschüler Calov zurück, der jenen mit Literatur der Sozialrevolutionäre versorgt und auch versucht hatte, ihn für deren, bekanntlich ja den Terror einschließenden, Kampf gegen das Zarenregime zu gewinnen. Die Antwort, die A. S. Makarenko seinem Freund gab (und von der er später, 1916, seinem Bruder berichtete), ist in diesem Manuskript in einer Rückübersetzung aus dem Deutschen enthalten:

"Erstens glaube ich nicht an die heilsame Kraft blutiger Revolutionen — sie entwickeln sich alle nach ein und demselben Schema: zuerst ein Blutbad, dann Anarchie und Chaos — und als Resultat die barbarischste Diktatur. Das ist das eine.

Und zweitens eigne ich mich überhaupt nicht dafür, Bomben in Karossen von Ministern zu werfen, und noch weniger, mit einer roten Fahne in der Hand auf Barrikaden die Marseillaise zu singen. Das kann ich einfach nicht!"

Kumarin spricht in diesem Zusammenhang von "politischer Leichenfledderei am eigenen Bruder", von einer "groben, unverschämten Lüge", durch deren Verbreitung "die ehrwürdige Tradition der Marburger Alma mater mit Füßen getreten" werde, und er äußert die Befürchtung, "die enthusiastischen Makarenko-Forscher aus Marburg" (entuziasty-makarenkovedy iz Marburga) könnten "auf den vergeblichen und perspektivlosen Weg der Entideologisierung des Schaffens von A. S. Makarenko abgleiten", wo sie "unweigerlich nicht nur ein wissenschaftliches, sondern auch ein totales moralisches Fiasko ereilen" würde.

Und bezüglich einer anderen Episode konfrontiert er V. S. Makarenkos Aussage mit dem Zeugnis eines damals noch lebenden Zeitgenossen, L.T. Stepančenko, eines Lehrerkollegen A. S. Makarenkos aus Dolinskaja, um ihn auf diese Weise zu 'widerlegen'. Wie man sieht — eine durchaus wissenschaftliche Art der Auseinandersetzung mit Vitalij Semenovič's Erinnerungen. Doch diese Fassung von Kumarins Artikel wurde von der Redaktion der "Učitel'skaja gazeta" nicht angenommen — der 'weißgardistische' Nestbeschmutzer war einfach tabu!

Der Fairness halber muß jedoch angemerkt werden, daß Kumarin — mit dem oben erwähnten fremdsprachigen Buch — keineswegs der einzige ist, der V. S. Makarenkos Zeugnis 'gerupft' hat, um sich auf diese Weise mit fremden Federn zu schmücken. So verwendete auch B.V. Volkov, Leiter des Ressorts Wissenschaft der "Učitel'skaja gazeta", in seinem Artikel "Die erste aufgehende Saat" (Pervye vschody), der am 13. März 1984 in dieser Zeitung erschien, einige Namen und Fakten aus V. S. Makarenkos Erinnerungen, und zwar aus den ersten Kapiteln, von denen das Makarenko-Referat der "Učitel'skaja gazeta" seinerzeit (1975) ein Exemplar der russischen Originalfassung zur Veröffentlichung geschickt hatte. Doch im Unterschied zu Kumarins Ausfällen in dessem 1973 in dieser Zeitung erschienenen Artikel "Fälscher!" erwähnt Volkov wenigstens V. S. Makarenko — er schreibt von einem "jüngeren Bruder Vitalij", für den "Tosja eine zärtliche Liebe empfand". (Inzwischen wurde uns eine Erklärung Volkovs bekannt, aus der hervorgeht, daß er V. S. Makarenkos Erinnerungen erst nach der Niederschrift seines Artikels gelesen habe; ihm hätten dafür ausschließlich sowjetische Quellen zur Verfügung gestanden, darunter auch... das Buch von Kumarin!).

Und schließlich sei noch erwähnt, daß auch A. A. Frolov, der 'Motor' der neuen sowjetischen Makarenko-Ausgabe, sich der Erinnerungen V. S. Makarenkos 'bedient' hat, ohne diese Quelle zu erwähnen. In seinem Artikel "A. S. Makarenkos Aneignung der Lehre des Marxismus-Leninismus als Weltanschauung und als Methodologie der sowjetischen Pädagogik" (Ovladenie A. S. Makarenko marksistsko-leninskim učeniem kak mirovozreniem i metodologiej sovetskoj pedagogiki), der in dem im September 1985 erschienenen Band 11 der L'vover Reihe "A. S. Makarenko" enthalten ist, heißt es: "Eine große Autorität in seinen Jugendjahren war für Anton Semenovič dessen Mitschüler Kalov (sic!), der den Weg des revolutionären Kampfes eingeschlagen hatte. Er weckte bei ihm das Interesse an sozialen und politischen Fragen sowie an der revolutionären Literatur." Daß es sich bei Calov nicht etwa um einen Anhänger der Sozialdemokraten bzw. gar der Bochewiki, sondern der Sozialrevolutionäre gehandelt hat, verschweigt Frolov dabei wohlweislich. (Auch von dem Autor

wurde uns kürzlich eine Erklärung über die Art und Weise bekannt, wie er —
der Vitalij Semenovič's Erinnerungen natürlich ebenfalls nicht gelesen hat —
an Informationen daraus herangekommen ist. In diesem Fall war unser bulga-
rischer Kollege Najden Čakarov der Übermittler).

Inzwischen liegt aber auch eine differenzierte Einschätzung von Vitalij Semenovič's Zeugnis aus der Feder eines sowjetischen Makarenko-Forschers vor.
Dabei handelt es sich um F.I. Naumenko, Dozent für Pädagogik an der Universität L'vov. In einer Stellungnahme zum Manuskript der russischen Ausgabe,
die uns brieflich zugegangen ist und die wir auf dem Umschlag derselben auszugsweise wiedergegeben haben, heißt es:

"Ich beneide Sie darum, daß es Ihnen gelungen ist, ein solches Phänomen wie
einen leiblichen Bruder A. S. Makarenkos ausfindig zu machen. Seine Informationen
nicht heranzuziehen, wäre einfach unverzeihlich.

An und für sich sind V. S. Makarenkos Erinnerungen interessant, sie schließen
bezüglich der frühen Lebensphase und dann auch der Aktivitäten des jungen A. S.
Makarenko eine Lücke. Doch die Erinnerungen V. S. Makarenkos an seinen Bruder,
an diesem nahestehende Personen wie auch seine eigenen politischen Ansichten sind
äußerst subjektiv und tendenziös.

Beim Publizieren von V. S. Makarenkos Erinnerungen würde ich all jene Stellen
einer scharfen Kritik unterziehen, wo er das Bild seines Bruders verzerrt darstellt.
Anton Semenovič ist ein Titan des pädagogischen Denkens, während dessen Bruder
Vitalij ein Pygmäe von weißgardistischem Schlag ist.

V. S. Makarenkos Erinnerungen versucht man zu verschweigen. Das ist natürlich
dumm. Es gibt dort auch sehr wertvolle Mitteilungen über A. S. Makarenko. Seriöse
Wissenschaftler können an V. S. Makarenkos Erinnerungen, trotz ihrer Gehässigkeit
und ihres Subjekitivismus, nicht vorbeigehen. Sie sind Bestandteil der internationalen
Makarenko-Literatur."

In diesem Kreis kann wohl davon ausgegangen werden, daß allen oder doch
fast allen die 1973 in deutscher Übersetzung publizierte Fassung des Zeugnisses
von V. S. Makarenko bekannt ist. So will ich mich nun im wesentlichen auf
'Neuentdecktes' aus dem Briefwechsel und den Befragungen der Jahre 1973-
1983 beschränken.

In einer Vorbemerkung zu Vitalij Semenovič's Zeugnis in "Makarenko-
Materialien III" hatte ich u.a. ausgeführt, es sei nun "Aufgabe der biographischen Forschung, diese Aussagen, die unser bisheriges Bild des frühen Makarenko in vielem bestätigen oder ergänzen, in vielem aber auch korrigieren,
durch Befragung anderer Zeugen sowie durch Hinzuziehung weiterer Archivalien (...) zu verifizieren." Zumindest in bezug auf einige Punkte ist uns das
inzwischen gelungen. Hier ein paar Beispiele:[7]

---

[7]Die genauen Quellenangaben zu den nachfolgenden Beispielen siehe in der oben (Anm. 3)
genannten russischen Edition.

22

1. Die privilegierte Stellung der Lehrer an den Schulen für Kinder von Eisenbahnern

In seinem Vortrag am 9. März 1939 in Char'kov hatte A. S. Makarenko u.a. ausgeführt, daß er als Lehrer pro Monat 25 Rubel verdient habe. Die Entgegnung seines Bruders (Brief v. 3. Februar 1975): "Das ist gelogen! Er bekam 47 Rubel 50 Kopeken, plus 12 Freifahrten (6 für die Südbahn und 6 für das ganze Reich), plus kostenlos 2 Tonnen Kohle pro Jahr, plus Petroleum, plus kostenlose medizinische Hilfe einschließlich Krankenhaus, plus kostenloses Dampfbad u.a. Usw. usf." Die 47 Rubel 50 Kopeken hatte Vitalij ja schon in seinen Erinnerungen erwähnt.

Eine Bestätigung dieser Aussage findet sich in den 1963 in Krivoj Rog — ohne Druckgenehmigung, gewissermaßen als "Samizdat" — erschienenen Erinnerungen L.T. Stepančenkos "Anton Semenovič Makarenko in meinem Leben" (Anton Semenovič Makarenko v moej žizni). Dort heißt es: "(...) die Eisenbahnschulen befanden sich aus irgendeinem Grund in einer besonders privilegierten Lage: Ein gewöhnlicher Lehrer erhielt hier ungefähr 50 Rubel, plus Freifahrkarten für die Reise 2. Klasse."

2. Ein "pädagogisches Experiment"

Vitalij berichtet in seinen Erinnerungen von einem "schlechten pädagogischen Experiment", das Anton 1907 in seiner Klasse durchführte: Zum Abschluß eines Quartals hatte er das arithmetische Mittel der Noten aller Schüler berechnet und diese dann entsprechend klassifiziert: "1. Schüler, 2., 3. ... usw. bis zum 37., bei dem er schrieb '37. und letzter'." Dieser "letzte" Schüler war 1907 ein besonders kränklicher Junge, der, nachdem er erfahren hatte, daß er der 37. und "letzte" war, vor Unterrichtsschluß weinend nach Hause lief. In den folgenden Tagen kam er nicht in die Schule, statt seiner kam nach etwa zehn Tagen dessen Vater, und zwar direkt in die Klasse, und berichtete, daß sein Sohn, der sich über die Mitteilung sehr gegrämt hätte, in der vorangehenden Nacht gestorben sei. Er warf Anton Hartherzigkeit vor und fragte ihn, warum er den Jungen mit der Mitteilung, daß er der 37. und "letzte" sei, so kränken mußte. Als Konsequenz dieses Zwischenfalls, berichtet Vitalij, habe Anton jene Praxis der Klassifizierung seiner Schüler aufgegeben.

Der bereits erwähnte Stepančenko bestätigt diese Geschichte: Als einem damals noch jungen Lehrer habe A. S. Makarenko ihm in Dolinskaja von dem Vorfall erzählt, und zwar als warnendes Beispiel; er könne das Ganze einfach nicht vergessen und fühle sich sogar schuldig am Tod des Jungen.

3. Militärische Märsche mit Fahne und Orchester

Die Märsche der Krjukover Höheren Eisenbahn-Elementarschule durch die Stadt in einen in der Nähe gelegenen Wald, die auf Vitalij Semenovič's Initiative im Frühjahr 1918 eingeführt wurden und von denen er im Kolloquium sowie in den Erinnerungen berichtete, werden auch von einer ehemaligen Schülerin dieser Schule, M.S. Miljutina, erwähnt: "Im Sommer und Herbst 1918 marschierte er (V. S.) mit den Schülern unter den Klängen eines Blasorchesters durch die Hauptstraße Krjukovs (die Chersoner Straße)." Diese Tradition wurde dann ja von seinem Bruder in großem Stil weitergepflegt — in Form von Märschen der Zöglinge der von ihm geleiteten Kolonie durch Poltava und Char'kov.

4. Das Repertoire des Korolenko-Theaterzirkels

In den 1958 auf Ukrainisch erschienenen Erinnerungen B.F. Goronovič's — und dann entsprechend auch bei Balabanovič und anderen Biographen — heißt es, dieser Laienspielzirkel habe auch die bekannten Stücke "Nachtasyl" (Na dne) von Gor'kij und "Der Revisor" von Gogol' aufgeführt. Vitalij Semenovič, nach eigenem Bekunden der Initiator des Zirkel und aktiver Mitwirkender (als Schauspieler und Regisseur), bestreitet dies in seinen Erinnerungen und Briefen, in denen er detaillierte Angaben zu allen Inszenierungen bis hin zu den Besetzungen der einzelnen Rollen gibt, ganz entschieden — eine Aufführung der beiden Stücke sei für eine Laienspielgruppe einfach zu schwierig gewesen.

In der uns jetzt bekannt gewordenen russischsprachigen Originalfassung von Goronovič's Erinnerungen sind diese Stücke gar nicht erwähnt; sie wurden ganz offensichtlich erst für die Publikation von einem Redakteur in den Text eingefügt.

V. S. Makarenkos aktive Mitwirkung an den Aufführungen des Korolenko-Zirkels geht auch aus einem Brief Goronovič's hervor, in dem es heißt: "Vitalij spielte in der Regel die 'erste Geige': er übernahm in den Stücken die Hauptrollen und riß die Zuschauer zu Beifallsstürmen hin." Dagegen hat Balabanovič die von V. S. Makarenko gespielten Rollen einfach dessen berühmtem Bruder zugeschlagen!

5. Die Verbindung mit Elizaveta Fedorovna Grigorovič

Eines der spannendsten und zugleich delikatesten Kapitel in V. S. Makarenkos Erinnerungen ist zweifellos die Verbindung seines Bruders mit der Frau des Krjukover Geistlichen Dmitrij Ivanovič Grigorovič. Dieses eheähnliche Verhältnis, das von dem — als impotent geltenden — Popen geduldet wurde und bis in die 20er Jahre bestand und das A. S. Makarenko — wie wir aus Vitalijs Zeugnis schließen können — seiner ersten, 1914 entstandenen Erzählung "Ein dummer Tag" (Glupyj den') zugrundelegte: "In der Erzählung stellte ich eine wahre Begebenheit dar: Ein Pope ist auf seine Frau eifersüchtig, und zwar wegen eines Lehrers (...)" (schreibt er später in einem Nachruf auf Gor'kij, dem er diese nicht erhalten gebliebene Erzählung seinerzeit zur Veröffentlichung geschickt hatte) — diese Beziehung wird in der sowjetischen Makarenko-Literatur nach wie vor verschwiegen.

So wurde bei der Publikation der Erinnerungen von Goronovič, der gemeinsam mit V. S. Makarenko die Realschule besucht hatte, die folgende Stelle getilgt:

"Anton Semenovič lernte ich in der Wohnung seines Onkels (sic!) kennen, des Geistlichen Dmitrij Ivanovič Grigorovič, wo er, als Freund des Hauses, oft war — ungefähr in den Jahren 1909/10, als ich selbst noch die Kremenčuger Aleksandr-Realschule (KARS) besuchte. Anton Semenovič war mit der Frau dieses Onkels befreundet, Elizaveta Fedorovna (im "Pädagogischen Poem" heißt sie Ekaterina Grigor'evna). Sie verließ den Popen und wurde für fast zwanzig Jahre seine Lebensgefährtin. Anton Semenovič ließ sich mit ihr nicht kirchlich trauen und später auch nicht auf dem Standesamt registrieren — offenbar wollte er sich nicht kompromittieren (sie war sowohl die Tochter als auch die Frau eines Popen)."

6. und letztens — "Straßenbrigaden"

Konfrontiert mit Ausführungen Balabanovič's über die Bildung sog. Straßenbrigaden an der Höheren Eisenbahn-Elementarschule in Krjukov und deren Hausbesuche bei den Schülern, um auf diese Weise auf die Eltern erzieherisch einwirken zu können, hatte V. S. Makarenko im Brief vom 31. März 1971 geschrieben: Solche "Straßenbrigaden hat es nicht gegeben, und Inspektionen hat Anton nicht durchgeführt (die Hälfte der Schüler wohnte in Kremenčug)". Ebenso hatte A.I. Lebed', ein in München lebender ehemaliger Schüler der Brüder Makarenko, die Existenz von Straßenbrigaden in Krjukov verneint: "Das ist erfunden, so etwas hat es nicht gegeben."

Später (Brief vom 29. Dezember 1972) kam Vitalij noch einmal auf diesen Punkt zurück, dem ja entsprechende Ausführungen in Antons letztem öffentlichen Vortrag (29. März 1939) zugrunde liegen:

"Ich hatte Ihnen bereits geschrieben, daß es niemals irgendwelche Brigaden nach topographischen Gesichtspunkten gegeben hat. Anton hat das einfach erfunden — warum, weiß ich nicht. Die Schüler waren über ganz Krjukov und Kremenčug verstreut, und die Bildung von Brigaden, welcher Art auch immer, war einfach unmöglich. Ich habe Anton jeden Tag gesehen, doch von irgendwelchen Brigaden hat er mir nie etwas gesagt, und Anton hatte mir gegenüber keinerlei Geheimnisse."

Des Rätsels Lösung fand ich kürzlich bei meinen Archivarbeiten in Moskau. Die Überprüfung des Stenogramms von Makarenkos Ausführungen vom 29. März 1939 ergab, daß die publizierte Version der betreffenden Stelle auf eine redaktionelle Überarbeitung durch A.G. Ter-Gevondjan zurückgeht. Von der Krjukover Eisenbahnschule ist im Original überhaupt nicht die Rede, statt dessen aber von einer nicht näher bestimmten "militarisierten Schule", die Makarenko unterstellt gewesen sein soll. Hier eine Gegenüberstellung von Original (erster Text) und Fälschung :

"Die Einwirkung auf die Familie über die Schüler konnte ich verstärken, als ich eine militarisierte Schule hatte. Ich erfaßte die Schüler, ich teilte sie in Brigaden ein. Es gab Leiter. Alle Leiter erstatteten am Morgen Rapport. Durch einen Befehl setzte ich eine Inspektion an, bei der Inspektion waren außer mir noch die Klassenältesten anwesend. Ich betrat den Hof, die Brigade hatte Aufstellung genommen, und zusammen mit meiner Brigade ging ich durch die Wohnungen." (CGALI, f. 332, op. 4, ed.chr. 188, Bl. 31).

"Die Einwirkung auf die Familie über die Schüler kann verstärkt werden. Ich arbeitete in der Krjukover Eisenbahnschule. Die Schüler wohnten bei sich zu Hause. Ich organisierte Schülerbrigaden nach dem Territorialprinzip. Alle Brigadeleiter erstatten mir jeden Morgen darüber Rapport, was in den Höfen vorging und wie sich die Schüler, die Mitglieder der Brigaden, betragen. Durch einen Befehl setzte ich regelmäßig eine Inspektion an, bei der Inspektion waren außer mir noch die Klassenältesten anwesend. Ich betrat den Hof, die Brigade hatte Aufstellung genommen, und zusammen mit den Mitgliedern der Brigade ging ich durch die Wohnungen, in denen die Schüler meiner Schule wohnten." (A. S. Makarenko, Sočinenija v semi tomach, t. 5, Moskva 1958, S. 322).

Über eine derartige Inspektion des Elternhauses durch den Schulleiter und entsprechende Schülerbrigaden hat sich Makarenko in seinen letzten Lebensmonaten vor Lehrern wiederholt geäußert, und diese Art der Kontrolle gilt bekanntlich als ein spezifisches Verfahren von ihm und findet dementsprechend — nicht nur in der Sowjetunion — Anwendung. Sie hat aber nichts mit Makarenkos eigener Praxis zu tun und ist somit tatsächlich etwas "Erfundenes".

Anderes "Erfundenes" in der Biographie des jungen Makarenko stammt dagegen nicht von ihm selbst bzw. von den Redakteuren seiner Texte; es geht vielmehr auf das Konto von Zeitgenossen, die sich in den 50er Jahren — z.T. auf Befragen durch Balabanovič und anderer Autoren — an ihre vorrevolutionären Erlebnisse mit A. S. Makarenko erinnerten. Eine besondere Stellung nimmt dabei, worauf L. Pecha bereits auf dem 2. Internationalen Makarenko-Symposion in Falkenstein (1971) hingewiesen hat, M.G. Kompancev ein, Makarenkos Vorgesetzter an der Krjukover und dann auch an der Dolinskajaer Eisenbahnschule. Viele von dessen Aussagen hat Vitalij Semenovič in Frage gestellt bzw. überzeugend zurückgewiesen. Anderes konnte durch historische Recherchen relativiert werden, so z.B. Kompancevs Behauptung, er und Makarenko hätten 1905 "Novaja žizn' ", ein Organ der Bolschewiki, abonniert gehabt und "sehr aufmerksam" gelesen, wogegen allein schon die Tatsache spricht, daß diese Petersburger Zeitung nur fünf Wochen lang erscheinen konnte, bevor sie am 3. Dezember 1905 von der Zensur verboten wurde.

Bezüglich der genaueren Datierung einzelner Begebenheiten gab es wiederholt Situationen, in denen V. S. Makarenkos Zeugnis im Widerspruch zu entsprechenden — bereits bekannten oder zwischenzeitlich erst aufgefundenen

— Dokumenten stand. Dabei konnte Vitalij in Einzelfällen glaubhaft machen, daß seine Aussage und nicht das ihm von uns vorgelegte Dokument authentisch ist.

Besonders überzeugend geschah das in bezug auf den Beginn von Antons Militärdienst, der in der Litertur bisher auf September bzw. Oktober 1916 datiert wurde, wohingegen Vitalij auf Ende Dezember 1916 beharrte. Konfrontiert mit einem Dokument, in dem A. S. Makarenko bescheinigt wird, daß er bereits am 20. September 1916 mobilisiert wurde (CGALI, f. 332, op. 4, ed.chr. 347), schrieb er im Brief vom 28. Mai 1982:

"Ihre Frage nach Antons Militärdienst kann ich mit voller Überzeugung beantworten. Woher haben Sie nur derartige 'frisierte' Dokumente und Zeugnisse?

Also — an die Daten meiner Verwundungen kann ich mich wie an meinen Geburtstag erinnern.

Zuletzt wurde ich am 3. Oktober 1916 in der Schlacht bei Luck verwundet. Ich verbrachte etwa zehn Tage in Lazaretten in der Etappe, das war in Rovno und Kiev, und ungefähr am 15. Oktober kam ich in ein Lazarett... Wohin? Nach Poltava! In Poltava fand ich natürlich Anton, EFG (Elizaveta Fedorovna Grigorovič;G. H.), Vera Kosteckaja und alle anderen vor. (Das bezieht sich alles auf das von Ihnen genannte Datum: 20 Sept. 1916). In Poltava lag ich fast 1 1/2 Monate, ich wurde operiert, bei mir wurde eine Kugel entfernt, Anton und Vera Kosteckaja besuchten mich alle 2-3 Tage. Manchmal kam auch EFG. So ging es weiter bis zum 26. November (an das Datum kann ich mich erinnern: der 26. November ist der Feiertag unserer Militärschule). Am 26. November wurde ich zur Genesung in ein neues Lazarett für Offiziere verlegt... nach Kremenčug.

Ungefähr eine Woche später kam auf einmal in dieses Lazarett... Vera Kosteckaja. Sie besuchte mich wegen einer Angelegenheit, die mich betraf. Sie übergab mir einen kurzen Brief von Anton, in dem er mir mitteilte, daß er mobilisiert werden und in etwa 15 Tagen nach Kiev fahren würde!

Dem brauche ich nichts hinzuzufügen. Es ist langweilig und beleidigend, daß man für derartige 'Dokumente' Zeit und Energie verschwenden muß!"

Aufgrund dieses Zeugnisses kann man m.E. schließen: A. S. Makarenko hat sich ganz offensichtlich — aus irgendeinem Grund und auf irgendeine Weise (vielleicht durch Bestechung desselben Schreibers, den zuvor bereits Vitalij mit Geld bestochen hatte, um Anton aus der für ihn unerträglichen Kasernenatmosphäre vorzeitig zu befreien!) — mit Hilfe des oben erwähnten, am 31. März 1917 ausgestellten Dokuments bescheinigen lassen, daß er nicht drei, sondern sechs Monate Militärdienst abgeleistet hat. Bei der Beurteilung entsprechender "Bescheinigungen", die in der biographischen Makarenko-Literatur bisher kritiklos Verwendung finden, ist also Vorsicht geboten.

Damit könnte ich meine Ausführungen über unsere 13jährige Zusammenarbeit mit Vitalij Semenovič Makarenko eigentlich abschließen — wenn es da nicht etwas gäbe, das sensationell zu nennen ist und das er uns in all den Jahren verschwiegen hatte, wohl weil es nicht in sein eigenes politisches Konzept paßte.

Bei meinem letzten Besuch in Hyères — das war Anfang Juni 1983, d.h. sechs Wochen vor seinem Tod — berichtete mir V. S. Makarenko, daß sein Bruder ca. 1906/07, also in der Zeit der Russischen Revolution, Kandidat der Partei der Sozialrevolutionäre gewesen sei. Vitalij erzählte mir dabei glaubhaft von einer Hausdurchsuchung, in Antons Abwesenheit, durch drei Gendarmen im Zimmer seines Bruders, deren Zeuge er war und bei der es ihm gelang, ein Exemplar des Programms der Partei der Sozialrevolutionäre rechtzeitig zu verstecken, das Anton in einem belletristischen Almanach aufbewahrt hatte und das die Aufschrift trug: "Für den Kandidaten der Partei Anton Semenovič Makarenko". Später (1913 — während einer gemeinsamen Dampferfahrt auf dem Dnepr nach Kiev) erzählte Anton dann seinem Bruder, was er seiner Familie gegenüber geheim gehalten hatte: er habe etwa ein Jahr lang der Partei der Sozialrevolutionäre angehört.

F.I. Naumenko, den ich mit dieser Aussage konfrontierte, ließ daraufhin in ukrainischen Archiven recherchieren und teilte mir am 19. September 1983 mit, daß "es weder im Kremenčuger noch im Poltavaer Gebietsarchiv Material gibt, das V. S. Makarenkos Behauptung bestätigen könnte, daß A. S. Makarenko 1906/07 der Partei der Sozialrevolutionäre angehört habe. Ganz zufällig erfuhr ich jedoch, daß diese Möglichkeit nicht auszuschließen ist." In einem späteren Brief (6. Oktober 1983) schrieb Naumenko: "Die Archive der Kremenčuger Polizei für die Jahre 1905-1907 sind nicht erhalten geblieben, und deshalb läßt sich nicht mehr feststellen, ob die Polizei in A. S. Makarenkos Wohnung eine Durchsuchung durchgeführt hat."

Elizaveta Fedorovna Grigorovič hatte seinerzeit davon berichtet, daß Anton Semenovič als junger Lehrer in Krjukov wiederholt einen gewissen Konstantin Kirsta in dessen Verbannungsort im Gouvernement Cherson besucht habe. Inzwischen gelang es dem ukrainischen Makarenko-Forscher M. Oksa bei seinen archivalischen Recherchen in Char'kov, diesen Kirsta, er war seinerzeit Chemiestudent am Char'kover Technologischen Institut, als den Präsidenten der "Ljubotiner Republik" zu identifizieren, eines nur neun Tage währenden bewaffneten Aufstandes von Eisenbahnarbeitern der Station Ljubotin bei Char'kov zu Beginn der Revolution im Dezember 1905.[8] Da dieser Name in der sowjetischen historiographischen Literatur über die erste Russische Revolution in Zusammenhang mit den Aktivitäten jener "Republik" nicht erwähnt wird, ist wohl davon auszugehen, daß Kirsta Sozialrevolutionär war.[9] Kompancev, dem — als ein Freund A. S. Makarenkos — der wahre Grund für dessen Verbindung

---

[8]A. S. Makarenko v Char'kove, Char'kov 1983, S. 5.

[9]Inzwischen wurde bekannt, daß es sich bei K. Kirsta nicht um einen Sozialrevolutionär,

mit Kirsta bekannt gewesen sein mußte, funktionierte in seinen Erinnerungen den bewaffneten Aufstand zu einem "Ljubotiner Lehrerkongreß" der Char'kov-Nikolaever Eisenbahn um, an dem er Makarenko und — von diesem agitiert — das ganze Lehrerkollektiv der Krjukover Schule teilnehmen läßt. (Balabanovič zitiert diese Stelle bekanntlich in seinem Buch).

Die Tatsache, daß A. S. Makarenko später (ca. 1910) einen Kreis von Intellektuellen um sich scharte, in dem vornehmlich über Literatur diskutiert wurde, braucht nicht in Widerspruch zu dem Zeugnis seines Bruders zu stehen: Nach dem Scheitern der Revolution von 1905-07 mußten alle sozialistischen Parteien einen starken Mitgliederschwund hinnehmen — "auch die Intelligenz schränkte ihre Mitarbeit ein und zog sich in den Elfenbeinturm eines unpolitischen Daseins zurück".[10] Und der Umstand, daß A. S. Makarenko in seinem Antrag zur Aufnahme in die VKP (B) vom 15. Februar 1939 auf die Frage: "Haben Sie anderen Parteien angehört (welchen, wann, wo)?" mit einem klaren "Nein" antwortete, schließt meines Erachtens die Möglichkeit nicht aus, daß er seinerzeit der Partei der Sozialrevolutionäre angehörte. "In den schrecklichen Jahren der Ežovščina" (Anna Achmatova)[11] hätte eine Erwähnung dieses Tatbestandes "Repressalien", d.h. Verhaftung bzw. sogar Erschießung zur Folge haben können.

Den Umstand, daß Vitalij Semenovič dieses Geheimnis gewissermaßen erst auf dem Sterbebett preisgab, hatte ich bereits mit dessen konservativer, ja antisozialistischer Einstellung zu begründen versucht. So hatte Vitalij, der uns seine Erinnerungen kapitelweise zuschickte, in der bereits zitierten Episode mit Calov geschrieben, daß dieser seinen Bruder mit "revolutionärer Literatur" versorgt habe. Aufgrund meiner Rückfrage während seines ersten Aufenthaltes in Marburg sagte er dann ohne Zögern "sozialrevolutionärer" und trug diese Präzisierung handschriftlich in das getippte Manuskript ein. Nach seinem Tod konnte ich in dem Altersheim, in dem Vitalij in all den Jahren gelebt hatte und dann auch gestorben ist, die handschriftliche erste Fassung seiner Erinnerungen auffinden. Und in dieser ersten Fassung ist die Freundschaft zwischen Anton und Calov in einer völlig entpolitisierten Weise wiedergegeben: hier ist nicht von revolutionärer, sondern von belletristischer Literatur die Rede.

Nachtrag

Wenige Wochen, nachdem ich dieses Referat gehalten hatte, erschien in der Kiever Zeitschrift "Radjans'ka škola" (Nr. 6/1986) ein Beitrag, der sich kri-

---

sondern um einen Sozialdemokraten handelte, und zwar adliger Herkunft (was vermutlich der Grund für seine Tabuisierung ist).

[10]M. Hildermeier, Die sozialrevolutionäre Partei Rußlands, Köln 1978, S. 309.

[11]A. Achmatova, Rekviem. 1935-1940. In: Oktjabr', 1987, Nr. 3, S. 130.

tisch, aber doch informativ mit der Arbeit des Makarenko-Referats auseinandersetzt: "Versuche von Sowjetologen der BRD, den 'echten' A. S. Makarenko 'wiederherzustellen'' (Sproby radjanolohiv FRN "vidnovyty" "spravžn'oho" A. S. Makarenka). Dabei wird u.a. — erstmals in der sowjetischen Makarenko-Literatur — Vitalij Semenovič vorgestellt, und zwar anhand der 1973 erschienenen deutschsprachigen Publikation seiner Erinnerungen und Briefe. Bezeichnend ist, daß dies nicht in einer russisch-, sondern in einer (außerhalb der Ukr.SSR kaum beachteten) ukrainischsprachigen Zeitschrift geschieht.

Die Autorin dieses Beitrags, L.F. Cybul'ko, eine Deutschlehrerin, konfrontiert einige von V. S. Makarenkos Aussagen mit entsprechenden Bekundungen A. S. Makarenkos und M.G. Kompancevs, um erstere zu widerlegen. Zum Abschluß dieser wenig überzeugenden Bemühungen heißt es wie folgt:

"V. S. Makarenko bestreitet sogar die Tatsache, daß Anton Semenovič seit September 1916 in der Armee gedient hat, wobei er den Nachweis zu führen versucht, daß dies seit Ende Dezember war. Dank der Archive ließ sich jedoch genau feststellen, daß A. S. Makarenko 'am 20. September 1916 in den aktiven Militärdienst aufgenommen wurde.' "

Verzichtet wurde auf eine Einbeziehung dieses "Dokuments" hingegen von M. D. Vinogradova, L. Ju. Gordin und A. A. Frolov in ihrem grundsätzlichen Beitrag "Über das pädagogische Erbe A. S. Makarenkos" (O pedagogičeskom nasledii A. S. Makarenko) in dem im November 1986 erschienenen abschließenden 8. Band der neuen sowjetischen Makarenko-Ausgabe "Pedagogičeskie sočinenija". Im Unterschied zum Kommentar in Band 4 (Moskau 1984), wo noch davon die Rede ist, daß Makarenko seinen Militärdienst "von September 1916 bis März 1917" ableistete, heißt es nun:

"Aus dem ritten Kurs des (Lehrer-) Instituts wurde er 1916 zur Landwehr geschickt. Nachdem er einige Monate lang als einfacher Soldat in einer nichtkämpfenden Einheit gedient hatte, wurde er wegen schlechter Sehfähigkeit demobilisiert."

Bei der Formulierung dieser Aussage wurde möglicherweise bereits Vitalij Semenovič's Argumentation gegen die Authentizität der entsprechenden Bescheinigung berücksichtigt; denn die russische Edition des Zeugnisses war im Dezember 1985 erschienen und somit auch der o.g. 'Troika' noch rechtzeitig zugänglich gewesen. Daß V. S. Makarenko in diesem Zusammenhang nicht erwähnt wird, ist allerdings weniger verwunderlich: in der neuen Makarenko-Ausgabe der Akademie der Pädagogischen Wissenschaften der UdSSR kommen die Geschwister A. S. Makarenkos überhaupt nicht vor — für den 'Olymp' in Moskau ist der 'Weißgardist' Vitalij Semenovič Makarenko ganz offensichtlich weiterhin tabu.

Marian Bybluk

Makarenkos Alma mater

Das Lehrerinstitut in Poltava in den Jahren 1914-1917[0]

In Zusammenhang mit den Faktoren, die einen Einfluß auf die Entstehung von A.S. Makarenkos pädagogischer Konzeption hatten, wird meist auf Folgendes verwiesen: das Werk M. Gor'kijs und die Freundschaft des Pädagogen mit dem Schriftsteller, das Erbe progressiver Denker der Vergangenheit, Regierungs- und Parteibeschlüsse, die Schriften V.I. Lenins und seiner Mitstreiter sowie die Volkspädagogik, aber auch Makarenkos Studium im Poltavaer Lehrerinstitut.

Die mit dem Studium eng verknüpfte Poltavaer Zeit im Leben des hervorragenden Pädagogen (1914-1917) ist schon von einigen Biographen bearbeitet worden (E.Z. Balabanovič, N.A. Morozova, N.P. Nežinskij, G.A. Sozinova, A.A. Frolov). Eine wesentliche Ergänzung stellen die Erinnerungen seiner ehemaligen Lehrer und Studienkollegen (A.K. Volnin, V.N. Tarasov, A.A. Vedmickij) sowie die Memoiren seines Bruders (V.S. Makarenko) dar. Diese Zeugnisse vermitteln eine subjektive Vorstellung von der Arbeit des Instituts; sie enthalten jedoch zahlreiche Fakten, die sich bei einer Rekonstruktion des Institutslebens in der Zeit des 1. Weltkriegs und einer Bewertung von dessen Einfluß auf die Schüler, darunter auch A.S. Makarenko, als nützlich erweisen können.

Was für ein Bild von dieser Lehranstalt vermittelt nun die Lektüre der Arbeiten der genannten Autoren? Inwiefern ist dieses Bild vollständig? Was muß noch in Erfahrung gebracht werden, um den tatsächlichen Einfluß des Instituts auf die Einstellung und die Berufsvorbereitungs seiner Absolventen bestimmen zu können? Diese und andere Fragen stellt sich der Leser, der mit der ereignisreichen Biographie des Autors des "Pädagogischen Poems" näher vertraut ist.

In der Makarenko-Literatur ist — vor allem unter dem Einfluß der Erinnnerungen ehemaliger Lehrer des Instituts[1] — das Bild einer nahezu mustergültigen Einrichtung entstanden, die in idealer Weise organisiert und ausgestattet war, mit einem Kollektiv hervorragender Lehrer — gebildeter Menschen, von Pädagogen, die meisterhaft zu unterrichten verstanden.

---

[0]Referat, verlesen auf dem 2. Marburger Gespräch über aktuelle Tendenzen der Makarenko-Forschung. Aus dem Russ.: Maria Bechheim.

[1]Siehe: A.K. Volnin, Anton Semenovič Makarenko v učitel'skom institute. Vospominanija. In: Učebno-vospitatel'naja rabota v detskich domach. Bjulleten', 1941, Nr. 2-3, S. 117-124; V.N. Tarasov, V Poltavskom učitel'skom institute. (Iz vospominanij ob A.S. Makarenko). In: Izvestija APN RSFSR, vyp. 38, Moskva 1952, S. 143-150.

Vor allem in der Memoirenliteratur zur Geschichte des Poltavaer Lehrerinstituts wurde all das in den Vordergrund gerückt, was der — a priori — akzeptierten These diente: Ein hervorragender Pädagoge kann eigentlich nur in einer Musterlehranstalt gelernt haben. Inzwischen stellte sich jedoch heraus, daß die jetzt zugänglichen Archivalien eine derartige "Kammerdiener-Sicht der Geschichte" (E. Topolski) nicht in allen Punkten bestätigen. Ihnen kann man entnehmen, daß neben unbestreitbaren Erfolgen, die in den ersten drei Jahren des Bestehens des Instituts erzielt wurden, dort auch verschiedene Mängel auftraten. Sie waren vor allem eine Folge all jener Schwierigkeiten (Unterbringung, Personal, Finanzen u. a.), wie sie in der Aufbauphase eines solchen Anstaltstyps gewöhnlich auftreten. Ernsthaftere Schwierigkeiten in verschiedenen Bereichen der Arbeit des Instituts waren allerdings unmittelbar kriegsbedingt.

Die Heranziehung von Archivalien über die Arbeit des Poltavaer Lehrerinstituts in den Jahren 1914 - 1917 (Akten des Kurators des Kiever Unterrichtsbezirks im Zentralen Staatlichen Historischen Archiv der Ukr. SSR) trägt zur Vervollkommnung dieses ganz offensichtlich noch unvollständigen Bildes bei. Jede neue Einzelheit kann dabei helfen, das damalige Leben des Instituts besser zu verstehen, und sie vermag auch dazu beizutragen, eine zukünftige Monographie, die der Poltavaer Zeit im Leben A.S. Makarenkos gewidmet ist, durch Fakten zu bereichern und zu objektivieren.

1. Die Anfänge des Instituts

Das Poltavaer Lehrerinstitut[2] entstand als vierte derartige Anstalt im Kiever Unterrichtsbezirk,[3] und zwar aufgrund einer Verfügung des Ministers für Volksbildung, Graf Ignat'ev, der in einem Brief vom 28. Juni 1914 an den Kurator des Unterrichtsbezirks, I. Bazanov, die Genehmigung erteilte, "vom 1. Juli dieses Jahres an in der Stadt Poltava ein Lehrerinstitut mit angeschlossener städtischer Schule zu eröffnen."[4] Organisator des Instituts war dessen späterer Direktor Aleksandr Konstantinovič Volnin.[5]

---

[2]Diese Lehranstalt mit dreijährigem Unterrichtskurs hatte nicht den Status einer Hochschule und bildete Absolventen für die Arbeit in der unvollständigen Mittelschule, der damaligen Höheren Elementarschule (städtische Schule) aus.

[3]Die übrigen Institute befanden sich in Gluchov (Gouvernement Černigov), Vinnica (Gouvernement Podolien) und Kiev - später nach Nachičevan' am Don verlegt.

[4]Central'nyj gosudarstvennyj istoričeskij archiv USSR, Kiev (im weiteren zit. als: CGIA), f. 707, op. 229, chr. 6, Bl. 9.

[5]A. K. Volnin, der Institutsdirektor, fuhr auf Weisung des Kurators des Unterrichtsbezirks am 13/14. Juli 1914 von Veliko-Soročinc nach Poltava, wo er nach einem Gebäude für das Institut suchte und darüber in der Zeitung "Poltavskij vestnik" einen Artikel veröffentlichte. Vom 19. - 24. Juli fuhr er zur Berichterstattung und zur Entgegennahme von Instruktionen

Das Institut wurde in einem angemieteten zweigeschossigen, acht Räume umfassenden Gebäude in der Fabrikantenstraße am Stadtrand untergebracht.[6] Schon im ersten Unterrichtsjahr erhielt es Fachräume für Physik und Chemie sowie für Naturkunde und Geschichte, außerdem eine Bibliothek, für deren Aufbau 5.000 Rubel ausgegeben wurden. In den folgenden Jahren gelang es zwar, die Anzahl der Lehrmittel systematisch zu vergrößern, aber insgesamt war die Ausstattung des Instituts unzureichend. Die Institutsbibliothek verfügte 1915 nur über 3.000 Bände wissenschaftlicher und belletristischer Literatur sowie Lehrbücher.[7]

Die ersten Aufnahmeprüfungen für das neugegründete Institut fanden Ende August 1914 statt (sie endeten am 26. August). Es gab 120 Bewerbungen, zur Prüfung wurden nach einer medizinischen Untersuchung 80 Personen männlichen Geschlechts zugelassen (Frauen nahm man nicht auf). Davon wurden 26 Schüler sowie zwei weitere Personen als Kandidaten in die erste Klasse aufgenommen. Prüfungsfächer waren Russisch, Mathematik und Religion.

Der Beginn des Unterrichts wurde aufgrund einer Entscheidung des Kurators auf einen späteren Termin, den 12. September 1914, festgelegt, da in dem angemieteten Gebäude erst die Wände und Fußböden gestrichen werden mußten. Zuvor noch, am 9. und 10. September, besichtigten die ersten Schüler des Instituts, darunter auch Makarenko, unter der Leitung der Lehrer die örtlichen Sehenswürdigkeiten und "erwiesen den lokalen Heiligtümern ihre Referenz".[8]

Die städtische Musterschule am Institut wurde ein Jahr später eröffnet (am 28. November 1915). Sie bestand aus einer einzigen Abteilung. Aufgrund der Aufnahmeprüfungen wurden 22 Schüler in die 1. Klasse aufgenommen (bedingt durch den späten Zeitpunkt der Aufnahme gab es nicht mehr Bewerbungen), obwohl beabsichtigt war, für zwei Abteilungen Schüler aufzunehmen.

2. Die Lehrer

Das Lehrerkollektiv war recht klein — vor allem deshalb, weil sich das Institut noch im Stadium seiner Formierung befand. Zu der Zeit, als Makarenko das Institut bereits verließ, gab es dort nur fünf Abteilungen, darunter zwei

---

für den Aufbau des Instituts zum Kurator.

[6] Aufgrund der Puplikation der Zeitung "Poltavskij vestnik" wurde das Gebäude von dem Hauseigentümer N. Spižakov gepachtet.

[7] Der ehemalige Institutsdirektor erklärte 1940, daß die Bibliothek im Institut über reiche Buchbestände verfügt habe. A. K. Volnin (s. Anm. 1), S. 122.

[8] Aus einem Brief des Direktors an den Kurator vom 12.9.1914 (CGIA f. 707, op. 229, ed. chr. 268, Bl. 205).

der städtischen Schule. A. K. Volnin, der am 1. Juli 1914 zum Direktor des Institus ernannt worden war, gelang es bis zur Eröffnung nicht, den Lehrkörper zu komplettieren.

Als besonders schwierig erwies sich die Suche nach Lehrern für Singen, Religion und graphische Künste (Malen, Zeichnen, Kalligraphie). Einige Lehrer besaßen nicht die erforderliche Ausbildung und waren auf die Erfüllung ihrer Pflichten nur unzureichend vorbereitet (V. Klement, K. Čigirik), oder sie wurden zum Militärdienst einberufen (I. Belkin, K. Čigirik, S. Grač, G. Makarov). So gab es in den ersten Jahren des Bestehens des Institut nacheinander vier Lehrer für Singen — der erste, M. Christenko, nahm die Arbeit gar nicht erst auf, da er gleich zur Armee eingezogen wurde. Im Institut gab es keine Bibliothekarsstelle, deshalb wurde die Arbeit in der Bibliothek Lehrern übertragen — V. N. Tarasov und M. T. Kvjatkovskij —, die hierfür eine zusätzliche Vergütung erhielten. Als Vertreter des Direktors und als Sektretär des Pädagogischen Rates fungierte, neben seinen allgemeinen Aufgaben, F. V. Lysogorskij. Mit der Führung des Institutshaushalts befaßte sich, zusätzlich zu seinen eigentlichen Pflichten, ein Lehrer der Musterschule, G. G. Makarov.

Das Lehrerkollektiv war ziemlich jung. Bei der Eröffnung der Instituts betrug das Durchschnittsalter 32 Jahre; der erfahrenste Lehrer war 42 Jahre alt, der jüngste 25, d.h. jünger als der älteste Schüler. Auch das Dienstalter der Lehrer war im Durchschnitt nicht sehr hoch — acht Jahre, wobei sich unter ihnen auch ein Anfänger befand, K. Čigirik.

Es folgt ein Verzeichnis der Mitarbeiter des Instituts sowie der angeschlossenen städtischen Schule in den Jahren 1914–1917:[9]

Aleksandr Konstantinovič Volnin, geb. 1872, Dienstbeginn 1898, in der Behörde seit 1909, Herkunft — geistlicher Stand, Magister der Theologie, absolvierte die Kaiserliche Moskauer Geistliche Akademie, kam nach Poltava vom Veliko-Soročincer Lehrerseminar, wo er bis 1910 das Amt des Direktors bekleidet hatte; ausgezeichnet mit dem Anna- und dem Stanislaus-Orden 2. und 3. Klasse, Direktor des Instituts von 1914-1917 im Rang eines Staatsrats, unterrichtete im Institut Pädagogik, Psychologie und Logik, "war ein guter Administrator".[10]

Fedor Vasil'evič Lysogorskij, geb. 1876, Dienstbeginn 1900, Herkunft — geistlicher Stand, Kandidat der Theologie, absolvierte die Petersburger Geistliche Akademie, unterrichtete in geistlichen Seminaren in Irkutsk und Vitebsk sowie an einem Gymnasium in Tambov, wo er Latein, Geschichte und Psychologie gab; ausgezeich-

---

[9]Mit Ausnahme von T. Timošenko (s. die Charakeristik A. S. Makarenkos, die vom Pädagogischen Rat des Instituts ausgestellt wurde), beschäftigt im Unterrichtsjahr 1916/17, A. Kamenskij — Religionslehrer, arbeitete vom 9.3.1915 bis zum Ende des Unterrichtsjahrs, sowie zweier Lehrer für Gesang, die nur kurzfristig beschäftigt waren — O. Roždestvenskij und A. Solov'ev.

[10]Aus einer Charakteristik, die der Kurator dem Minister am 29.7.1914 gab.

net mit dem Anna- und dem Stanislaus-Orden 3. Klasse, unterrichtete im Institut Russisch, "erwies sich als ein erfahrener Lehrer mit großem Wissen."[11]

Michail Tichonovič Kvjatkovskij, geb. 1889, Dienstbeginn 1912, Herkunft — Beamtenstand, absolvierte die Kaiserliche Hl. Vladimir-Universität in Kiev, kam vom Veliko-Soročincer Lehrerseminar, unterrichtete im Institut Mathematik, "verfügt auf seinem Gebiet über eine gute pädagogische Ausbildung, (...) erfüllt seine dienstlichen Pflichten mit großem Eifer und genießt die verdiente Liebe der Lernenden und Bediensteten."[12]

Vasilij Nikiforovič Tarasov, geb. 1886, Dienstbeginn 1910, bäuerlicher Herkunft, absolvierte das Nižnyj Goroder Geistliche Seminar (1906) und die historisch-philologische Fakultät der Kazaner Universität mit dem Diplom der ersten Stufe und dem Titel eines Geschichtslehrers an höheren Lehranstalten (1910), arbeitete als Lehrer am Kunarer Lehrerseminar und im Ekaterinburger Lehrerinstitut sowie als Lektor für die Methodik des Geschichts- und Geographieunterrichts in Kursen zur Vorbereitung nicht vollberechtigter Lehrer an Höheren Elementarschulen; in Poltava unterrichtete er Geschichte und Methodik der Geschichte sowie Pädagogik an Mädchengymnasien, im Institut arbeitete er als Lehrer für Geschichte und Geographie, "ein hervorragender (...) und in seinen Fächern, vor allem in Geschichte, beschlagener Lehrer, genießt deshalb die Liebe seiner Schüler und großes Ansehen unter ihnen; im Dienst ein fleißiger Mitarbeiter (...) gesellig und hilfsbereit (...)", "verdient volles Vertrauen."[13]

Ivan Andreevič Šestakov, geb. 1887, Dienstbeginn 1912, bäuerlicher Herkunft, absolvierte die Kazaner Universität, kam von der Valkier Realschule, unterrichtete im Institut seit dem 26.9.1914 Naturkunde und Physik.

Kuz'ma Jakovlevič Čigirik, geb. 1887, Dienstbeginn 1912, bäuerlicher Herkunft, absolvierte die Kiever Kunstschule, trat seine erste Stelle als Lehrer für graphische Künste im Institut am 21.10.1914 an.

Vasilij, Ivanovič Šeremetov, geb. 1876, Dienstbeginn 1893, adeliger Herkunft, absolvierte die Höheren Alexander-Kurse für Unterricht und Pädagogik an der Hauptverwaltung der Hochschulen, Oberstleutnant des Kadettenkorps in Poltava; ausgezeichnet mit dem Anna- und dem Stanislaus-Orden 2. und 3. Klasse, arbeitete im Institut seit dem 1.10.1914 als Lehrer für Turnen und militärische Ordnung.

Viktor Ivanovič Klement, geb. 1888, Dienstbeginn 1910, kleinbürgerlicher Herkunft, Geistlicher, absolvierte das Poltavaer Geistliche Seminar, arbeitet im Institut seit dem 1.1.1915 als Lehrer für Singen.

Martin Martinovič Vijk, geb. 1876, kleinbürgerlicher Herkunft, Geistlicher, Kandidat der Theologie, absolvierte die Petersburger Geistliche Akademie, ausgezeichnet mit dem Goldenen Kreuz und dem Anna-Orden 3. Klasse, war in Poltava Geistlicher der Kirche "Von der Geburt der Mutter Gottes", erfüllte im Institut (seit

---

[11]CGIA, f. 707, op. 229, ed. chr. 268, Bl. 47.

[12]Aus einer Charakteristik, die der Kurator dem Minister am 21.7.1914 gab (f. 707, op. 229, ed. chr. 268, Bl.6).

[13]In der Zeit seiner Arbeit im Institut, von wo Tarasov nach zweijähriger Tätigkeit auf die Stelle des Direktors des Prilukijer Lehrerseminars überwechselte, war er als Delegierter der Partei "Volksfreiheit" (Narodnaja svoboda) in die Städtische Duma vorgeschlagen worden (s. "Poltavskij den' ", 18.7.1917).

dem 21.9.1915) die Pflichten eines Religionslehrers, bekleidete zugleich das Amt eines Inspektors der Klassen der Poltavaer Diözesanschule, "galt als ein hervorragender Pädagoge, der imstande war, den Religionsunterricht erfolgreich durchzuführen".[14]
Gerasim Gerasimovič Makarov, geb. 1887, Dienstbeginn 1907, Kosak, absolvierte das Gluchover Lehrerinstitut, erfüllte im Unterrichtsjahr 1915/16 die Pflichten eines Lehrers der städtischen Schule am Institut.
Sisoj Kondrat'evič Drač, geb. 1889, Dienstbeginn 1908, bäuerlicher Herkunft, absolvierte das Kiever Lehrerinstitut, arbeitete (vom 1.08.1916 bis zum Winter desselben Jahres) als Lehrer der städtischen Schule am Institut.

Zusammen mit diesen Lehrern arbeitete im Institut ein Arzt (vom 6.9.1915 bis zum Herbst 1916), der das Amt eines Lehrers für Hygiene und den "Umgang mit Alkohol" innehatte:

Ivan Petrovič Belkin, geb. 1874, Absolvent der Kaiserlichen Hl. Vladimir-Universität in Kiev (1900), ehemaliger Direktor eines Sanatoriums des Poltavaer Gouvernements-Semstvo in der Stadt Gadjač und Leiter der Ambulanz "Weiße Blume" in Poltava.

Das Amt des Schriftführers des Instituts hatten inne: Aleksandr Kašin (seit dem 1.7.1914),[15] Alekseij Ljubickij (seit dem 1.9.1916)[16] und Anton Makarenko.[17]

3. Die Zöglinge des Instituts[18]

Ins Institut wurden nur unverheiratete Männer[19] im Alter von mindestens 16 Jahren[20] aufgenommen. In der Mehrzahl waren es Lehrer ohne eine fach-

---

[14]Aus einer Charakteristik, die der Erzbischof von Prilukij dem Kurator des Kiever Unterrichtsbezirks am 12.5.1915 gab (CGIA, f. 707, op. 229, ed chr. 6, Bl. 38).

[15]A. Kašin hatte, als er im Mai 1916 zum Militärdienst eingezogen wurde, Institutsgelder unterschlagen (mehr als tausend Rubel), er wurde verhaftet und vor Gericht gestellt.

[16]A. Ljubickij hatte dieses Amt bis Frühjahr 1917 inne.

[17]A.S. Makarenko arbeitete nach Absolvierung des Instituts dort eine Zeitlang als Schriftführer — ein Umstand, den viele Biographen des Pädagogen nicht berücksichtigt haben. Während dieser Tätigkeit schrieb er ein Gesuch für eine Lehrerstelle an der städtischen Schule am Institut (s. Brief des Institutsdirektors Nr. 1422 vom 4.11. 1917, der auch Makarenkos Unterschrift trägt; CGIA, f. 707, op. 311, ed. chr. 6, Bl.3).

[18]Die Schüler der Lehrerinstitute hießen offiziell Zöglinge.

[19]Verheiratete Lehrer konnten im Institut externe Prüfungen ablegen. Die Zöglinge des Instituts durften nur mit Genehmigung des Kurators eine Ehe eingehen.

[20]Während des Krieges wurden in das Institut ungern Schüler des Einberufungsjahrgangs aufgenommen, da sie einen Aufschub der Einberufung nur in den Abschlußklassen erhalten konnten. Aus den Akten geht hervor, daß Makarenko, der noch vor Kriegsbeginn in das Institut eingetreten war, einen ersten Aufschub der Einberufung im ersten Unterrichtsjahr (November 1914 oder Januar 1915) erhalten und darüber in seiner Einberufungsbescheinigung

spezifische Ausbildung, die lediglich einen pädagogischen Kurs abgeschlossen hatten.[21] Die meisten Zöglinge, deren Zahl 75 nicht überstieg, gehörten ihrer Herkunft nach dem Bauern- bzw. dem Kosakenstand an. Bei dieser Gruppe von Zöglingen handelte es sich um Semstvo-Stipendiaten (sie erhielten 200 Rubel im Jahr), und bis zum April 1916 zahlten sie eine Unterrichtsgebühr in Höhe von zwanzig Rubel. Die übrigen Zöglinge waren von Gebühren befreit, außerdem erhielten sie ein Stipendium des Bildungsministeriums in Höhe von 166 Rubel und 66 Kopeken pro Jahr. Im Unterrichtsjahr 1914/15 gab es im Institut sechs staatliche Stipendiaten, und einer von ihnen war Makarenko. Diese Stipendiaten waren aufgrund ihrer kostenlosen Ausbildung verpflichtet, nach Absolvierung des Kurses mindestens sechs Jahre lang als Lehrer an einer städtischen Schule auf Anweisung der Unterrichtsbehörde zu arbeiten.[22]

Am Institut gab es kein Wohnheim, und so nahmen sich die Zöglinge in der Stadt Zimmer, wo sie sich auch selbst verpflegten. Das knappe Stipendium war sogar für ein sehr bescheidenes Leben nicht ausreichend,[23] deshalb gaben die Zöglinge gern Schülern aus reichen Familien Privatstunden. In den meisten Fällen wirkten sich die schwierigen Lebensbedingungen der studierenden jungen Männer negativ auf ihre Gesundheit aus.[24]

Leider wurde von der Makarenko-Forschung bisher kein vollständiges Verzeichnis der Absolventen des Jahres 1917 erstellt. Bekannt ist lediglich, daß dazu — außer Makarenko — Vedmickij, Vychodec, Danilevskij, Degtjar', Dolinskij, Dubinka, Pilipenko und Sotnikov zählten.

---

einen entsprechenden Vermerk bekommen hat. Einen zweiten Aufschub der Einberufung hat Makarenko nicht erhalten, weil es "aufgrund eines Abkommens des Bildungsministeriums mit dem Kriegsministerium für nötig erachtet wurde, (...) Zöglingen der Abschlußklassen, die von Lehrerstellen und vor Kriegsbeginn in die Institute eingetreten waren, Aufschub der Einberufung unabhängig von ihrem Alter zu gewähren, (...) aber höchstens bis zum 1. Juli 1916". (Aus einem Brief an die Direktoren der Lehrerinstitute des Kiever Unterrichtsbezirks vom 4.5.1916; CGIA, f. 707, op. 229. ed. chr. 6, Bl. 97 f.).

[21] Eine solche Qualifikation hatte, außer Makarenko, auch dessen Kamerad Aleksandr Calov (geb. 1893) aus Kremenčug, der nach Absolvierung der pädagogischen Kurse am Gluchover Lehrerinstitut an der städtischen Schule in Ovruči gearbeitet hat (CGIA, f. 707, op. 229, ed. chr. 6, Bl. 172). Sehr wahrscheinlich handelt es sich dabei um einen jüngeren Bruder jenes Calov, über den V. S. Makarenko in seinen Erinnerungen schreibt.

[22] CGIA, f. 707, op. 229, ed. chr. 6, Bl. 29.

[23] Das Mittagessen kostete durchschnittlich 25 Kopeken; Fleisch, Zucker und Petroleum wurden auf Karten verkauft.

[24] Erkrankungen waren nicht selten, darunter auch Lungentuberkulose; die betroffenen Zöglinge (N. Danilevskij, S. Sotnikov u.a.) wurden zur Genesung beurlaubt.

4. Unterricht und Erziehung

Wie schon ausgeführt wurde, war die Raumnot im Institut ein großes Problem. Die steigende Anzahl der Klassen führte dazu, daß in dem angemieteten Gebäude im Unterrichtsjahr 1916/17 ein Raum für die 3. Klasse der Schule abgetreten werden mußte. Es gab keine Turnhalle und auch keine anderen Sportanlagen.[25] Die gleich zu Beginn eingerichtete Bibliotheksabteilung für wissenschaftliche Lehrbücher (außerhalb der Fachräume) konnte wegen ungenügender Finanzen nicht erweitert werden. Eine Analyse der dienstlichen Akten zeigt, daß einige Lehrer ihre Arbeit in dem neugegründeten Institut erst im Verlauf des Unterrichtsjahres aufnahmen, so daß im September und teilweise auch noch im Oktober 1914 täglich nur drei und samstags sogar nur zwei Stunden unterrichtet werden konnte. Infolge des sich hinziehenden Krieges und des damit verbundenen Lehrermangels war der Lehrkörper nicht vollständig. Das führte dazu, daß die Unterrichtsstunden in reduziertem Umfang durchgeführt werden mußten.

Um die organisatorischen Unzulänglichkeiten in der Institutsarbeit zu beheben, die durch den Mangel an Lehrern für Singen, Naturkunde, Geschichte und Geographie sowie Religion entstanden waren, wurde im Unterrichtsjahr 1915/16 durch einen Beschluß des Pädagogischen Rates das sog. zyklische Zwischenprüfungs-Unterrichssystem eingeführt, das mit dem Gruppenreferate-System verknüpft war. Beide Systeme bilden gemeinsam eine organisatorische Einheit, und das Wesentliche davon besteht in Folgendem: Die Zöglinge wurden in kleinere Gruppen eingeteilt, die selbständig in zwei bis drei Fächern innerhalb von zwei bis vier Unterrichtsstunden pro Woche eine im voraus festgelegte Anzahl von Ausarbeitungen und Referaten zu erstellen hatten (meistens sechs; drei in Russisch und drei in den übrigen Fächern). Zwischenprüfungen (Kontrollarbeiten, Überprüfungen) wurden im Rahmen von vier "Kontrollzyklen" durchgeführt, wovon jeder fast einen Monat lang dauerte. Die Durchsicht der Referate erfolgte in der unterrichtsfreien Zeit durch fachlich nicht spezifische Lehrer. Diese führten auch Gruppendiskussionen zu vorgegebenen Themen durch.[26] Nach der Einberufung eines Lehrers der städischen Schule wurde der Unterricht dort abwechselnd von den Zöglingen der Abschlußklasse des Instituts durchgeführt, darunter auch von Makarenko.

Unter diesen Bedingungen sah sich die Leitung des Instituts in den ersten drei Jahren seines Bestehens gezwungen, die Dauer des Unterrichtsjahres zu

---

[25] Ab 1916 wurde der Sportunterricht wegen des Krieges durch militärische Übungen ersetzt.

[26] Die angewandten Methoden und Verfahren der Unterrichtsarbeit waren weniger neueste Erkenntnisse, mit deren Hilfe die Lernergebnisse gesteigert werden konnten, wie das z.B. Volnin darzustellen versucht, als vielmehr eine Notwendigkeit, das Kaderproblem zu lösen.

verkürzen. Der Unterricht endete bereits Mitte April (1915) bzw. Mitte Mai (1916). Die Zöglinge wurden nach Hause entlassen, damit sie "ihren Eltern während des Krieges bei der Erledigung der landwirtschaftlichen Arbeiten helfen konnten, da in vielen Fällen Brüder und andere Arbeitskräfte eingezogen waren". So mußten auch die Ferien 1916 bis Mitte September verlängert werden, damit sich die Schüler im Herbst an den Feldarbeiten beteiligen konnten.[27]

In der biographischen Makarenko-Literatur ist viel von den Elementen der Didaktik im Institut die Rede, die nach Auffassung der Autoren dieser Arbeiten einen spürbaren Einfluß auf das Bildungsniveau des Absolventen A. S. Makarenko hatte. Jene Autoren scheinen sowohl das Niveau dieser Didaktik als auch deren Einfluß überzubewerten, da sie Makarenkos enorme Selbstbildung und seine Belesenheit bereits vor Beginn des Studiums im Institut unberücksichtigt lassen; letzteres wurde in jüngster Zeit vom Bruder des Pädagogen, Vitalij Semenovič Makarenko, bekräftigt.[28]

Das Unterrichtsniveau im Institut war nicht außergewöhnlich hoch, und das konnte es ja auch nicht sein; es war bedingt durch verschiedenene — positive wie negative — Faktoren. Von den positiven Faktoren muß man an erster Stelle die gute berufliche Ausbildung der Lehrer nennen. Diese zeigte sich nicht nur in der Beherrschung eines ziemlich breiten Wissensgebietes und einer guten Unterrichtsmethodik, sondern auch in einer "von jeglichem Formalismus freien Beziehung zu den geistigen Bedürfnissen der Lernenden sowie in der seriösen Bewertung der Kenntnisse eines jeden Zöglings, die auf einem vielseitigen Studium seiner individuellen Persönlichkeit beruhte".[29]

Eine vergleichbar gute Vorbereitung für die Unterrichtskurse im Institut kann man den Zöglingen leider nicht bescheinigen. Makarenko bildete da eine Ausnahme. Von den unbefriedigenden Kenntnissen der meisten Zöglinge zeugen die Schwierigkeiten, die auftraten, als man vom herkömmlichen zum Referatesystem überging. Die Durchführung von — laut Statut des Instituts nach der Verordnung von 1872 nicht vorgesehenen — Wiederholungsprüfungen für durchgefallene Zöglinge und letztlich auch die Abschaffung der Versetzungsprüfungen im Jahr 1916 sind ein ebensolches Indiz.

Bei weitem nicht ideal waren die tatsächlichen Erziehungsergebnisse im Institut. Das betrifft insbesondere die Erziehung der jungen Männer im christlichen Geiste. Mit Bedauern wurde vom Direktor vermerkt, daß der Religionslehrer eine "religiöse und sittliche Ausrichtung der Zöglinge" erst im zweiten

---

[27] Aus den Protokollen der Sitzungen des Pädagogischen Rates vom 8.4.1915 und 13.5.1916.

[28] Siehe dazu. V. Makarenko, Moj brat Anton Semenovič. Vospominanija, pis'ma; Marburg 1985, S. 32 - 34.

[29] Aus dem Protokoll der Sitzung des Pädagogischen Rates vom 6.10.1915 (CGIA, f. 707, op. 229, ed. chr. 6, Bl. 111.).

Jahr des Bestehens der Anstalt beobachten konnte.[30] Wegen des Fehlens eines eigenen Religionslehrers und einer eigenen Kirche entließ man die Zöglinge im März 1915 für die erste Fastenwoche nach Hause, damit sie der christlichen Pflicht des Fastens nachkommen und das heilige Abendmahl empfangen konnten, wodurch das ohnehin schon reduzierte Unterrichtsjahr nochmals verkürzt wurde.

Nicht besser war es um die Ergebnisse der politischen Erziehung bestellt. Obwohl das Institut am Tag seiner Eröffnung — 11. September 1914 — "einen Bittgottesdienst für den Sieg des Russischen Heeres" durchgeführt hatte,[31] setzten doch die meisten Institutshörer auf eine Niederlage der zaristischen Regierung im Weltkrieg. Schon im ersten Jahr des Bestehens des Instituts wurde ein illegaler Zirkel gegründet, dessen Mitglieder antizaristische Literatur lasen und sich mit politischem Selbststudium befaßten.[32]

Schlußfolgerungen

Das am Vorabend des 1. Weltkrieges gegründete Poltavaer Lehrerinstitut teilte das Schicksal vieler Kultureinrichtungen, ohne die das kriegführende zaristische Rußland zu jener Zeit ganz gut hätte auskommen können. Dieses späte Kind der zaristischen Bildungspolitik bekam die rauhen Bedingungen des Krieges besonders deutlich zu spüren — Personalprobleme, Mangel an Räumlichkeiten und andere substantielle Einschnitte. Die schwierigen Bedingungen des Instituts wurden durch die komplizierte innere Lage des Russischen Reiches, wo die revolutionäre Bewegung immer mehr anwuchs, noch verschärft. In Poltava selbst stellte außerdem der aufkommende Nationalismus als Reaktion auf die Russifizierung der ukrainischen Bevölkerung eine Besonderheit dar.

Das unter so schwierigen gesellschaftlichen und politischen Bedingungen arbeitende Poltavaer Lehrerinstitut war, ungeachtet der Anstrengungen des Direktors und der Lehrer, nicht imstande, seinen Zöglingen ein hohes Bildungs- und Erziehungsniveau zu vermitteln. In jenen Jahren konnte es — entgegen der landläufigen Auffassung — gar keine mustergültige Unterrichtsanstalt sein. Die Tatsache, daß dort der hervoragende Pädagoge Anton Semenovič Makarenko eine Allgemeinbildung und eine pädagogische Ausbildung vermittelt bekommen hatte, kann und sollte nicht dazu führen, dem Institut eine Reputation beizumessen, die ihm nicht zusteht.

---

[30] Aus einem Brief des Direktors an den Kurator vom 18.2.1915 (f. 707, op. 229, ed. chr. 6, Bl. 151 Rücks.)

[31] Aus einem Brief des Direktors an den Kurator vom 12.9.1914 (f.707, op. 229, ed. chr. 268, Bl. 205).

[32] V. N. Tarasov (s. Anm. 1), S. 149.

Vielmehr unterstreichen alle bekannten Unzulänglichkeiten in der Arbeit des Instituts das Talent des außergewöhnlichen Zöglings. Der "seinen Fähigkeiten, seinem Wissen, seiner Entwicklung und seiner Arbeitsliebe nach hervorragende Zögling", der das Institut mit der Goldenen Medaille abschloß, fand in dem engen Rahmen eines gewöhnlichen Lehrers der städtischen Schule keinen Platz. Makarenko hielt sich schon damals für einen "Prosaiker mit dem Anspruch, ein Poet zu werden", und seine Kommilitonen prophezeiten, daß er ein Geschichtsprofessor werden würde.

Fedir Naumenko

"Diese ersten..."

Zur Besiedlung der Gor'kij-Kolonie[0]

Makarenko führt im "Pädagogischen Poem" als "diese ersten" der Gor'kij-Kolonie, die dort am 4. Dezember 1920 eintrafen, folgende sechs Zöglinge an: "Zadorov, Burun, Volochov, Bendjuk, Gud und Taranec". Doch in Wirklichkeit war die Anzahl der Zöglinge in jenem Dezember 1920 größer. Erhalten gebliebene Aufzeichnungen Makarenkos über den Zöglingsbestand im September 1922 weisen bereits für den 4. Dezember 1920 Raisa Tereščenko und schon zwölf Tage später Ivan Kolos aus. Der Umstand, daß R. Tereščenko 1922 die 'Dienstälteste' aller Zöglinge war, legt nahe, daß die Besiedlung tatsächlich am 4. Dezember 1920 begann — jedoch mit z.T. anderen als den angegebenen Personen.

Laut Zeugnis von I.G. Kolos und K.I. Belkovskij — und ihre Aussagen werden durch Archivangaben gestützt — hatte Makarenko zunächst wirklich geplant, sechs Rechtsbrecher direkt aus der Poltavaer Sammelstelle in der Puškinstraße zu übernehmen. Doch Anfang Dezember war Schnee gefallen, Frost hatte eingesetzt, und so fuhr Makarenko mit einem Schlitten in die Stadt. Er konnte jedoch nur fünf abholen: Konstantin Belkovskij (im "Poem" — Vetkovskij), Roman Zatonov (Zadorov), Nikolaj Saplyko, Raisa Tereščenko (Sokolova) und Bindjuk (Bendjuk). Ivan Kolos konnte noch nicht mit — er hatte keine warme Kleidung und war noch vom Typhus geschwächt.

Wie Kolos bestätigt, brachte Makarenko eine zweite Gruppe "dieser ersten" am 18. Dezember in einem Leiterwagen in die Kolonie — Mitte des Monats hatte Tauwetter eingesetzt. Das waren, außer Vanja Kolos, Tovmač, Ivanov, Pšonov und Pliš (an ihre Vornamen kann sich Kolos nicht mehr erinnern). Dies bedeutet, daß die Anzahl der Kolonisten im Dezember 1920 in Wirklichkeit nicht sechs, sondern zehn betrug.

Es gibt noch andere 'Ungenauigkeiten' im "Poem". So kamen z.B. Grigorij Suprun (Burun) und Pavel Krupko (Gud) erst im April 1921 in die Kolonie und Fedor Taranec sogar erst im Mai 1922. Die ehemalige Kolonistin N.K. Kolodeznikova-Steblovskaja vermutet, daß damit Georgij Novikov gemeint sein könnte, den sie im Mai 1921 in Triby angetroffen hatte. Und so gibt es keine formalen Gründe dafür, Taranec, Gud (Krupko), Burun (Suprun) und Volochov (Novikov) zu "diesen ersten" Kolonisten zu zählen.

---

[0]Entnommen aus: Učitel'skaja gazeta, 1983, Nr. 143, 29.11., S. 4 (Ob "ėtich pervych" iz "Poėmy". [K 50-letiju opublikuvanija pervoj časti "Pedagogičeskoj poėmy"]); vom Hrsg. durchgesehen und leicht gekürzt. Aus dem Russ.: Stefan Breuers.

Der Zöglingsbestand veränderte sich. An einem Sonntag, acht Tage nach seiner Ankunft in der Kolonie, also am 26. Dezember 1920, wurde Bindjuk festgenommen. Er hatte von Makarenko Ausgang bekommen, um in die Stadt zu gehen, und war dort an einer Messerstecherei mit tödlichem Ausgang beteiligt gewesen. Danach hatte, auch noch im Dezember, Raisa Tereščenko, das einzige Mädchen unter den Zöglingen, eigenmächtig — wenn auch nur vorübergehend — die Kolonie verlassen. Und so gab es dort, bis zum März 1921, als es schon wärmer wurde und keine Winterkleidung mehr nötig war, insgesamt acht Zöglinge.[1]

"Diese ersten..." im Frühjahr 1921

Unter denen, die im März in die Kolonie kamen, befand sich auch S.A. Kalabalin (im "Poem" — Karabanov); er wurde dort am 9. März registriert. Kalabalins Behauptung,[2] daß er schon am 20. Dezember in Triby aufgetaucht und somit gleichsam von Anfang an in der Gor'kij-Kolonie dabeigewesen sei, ist zwar verständlich, aber nicht korrekt. Aber auch Pavel Archangel'skij, Sohn eines Geistlichen, war erst im August 1922 in die Kolonie gekommen. Weder verwahrlost noch als Rechtsbrecher hervorgetreten, wurde er einfach von sei-

---

[1]Das kann man dem Rechenschaftsbericht des Poltavaer Gouvernementsexekutivkomitees für das Jahr 1920 entnehmen (Otčet o dejatel'nosti gubispolkoma i ego otdelov za 1920 g., Poltava 1921, S. 121); dort heißt es "Zöglinge — bisher acht".
[2]S. Kalabalin, Brodjačee detstvo, Moskva 1968, S. 60.

ner Mutter, Z.P. Archangel'skaja, mitgebracht, als diese dort eine Stelle als Erzieherin antrat.[3]

Ich komme auf diese Tatsache deshalb zu sprechen, weil am 2. April 1965 in der Kujbyšever Zeitung "Volžskij komsomolec" ein Interview mit P.O. Archangel'skij erschienen war: "Zadorov spricht über Makarenko" (Zadorov govorit o Makarenko). Dieser eigenartigen Veröffentlichung kann man entnehmen, daß Makarenko nicht Roman Zatonov (Zadorov) geschlagen hat, sondern Archangel'skij, obwohl dieser im Dezember 1920 noch gar nicht in der Kolonie war (in einer Char'kover Fernsehsendung hat er das später übrigens selbst verneint). "Ich holte aus und schlug Zadorov ins Gesicht. Ich schlug fest zu... schlug ein zweites Mal zu... ein drittes..." — so heißt es im "Poem". In Wirklichkeit war es nur ein einziger Schlag, den Zatonov — nach dem Zeugnis von Kolos und Belkovskij — für Kartenspielen und Trunkenheit (er war eigenmächtig in die Stadt gegangen) erhielt und nicht für die Weigerung, Brennholz zu schlagen.

Der bekannte Psychologe und Defektologe I.A. Sokoljanskij, der in den 20er Jahren zu Makarenkos Vorgesetzten zählte und später mit ihm befreundet war, hielt es für ausgeschlossen, daß dieser einen seiner Zöglinge hätte schlagen können — solch eine "Explosion habe er gar nicht nötig gehabt, "auch darin zeigt sich sein Genius". Makarenko selbst habe ihm gesagt, daß die 'Ohrfeige' ein "literarischer Kunstgriff" gewesen sei; wenn er nur beschrieben hätte, wie er auf Zadorov einredete, dann wäre das für den Leser nicht eindrucksvoll genug gewesen...

Ein literarisches Werk ist jedoch eine Sache und die Wirklichkeit eine andere. Makarenko bekannte sich in Gesprächen mit seiner Frau und auch in seinen zahlreichen öffentlichen Vorträgen dazu, daß es diese bedauerliche Entgleisung tatsächlich gegeben habe, und erklärte, er habe damals die Nerven verloren. Dabei verstand er sich selbst als ein entschiedener Gegner der körperlichen Züchtigung. Aber manchmal zwingt uns die Logik der Umstände, die eigenen Prinzipien außer acht zu lassen, wenn es darum geht, ein Menschenleben zu retten. Zadorov bekam einen Denkzettel — Halt ein! — und geriet nicht auf die ihm vorgezeichnete Bahn des Verbrechens.

Dokumente und Zeugenaussagen über "diese ersten" ermöglichen uns einen Blick in die Werkstatt des Schriftstellers Makarenko. Das ist um so interessanter, als die erste Fassung des "Pädagogischen Poems" nicht erhalten geblieben ist. Zatonov ging in die Zahl "dieser ersten" ein, da man ihn auch für den Prototyp des ähnlich klingenden Zadorov aus dem "Poem" hält. Der ähnliche Klang des Nachnamens ist ein für Makrenko charakteristischer Kunstgriff: Fere — Šere, Terskij — Perskij, Kolos — Golos, Belkovskij — Vetkovskij...

---

[3]Z.P. Archangel'skaja war eine Schwägerin von E.F. Grigorovič (im "Poem" — Ekaterina Grigor'evna). Beide waren mit Geistlichen verheiratet.

Aber was wissen wir nun über den wirklichen Zatonov? Er geriet als 20-jähriger Bursche in die Kolonie, war von kräftiger Statur, schlank, klug und energisch, und in der Kolonie wurde er sofort der von allen anerkannte Anführer. Um einer harten Bestrafung wegen Banditentums zu entgehen, hatte er bei der Festnahme sein wirkliches Alter verheimlicht und war so als Minderjähriger in eine Sammelstelle und von dort in die Kolonie geschickt worden. Da er das für Kinderheime und Arbeitskolonien geltende Höchstalter bereits deutlich überschritten hatte, verließ er die Kolonie schon wieder im Frühjahr 1921. Kolos berichtet, daß er ihn noch ein letztes Mal 1922 in Poltava getroffen habe.

Warum erfahren wir aus dem "Poem" über Zadorov bedeutend mehr? Er spielt ja nicht nur in der Kolonie selbst eine wichtige Rolle, sondern entdeckt in sich auch eine große Neigung zur Hochschulbildung. Dieses Bestreben war charakteristisch für viele Kolonisten. Bereits 1924 gingen die ersten Zöglinge der Gor'kij-Kolonie auf die Arbeiterfakultät, darunter auch Kalabalin und Archangel'skij.

M. Gor'kij zu Besuch in der Kolonie (1928)

In den "Typen und Prototypen" hatte Makarenko noch geplant, Zadorov zum Studium auf die sozial-ökonomische Fakultät zu schicken. Doch im Verlauf der Arbeit am "Poem" nahm er eine Änderung vor und schickte Zadorov auf ein Industrie-Institut, wo er zu einem Bewässerungsingenieur ausgebildet wird. War Archangel'skij der Prototyp Zadorovs? Hat Makarenko dieses Detail seiner Biographie entnommen? Durchaus nicht. 1924 ist Archangel'skij auf die landwirtschaftliche Arbeiterfakultät gegangen und hat dann im Char'kover Landwirtschaftlichen Institut studiert; Bewässerungsingenieur wurde er erst zu Beginn der 30er Jahre. Zu der Zeit war das "Pädagogische Poem", zumindest der erste Teil, bereits fertiggestellt.

Und weiter: In dem 1937 entstandenen Artikel "Berufswahl" schrieb Makarenko über seine Zöglinge: "Zu Beginn des ersten Fünfjahrplans stürzten sich alle in die Industrie. 'Ingenieur', das war in ihren Augen der höchste Grad der Pflichterfüllung, die höchste Form der Betätigung." Und deshalb wurde Archangel'skij Bewässerungs-, Kolos und Orisenko Technologie-Ingenieur... Unter dem Einfluß dieser Entwicklung und in Kenntnis der Anwandlungen seiner Zöglinge schickt der Schriftsteller Makarenko seine Figur Zadorov nicht zum Studium auf die sozial-ökonomische Fakultät, wie er das zunächst geplant hatte, sondern auf ein Ingenieur-Institut. Doch Archangel'skij hat damit im Grunde genommen nichts zu tun, auch wenn Makarenko später, mit der Frage nach dem Schicksal Zadorovs konfrontiert, gelegentlich über dessen Lebensweg berichtete: "arbeitet als Meliorationsingenieur in Turkmenistan" usw.

In der Gestalt Zadorovs beschreibt Makarenko nicht die Biographie irgendeines bestimmten Zöglings der Kolonie, sondern zeichnet darin jene positiven Züge, die er in allen seinen Zöglingen sehen und wozu er sie erziehen wollte. Von den realen Personen nimmt er meist Einzelheiten aus der Vergangenheit, aber die Zukunft sieht er in einem neuen Licht — als das Ergebnis ihrer Umerziehung unter den Bedingungen der neuen, sowjetischen Wirklichkeit.

Mykola Oksa

"Hegel und Feuerbach"

Unbekannte Protokolle über Makarenkos Beschäftigung mit idealistischer und materialistischer Philosphie[0]

Makarenkos Moskau-Aufenthalt im Herbst 1922 wurde bisher noch kaum erforscht. Damals ließ er sich von seiner vorgesetzten Dienststelle, der Poltavaer Gouvernements-Volksbildungsabteilung, zum Studium an das Litkens-Zentralinstitut für Organisatoren der Volksbildung (Central'nyj institut organizatorov narodnogo prosveščenija im. E.A. Litkensa) delegieren, einer Einrichtung der Krupskaja-Akademie der Kommunistischen Erziehung (Akademija Kommunističeskogo vospitanija im. N.K. Krupskoj). Zu diesem Zweck wurde er am 6. Oktober 1922 von der Leitung der Gor'kij-Kolonie entbunden.

Makarenko nahm das Fortbildungsstudium Mitte Oktober auf, doch bereits nach sechs Wochen wurde er durch ein Telegramm aus Poltava zur sofortigen Rückkehr aufgefordert, um den Zusammenbruch der Kolonie zu verhindern. Aus einer ihm am 29. November ausgestellten Bescheinigung geht hervor, daß er vom 14.10.–27.11.1922 Student des Zentralinstituts war und dabei ein Referat auf dem Gebiet des Historischen Materialismus zu dem Thema "Hegel und Feuerbach" gehalten hat. Dieses Dokument ist Bestandteil einer Akte mit der Aufschrift "Makarenko, Anton Semenovič. Student", die sich im Zentralen Staatsarchiv der RSFSR[1] (früher: Archiv für die Oktoberrevolution und den sozialistischen Aufbau der UdSSR) in Moskau befindet und die seit ihrer erstmaligen Vorstellung durch N. Ljalin 1955 in der "Učitel'skaja gazeta"[2] von der Forschung wiederholt herangezogen wurde.

1985 konnte ich bei meiner Arbeit im Zentralen Staatsarchiv der RSFSR weitere Dokumente des Litkens-Instituts einsehen, die u.a. Aufschluß darüber geben, in welcher Weise sich Makarenko mit dem Thema "Hegel und Feuerbach" beschäftigt hat und wie sein Referat, das in Zusammenhang mit einer Vorlesung von Prof. S.V. Trachtenberg für Studienanfänger über Historischen

---

[0] Aus dem Russ.: Stefan Breuers; Terminologische Beratung und Kommentierung (Fußnoten): Dieter Hüning.

[1] Central'nyj gosudarstvennyj archiv RSFSR (im weiteren zit. als: CGA), f. 7954, op. 2, ed.chr. 266.

[2] N. Ljalin, Ličnoe delo studenta A. Makarenko. Novye archivnye materialy. In: Učitel'skaja gazeta, 1955, Nr. 96, 3.12., S. 4.

Materialismus stand,[3] von seinen Kommilitonen und Lehrern aufgenommen wurde.

Es handelt sich dabei um insgesamt vier Protokolle, die von namentlich genannten Studenten der Abteilung Grundstudium des Zentralinstituts für Organisatoren der Volksbildung (osnovnoe otdelenie CIONO) angefertigt wurden und den Zeitraum 21. Oktober- 1. November 1922 betreffen. Durch ihre ungekürzte Wiedergabe möchte ich diese interessanten Dokumente, die erstmals Einblick in Makarenkos Beschäftigung mit idealistischer und materialistischer Philosophie erlauben, der Forschung zugänglich machen.[4]

Nr. 1

Protokoll der Sitzung der Studentengruppe der Abteilung Grundstudium des CIONO — der Genossen Makarenko, Nikolaev, Solovov und Koporev — über die Vorbereitung eines Referats auf dem Gebiet des Historischen Materialismus zum dem Thema "Hegel — Feuerbach".

21.X.22. Die erste Sitzung, an der die oben erwähnten Personen teilnahmen, war der Auswahl und Verteilung der Literatur gewidmet. Als Lektüre wurde ausgewählt: "Die Logik" von Hegel,[5] "Das Wesen des Christentums" von Feuerbach,[6] "Ludwig Feuerbach" von Engels[7] und Plechanovs Artikel "Vom Idealismus zum Materialismus".[8] Die Verpflichtung, sich mit den ersten beiden Quellen vertraut zu machen, übernahm Gen. Makarenko, mit den übrigen — die Genossen Solovov, Nikolaev und

---

[3]Für Studienanfänger (Abteilung Grundstudium) fanden darüber hinaus folgende Vorlesungen statt: V.E. Ignat'ev über Anatomie und Physiologie des Menschen, A.N. Bartenev über Biologie (in Verbindung mit den Revolutionstheorien), N.A. Rybnikov über Experimentelle und Entwicklungspsychologie, M.I. Siliščenskij über Wirtschaftsgeographie und Statistik, B.N. Žavoronkov über Geschichte der wirtschaftlichen Entwicklung, A.A. Tolčinskij über Wissenschaftliche Arbeitsorganisation und V.V. Gorinevskij über Hygiene und Körpererziehung. CGA, f. 7954, op. 2, ed.chr. 107, Bl. 2.

[4]Bei der Beurteilung dieser Protokolle ist generell zu beachten, daß die daraus ersichtliche Beschäftigung mit Hegel und Feuerbach recht einseitig ist und im Grunde genommen weder diesen beiden Philosophen noch deren Rezeption durch Marx und Engels gerecht wird.

[5]G.W.F. Hegel, Die Wissenschaft der Logik, 3 Bde (1812-16); russ. Übers.: Nauka logiki, Petrograd 1916. Neben dieser, der sog. "großen" Logik existiert noch eine "kleine", d.i. der erste Teil der 1917-30 in 3 Auflagen erschienenen "Enzyklopädie der philosophischen Wissenschaften im Grundrisse" (russ. Übers.: Enciklopedija filosofskich nauk v kratkom očerke, Sankt-Peterburg 1839, 2. Aufl. 1861-68), der ebenfalls mit "Die Wissenschaft der Logik" betitelt ist, in der russischen Ausgabe aber "Logika" (Logik) heißt. Daß hier diese "kleine" Logik gemeint ist, geht aus dem Referat hervor (s. Anm. 12).

[6]L. Feuerbach, Das Wesen des Christentums (1841); russ. Übers.: Suščnost' christianstva, London 1861.

[7]F. Engels, Ludwig Feuerbach und der Ausgang der klassischen deutschen Philosophie (1886); russ. Übers.: Ljudvig Fejerbach, Ženeva 1892; Moskva 1918, 1922.

[8]G.V. Plechanov, Ot idealizma k materializmu (1914).

Koporev. Auf der zweiten Sitzung, am 30.X.22, machte sich die Gruppe mit den wichtigsten Positionen anhand der Quellen — Hegels "Logik" und Feuerbachs "Wesen des Christentums" — bekannt. Es referierte Gen. Makarenko.

Auf der dritten Sitzung, am 2.XI.22, machte sich die Gruppe mit dem übrigen Material bekannt. Thesen aus "Ludwig Feuerbach" von Engels trug Gen. Solovov vor, aus Plechanov die Genossen Nikolaev und Koporev. Es wurden Korrekturen und Ergänzungen zu den Thesen aus den Quellen gemacht, als Referent wurde Gen. Makarenko bestimmt.

Auf der vierten Sitzung, am 8.XI.22, hörte man das ganze Referat von Gen. Makarenko an. Es wurde eine gruppen-idealistische Abweichung des Referenten selbst angemerkt, er habe den Ergänzungen, die auf der vorangehenden Versammlung gemacht worden waren, zu wenig Platz eingeräumt, und deshalb bot Gen. Solovov an, ein Korreferat über Feuerbach zu halten. Die übrigen, im Protokoll erwähnten Genossen haben sich an der Arbeit nicht aktiv beteiligt.[9]

Nr. 2

11. November. Protokollnotiz über das Referat von Gen. Makarenko "Hegel und Feuerbach" in einer Seminarveranstaltung.

Hegel und Feuerbach werden deshalb in einem Zusammenhang gesehen, weil sie einen Bezug zum philosophischen Marxismus des 19. und 20. Jhdts. haben. Feuerbach wurde 1888 von Engels als ein Vorläufer des Marxismus bezeichnet, und definitiv hat das Plechanov getan. Aber über Feuerbach als einen Philosophen des Marxismus sprach man solange nicht, wie Hegel nicht vergessen war. Hegel wurde 1770 geboren. Seit 1801 hielt er Vorlesungen über Geschichte der Philosophie.[10]

Die Besonderheit seines Systems und die spezifischen Eigenschaften dieses Genies führten ihm die verschiedenen Klassen der Gesellschaft zu. Feuerbach wurde 1804 geboren. Zuerst studierte er Theologie, er hielt Vorlesungen und schrieb gegen die Religion, weshalb er von 1836 bis 1872 auf dem Land leben mußte.

Hegel ist ein Vertreter des Idealismus und repräsentiert dessen Vollendung, aber er versteht sich selbst als Nachfolger Platos und versucht zu beweisen, daß Plato kein Idealist war.[11] Die Welt Hegels ist die Welt des absoluten Geistes, sei es nun der Idee oder des Verstandes. Die absolute Idee ergibt sich aus der Arbeit des reinen Gedankens. Hegels wichtigste Ansicht betrifft die Bestimmung von Subjekt und Objekt. Das begreifende und denkende Subjekt — das Subjekt, das sich von der Subjektivität befreit hat, ist objektiviert. Hier beobachten wir die Versöhnung seines Bewußtseins mit der objektiven Welt. Im Erkenntnisprozeß unterscheidet Hegel drei Stufen, 1. die abstrakte und verstandesmäßige, 2. die negativ-vernünftige oder dialektische, 3. die

---

[9]CGA, f. 7954, op. 1, ed.chr. 91, Bl. 277/277 Rücks. (Das Protokoll schrieb A., Nikolaev, der Sekretär der Sitzungen).

[10]Hegel las neben anderem (Logik und Metaphysik, Naturrecht) auch über die Geschichte der Philosophie.

[11]Das ist sachlich falsch: Hegel hat sich gerade deshalb als Nachfolger Platos verstanden, weil dieser in seiner "Ideenlehre" ein Grundkonzept idealistischer Philosophie entwickelt hat, d.h. Hegel hat den platonischen Idealismus durchgängig verteidigt.

spekulative oder positiv-vernünftige.[12] Unter Verstand versteht Hegel die niedrigste Form der Erkenntnis und unter Vernunft die höchste. Der Verstand bereitet nur den Boden für die Erkenntnis vor, bestimmt die Widersprüche, aber die Vernunft bringt die Erkenntnis zum Abschluß.

Diese Erkenntnismethode wendet Hegel bei der Analyse der absoluten Idee an.

Das Sein bedeutet nach Hegel die einfachste Widerspiegelung der Welt in unserem Denken. Das Sein beginnt sich dann herauskristallieren, wenn es zum Objekt des Denkens wird. Das dialektische Moment konstatiert die Bewegung. Die Vernunft bestimmt, was vom dialektischen Moment übrigbleibt. Die unmittelbare Existenz ist ebenfalls überflüssig, aber nur in einer bestimmten Qualität. Der Begriff erlangt im dialektischen Prozeß Unabhängigkeit. Die Idee ist die Wahrheit. Alle Bereiche des Lebens verbindet ein gemeinsames Ziel, das in der absoluten Idee liegt. Die Philosophie Hegels befaßt sich kaum mit der Frage nach Gott. Hegel bekannte sich zu einem pantheistischen, absoluten Geist. Die Sittlichkeit verändert sich in Abhängigkeit von den jeweiligen Bedingungen. Hegel ist auf seiten der Helden, weil sie im Widerspruch zu den herrschenden Vorstellungen stehen, aus deren Zusammenstoß sich etwas Neues ergibt. Hegel hat die Entwicklung der Natur nicht vorhergesehen. Bis hin zur Dialektik ist Hegel überzeugend.[13] Zu Beginn des 19. Jhdts. versetzte Hegel mit seiner Philosophie die ganze Gesellschaft in Begeisterung. Die Einwände gegen die Philosophie Hegels lassen sich in drei Gruppen einteilen: der erste Einwand von Michajlovskij[14] bezieht sich auf die Ironie und Verspottung und hält somit der Kritik nicht stand; der zweite Einwand von Höffding:[15] das dialektische Moment führt zur dialektischen Methode — andernfalls führt es dorthin, von wo wir ausgehen; der dritte Einwand von Windelband:[16] die dialektische Methode besitzt eine allgemeine Mechanik.

Hegel zählte zu seinen Lehrern Heraklit, Plato und Kant. Hegel starb 1831.[17]

---

[12]Diese Einteilung (bei Hegel: drei "Seiten") stammt aus der "Wissenschaft der Logik" in der Enzyklopädie-Fassung (s. Anm. 5).

[13]Offenbar bezieht sich diese Aussage auf die Gliederung der Hegelschen Philosophie in Logik bzw. dialektische Methode einerseits und Realphilosophie (Naturphilosophie und Philosophie des Geistes) andererseits. Hegels eigentliche Leistung wird hier auf das Gebiet der Logik bzw. Dialektik eingeschränkt.

[14]N.K. Michajlovskij (1842-1904), Soziologe und Theoretiker der Narodniki. Auf welche Arbeit Michajlovskijs hier Bezug genommen wird, konnte nicht verifiziert werden. Zur Hegel-Rezeption im vor- und nachrevolutionären Rußland siehe: D. Tschiževskij, Hegel in Rußland. In: ders. (Čyževśkyj; Hrsg.), Hegel bei den Slaven. 2. Aufl., Darmstadt 1961, S. 145-396.

[15]H. Høffding (Höffding) (1843-1931), dänischer Philosoph. Gemeint ist wahrscheinlich dessen "Geschichte der modernen Philosophie von dem Ende der Renaissance bis zu unseren Tagen", Leipzig 1895/96.

[16]W. Windelband (1848-1915), deutscher Philosoph. Auf dessen Werk "Die Erneuerung des Hegelianismus", Heidelberg 1916, wird eingegangen in: I.A. Il'in, Filosofija Gegelja kak učenie o konkretnosti boga i čeloveka. T. I-II, Moskva 1918; s. D. Tschiževskij (s. Anm. 15), S. 360.

[17]CGA, f. 7954, op. 1, ed.chr. 91, Bl. 278-278 Rücks. (Das Protokoll schrieb der Student Malinovskij).

16. November. "Hegel und Feuerbach" — Fortsetzung des Referats von Gen. Makarenko.

Diskussion und Fragen zum Referat. Genossin Zacharova sagt, daß das Referat das Wesen der Lehre Hegels nicht ausschöpft. Die Loslösung von der Philosophie Kants und Fichtes ist deutlich. Unklar ist das Moment des Werdens.[18] Anschließend stellte sie dem Referenten Fragen: Was hat Hegel mit seinem System angestrebt? Was bedeutet Vervollkommnung der Entwicklung? u.a. Eine Frage von Gen. Sopičev: Wenn nach Hegel "alles Wirkliche vernünftig ist,"[19] ist Hegel dann ein Revolutionär?

In seiner Antwort sagt der Referent, wenn er damit beginnen würde, auf breiter Ebene eine Verbindung zwischen der Lehre Hegels und der Kants und anderer herzustellen, würde sein Referat zu einer großen Untersuchung anwachsen. Hegel ist in seinen Problemstellungen derart philosophisch rein, daß er in der Entwicklung seines Systems einzig und allein die Erkenntnis der Wahrheit anstrebt. In Hegels Darstellung strebt die Idee zur Selbsterkenntnis. Das Moment des Werdens. Das Sein und das Nichts — das ist etwas Verwandtes. In ihrer Bewegung gelangen das Sein und das Nichts zum Werden. Alles Wirkliche ist vernünftig." Vernünftig ist nach Hegel das, was ideal ist. Eine solche These läßt sich nicht mit Politik verbinden.

Gen. Trachtenberg weist den Referenten darauf hin, daß die Philosophie Hegels eine Philosophie der Identität sei und keine Philosphie des Wesens,[20] d.h. der Gegenstand und die Idee sind identisch. In diese Richtung der Lehre Hegels zielen alle Hiebe der Kritiker. Bezüglich des Referats sagt. Gen. Trachtenberg, daß die ungenügende Berücksichtigung von Ansichten der Kritiker seiner Lehre einen schwachen Punkt des Referats darstelle. Das Referat gibt nur die Lehre selbst wieder, aber nicht deren Einschätzung durch andere.

Schlußbemerkung über Hegel (Gen. Trachtenberg). Das System Hegels ist zwiespältig. Das ganze System gründet sich auf einer wenig konkreten, abstrakten Logik. Man kann sich ihm auf zweierlei Art nähern: logische Herangehensweise. Panlogismus. Aber in ihm gibt es viel Reales — Herangehensweise des Realen. Der Ausgangspunkt Hegels. Einst existierte die allgemeine absolute Idee. Sie existierte immer.[21]

Die absolute Idee beginnt bestimmte Stufen der Entwicklung zu durchlaufen. Alles ist absolut — die sich bewegende Idee. In dieser Bewegung ist die ganze Welt eingeschlossen. Die Bewegung ist nicht ziellos. Die Idee soll sich selbst erkennen. Das ist das Ziel der Wissenschaft. Die Idee in ihrer Bewegung geht in ihr Gegenteil über.

---

[18]Das Werden repräsentiert in Hegels Logik die dritte Kategorie als "Einheit des Seins und des Nichts".

[19]Bezieht sich auf Hegels berüchtigtes Diktum aus der Vorrede der "Grundlinien der Philosophie des Rechts": "Was vernünftig ist, das ist wirklich; und was wirklich ist, das ist vernünftig".

[20]Diese Behauptung ist insofern mißverständlich, als die Kategorie des Wesens ebenfalls einen zentralen Bestandteil der Hegelschen Logik ausmacht. Der Mittelteil der "Wissenschaft der Logik" trägt den Titel "Die Lehre vom Wesen".

[21]Für Hegel existiert die absolute Idee ewig und realisiert sich in den Gestalten der Natur, des Geistes und der Geschichte. Insofern ist die obige Darstellung von der zeitlichen Beschränktheit der Idee nicht korrekt.

Es gab den Geist — es entstand die reale Welt. Die Hegelsche Triade: These — die absolute Idee, Antithese — die reale Welt, Synthese — die Selbsterkenntnis der Idee, der Geist. Die Idee, die sich in ihr Gegenteil verwandelt, verwandelt sich in die reale Welt. Die Welt entwickelt sich dialektisch. Die Welt ist eine gesetzmäßige Einheit. Außer ihr gibt es nichts. Mit Hilfe dieser Thesen können wir die reale Welt verstehen, gewinnen wir eine Methode der Erkenntnis. Aus seiner Philosophie, wenn man sie von innen nach außen gewendet hat, kann man die reale Welt verstehen.

Der Geist entwickelt sich nach seiner eigenen Gesetzmäßigkeit. Er durchdringt alle Völker. Jedes Volk muß in seiner Entwicklung die Idee dieses Geistes erschließen.[22]

Die ganze Weltgeschichte ist eine Welttragödie. Die Menschen — das sind Schauspieler, die die Rollen dieser Tragödie spielen. Rollen, vergeben ohne Rücksicht auf ihren Willen: die Gesetzmäßigkeit des gesellschaftlichen Prozesses. Gerade darin liegt sein Realismus. Die dritte Stufe der Entwicklung — das ist die Philiosphie des Geistes. Der Geist hat sich selbst erkannt. Hegel konnte die dialektische Methode nicht zu Ende führen. Der Geist vollendete seine Bewegung in der preußischen Staatsordnung.[23] Seiner Lehre entspringt eine Methode, die zur Erkenntnis der realen Welt führt. Das ist sein Verdienst. Diese Methode wurde von Marx aufgegriffen.[24]

Nr. 4

21. November. Diskussion des Referats über Feuerbach.

Genossin Zacharova weist darauf hin, daß der Referent die Lehre Spinozas nicht richtig dargelegt habe. Seinen Worten nach ist Spinoza ein idealistischer Pantheist, während in Wirklichkeit die "Natur" in der Lehre Spinozas nichts anderes als Materie ist, weil sie Eigenschaften des Denkens und des Räumlichen besitzt, und der "Gott" Spinozas — das ist ein "theologisches Anhängsel". Außerdem hält sie die Kritik Feuerbachs an der Philosophie Hegels für nicht hinreichend klar dargestellt. Sie ist der Auffassung, daß die Philosophie Feuerbachs Schlußfolgerungen der Naturwissenschaft in der Art zugrundegelegt habe, wie sie in seiner Zeit gezogen wurden, und geht detailliert auf den Teil der Lehre Hegels ein, der von Feuerbach ausgearbeitet worden ist.

Gen. Butykov weist darauf hin, daß in dem Referat die Kollektivarbeit der Gruppe ungenügend aufgezeigt worden sei, weil das Problem einseitig dargestellt wurde, obwohl die Lehre Feuerbachs ihrem Wesen nach Widerspruch hervorrufen müßte, aber dieser Widerspruch wurde von der Gruppe weder im Referat noch in der Diskussion zum Ausdruck gebracht. Zum Gehalt des Referats muß man anmerken, daß der Ma-

---

[22] Gemeint ist hier Hegels geschichtsph¹losophische These, daß jedes Volk in der Geschichte seinen "Geist" als den notwendigen Zusammenhang seiner gesellschaftlichen Organisation verwirklicht.

[23] Diese Einschätzung von Hegels politischer Position entspricht einem im 19. Jhdt. weitverbreiteten liberalen Vorurteil, u.a. formuliert von R. Haym in seinem Buch "Hegel und seine Zeit", Berlin 1857 (Reprint Darmstadt 1962). Zum Problem von Hegels Stellung zu Preußen s. Engels Schrift "Ludwig Feuerbach und der Ausgang der klassischen deutschen Philosophie" sowie dessen Brief an Marx vom 8.5.1870 und Marx' Antwort vom 10.5.1870.

[24] CGA, f. 7954, op. 1, ed.chr. 91, Bl. 279-279 Rücks. (Das Protokoll schrieb der Student G. Palkin).

terialismus Feuerbachs nicht richtig dargestellt worden ist: Es wurde nicht auf seinen Unterschied zum "Vulgärmaterialismus" Büchners,[25] Moleschotts[26] u.a. verwiesen, außerdem ist die religiöse Lehre Feuerbachs und ihr wesentlicher Unterschied zur idealistischen Theologie der "Menschlichkeit" völlig unklar.[27] Überhaupt nicht behandelt blieb die Frage des Einflusses der Philosophie auf die Kunst.[28]

Gen. Makarenko weist in seinem Schlußwort darauf hin, daß Genossin Zacharova der eigentlichen Aussage des Referats nicht widersprochen, sondern es lediglich durch eine Sammlung verschiedener Zitate ergänzt habe, die untereinander durch nichts verbunden seien. Die Behauptung von Gen. Butykov über die ungenügende kollektive Ausarbeitung sei ebenfalls durch nichts gerechtfertigt.

Prof. Trachtenberg hält das Referat hinsichtlich der sorgfältigen Bearbeitung des Materials, seiner Wissenschaftlichkeit und Systematik für wertvoll, aber im Sinne der Interpretation der Lehre Feuerbachs für unvollständig.

Ausgangspunkt der Philosophie Feuerbachs ist der Mensch. Hegel gab dem Marxismus die Dialektik, Feuerbach führte die Philosophie "vom Himmel auf die Erde" und überwand den Hegelschen Idealismus, worin die eigentliche Bedeutung Feuerbachs liegt. Feuerbach schuf die Grundlage der materialistischen Auffassung, nicht nur von den Naturgesetzen, sondern auch von der Menschheit. Er überwand die idealistische Religion. "Ich ziehe es vor, im Bund mit der Wahrheit ein Teufel zu sein, als im Bund mit der Lüge ein Engel", sagt er und erweist sich in diesem Ausspruch als ein revolutionärer Kämpfer.

In der Lehre Feuerbachs ist das Wichtigste die Logik des Menschen — anstelle der theologischen "absoluten Idee" Hegels. Das Geheimnis des Glaubens an Gott ist der Mensch.[29] Der Mensch schreibt Gott die besten Eigenschaften des Menschen zu. Bei Hegel realisiert sich die Idee als die Realität des sinnlich Erfaßbaren, der Materie,[30] und Feuerbach nahm als Grundlage den Menschen. Im Menschen liegt das Geheimnis zu allem: "Denke nicht wie ein Philosoph, sondern wie ein Mensch, der durch das Meer des Lebens schwimmt." Der Mensch Feuerbachs ist der Körper eines Menschen.[31] Er trennt nicht die Seele vom Körper, und den Glauben an die magische

---

[25]L. Büchner (1824-1899), deutscher Arzt und Philosoph, schrieb u.a. "Kraft und Stoff" (1855).

[26]J. Moleschott (1822-1893), holländischer Physiologe, schrieb u.a. "Lehre der Nahrungsmittel" (1850), "Der Kreislauf des Lebens" (1852).

[27]Es ist Feuerbach selbst, der eine wahre Religion der Menschheit und Humanität begründen wollte. Somit ist hier "völlig unklar", worin überhaupt ein "wesentlicher Unterschied" zwischen Feuerbachs religiöser Lehre und der idealistischen Theologie der Humanität (als moralischer Weltanschauung) liegen soll — beides ist identisch.

[28]Eventuell Anspielung auf N.G. Černyševskijs Magisterdissertation "Die ästhetischen Beziehungen der Kunst zur Wirklichkeit" (Ėstetičeskie otnošenija iskusstva k dejstvitel'nosti; 1855), worin versucht wird, Feuerbachs Philosophie für die Ästhetik fruchtbar zu machen.

[29]Umsetzung der zentralen These aus dem Vorwort zur 1. Auflage des "Wesens des Christentums": "Das Geheimnis der Theologie ist die Anthropologie."

[30]Diese Aussage trifft eher auf Feuerbach zu, während für Hegel die Natur bzw. die Materie nur die niedrigste Erscheinungsform der absoluten Idee darstellt. Entsprechend repräsentiert das "sinnlich Erfaßbare" für Hegel die "ärmste Wahrheit" des Bewußtseins.

[31]Gemeint ist hier der wirkliche, physische Mensch im Unterschied zu der nach Feuerbachs

Seite des Menschen hält er, bezogen auf den ganzen Menschen, für vernünftig.[32]

Als Empiriker und Sensualist sucht Feuerbach die Wahrheit nicht in der Idee, sondern in der Praxis des Lebens, und erkennt die Realität alles Existierenden an. "Real ist nur das, was außerhalb meines Kopfes existiert." Grundlage all seiner Ausführungen ist die Familie, aber über diese gesellschaftliche Form kann er nicht hinausgelangen.[33] Er sieht und versteht die Abhängigkeit des Menschen von der materiellen Welt. "Der Mensch ist, was er ißt."[34] "Ein Schneider, der einen Hosenschnitt einführt, führt eine neue Idee ein." Als das Grundmerkmal der Philosophie Feuerbachs muß man ansehen: Materialismus, sinnlicher Eklektizismus,[35] Realismus, Humanismus. Heine sagte unter dem Einfluß der Feuerbachschen Philosophie: "Wir wollen hier auf Erden schon das Himmelreich errichten",[36] und darin zeigte sich die Idee Feuerbachs.[37]

Ansicht verkürzten Auffassung vom Wesen des Menschen als primär geistigen bei Hegel.

[32] Die "Vernunft der magischen Seite des Menschen" bezieht sich auf Feuerbachs Grundposition, daß sich in der Religion das Wesen des Menschen in verkehrter Form widerspiegelt.

[33] Diese für Feuerbach überraschende Mitteilung ist wohl auf dem Hintergrund der zeitgenössischen Kritik an Ehe und Familie zu sehen.

[34] Erstmals formuliert in Feuerbachs Rezension von J. Moleschotts "Lehre der Nahrungsmittel. Für das Volk" — Titel dieser Rezension: "Die Naturwissenschaft und die Revolution" (1850) —, wiederaufgenommen in "Das Geheimnis des Opfers oder der Mensch ist, was er ißt" (1862).

[35] Diese pejorative Einschätzung — "Eklektizismus"! — ist insofern erstaunlich, als Feuerbachs Hegel-Kritik als wichtiger Schritt zur Herausbildung der marxistischen Philosophie gilt. Wahrscheinlich liegt hier ein Fehler bei der Protokollabfassung vor.

[36] H. Heine, Deutschland. Ein Wintermärchen (1844), Caput I.

[37] CGA, f. 7954, op. 1, ed.chr. 91, Bl. 280f. (Das Protokoll schrieb der Student Avutychov).

Ivan Krivonos

Ein interessanter Fund

Zur Erstveröffentlichung von Makarenkos
"Überblick über die Arbeit der Poltavaer M. Gor'kij-Kolonie"[0]

Zu Beginn des Jahres 1985 wurde vom Bildungsministerium und vom Republikrat der Pädagogischen Gesellschaft der Uk.SSR am Poltavaer Pädagogischen Institut eine wissenschaftliche Arbeitsstelle zur Erforschung und Propagierung des Erbes A.S. Makarenkos gegründet. Die Hauptaufgabe dieser Arbeitsstelle ist die weitere Entwicklung und Umsetzung des pädagogischen Erbes A.S. Makarenkos sowie die umfassende Erforschung methodologischer, allgemein theoretischer und organisatorisch-leitungsmäßiger Aspekte dieses Problems.

Schlüsselthemen der Untersuchungen, die von Mitarbeitern der Arbeitsstelle durchgeführt werden, sind: eine biographische Chronik von Makarenkos Leben und Wirken im Poltavaer Gebiet; die methodologischen Grundlagen seines pädagogischen Systems; dessen Anwendung im Rahmen eines experimentellen zielorientierten Ausbildungsprogramms mit der Bezeichnung "Der Lehrer", das im Poltavaer Pädagogischen Institut unter der Leitung von Prof. I.A. Zjazjun eingeführt wird; die schöpferische Anwendung der Ideen Makarenkos in der Schulpraxis u.a.

Zum 100. Geburtstag A.S. Makarenkos bereiten N.M. Kulinič und N.M. Priščepa einen systematischen und einen alphabetischen Katalog der Werke Makarenkos und jener Arbeiten vor, die mit der Erforschung seines Wirkens verbunden sind.

Im Verlauf der bibliographischen Nachforschungen gelang es N.M. Kulinič zusammen mit dem Leiter der Bibliographischen Abteilung der Poltavaer Wissenschaftlichen I.P. Kotljarevskij-Gebietsbibliothek, O.I. Ščerbinina, in deren Beständen ein Unikat zu entdecken: einen Jubiläumsband mit Artikeln von Mitarbeitern der örtlichen Einrichtungen für minderjährige Rechtsbrecher "5 Jahre Arbeit mit Kinder-Rechtsbrechern" (5 let raboty s det'mipravonarušiteljami; Poltava 1925), herausgegeben von der Poltavaer Kommission für die Angelegenheiten minderjähriger Rechtsbrecher. Dieser Fund vermittelt eine Reihe ergänzender Informationen über die erste Veröffentlichung des Werks A.S. Makarenkos "Überblick über die Arbeit der Poltavaer

---

[0]Entnommen aus: Narodnoe obrazovanie, 1987, Nr. 11, S. 92 (Interesnaja nachodka); ergänzt auf der Grundlage einer Variante dieses Artikels in : Sovetskaja pedagogika, 1988, Nr.1, S. 106-108 (Interesnaja nachodka — nado utočnit'). Aus dem Russ.: Stefan Breuers.

M. Gor'kij-Kolonie" (Očerk o rabote Poltavskoj kolonii im. M. Gor'kogo).

Diese Skizze ist nicht nur für den Forscher von Interesse, sondern auch für den pädagogischen Praktiker, weil sie eine umfassende Darstellung der Erfahrung der Kolonie in den ersten fünf Jahren ihres Bestehens enthält. Im Kommentar zur Veröffentlichung der Skizze in der achtbändigen Ausgabe der "Pädagogischen Werke" (Bd. 1, Moskau 1983) wird darauf hingewiesen, daß sie zum ersten Mal in der siebenbändigen Ausgabe der "Werke" (Bd. 7, Moskau 1952) publiziert worden sei. Und im Kommentar zu dieser Veröffentlichung heißt es, daß die Skizze nach einer Kopie des Autorentyposkripts gedruckt wird, die der Arbeitsstelle zur Erforschung des pädagogischen Erbes A.S. Makarenkos bei der Akademie der Pädagogischen Wissenschaften der RSFSR von N.F. Ostromenckaja zur Verfügung gestellt worden war, einer ukrainischen Journalistin und Jugendbuchautorin, Verfasserin der Skizze "Dem Leben entgegen" (Nardonyj učitel', 1928, Nr. 1/2) über die Gor'kij-Kolonie, in der sie im Sommer 1926 gearbeitet hatte.

Doch Mitarbeitern von uns, die Makarenkos Briefwechsel mit Gor'kij studiert haben, entdeckten, daß sich dieser am 19. Juli 1925 mit folgender Bitte an Makarenko gewandt hatte:

"Vielleicht schicken Sie mir auch einen Bericht über die Arbeit, falls es einen solchen gibt?" Makarenko antwortete Gor'kij darauf: "Einen gedruckten Bericht haben wir nicht... Ende August feiern wir unser fünfjähriges Jubiläum und bereiten einen Jubiläumsband vor. Den werden wir Ihnen dann schicken..."

Diese beiden Briefe dienten als Grundlage für eine Suche, die mit dem Fund des oben erwähnten Sammelbandes gekrönt wurde, in dem auch die Skizze A.S. Makarenkos enthalten ist.

Der Sammelband wurde im Poltavaer Institut für Volksbildung (INO) in einer Auflage von 100 Exemplaren veröffentlicht. Die Ausgabe ist in einen künstlerisch gestalteten kartonierten Umschlag eingebunden. Der Einführungsartikel ("Vom Verlag") ist mit dem 15. September 1925 datiert.

Der Band enthält zehn Beiträge, darunter (S. 31-49) den Artikel von A.S. Makarenko "Überblick über die Arbeit der Poltavaer M. Gor'kij-Kolonie" (Očerk raboty Poltavskoj kolonii im. M. Gor'kogo, so der Originaltitel).

In dem Einführungsartikel wird eine Bilanz der fünfjährigen Arbeit der Gouvernementskommission für die Angelegenheiten Minderjähriger und der ihr angeschlossenen Einrichtungen gezogen, es werden die Erfahrungen mit der Arbeit dargestellt und ungelöste Probleme analysiert. Besonders hervorgehoben wird dabei, daß von der großen Gesamtzahl der Kinder, die die Kommission für die Angelegenheiten Minderjähriger und ihre Einrichtungen durchlaufen haben, 75% in die Arbeiterklasse zurückgekehrt sind. "...Und der beste Beweis dafür", so heißt es in dem Einführungsartikel, "sind jene aufrichtigen Komsomolzen auf

Arbeiterfakultäten, die die Gor'kij-Kolonie Jahr für Jahr entläßt..."

Bei der Analyse der Mängel in der Arbeit einer der Einrichtungen wird in diesem Artikel ein überzeugender Vergleich angestellt: "Erfolgreicher war da die Gor'kij-Kolonie. Dank ihres talentierten und tatkräftigen Leiters A.S. Makarenko, der sogleich Kurs auf das Kollektiv und die Arbeit genommen hatte und diese Prinzipien unbeirrt in die Tat umsetzte, verläuft die Arbeit dort ohne Stocken und mit glänzenden Ergebnissen." (S. 75).

Man muß dabei allerdings sagen, daß es bezüglich des Inhalts der Skizze, die — auf der Grundlage von Makarenkos Manuskript — in die Ausgabe der "Werke" aufgenommen wurde, und seiner Fassung, die in dem Sammelband des Poltavaer Instituts aus dem Jahr 1925 enthalten ist, ziemlich gravierende Unterschiede gibt. So schrieb Makarenko z.B. in dem Abschnitt über Disziplin: "In der letzten Zeit ist der Leiter faktisch nur der Vollzieher der Entscheidungen des Rates der Kommandeure und der Vollversammlung, aber bezüglich des Vollzugs selbst besitzt er allein das Recht des Zwangs und der Bestrafung." (S. 48). Dieser Satz ist in der Ausgabe der "Werke" Makarenkos nicht enthalten, er charakterisiert jedoch in hohem Maße das Verhältnis zwischen den Mitgliedern des Kollektivs und dem Leiter der Kolonie.

In dem Sammelband des Poltavaer Instituts ist in demselben Abschnitt auch ein Schema enthalten, welches das System der Vollmachten im Kollektiv wiedergibt. Darin sind die komplizierten Abhängigkeiten zwischen dem Pädagogischen Rat, dem Leiter der Kolonie, dem Diensthabenden der Kolonie, der Vollversammlung, dem Rat der Kommandeure, dem Abteilungskommandeur und den Zöglingen dargestellt. Es ist unbekannt, etwas Ähnliches haben wir in anderen Werken Makarenkos nicht gefunden.

In der Ausgabe der "Werke" ist dieses Schema nicht enthalten. Dort sind nur folgende Worte aus dem Manuskript angeführt: "Alle diese Ziele werden mit Hilfe eines Systems von Vollmachten erreicht, das in einem entsprechenden Schema wiedergegeben wird (liegt bei — hier gibt es dafür keinen Platz)."

In der Fassung der Skizze, die in dem Sammelband des Instituts enthalten ist, lautet der erste Satz des Abschnitts "Organisation" wie folgt: "Erzieher und Zöglinge (jetzt wird bei uns ernsthaft die Frage gestellt, ob diese Termini nicht abgeschafft und durch andere ersetzt werden sollten; zum Teil werden sie bereits durch den Rang "Kolonist" bzw. "Älterer Kolonist" ersetzt) bilden eine einzige Kommune, deren Ziel das Erreichen einer mehr oder weniger hohen Kultur ist, sie sollen ihr ganzes Leben, die gesamte Summe ihrer Bestrebungen und Anstrengungen in den Formen der kulturellen Arbeit unter den Bedingungen ihrer Wirtschaft zum Ausdruck bringen." (S. 40) In den Werkausgaben fehlt der letzte Teil dieses Satzes, in dem die Abhängigkeit des kulturellen Lebens von der ökonomischen Entwicklung unterstrichen wird.

Der "Überblick über die Arbeit der Poltavaer M. Gor'kij-Kolonie", wie er in den Makarenko-Ausgaben veröffentlicht worden ist, enthält auch keine Ausführungen über das Pfadfindertum. In dem kürzlich entdeckten Sammelband läßt sich das Verhältnis A.S. Makarenkos zur Pfadfinderorganisation genau verfolgen. Im einzelnen schreibt er dazu (S. 42):

"Einiges haben wir auch vom Pfadfindertum übernommen, obwohl uns klar war, daß das Pfadfinderspiel in Grunde genommen inhaltlich arm ist. Im Pfadfindertum gibt es allzu viel Phantastisches, reines Spiel, auch viele direkte Orientierungen am einzelnen, Appelle und mündliche Formeln... Das Pfadfindertum ist völlig losgelöst vom Wirtschaftsleben, von jedweder Ökonomie..."

Bei der Wiedergabe der Skizze in den Makarenko-Ausgaben wurde in dem Abschnitt "Zögling" am Ende des ersten Absatzes der folgende Satz weggelassen: "Ich kam kurz vor der ersten Garbe, und als man das zweite Heu einfuhr, war ich schon ein ganz anderer. Wie ist das nur möglich?" (S. 38). Die erste Garbe signalisiert den Beginn der Ernte (Juli), und das zweite Heu bringt man in der Gegend von Poltava Anfang Oktober ein. Somit war aus dem Zögling in der kurzen Zeit von ungefähr zwei Monaten "ein ganz anderer" geworden.

Im ersten Band der achtbändigen Ausgabe kann man auf S. 51 in der vorletzten Zeile lesen: "Das Verlangen nach einer strikten und präzisen Anordnung sowie nach einem schnellen Reagieren ohne viel Zureden und langes Gerede — das ist ein allgemeines Verlangen." In Makarenkos Skizze lautet dieser Satz so: "Das Verlangen nach einem strikten Sonderauftrag und einer präzisen Anordnung..." (S. 46). Das Wort "Sonderauftrag" (narjad) hätte man kaum auslassen dürfen. Unter einem "Sonderauftrag" werden bei Makarenko ganz unterschiedliche Arbeiten verstanden. Die diensthabenden Kommandeure notierten: dieser da hat, sagen wir zwei Sonderaufträge und der da einen. Wenn es nichts zu tun gibt, halten sich die "Sonderbeauftragten" in Reserve. Man muß nach Poltava fahren — einer wird in die Stadt geschickt, es ist Hilfe in der Küche nötig — man schickt jemanden in die Küche. Makarenko schätzte dieses Wort und verwendete es hier nicht zufällig.

In den Kommentaren zu der Skizze in den Makarenko-Ausgaben heißt es, daß im Autorentyposkript die Nummer jener Abteilung unleserlich sei, mit der Makarenko zu Mittag gegessen hat. Aus dem Artikel im Poltavaer Sammelband geht hervor, daß es die dritte Abteilung war (S. 44). Im Text der Skizze, der in den Werkausgaben veröffentlicht worden ist, gibt es auch noch andere Auslassungen, Ungenauigkeiten und manchmal sogar Ergänzungen.

Der interessante Archivfund gibt Grund zu der Annahme, daß die Skizze "Überblick über die Arbeit der Poltavaer M. Gor'kij-Kolonie" zuerst am 15. September 1925 in Poltava erschienen ist. Dieser Fund vermittelt wichtige Ergänzungen zur Wiedergabe des Textes in den Makarenko-Ausgaben.

Die pädagogische Wissenschaft hat auf dem Gebiet der Aneignung des Erbes A.S. Makarenkos viel errreicht. Aber die weitere Suche nach Dokumenten und Materialien über das Leben, Wirken und das Werk des bedeutenden Pädagogen bleibt eine wichtige Aufgabe von Wissenschaftlern, Landeskundlern und Bibliographen.

Siegfried Weitz

Die schöpferischen Jahre

Anmerkungen zu Makarenkos publizistisch-literarischer Tätigkeit in der Gor'kij-Kolonie[0]

Von Makarenkos schriftstellerischer Arbeit in den 20er Jahren ist bisher immer nur am Rande die Rede gewesen. Das wenige, bekannt gewordene Material aus dieser Zeit, das zudem noch in editorisch höchst unzureichender Form präsentiert wurde, hat die gängige, so auch von uns in der Marburger Makarenko-Ausgabe noch vertretene Meinung gestützt, daß in dieser Zeit nichts Nennenswertes aus seiner Feder entstanden sei. Das schien durch Arbeitsüberlastung hinreichen erkärt,[1] eine Deutung, die bereits 1924 von Maro, der ersten 'Chronistin' der Gor'kij-Kolonie, vorgegeben wurde[2] und die sich dabei auch auf Hinweise Makarenkos selbst berufen konnte.[3] Das hat die Vorstellung von einer gewissen Phasenhaftigkeit in der Biographie Makarenkos aufkommen lassen, wonach — grob gesagt — dem engagierten pädagogischen Praktiker der 20er Jahre in den 30er Jahren der Schriftsteller mit mehr oder minder deutlichen erzieherischen Interessen folgt. Es bliebe dann nur noch auszumachen, ob er damit einer inneren Dynamik oder mehr äußeren Zwängen entsprochen hätte.

Inzwischen sind Zweifel an dieser Sicht aufgekommen, ihnen soll in folgendem nachgegangen werden. Verbunden damit ist das Anliegen, zu einer gesicherten Chronologie von Makarenkos frühen Schriften zu kommen, deren Umfang und Bedeutung wir bisher unterschätzt haben.

Der tschechische Makarenko-Forscher L. Pecha hat beim Internationalen "Marburger Gespräch" 1986 hervorgehoben, daß Makarenkos Pädagogik "nicht nur eine Pädagogik der Perspektive, sondern immer auch eine Pädagogik des Kampfes gewesen" sein. Wie wir heute wissen, stammen viele der

---

[0]Überlegungen im Anschluß an den Beitrag des Verf. "Makarenko als Pädagoge — Versuch einer Standortbestimmung". In: "Makarenko-Diskussionen International" 1986 (2. Marburger Gespräch).

[1]Vgl. A. Makarenko, Gesammelte Werke. Marburger Ausgabe, Ravensburg 1976 ff. (im weitern zit. als: Ges. Werke 1 ff.), Bd. 1, S. XXI.

[2]Vgl. Maro, Rabota s besprizornymi. Praktika novoj raboty v SSSR, Char'kov 1927, S. 61 - 77, hier: S. 61.

[3]Vgl. den Brief an Ostromenckaja vom 18. April 1928. In: A. S. Makarenko, Pedagogičeskie sočinenija v vos'mi tomach, Moskva 1983-1986 (zit. als: Ped. soč. 1 ff.), Bd. 8, S. 34 f., hier S. 34.

Schlußfolgerungen aus seiner pädagogischen Erfahrung, der er stets mehr vertraute als den "dogmatischen" Vorgaben der Theoretiker auf dem "pädagogischen Olymp", in Widerspruch zu der herrschenden Lehrmeinung jener Zeit. Je klarer sich seine Position herausbildete und je offensiver er sie vertrat, um so schwieriger wurde es für ihn, etwas zu publizieren. Da es seinem Charakter widersprach, opportunistische Zugeständnisse zu machen, ist es erklärlich, warum zu seinen Lebzeiten aus dieser schöpferischsten Zeit so wenig veröffentlicht worden ist und warum sich seine Nachlaßverwalter auch heute noch schwer damit tun.

Ich möchte hier das Ergebnis meiner Sichtung des Materials und der daran anschließenden Überlegungen, die gewisse Korrekturen an dem gängigen Makarenko-Bild nahelegen, im Hinblick auf das uns beschäftigende engere Thema vorwegnehmen und zur Diskussion stellen: Die praktische Erziehungsarbeit und das Schreiben als die zwei ausmachbaren persönlichen Interessensschwerpunkte Makarenkos sind als eine Einheit zu betrachten, die nur bei oberflächlicher Betrachtung unter dem Druck äußerer Umstände zeitweilig aufgelöst scheint. Seine Biographie ist in dieser Hinsicht von seltener Geradlinigkeit und Zielstrebigkeit.

Die These stützt sich nicht zuletzt auf die Erkenntnis, daß Makarenko in den 20er Jahren mehr und Bedeutenderes geschrieben hat, als bisher angenommen wurde und daß er dabei seinen "schriftstellerischen Drang" durchaus nicht unterdrückt hat, ja, daß auch die durch aktuelle Anlässe bedingte 'Zweckpublizistik' unter literarisch-künstlerischem Aspekt zu betrachten ist. So lassen sich beispielsweise einzelne Kapitel des "Pädagogischen Poems" auf solche 'Vorformen' zurückführen.

Wenn wir einmal von Makarenkos früher Erzählung "Ein dummer Tag" (Glupyj den') absehen, die er 1915 Gor'kij geschickt und die dieser ihm mit einer wenig ermutigenden Stellungnahme zurückgegeben hatte,[4] ist nach unserem jetzigen Stand der Kenntnis der aus aktuellem Anlaß entstandene kurze Artikel "Die M. Gor'kij-Kolonie"[5] sein erster zur Veröffentlichung bestimmter Beitrag.[6] Er erschien im Rahmen einer Kampagne zur Verwahrlostenhilfe am 4. Februar 1923 in der lokalen Poltavaer Zeitung "Golos truda". Sein Anliegen

---

[4] Vgl. Maksim Gor'kij v moej žizni. In: Ped. soč. 4, S. 8-18, hier: S. 12.

[5] Kolonoija im. M. Gor'kogo. Faksimile in: Ges. Werke 1, S. 24.

[6] Die in den bisherigen Editionen von den jeweiligen Herausgebern noch früher, 1922 datierten Titel — die Überschriften stammen von den Herausgebern — "Über die Erziehung" (O vospitanii) (Ped. soč. 1, S. 124f.) und "Der Begriff der Disziplin im Gesamtsystem der Erziehung" (Ponjatie discipliny v obščej sisteme vospitanija) (Ped. soč. 1, S. 11f.) sind demgemäß später, 1924 bzw. 1931/32 anzusetzen; auf diese Datierung wird noch eingegangen.

war es, die Kolonie der breiten Öffentlichkeit kurz vorzustellen. Die stilistisch ausgefeilte Darstellung, deren Qualität im Kontext entsprechender Artikel anderer Autoren besonders auffällt, nimmt in konzentrierter Form bereits Motive der ersten Kapitel des "Poems" vorweg, bezieht aber auch schon pädagogische Reflektionen mit ein.

Ebenfalls im Frühjahr 1923 erschien unter dem Kürzel "A. M." in einer Fachzeitschrift Makarenkos erster pädagogisch-methodisch orientierter Beitrag "Erfahrungen mit der Bildungsarbeit in der Poltavaer M. Gor'kij-Kolonie",[7] der einen lebendigen und anschaulichen Eindruck von dem soeben in der Kolonie eingeführten Unterricht nach der Komplexmethode vermittelt.

Bei dem bisher anders datierten Text "Über die Erziehung"[8] handelt es sich, wie eine inhaltliche Analyse nahelegt, um Material, daß in dem Umkreis des uns durch die Mitschrift eines Zuhörers bekannt gewordenen Vortrags Makarenkos über die zu der Zeit diskutierte Problematik "Kollektiv und Einzelner" — zu datieren etwa Sommer 1924 — gehört.[9] Hier finden sich bereits kontroverse Formulierungen, die seine 'proletkulthafte' Einstellung der pädagogischen Tradition gegenüber erkennen lassen.

Diese Tendenz ist dann bei dem zum 5jährigen Jubiläum der Gor'kij-Kolonie geplanten Sammelband "Die Abenteuer der Gor'kijer am Kolomak in 5 Jahren".[10] unübersehbar, der unter dem Motto "Nieder mit der Pädagogik" stehen und u. a. folgende "ernsthaften Beiträge" — offenbar aus der Feder Makarenkos — enthalten sollte: "'Die Geschichte der Kolonie' oder 'Unsere Disziplin', 'Wie Matvej auf die Rabak fuhr', 'Melonen' u. ä.".[11] Dieser Band, den Makarenko auch im Brief an Gor'kij vom Juli 1925 erwähnt,[12] ist allem Anschein nach nicht erschienen, entsprechendes Material ist aber bisher auch in den Archiven nicht aufgefunden worden. Es spricht einiges dafür, daß es in mehr oder minder umgearbeiteter Form in den Teil 1 des "Pädagogischen Poems" eingegangen ist,[13] wobei er dort in für ihn typischer Weise Fakten der Realgeschichte der Kolonie kompositorisch verwendet und im Sinne seiner schriftstellerischen

---

[7]Opyt obrazovatel'noj raboty v Poltavskoj trudovoj kolonii im M. Gor'kogo. In: Novymi stežkamy, 1923, Nr. 2, S. 51 - 59; Faksimilie in: Ges. Werke 1, S.4 - 12.

[8]Siehe Anm. 4.

[9]Kollektiv i ličnost'. In: A. S. Makarenko. Kniga 5, L'vov 1963, S. 169 - 172; V.E. Gmurman und G. S. Makarenko datieren den Vortrag auf 1923, doch der Stand der allgemeinen Diskussion über dieses Thema spricht eher für 1924.

[10]Priklučenija gor'kovecev na Kolomake za pjat' let. Siehe Ped. soč. 8, S. 25.

[11]Ebd.

[12]Ped. soč. 1, S. 220 - 222; hier S. 222. Dieser vom Absender nicht datierte Brief wurde bisher auf August 1925 festgelegt, inhaltliche Kriterien sprechen jedoch eher für Ende Juli.

[13]So dürften die Kap. 2 - 9, deren frühes Vorliegen von G. S. Makarenko bezeugt wird, auf die "Geschichte der Kolonie" zurückgehen, entgegen G. Hilligs Auffassung (s. Ges. Werke 3, S.

Intentionen 'verfremdet' hat, so daß er — sinngemäß — zu Recht sagen konnte, die Darstellung im "Poem" sei weder real noch erfunden. Das bedeutet aber auch, daß vom 'Rohmaterial' des "Poems" bereits zu diesem Zeitpunkt mehr vorgelegen hat, als bisher angenommen worden ist.

Ein weiterer umfangreicher, im Zusammenhang mit dem 5jährigen Jubiläum geschriebener Beitrag mit einer ersten Auswertung seiner Arbeit in der Kolonie und seiner theoretischen Position, ist zusammen mit Erfahrungsberichten anderer Kolonien in kleiner Auflage noch im Jahre 1925 erschienen.[14] Gemeint ist der umfangreiche "Überblick über die Arbeit der Poltavaer M. Gor'kij-Kolonie",[15] der bisher nur in einer verkürzten Fassung des Autorentyposkripts bekannt war und als zu seinen Lebzeiten unveröffentlicht galt. Mit dieser fundierten Darstellung, die bisher zu wenig Beachtung gefunden hat, wird ein relativ genauer Einblick in sein System möglich.

Bereits im Frühjahr 1925 war der mit dem Kürzel "Makar." gezeichnete ukrainischsprachige Artikel "Durch Arbeit und Selbstorganisation zu einem neuen Leben" in der Zeitschrift der Gewerkschaft der Bildungsarbeiter der Ukrainischen SSR "Robitnyk Osvity" erschienen,[16] der das Ziel verfolgt haben dürfte, die Gewerkschaftsmitglieder mit ihrem neuen 'Patenkind' Gor'kij-Kolonie vertraut zu machen.

Die Zeit ab Ende 1925 ist gekennzeichnet durch eine zunehmende inhaltliche Kontroverse Makarenkos mit der offiziellen Sozialerziehung, dem sog. "Socvos", ohne daß dies zunächst nach außen sichtbare negative Konsequenzen für ihn gehabt zu haben scheint. Seine Auftritte auf Fachkonferenzen in Char'kov (Oktober 1924), Poltava (Januar 1926) und Odessa (Oktober 1926) lassen seine abweichende Haltung in wesentlichen Punkten immer deutlicher erkennen. Dies führt schließlich zur direkten Konfrontation mit der etablierten pädagogischen Wissenschaft in den Instituten und Behörden, mit dem bekannten Ergebnis, daß Makarenko schließlich 1928 die Gor'kij-Kolonie verlassen muß.

Eine gründliche Auseinandersetzung mit den Prinzipien und der Praxis des

---

252), der sie dem Sammelband von 1927 zugeordnet hat. Kap. 12 des "Poems" ("Die Schlacht am Raktinosee") sehe ich in Zusammenhang mit "Unsere Disziplin." Das Melonenmotiv, das von der Chronologie und Thematik her eher zu Kap. 3 und 4 des "Poems" gehört, wird in Kap. 22 ("Eklige Alte") wieder aufgenommen.

[14] Vgl. I. Krivonos, Interesnaja nachodka. In: Narodnoe obrazovanie, 1987, Nr. 11, S. 92.

[15] Očerk raboty Poltavskoj kolonii im. M. Gor'kogo. In: Ped. soč. 1, S. 44 - 53.

[16] Robitnyk osvity, 1925, Nr. 3/4 (März/April), S. 53 - 57, russische Übers. in: Ped. soč. 8, S. 129-132. Der mit "I" gekennzeichnete Abschnitt ist als redaktionelle Einführung zu betrachten; auf den dort wiederholt gebrauchten Terminus "zločynec"' (Verbrecher) bezieht sich offensichtlich Makarenkos Bemerkung im Brief an Gor'kij vom Juli 1925, wo er sich über die darin zum Ausdruck kommende Taktlosigkeit beklagt, vgl. Ped. soč. 1, S. 220 - 222, hier: S. 221.

Socvos hat Makarenko in dem 1927 konzipierten Sammelband "Die M.-Gor'kij-Kolonie" vorbereitet,[17] der einen "polemischen Charakter des Kampfes mit den pädagogischen Vorurteilen, des Kampfes für eine lebendige Persönlichkeit"[18] haben sollte. Es ist ihm nicht gelungen, das Buch zu veröffentlichen. Ich habe mich an anderer Stelle mit dem erschließbaren Inhalt des Bandes und den Umständen beschäftigt, die seine Publikation verhinderten.[19] Hier soll nur das Ergebnis dieser Untersuchung herangezogen werden.

Makarenko hat für diesen Band einen Beitrag geschrieben, dem ich den Titel "Für eine neue Pädagogik" gegeben habe und der sich aus mindestens 4 bisher zeitlich unterschiedlich eingeordneten "Fragmenten" zusammensetzt:[20] "Wege der gesellschaftlichen Erziehung" (Puti obščestvennogo vospitanija), "Unsere bescheidenen Wünsche" (Naši skromnye želanija), "Der Erzieher" (Vospitatel') — die Zusammengehörigkeit dieser drei Texte haben bereits die Herausgeber der "Pädagogisches Werke" berücksichtigt[21] — und "Auf den holprigen Wegen der Pädagogik" (Na pedagogičeskich uchabach).[22] Letzterer wurde zu Makarenkos Lebzeiten in wenig veränderter Form unter diesem Titel als Kapitel 10 in den 1. Teil der ukrainischen Ausgabe des "Pädagogischen Poems" aufgenommen; ein weiteres Beispiel dafür, wie er früheres Material dort heranzieht.

Das im Juli 1928 Gor'kij anläßlich seines Besuches in der Kolonie übergebene maschinenschriftliche Album mit dem Widmungs-Titel "Unsere Leben - für Gor'kij - die Gor'kijer"[23] enthält neben der bereits bekannten Einleitung Makarenkos und den 264 Zöglingsbiographien auch einen Artikel des Erziehers S. Kovpanenko, der zu diesem Zeitpunkt erst ein halbes Jahr in der Kolonie und damit wohl kaum in der Lage war, die "Wahrheit über die Gor'kijer" — so der Titel des Beitrages — aus eigener Anschauung zu verbreiten.

---

[17]Vgl. Brief an Gor'kij v. 14. März 1927. In: Ped. soč. 1, S. 238 f, hier: S. 239.

[18]Ebd.

[19]"Die M. Gor'kij-Kolonie". Rekonstruktion eines nicht veröffentlichten Buches A. S. Makarenkos; Manuskript des Verf. im Archiv des Makrenkos-Referats.

[20]Es war auf der Grundlage der gekürzten Publikation in Ped. soč. allein bisher nicht möglich, hinreichend sicher zu entscheiden, ob auch die veröffentlichten Fragmente "Einiges über die Selbstverwaltung" (Koe-čto o samoupravlenii). Vgl.: Iz raboty "Koe-čto o samoupravlenii", in: Ped. soč. 1, S. 38 - 40), "Über die Pflegschaft" (O patronirovanii, in: Ped. soč. 8, S. 132 - 134) und "Über die pädagogische Theorie und Praxis" (O pedagogičeskoj teorii i praktike, ebd., 8, S. 152) zu diesem Text gehören.

[21]Diese Fragmente wurden in Ped. soč. 1, S. 80 - 90, unter dem redaktionellen Titel "Über einige Probleme der Erziehungstheorie und Erziehungspraxis" (O nekotorych problemach teorii i praktiki vospitanija) ediert.

[22]Ges. Werke 1, S.282 - 287.

[23]Institut mirovoj literatury im. A. M. Gor'kogo AN SSSR, Archiv Gor'kogo, Moskau, DPG - 20 - 75 - I.

Es ist noch zu prüfen, ob sich die Vermutung bestätigen läßt, daß Makarenko bei der Abfassung dieses Artikels beteiligt war. Jedenfalls erscheint der Beitrag an dieser Stelle und in Bezug auf den Adressaten deplaziert. Das läßt sich wohl nur als Versuch Makarenkos erklären, in jener kritischen Phase seiner beruflichen Existenz und den bisher fehlgeschlagenen Publikationsversuchen, auf diesem Wege doch noch etwas zur Verteidigung seiner Arbeit in die Öffentlichkeit zu bringen. Eine vergebliche Hoffnung, wie wir wissen. Die Char'kover Zeitungen haben damals zwar im Rahmen ihrer Berichterstattung über den Aufenthalt Gor'kijs das Album erwähnt, doch der apologetische Artikel blieb ohne Wirkung. Er ist heute so unbekannt wie vor sechzig Jahren.

Die Publikation einer ersten Fassung des "Poems", an dem Makarenko seit seinem Weggang aus der Gor'kij-Kolonie im Juli 1928 intensiv gearbeitet hat und die aus vorangegangenem Material schöpft, scheitert im Ukrainischen Staatsverlag 1930 aufgrund des Einspruchs der pädagogischen Fachbehörden. Eine Veröffentlichung dieses Werkes, das eine künstlerische Chronik seiner schöpferischen pädagogischen Arbeit darstellt und erzieherische und schriftstellerische Momente in gelungener Weise vereinigt, erfolgt erst 1934 mit Unterstützung Gor'kijs.

Nicht nur im "Pädagogischen Poem", sondern in seinem gesamten publizistisch-schriftstellerischen Werk lassen sich — und dies gilt auch für den betrachteten Abschnitt seiner pädagogisch-innovatorischen Arbeit in der Gor'kij-Kolonie — zwei Linien unterscheiden: eine belletristisch-künstlerische, wie sie im "Poem" dominiert und eine pädagogisch-reflektierende, die in der "Methodik der Organisierung des Erziehungsprozesses"[24] ihren prägnantesten Ausdruck gefunden hat. Jene 1936 vorgelegte, bescheiden-sachliche Fassung seines geplanten fundamentalen Werkes über die kommunistische Erziehung basiert m.E. unteren anderem auf die 1931/32 zu datierenden Vorarbeiten und das bisher wenig überzeugend für 1922 eingeordnete Typoskript der Thesen über den "Begriff der Disziplin im Gesamtsystem der Erziehung".[25]

Dieser Beitrag ist ein Versuch, im chronologischen Zusammenhang aufzuzeigen, daß und wie diese beiden Linien sich immer wieder berühren und kreuzen. Abschließend läßt sich festhalten: Der Pädagoge und der Schriftsteller Makarenko, das sind letzlich zwei Aspekte der gleichen kreativen Kraft, die ihren Ausdruck gefunden hat im Willen zur "organisierten Schöpfung des Menschen".[26]

---

[24]Ped. soč. 1, S. 267 - 329.

[25]Ped. soč. 1, S. 11f.

[26]Vgl. den Brief an G. S. Sal'ko v. Juli 1927. In: Ped. soč. 8, S. 30.

Götz Hillig

Der Kampf um Zaporož'e
und die "Eroberung" von Kurjaž

Zur Verlegung der Gor'kij-Kolonie von Poltava nach Char'kov[0]

Die ökonomisch und pädagogisch bedingte Verlegung der Gor'kij-Kolonie von Poltava an einen anderen Ort, die im Mai 1926 zu der berühmten "Eroberung von Kurjaž" führte, ist in ihren einzelnen Schritten noch nicht erforscht worden. Nachfolgend wird versucht, dazu einen ersten Beitrag zu leisten. Neben bereits bekannten Zeugnissen standen hierfür auch zahlreiche neue (fast ausschließlich ukrainischsprachige) Quellen zur Verfügung, die in sowjetischen Archiven eingesehen werden konnten. Diese unbekannten Dokumente, die Einblick in eine wichtige Phase in Makarenkos Leben und pädagogischer Praxis geben, sollen hier ausführlich dokumentiert werden.[1]

1. Eingabe Makarenkos zur Errichtung einer großen, gesamtukrainischen Arbeitskolonie

Die neuerschlossenen Archivalien bezeugen zunächst einmal Makarenkos intensives Bemühen, seine in der fünfjährigen Praxis der Gor'kij-Kolonie gewonnen Erfahrungen in eine groß aufgezogene zentrale ("gesamtukrainische") Einrichtung zur Umerziehung minderjähriger Rechtsbrecher einzubringen. Zu diesem Zweck verfaßt er am 8. August 1925 eine ausführliche Eingabe an seine vorgesetzte Dienststelle, die Verwaltung Sozialerziehung[2] des Volksbildungskommissariats der Ukr.SSR.[3] Darin plädiert er für eine Reorganisierung der

---

[0]Übersetzung der ukrainischsprachigen Dokumente: Irene Wiehl in Zusammenarbeit mit dem Verf.

[1]Dabei handelt es sich um Materialien aus folgenden Archiven: Archiv A.M. Gor'kogo Instituta mirovoj literatury AN SSSR, Moskau (im weiteren zit. als: AG); Central'nyj gosudarstvennyj archiv literatury i iskusstva SSSR, Moskau (CGALI); Central'nyj gosudarstvennyj archiv Oktjabr'skoj revoljucii i socialističeskogo stroitel'stva USSR, Kiev (CGAOR), Char'kovskij oblastnoj gosudarstvennyj archiv, Char'kov (ChOGA).

[2]Diese Behörde (russ. Upravlenie social'nogo vospitanija, Abk. Uprsocvos), der die Schulen und Kinderheime unterstanden, hatte bis März 1925 "Hauptkomitee Sozialerziehung" (Glavnyj komitet social'nogo vospitanija, Glavsocvos) geheißen. Makarenko verwendet in seiner Eingabe diese alte Bezeichnung.

[3]CGAOR, f. 166, op. 6, ed.chr. 1923, Bl. 1-4. Faksimile, russ. Transkription und dt. Übers. in der vom Verf. herausgegebenen Dokumentation: Nach Char'kov oder nach Zaporož'e?,

bestehenden, in der Regel recht kleinen und dabei unwirtschaftlichen Einrichtungen:

"Die kleinen Erziehungsunternehmen sollten allmählich absterben und durch machtvolle Stätten der Erziehung ersetzt werden, die 'kapitalistisch' organisiert und auf einer ökonomischen und exakten Verwendung von Arbeitskräften und Material entsprechend einem Großbetrieb und der komplizierten Lebensweise einer Kommune gegründet sind. Der kleinhandwerkliche und kleinbäuerliche Typ der von Kindern betriebenen Wirtschaft, der eine primitive Kommune darstellt, ist ganz und gar nicht das, was die neue proletarische Gesellschaft braucht, die mit schnellen Schritten der Elektrifizierung und der amerikanischen Produktionsweise entgegengeht."

Die Unterhaltung weniger großer statt vieler kleiner Kolonien bedeute nicht nur eine Einsparung von Geldern, sondern auch von Personal.

Im Unterschied zu den damals in der Sowjetunion bereits vorhandenen "Großkolonien mit einer umfangreichen Wirtschaft" sollen die neuen Einrichtungen jedoch vom "Primat der pädagogischen Ziele" bestimmt sein: "Um die Klarheit des Herangehens zu bewahren, ist es erforderlich, eine groß aufgezogene Wirtschaft ausschließlich als eine Bedingung der Erziehung und den wirtschaftlichen Erfolg als erzieherischen Impuls zu betrachten."

Im Anschluß an diese allgemeineren, mit ökonomischen Formeln angereicherten Ausführungen schlägt er in seiner Eingabe vor, "die gesamte Umerziehung von Rechtsbrechern für die Ukraine oder doch zumindest für das Char'kover Gebiet auf eine einzige Arbeitskolonie zu konzentrieren, die in der Nähe von Char'kov (zu der Zeit Hauptstadt der Ukr.SSR; G.H.) gelegen ist". Eine solche Kolonie müsse wie ein landwirtschaftlicher und industrieller Großbetrieb organisiert sein.

"Als Ideal oder als Höchstgrenze sollte man eine Kolonie mit einigen Tausend Kindern auf einigen Tausend Desjatinen errichten; in den ersten Jahren müßte sie ungefähr 1.000 Desjatinen und Kinder haben. Mit der Zeit müßte sie ein paar Betriebe von der Art einer Fabrik umfassen, aber noch besser wäre ein Kombinat aus solchen Betrieben, damit die Arbeit in ihnen eine Möglichkeit zur Entfaltung der verschiedenartigen Kräfte und Talente der Zöglinge bietet."

Dabei dürfte eine solche Kolonie "keine Ziele einer handwerklichen und anderen fachlichen Ausbildung verfolgen. Ihr Ziel muß eng begrenzt sein, wie jedes ernsthafte konkrete Ziel - das ist einzig und allein eine sanitär-soziale Arbeit, die Umerziehung von Rechtsbrechern. Eine handwerkliche oder andere Ausbildung kann nur eine zufällige Beigabe darstellen."

Im weiteren plädiert Makarenko für "volle Selbstverwaltung und größtmögli-

---

Marburg 1985, S. XV-XVII, 2-10. Auch (mit redaktionellen Eingriffen) in: A.S. Makarenko, Teorija i praktika kommunističeskogo vospitanija. Sost. A.A. Frolov, Kiev 1985, S. 14-19; ders., Pedagogičeskie sočinenija v vos'mi tomach, Moskva 1983-86 (zit. als: Ped.soč. 1ff.), t. 1, S. 40-44.

che formale Gleichstellung von Erziehern und Zöglingen", zugleich aber auch für "eiserne Disziplin". Die Ausführungen zur Selbstverwaltung verdeutlichen jedoch die auch aus dem "Pädagogischen Poem" bekannten Vorbehalte gegenüber einem "übertriebenen Demokratismus"[4] — insbesondere der damals als höchstem Selbstverwaltungsorgan in allen Schulen und Kinderheimen der Ukraine gesetzlich vorgeschriebenen Vollversammlung:

"Das gesamte System der Selbstverwaltung sollte nicht nach der Art des demokratischen Volksrechtlertums[5] gestaltet sein (wie das in unserer Literatur so oft vorgeschlagen wird), sondern nach der Art des demokratischen Zentralismus,[6] mit einer breitestmöglichen Entfaltung der Methode der Vollmachten und Aufträge sowie mit einer minimalen Einbeziehung von durch die 'Masse' bewirkten Handlungen und Entscheidungen."[7]

"Die allgemeine Richtung der Erziehung", heißt es in der Eingabe weiter, "muß von den unmittelbaren realen Zielen bestimmt werden, deren Erreichen für unser Land geradezu unabdinglich ist. Diese Ziele sind: Diszipliniertheit, Arbeitsfähigkeit, Aufrichtigkeit und politische Bewußtheit. Um diesem Minimum zu entsprechen, sind heroische Maßnahmen erforderlich. Jedwede Romantik, wie sie bei uns üblich ist, muß

---

[4]Ped.soč. 3, S. 192.

[5]Gemeint sind die Vorstellungen der Sozialrevolutionären Partei des Volksrechts (Social'no revoljucionnaja Partija narodnogo prava), einer Gruppierung innerhalb der neopopulistischen Bewegung in den 90er Jahren des 19. Jhdts. in Rußland (narodničestvo), die als Vorläuferorganisation der Partei der Sozialrevolutionäre (Partija Socialistov-Revoljucionerov, Abk. partija eserov) gilt.

[6]Demokratischer Zentralismus, grundlegendes Leitungs- und Organisationprinzip der Partei der Boschewiki, 1917 (VI. Parteitag) in das Statut der RKP(B) aufgenommen und 1920 (2. Kongreß der Komintern) für alle Kommunistischen Parteien für verbindlich erklärt. Erstmals 1847 im Statut des "Bundes der Kommunisten" als Organisationsprinzip formuliert; von Lenin weiterentwickelt, bedeutet: Wählbarkeit aller Leitungsorgane, regelmäßige Rechenschaftspflicht, Weisungsbefugnis übergeordneter gegenüber nachgeordneten Organen, Wahrung straffer Parteidisziplin einschließlich Unterordnung der Minderheit unter die Mehrheit.

[7]Seine Vorbehalte gegenüber von der "Masse" getroffenen Entscheidungen hat Makarenko in dem fast gleichzeitig entstandenen "Überblick über die Arbeit der Poltavaer M. Gor'kij-Kolonie" wie folgt formuliert: "Der Wille der Allgemeinheit offenbart sich nicht so leicht. Versammelt man 120 Kinder in einer Vollversammlung, so können diese jeden beliebigen Beschluß fassen, es kommt nur darauf an, wer sie beeinflußt. Unsere Pädagogen wenden sehr oft folgenden Trick an: Nach einer zündenden und überzeugenden Rede eines Erziehers fassen die Kinder irgendeinen Beschluß. Gibt es hier überhaupt einen allgemeinen Willen? Natürlich nicht. Der allgemeine Wille ist so etwas wie das arithmetische Mittel der vernünftigen Bestrebungen aller Mitglieder eines Kollektivs, während der Wille der Masse nur so etwas wie das arithmetische Mittel der Stimmungen des gegebenen Augenblicks ist. Keine Gesellschaft, kein Staat, keine Partei kann sich auf den Willen der Masse stützen; jede gesunde Disziplin beruht ausschließlich auf einem System von Vollmachten, die von den größeren Organisationen an die kleineren weitergegeben werden. Offensichtlich muß auch die Disziplin in einer Kindereinrichtung so gestaltet sein." (Ped.soč. 1, S. 52).

man vermeiden, denn wenn man das genannte Minimum nicht erreicht, ist jegliches Gerede über alles andere lächerlich, wohingegen das Erreichen dieses Minimums große Freiheiten nach allen Richtungen hin eröffnet."

Im Anschluß an einen insgesamt 14 Punkte umfassenden Katalog von Vorschlägen empfiehlt Makarenko sich selbst "und das Kollektiv der Zöglinge und Erzieher der M. Gor'kij-Kolonie" zur Realisierung des Projekts. Dabei betont er seine Offenheit bezüglich einer Abweichung von den bisher praktizierten organisatorischen Strukturen:

"Ich setze dabei nicht einmal auf die fertigen Formen, die es in der Gor'kij-Kolonie gibt, sondern ziehe es vor, mich auf die Begeisterung und Erfahrung meiner Mitarbeiter zu verlassen. Ich bin zutiefst davon überzeugt, daß die von mir vorgeschlagene Kolonie in der Lage sein wird, eine der bemerkenswerten Erscheinungen in der Sowjetunion zu werden. Sehr wichtig ist, daß die Sache von seiten der zentralen Organe gleich von Anfang an mit genügend Schwung und Freiraum für eine Initiative betrieben wird."

Bearbeitungsvermerken auf diesem eigenhändigen Schreiben Makarenkos im Umfang von acht Seiten kann man entnehmen, daß es am 18. August 1925 im Volksbildungskommissariat eingegangen ist. Im Text selbst gibt es Anstreichungen und Randbemerkungen von zwei Personen, beides Oberinspektoren der Verwaltung Sozialerziehung: G. Sal'ko (Makarenkos spätere Frau), die dieses Schriftstück am 22.VIII. abzeichnete, und M. Bykovec', von dessen Hand auch die Resolution auf Seite 1 stammt: "An das Wissenschaftlich-pädagogische Komitee[8] zur Stellungnahme. 4.IX.25".

Bei den — in den bisherigen sowjetischen Editionen dieser Eingabe nicht erwähnten — Glossen G.S. Sal'kos handelt es sich neben zustimmenden Äußerungen wie "Das ist richtig!" um zwei kritische Bemerkungen. Zu der bereits zitierten, etwas pointiert formulierten Aussage Makarenkos, die Kolonie dürfe "keine Ziele einer handwerklichen oder anderen fachlichen Ausbildung verfolgen", notierte sie: "Doch als was wird man sie (die Zöglinge; G.H.) dann entlassen?" Die andere Glosse betrifft eine Stelle, wo Makarenko auf dem "Recht auf Zwang", also auf Bestrafung besteht, was nicht nur im ukrainischen Volksbildungskommissariat, sondern auch in Moskau, so z.B. von Krupskaja, als typisch für die vorrevolutionäre bzw. die bürgerliche Pädagogik verurteilt wurde. Die entsprechende Randbemerkung "Die alte Korrektionskolonie!" zeugt davon, daß G.S. Sal'ko vor ihrer persönlichen Bekanntschaft mit Makarenko (1927) — wie es bereits von Zeitgenossen übermittelt worden war—, zu den "Gegnern seines Systems" gehört hat.

---

[8]Wissenschaftlich-pädagogisches Komitee, die für pädagogische Probleme zuständige Abteilung innerhalb der Verwaltung Sozialerziehung des Volksbildungskommissariats der Ukr.SSR.

Bereits am 23. September 1925 befaßte sich die Verwaltung Sozialerziehung mit Makarenkos Vorschlag der "Gründung einer zentralen Kolonie für Rechtsbrecher", wie es zu dem entsprechenden Tagesordnungspunkt in einem Protokollauszug heißt.[9] Auf dieser Sitzung nahmen neben dem damaligen Vorsitzenden der Verwaltung Sozialerziehung, Kiričenko, 13 Personen teil, darunter R.L. Berlin, die Vorsitzende der Gesamtukrainischen Kommission für die Angelegenheiten minderjähriger Rechtsbrecher beim Volksbildungskommissariat der Ukr.SSR, M.N. Kotel'nikov, Inspektor der Verwaltung Sozialerziehung, und A.S. Zalužnyj, der Leiter der Arbeitsstelle für Sozialpädagogik der Char'kover Pädagogischen Versuchsstation. Es wurde beschlossen: 1. "zu erklären, daß die Angelegenheit die Aufmerksamkeit der Verwaltung Sozialerziehung verdient"; 2. "das wissenschaftlich-pädagogische Komitee zu beauftragen, sich mit der pädagogischen Seite des Projekts von Gen. Makarenko bekannt zu machen und Korrekturen vorzunehmen"; 3. "die Inspektur (das Kollegium der Inspektoren der Verwaltung Sozialerziehung; G.H.) zu beauftragen, diejenigen Probleme zu lösen, die mit der materiellen Seite der Realisierung des Projekts verbunden sind"; 4. "das Kollektiv der Kolonie zu beauftragen, einen konkreten Plan auszuarbeiten, um das Projekt in die Tat umzusetzen".

2. Der Kampf um Zaporož'e

Über die weitere Behandlung von Makarenkos Eingabe in den zentralen und regionalen Gremien der Ukr.SSR sind für die Monate Oktober 1925 bis Januar 1926 bisher keine Dokumente bekannt geworden. Eine annähernde Vorstellung von den in diesem Zeitraum erfolgten Beschlüssen vermitteln jedoch zwei ausführliche Briefe Makarenkos an Gor'kij. Diese enthalten außerdem sehr kritische Ausführungen über die damals herrschende Doktrin der "Sozialerziehung", d.h. der gesellschaftlichen Erziehung aller Kinder in Schulen und Kinderheimen.

Im ersten dieser Briefe — vom 24. November 1925 — berichtet Makarenko von seinem Bemühen, für die Gor'kij-Kolonie einen geeigneten Standort zu finden und seinem daraus erwachsenen Projekt.

"Dessen Hauptgedanke" führt er dabei aus, "ist die These, daß die Erziehung wie eine Massenproduktion organisiert werden muß, in riesigen Kollektiven, die ökonomisch eigenverantwortlich und selbständig und zugleich ohne jede Romantik und vorgefaßte Dogmen aufgebaut sind, vor allem jedoch nach der Theorie des gesunden Menschenverstandes. Mein Projekt wurde durch den tatsächlichen Erfolg unserer Kolonie und die augenfällige Geschlossenheit unserer ganzen Gemeinde unterstützt. Wie dem auch sei, inzwischen haben wir bereits einen Beschluß über die Umwandlung

---

[9] CGALI, f. 332, op. 4, ed.chr. 365.

70

unserer Kolonie in eine Zentrale Kolonie für die Ukraine in der Tasche. Man bietet uns das Gut Popov an, 30 Werst von Aleksandrovsk,[10] entfernt. Zu dem Gut gehören 1.200 Desjatinen Ackerland und irgendsoein prächtiges Haus — ein Schloß. Auf dem Gut befindet sich jetzt die Kommune 'Nezamožnik'[11] aber diese Kommune hat sich schrecklich verschuldet, und das Haus ist verfallen, letzten Endes übernehmen wir da das Erbe des Teehändlers."[12]

Aus diesem Brief geht auch hervor, daß der Kolonie noch ein anderes, sich in bestem Zustand befindliches Gut in der Nähe von Char'kov mit 500 Desjatinen Land angeboten worden war, die Vollversammlung sich jedoch mit großer Mehrheit für das größere, weiter abgelegene und erst noch zu renovierende Popovsche Gut entschieden hatte. Weiter heißt es dort:

"Wir übernehmen da eine schwierige Aufgabe. Ich bin kein sentimentaler Mensch, aber meine Bande rührt mich zu Tränen. Man könnte meinen, was braucht man mehr. Vier Jahre lang haben wir hier die Ruinen wiederaufgebaut. Im Winter sind wir halb barfuß und halb nackt herumgelaufen. Jetzt ist bei uns alles in Ordnung, sauber und behaglich, wir haben unsere eigene Elektrizität und sogar einen Gewinn — 120 englische Schweine und anderes. Und nun geben wir alles auf und fahren an einen anderen Ort, zu einem zerstörten Schloß, in eine öde Steppe."[13]

In dem anderen Brief an Gor'kij — vom 10. Februar 1926 — schreibt Makarenko, daß "die Sache mit Zaporož'e in Verzug" geraten sei, sie werde, "wie es scheint, ganz einfach verschleppt".[14] Die auf dem ehemaligen Gut Popov untergebrachte landwirtschaftliche Kommune habe sich immer noch nicht aufgelöst.

"Wir haben keinerlei Beziehungen und Verbindungen und können nur mit unserer Sache Druck machen... Sollte das jetzige Verschleppen ergebnislos enden, dann bleiben uns nur noch zwei Wege: entweder uns mit einem sachbezogenen Brandbrief an Petrovskij (den Vorsitzenden des Gesamtukrainischen Zentralen Exekutivkomitees; G.H.) zu wenden oder Zaporož'e einfach zu besetzen. Der letztere Plan ist keineswegs ein Scherz, und stellen Sie sich vor, er würde wohl auch den größten Nutzen bringen. Wir besorgen uns einfach irgendwo Zweitausend, verladen alles in Waggons und laden es in Zaporož'e wieder aus."

Auf den Gedanken, "Zaporož'e im Sturm zu nehmen", kommt Makarenko dann im Postskriptum seines Briefes noch einmal zurück.

In einem Antwortbrief aus Neapel, wohin Gor'kij im November 1925 aus Sorrent übergesiedelt war, bietet er am 24. Februar 1926 seine Unterstützung

---

[10]Aleksandrovsk, bis 1921 Name der Stadt Zaporož'e.

[11]Ukr. "Nezamožnyk" (Habenichts), Bezeichnung für einen mittellosen Bauern.

[12]K. & S. Popov, bekannte Teehandelsfirma im zaristischen Rußland.

[13]Ped.soč. 1, S. 226.

[14]Ebd., S. 227.

an — auf der Ebene seiner eigenen "Beziehungen und Verbindungen", zwar nicht in Char'kov, aber in Moskau. Und dabei verwendet er einen militärischen Ausdruck, den Makarenko später — bezogen auf Kurjaž — im "Pädagogischen Poem" aufnehmen wird. Er schreibt: "Kann ich Ihnen und der Kolonie in der Angelegenheit der 'Eroberung' des Zaporož'er Gutes nicht von Nutzen sein? Ich könnte wegen Ihrer Angelegenheit an A.I. Rykov (den Vorsitzenden des Rates der Volkskommissare der UdSSR; G.H.), Sviderskij (den stellvertretenden Vollkskommissar für Landwirtschaft der RSFSR) oder jemand anders schreiben, den Sie mir nennen."[15]

Makarenkos Antwort vom 25. März kann man entnehmen, daß sich die Vollversammlung der Kolonie mit Gor'kijs "Vorschlag, einen Brief an A.I. Rykov zu schreiben", zweimal befaßt und ihn schließlich verworfen hat. Man sprach sich dagegen aus, das gute Verhältnis zu Gor'kij dazu zu mißbrauchen, um Zaporož'e "auf dem Präsentierteller überreicht" zu bekommen. Dabei wurde u.a. geäußert: "In was für eine Lage bringt Ihr Gor'kij da? Warum sollte er sich für uns einsetzen? Weil wir seinen Namen tragen? Und wenn wir uns mit Zaporož'e blamieren? Was wird Rykov dann Gor'kij sagen?"[16]

Es wurde bereits darauf hingewiesen, daß die beiden Briefe Makarenkos vom November 1925 und Februar 1926 auch sehr pointierte Aussagen über sein Verhältnis zur damaligen pädagogischen Praxis und Theorie sowie seine eigenen Vorstellungen von Erziehung und Erziehungswissenschaft enthalten. Da diese Textstellen auch in der neuen, achtbändigen Makarenko-Ausgabe der Akademie der Pädagogischen Wissenschaften der UdSSR nicht vollständig abgedruckt sind, sollen sie hier wiedergegeben werden:

"Meines Erachtens stellt unsere sowjetische Erziehung, wie sie sich in unserer Literatur abzeichnet und insbesondere wie sie sich in der Praxis herausgebildet hat, weder etwas Revolutionäres noch etwas Sowjetisches oder auch nur einfach etwas Vernünftiges dar. So stehen wir ohne ein bestimmtes System, ohne eine klare Linie und vor allem ohne eine wie auch immer geartete Erziehung da. Unsere Pädagogen wissen einfach nicht, was sie tun und wie sie sich verhalten sollen, und unsere Zöglinge wohnen in unseren Kinderheimen nur, das heißt, sie essen, schlafen und halten einigermaßen Ordnung. Ein sehr trauriges Bild. In den Administrationen hat man sich in rein materielle Pläne, in Statistiken und Berichte vergraben, und an der Front wurstelt man schlecht und recht, um den Tag bis zum Abend ohne Skandale glücklich zu überstehen. Keinem kann man daran die Schuld geben. Unser Leben haben wir nach neuen Mustern, die lange vorbereitet waren, völlig umgestaltet, doch über die Erziehung und über ihre Programme hat sich bei uns niemand ernsthaft Gedanken gemacht.

Anstelle eines Erziehungssystems gibt es bei uns zur Zeit nur einige Schlagworte, die der Revolution unverschämt vor die Füße geworfen wurden. Diese Schlagworte

[15]AG, PG-rl 25-3-5; auch (mit Transkriptionsfehler) in: Ped.soč. 1, S. 228.
[16]AG, KG-P 48-2-6; auch (gekürzt) in: Ped.soč. 1, S. 229.

haben sich schon längst ein paar Dutzend talentlose Leute oder ganz einfach Spekulanten zu eigen gemacht, die nun bereits seit einigen Jahren in Büchern, Reden und Broschüren ihren Wortbrei verstreichen und dem uneingeweihten gewöhnlichen Sterblichen als Gelehrte vorkommen. In Wirklichkeit kann man aus diesem Wortbrei nicht eine einzige Zeile verwenden (buchstäblich, ohne Übertreibung, keine einzige). Gastev (vom Arbeitsinstitut in Moskau) bezeichnet die ganze Pädagogik als 'Kollektion von Vorurteilen'.[17] Wahrscheinlich ahnt er nicht einmal, wie recht er da hat.

Unser Kollektiv konnte sich verständlicherweise nicht so schnell entschließen, über eine Revision unserer Sozialerziehung zu sprechen, doch de facto haben wir bereits seit 1920 unsere eigene Linie entwickelt, und zwar ausschließlich auf der Ebene der Erfahrung, ohne zuvor übernommene Dogmen. Die Ergebnisse waren zufriedenstellender, als wir erwartet hatten, und zugleich völlig unerwartet. Im Char'kover Institut für Volksbildung, wo unser Versuch besonders aufmerksam geprüft wurde, gibt es eine Gruppe unserer Gegner, die mich nur noch als 'Banden-Ataman' bezeichnen."[18]

"Wir könnten in unserer Arbeit mehr erreichen, wenn man uns nicht stören würde. Dazu muß man sagen, daß diese Störungen aus jener Richtung kommen, aus der man sie am allerwenigsten erwartet hätte. Die Formen, die man uns empfiehlt, stehen in diametralem Gegensatz zur gestellten Aufgabe. Die Methoden der Organisation, der Finanzierung, der Statistik, der Abrechnung und der Personalpolitik widersprechen den Aufgaben der neuen Erziehung ganz entschieden. Es fällt allerdings schwer, irgend jemandem die Schuld daran zu geben: letzten Endes zeigt sich, daß die Bedingungen durch zahlreiche Bemühungen verschiedener Sekretäre, Sachbearbeiter und Buchhaltergehilfen geschaffen wurden, von all jenen, die keinerlei Beziehungen zu einer wie auch immer gearteten Ideologie haben, die aber imstande sind, eine beliebige Ideologie durcheinanderzubringen.

All das führt dazu, daß es bei uns in Wirklichkeit überhaupt keine neue Erziehung gibt, sondern sich alles nach der Formel Stojunins[19] richtet: 'Immerhin gibt es im Leben mehr Gutes als Schlechtes, und irgendwas wird aus jedem schon werden.'

Indessen ist eine neue Erziehung durchaus möglich. Das wird sofort offensichtlich, wenn man an die Sache mit dem gewöhnlichen gesunden Menschenverstand herangeht, ohne sich allzu sehr auf die 'Pädagogik' zu verlassen. Man muß eine neue, völlig neue Pädagogik schaffen. Unser Kollektiv traut sich zu, daran mitzuwirken, und in den 5 1/2 Jahren haben wir bereits viel getan. Doch das erste, was uns not tut, ist, uns von den Sachbearbeitern frei zu machen, uns frei zu machen von all dem Gerümpel, womit wir überhäuft sind; dann werden wir uns auch leicht von den pädagogischen Vorurteilen befreien. Deshalb wollen wir ja unbedingt nach Zaporož'e. Dort werden uns die wirtschaftliche Stärke und der allgemeine Schwung helfen, die Buchhalter in

---

[17]Siehe: A. Gastev, Vosstanie kul'tury, Char'kov 1923, S. 23f.: "Jene undurchdringliche Masse von Literatur, die unter dem Namen Pädagogik, darunter auch Arbeitspädagogik, bekannt ist, diese Dämme aus Vorurteilen, die mit der Erziehung zusammenhängen, wo wir im Namen der Freiheit und der Persönlichkeit des Menschen sogenannte Linke und Wilde produzieren, das alles muß man durchbrechen."

[18]AG, KG-P 48-2-4; auch in: A.S. Makarenko, Sobranie sočinenij v pjati tomach, Moskva 1971 (zit. als: Sobr.soč. 1ff.), t. 5, S. 405f.

[19]V.Ja. Stojunin (1826-1888), russischer Pädagoge.

ihre Schranken zu verweisen."[20]

Doch zurück zu den Akten der Verwaltung Sozialerziehung des ukrainischen Volksbildungskommissariats betreffs den Vorgang 'Verlegung der Gor'kij-Kolonie' (Februar bis Mai 1926). Aus diesen Archivalien geht hervor, daß es sich bei dem von Makarenko vermuteten "Verschleppen" in bezug auf die Räumung des ehemaligen Popovschen Gutes um Probleme in Zusammenhang mit der kasernenmäßigen Unterbringung einer militärischen Einheit, des 90. (Uraler) Schützenregiments, sowie um Widerstände gegen die Verlegung der Gor'kij-Kolonie im Bezirk Zaporož'e handelt.

So telegrafiert die dortige Volksbildungsinspektur am 5. Februar 1926 an das Volksbildungskommissariat: "Angelegenheit Gut Popov negativ beschieden."[21] Als Gründe hierfür werden in einem ausführlichen Schreiben des Zaporož'er Bezirksexekutivkomitees vom 11. Februar angeführt: 1. "Übervölkerung des Bezirks Zaporož'e mit Kindern, die keine Eltern haben und in Kindereinrichtungen erzogen werden" — deshalb sei "die Gründung eines neuen Kinderheims innerhalb der Grenzen des Bezirks, und zudem noch eines für minderjährige Rechtsbrecher, ganz und gar unerwünscht"; 2. Eigenbedarf: in das ehemalige Gut Popov müsse ein Taubstummen-Kinderheim verlegt werden, dessen Räume zur Erweiterung der Kaserne jenes Schützenregiments benötigt würden, das gegenwärtig in dem Gebäude einer ehemaligen Konservenfabrik in der Nachbarschaft dieses Heims untergebracht ist. Zudem sei der jetzige Zustand, also die Stationierung einer militärischen Einheit "in unmittelbarer Nähe eines Kinderheims, in dem Halbwüchsige beiderlei Geschlechts erzogen werden und zudem noch Stumme, höchst unangebracht, und mit dem Frühjahr, wenn die stummen Kinder die meiste Zeit im Freien verbringen, wird es schwierig sein, sicherzustellen, daß es nicht zu ganz und gar unerwünschten Exzessen kommt, die sich selbst beim Vorhandensein einer entsprechenden pädagogischen Aufsicht kaum verhindern lassen werden."[22]

Die Verlegung des Kinderheims "wäre für beide Seiten von Vorteil, und zwar würde das Bezirksexekutivkomitee dadurch die Möglichkeit erhalten, das Problem der Kaserne für die militärische Einheit ein für alle Mal zu lösen, während das Volksbildungskommissariat für das Kinderheim für Stumme eine hochwertige Unterkunft bekäme".

Einen Durchschlag dieses Schreibens fügt das Bezirksexekutivkomitee auch seinem Brief vom 13. Feburar 1926 an die Kanzlei des Rates der Volkskommissare der Ukr.SSR bei, in dem der Rat um Unterstützung der Pläne zur Ver-

---

[20]AG, KG-P 48-2-5; auch in: Ped.soč. 1, S. 227f.

[21]CGAOR, f. 166, op. 6, ed.chr. 1823, Bl. 5.

[22]Ebd., Bl. 7.

legung des Taubstummenheims ersucht und davon in Kenntnis gesetzt wird, daß "im Bezirk Zaporož'e, der in seinen Kindereinrichtungen ungefähr 2.500 Kinder hat, die Gründung einer neuen Kindereinrichtung, die zudem wegen ihres speziellen Charakters (Reformatorium)[23] nicht zu einer Entlastung der schon bestehenden Kinderheime und Kinderkolonien führt, sondern lediglich die Gesamtzahl der Kinder im Bezirk vergrößert, unerwünscht ist".[24]

In seiner Antwort an das Zaporož'er Exekutivkomitee vom 23. Februar versucht das Volksbildungskommissariat, die geäußerten Bedenken bezüglich der Verlegung einer 'Rechtsbrecherkolonie' auf das ehemalige Gut Popov zu zerstreuen. Dabei werden ganz offensichtlich Argumente und Formulierungen von Makarenko übernommen — aus (bisher nicht aufgefundenen) Briefen bzw. Eingaben der Gor'kij-Kolonie. In diesem vom Stellvertreter des Volksbildungskommissars, Rjappo, und dem Leiter der Verwaltung Sozialerziehung, Kiričenko, unterzeichneten Schreiben heißt es:

"Das Volksbildungskommissariat versichert Ihnen, daß die Verlegung der M. Gor'kij-Kolonie nach Zaporož'e für die Bevölkerung keinerlei Unannehmlichkeiten mit sich bringt. Auf dem ehemaligen Gut Popov wird nicht irgendeine neue Einrichtung für Rechtsbrecher (Reformatorium) gegründet, sondern eine der ältesten Einrichtungen der Ukraine untergebracht. Die M. Gor'kij-Kolonie besteht seit 1920 und erweist sich als eine starke und disziplinierte Kommune aus Erziehern und Zöglingen. Letztere zeigen in ihrem Verhalten keinerlei Anzeichen von Rechtsbrechern. In den sechs Jahren der Arbeit dieser Kolonie mitten unter den Bauern wurde nicht ein einziger Fall irgendeines Unrechts an der Dorfbevölkerung registriert. Im Gegenteil, die Kolonie führt unter den Bauern eine bedeutende kulturelle Arbeit durch, sie unterhält auf eigene Kosten einen Leseraum,[25] und für die Bauern gibt es in der Kolonie selbst ein Theater mit freiem Eintritt. Der Komsomol der Kolonie, der etwa 60% aller Zöglinge umfaßt, lädt die Bauern zu Vorträgen und Unterhaltungsabenden in die Kolonie ein. Das schönste Beispiel für das außerordentlich gute Verhältnis zwischen den Kolonisten und den Bauern ist die Tatsache, daß bei den letzten Wahlen zwei Kolonisten in den Dorfsowjet gekommen sind."[26]

Zugleich verweigert das Volksbildungskommissariat seine Zustimmung zur Verlegung des Taubstummenheims, wobei folgende Gründe angeführt werden:

"1) Auf dem ehem. Gut Popov ist eine gründliche Instandsetzung erforderlich,

---

[23]Reformatorium, Einrichtung zur Resozialisierung besonders schwerer Fälle unter den minderjährigen Rechtsbrechern; die Reformatorien unterstanden dem Volkskommissariat für das Justizwesen.

[24]CGAOR, f. 166, op. 6, ed.chr. 1823, Bl. 8

[25]Leseraum, in den 20er Jahren Zentrum der politischen Aufklärungs- und Bildungsarbeit auf dem Land.

[26]CGAOR, f. 166, op. 6, ed.chr. 1923, Bl. 10. — Lt. Auskunft L.T. Koval's handelt es sich dabei um Denis Gorgul' und Georgij Novikov, die in den Kovalever Dorfsowjet gewählt wurden.

weil das Hauptschloß und die anderen Gebäude jetzt ohne Fenster, Fußböden, Türen u. dgl. m. dastehen. Eine solche Instandsetzung durchzuführen und darüber hinaus eine Wirtschaft in großem Maßstab in Gang zu setzen, dazu wird das Taubstummen-Kinderheim nicht imstande sein. Doch die Gor'kij-Kolonie hat sich als fähig zum Wirtschaften erwiesen, weil sie ja bereits ein Gut in Ordnung brachte, das noch mehr heruntergekommen war als das ehem. Gut Popov.

2) Mit der Verlegung der Gor'kij-Kolonie nach Zaporož'e verknüpft das Volks-bildungskommissariat einen umfassenden Plan zur Nutzung und Vertiefung der sehr wertvollen Erfahrung dieser Kolonie nicht nur in bezug auf die Besserung von Rechts-brechern, sondern ganz allgemein in bezug auf die Sozialerziehung. Diese Erfahrung führt zu der Notwendigkeit, die Arbeit der Kolonie auszuweiten, indem man ihr den Charakter eines Kollektivs verleiht, das auf wirtschaftlicher Kraft basiert.

Das Volksbildungskommissariat ersucht Sie, den Vortrag des Stellv. Leiters der Gor'kij-Kolonie, Gen. Koval', anzuhören und dem Volksbildungskommissariat in sei-ner Arbeit entgegenzukommen.

Dabei benötigt Zaporož'e, wie dem Volksbildungskommissariat bekannt ist, eine soche Einrichtung wie die Gor'kij-Kolonie, und deren Verlegung würde Ihnen helfen, den Kampf gegen die Kinderverwahrlosung und -kriminalität zu führen.

Die Kolonie befindet sich auf dem staatlichen Budget und wird Ihnen keinerlei Unkosten verursachen."

Ebenfalls am 23. Februar wendet sich das Zaporož'er Bezirksexekutivkomi-tee in einem Schreiben an den Rat der Volkskommissare der Ukr.SSR. Dabei wird noch einmal auf die Notwendigkeit hingewiesen, das Gebäude des Taub-stummmenheims dem in Zaporož'e stationierten Regiment zur Verfügung zu stellen, da für die Errichtung einer neuen Kaserne keine Mittel vorhanden seien. Nach Anhörung des Vortrags des Regimentskommandeurs in der Sitzung vom 11. Februar habe das Präsidium des Bezirksexekutivkomitees "es für erforder-lich gehalten, gegenüber dem Rat der Volksbildungskommissare die zuvor schon gegenüber dem Volksbildungskommissariat angeschnittene Frage der Verlegung des Kinderheims für Stumme auf das ehem. Gut Popov, Rayon Vasil'ev, Bezirk Zaporož'e, zu unterstützen, und zwar mit der Auflage der Instandsetzung und Einrichtung der Räume dieses Gutes auf Kosten des Volksbildungskommissari-ats, unter der Bedingung, daß die Räume des Kinderheims anschließend an das Regiment übergeben werden." Das Bezirksexekutivkomitee ersuche den Rat der Volkskommissare darum, "eine Prüfung der Frage der Verlegung des Kin-derheims für Stumme nicht abzuschlagen und es über seine Entscheidung zu unterrichten."[27] Daraufhin fordert die Kanzlei des Rates der Volkskommissare am 3. März das Volksbildungskommissariat auf, diese Angelegenheit zu prüfen und innerhalb von sieben Tagen seine Schlußfolgerungen vorzulegen.[28]

Die Antwort des Kommissariats erfolgt noch am selben Tag: "Das Volks-

---

[27]CGAOR, f. 166, op. 6, ed.chr. 1923, Bl. 16/16 Rücks.

[28]Ebd., Bl. 19.

bildungskommissariat ersucht darum, ihm das ehem. Gut Popov (im Bezirk Zaporož'e) zwecks Verlegung der Gor'kij-Arbeitskolonie dorthin zur Verfügung zu stellen."[29] Im weiteren wird in diesem wiederum von Rjappo und Kiričenko unterzeichneten Schreiben auf die bisherigen vergeblichen Bemühungen des Kommissariats in dieser Angelegenheit sowie auf die Absicht der Zaporož'er Behörden hingewiesen, "das erwähnte Gut dem Kommissariat für das Zaporož'er Taubstummen-Kinderheim zu übergeben", und der Rat der Volkskommissare ersucht, "eine solche für völlig unzweckmäßig erachtete Entscheidung aus folgenden Gründen zu überprüfen" (und auch hier kann man Makarenkos Argumentation herauslesen):

"Die Gor'kij-Kolonie ist eine der besten Kindereinrichtungen nicht nur der Ukr.SSR, sondern auch der gesamten UdSSR. Sie wurde 1920 auf einem heruntergekommenen Gut gegründet, hatte etwa 50 sozial vernachlässigte minderjährige Rechtsbrecher und überhaupt keine finanziellen Mittel. 1922 wurde die Kolonie als Versuchs- und Mustereinrichtung auf das staatliche Budget überstellt, wo sie auch noch bis auf den heutigen Tag geblieben ist.

In den fünf Jahren ihres Bestehens hat die Kolonie eine gewaltige Arbeit geleistet, sowohl auf administrativ-wirtschaftlichem Gebiet als auch im Bereich der Regelung und der Organisation ihres internen Lebens. Es ist ihr gelungen: 1) auf eigene Kosten eine generelle Instandsetzung der Gebäude des Gutes durchzuführen, was vom Kollektiv der Kolonie fünf Jahre angespannter Arbeit erforderte, 20.000 Arbeitstage der Kinder; 2) ihre Wirtschaft (Viehzucht) zu höchster Produktivität zu bringen; 3) ein starkes, in gemeinsamer, einträchtiger Arbeit verbundenes Kollektiv aus Zöglingen und Erziehern in Umfang von 150 Mann zu schaffen; 4) neue Formen der kollektiven Erziehung und Bewirtschaftung zu finden; 5) die politische Erziehung der Kolonisten auf das entsprechende Niveau zu bringen; ihre starke Zelle des Leninschen Komsomol führt im Dorf politische Bildungsarbeit durch.

Jetzt, da die Arbeit zum Aufbau der Kolonie abgeschlossen ist, bleibt die Tatkraft des Kollektivs ungenutzt, denn auf den 40 Desjatinen Land kann das Kollektiv aus 150 Mann keine breit angelegte wirtschaftliche Arbeit entfalten, und so führt die Begrenztheit des Gutes zu einer Schmälerung der pädagogischen Arbeit. Das ist es, woraus sich die dringende Notwendigkeit der Verlegung dieser Kolonie auf ein großes Gut ergibt.

Auf dem ehem. Gut Popov sieht das Volksbildungskommissariat vor, eine Kolonie für 500 minderjährige Rechtsbrecher zu organisieren, die all jene Bezirke versorgen soll, die keine Einrichtung dieser Art besitzen. Die Konzentrierung der Rechtsbrecher auf eine einzige Einrichtung wird die staatlichen Kosten, die für den Kampf gegen die Kinder- und Jugendkriminalität bereitgestellt werden, beträchtlich verringern."

Im Anschluß daran wird ausgeführt, daß "sich das Volksbildungskommissariat auf gar keinen Fall damit einverstanden erklären" kann, das Taubstummen-Kinderheim auf das ehem. Gut Popov zu verlegen. In diesem Zusammenhang wird darauf hingewiesen, daß die jetzt von dem Heim belegten Räume eigens dafür, entsprechend sonderpädagogischen Bedingungen, errichtet wurden; "die ehemaligen herrschaftlichen

---

[29]Ebd., Bl. 17/17 Rücks.

Räume, mögen sie auch noch so groß sein", könnten jene nicht ersetzen. Außerdem sei "eine landwirtschaftliche Orientierung in Einrichtungen für Taubstumme ebenfalls nicht zweckmäßig. Sie haben hauptsächlich eine Produktionsorientierung, das besagt die gesamte Geschichte des Unterrichtens von Taubstummen in verschiedenen Ländern."

Das Schreiben schließt mit den Worten: "Aufgrund all des oben Ausgeführten ersucht das Volksbildungskommissariat darum, die Angelegenheit im Sinne der Übergabe des ehem. Gutes Popov an die Gor'kij-Kolonie zu entscheiden, was die Möglichkeit der besten Nutzung dieses Gehöfts sowohl von der wirtschaftlichen als auch von der pädagogischen Seite bietet."

Ebenfalls das Datum des 3. März 1926 trägt das Antwortschreiben des Zaporož'er Bezirksexekutivkomitees an das Volksbildungskommissariat auf dessen Brief vom 23. Februar. Darin teilt das Exekutivkomitee mit, daß es "bezüglich der Unerwünschtheit der Verlegung jedweder Kinderlehranstalt auf das Gebiet des Bezirks Zaporož'e" an seiner Auffassung festhalte und sich lediglich mit einer Verlegung des Taubstummen-Kinderheims auf das ehem. Popovsche Gut einverstanden erklären könne. Weiterhin heißt es in diesem Brief:

"Das Bezirksexekutivkomitee ist der Meinung, daß dann, wenn das Volksbildungskommissariat Geld hat, um die Gebäude des ehem. Gutes Popov, mit dem Ziel der Verlegung der Gor'kij-Kolonie dorthin, instandzusetzen, man dasselbe Geld ja auch für die Verlegung des Kinderheims für Stumme verwenden und damit einerseits für dieses Kinderheim günstigere Arbeitsbedingungen schaffen und andererseits die Wohnungsnot (in bezug auf die Unterbringung des Regiments; G.H.) bedeutend mildern könnte, für deren erfolgreiche Bekämpfung dem Bezirksexekutivkomitee die Mittel fehlen."[30]

Zum Schluß wird ein Kompromißvorschlag unterbreitet: "Das Bezirksexekutivkomitee fügt noch hinzu, daß es sich mit der Verlegung der Gor'kij-Kolonie in den Bezirk Zaporož'e in dem Falle einverstanden erklären würde, wenn das Volksbildungskommissariat das Kinderheim für Stumme nach außerhalb der Grenzen des Bezirks verlegt."

Auf dieses Angebot geht das Volksbildungskommissariat in seinem Schreiben an den Rat der Volkskommissare vom 13. März nicht ein. Es weist vielmehr noch einmal auf seine ablehnende Haltung gegenüber einer Räumung des Zaporož'er Taubstummenheims hin; das verstoße gegen die Regierungsverordnung, "wonach alle Unterrichtsräume entsprechend ihrer eigentlichen Bestimmung genutzt werden müssen". Das gelte insbesondere für das Zaporož'er Heim mit seinen 240 Kindern, das den spezifischen Erfordernissen der Unterrichtsarbeit mit Taubstummen entspreche; dafür benötige man "eine besondere Größe des Klassenraums mit einer bestimmten Lichtmenge und einem bestimmten Lichteinfall, was die Voraussetzung für einen normalen Ablauf der Unterrichts-

---

[30]Ebd., Bl. 18.

arbeit bei der Vermittlung des Sprechens ist, u.a.m." Diese Bedingungen erfülle das ehem. Gut Popov "ganz bestimmt nicht."[31]

Weiterhin heißt es in diesem Schreiben:

"Das Volksbildungskommissariat pflichtet dem Bezirksexekutivkomitee dahingehend bei, daß die unmittelbare Nähe der Kaserne zu dem Kinderheim, in dem es halbwüchsige Mädchen gibt, selbstverständlich nicht erwünscht ist, meint jedoch, daß sowohl seitens der Administration des Heims als um so mehr auch seitens des Regiments, dessen Rotarmisten von militärischer Disziplin erfüllt sind, es genügend Maßnahmen gibt, um unerwünschten Vorfällen, wie sie vom Bezirksexekutivkomitee befürchtet werden, zuvorzukommen.

Das Zaporož'er Bezirksexekutivkomitee zieht in Betracht, das Taubstummen-Kinderheim auf das ehem. Gut Popov zu verlegen, 'mit der Auflage der Instandsetzung und Einrichtung der Räume dieses Heims auf Kosten des Volksbildungskommissariats'. Doch das Volksbildungskommissariat hat überhaupt keine Möglichkeit, dafür irgendwelche Summen bereitzustellen, und ersucht deshalb seinerseits darum, ihm das ehem. Gut Popov für die Gor'kij-Kolonie zu übergeben. Diese Kolonie hat sich als vollkommen fähig zum Wirtschaften erwiesen: sie hat bereits ein Gut in Ordnung gebracht, das noch mehr heruntergekommen war als das ehem. Gut Popov."

Noch am selben Tag — 13. März 1926 — befaßt sich der Administrations- und Finanzausschuß des Rates der Volkskommissare der Ukr.SSR u.a. mit der "Übergabe des ehem. Gutes Popov, Bezirk Zaporož'e, in die Verwaltung des Volksbildungskommissariats der Ukr.SSR zwecks Verlegung der Gorj'kij-Arbeitskolonie." Ob das bereits in Kenntnis des o.g. Schreibens des Volksbildungskommissariats geschieht, ist dem über die Sitzung vorliegenden Protokollauszug nicht zu entnehmen. Der Ausschuß beschließt zu diesem Tagesordnungspunkt: "Das Gesuch des Volksgesundheitskommissariats (sic!) der Ukr.SSR um Übergabe des ehemaligen Gutes Popov, Bezirk Zaporož'e, zwecks Verlegung der Gor'kij-Kolonie ist abzulehnen. Die Verlegung der Taubstummen-Arbeitskolonie (sic!) in diese Räume ist als unzweckmäßig zu erachten, da dies neue Ausgaben für die Instandsetzung erfordern würde".[32]

Dieser Beschluß wird vom Rat der Volkskommissare in seiner Sitzung am 25. März 1926 bestätigt.[33] Und das ist die letzte Spur des gescheiterten Kampfes um Zaporož'e in den Akten der Verwaltung Sozialerziehung.

3. Die "Eroberung" von Kurjaž

Kurjaž — ein ehemaliges Mönchskloster in der Nähe von Char'kov, zu der Zeit Sitz der nach dem Tag der Oktoberrevolution benannten "7. November-

---

[31]Ebd., Bl. 12f., 20f.

[32]Ebd., Bl. 27.

[33]Ebd., Bl. 31, 40.

Arbeitskolonie" der Kommission für Kinderhilfe des Bezirks Char'kov — als möglicher künftiger Standort der Gor'kij-Kolonie taucht in den Akten zum ersten Mal einen Tag vor dem o.g. Beschluß des Administrations- und Finanzausschusses des Rates der Volkskommissare auf. Dabei handelt es sich um ein Telegramm Makarenkos an das Volksbildungskommissariat z. Hd. R.L. Berlins vom 12. März 1926, mit folgendem Text:

> "Auf Zaporož'e warten unmöglich Widerstand zu groß ersuchen Angelegenheit beenden stop hier zu eng ersuchen Frage Übergabe Kurjaž an uns auf Tagesordnung setzen Kinderhilfe hundertfünfzig Plätze belassen hoffe Kinderhilfe einverstanden Vorteile für viele Seiten stop komme Montag bitte Sobotovič vorbereiten = Makarenko."[34]

Damit kündigt Makarenko seinen Besuch bei Berlin, der Vorsitzenden der Gesamtukrainischen Kommission für die Angelegenheiten Minderjähriger, und Sobotovič, einem leitenden Mitarbeiter der Zentralen Kommission für Kinderhilfe der Ukr.SSR, für den 15. März an.

Schon nach wenigen Tagen — wohl am 20. März 1920 — kommt es zur Ausarbeitung eines Vertragsentwurfs, der die Auflösung der Kurjažer Kolonie durch die Char'kover Bezirkskinderhilfe und die Übergabe des ehemaligen Gutes in die Verfügung des Volksbildungskommissariats vorsieht — "mit dem gesamten Eigentum, das es in der Kolonie gibt, und zwar: allen Gebäuden und Materialien zum Bauen, aber auch dem Instandsetzungsmaterial, dem lebenden und toten landwirtschaftlichen Inventar, den Möbeln der Dienst-, Klassen-, Schlaf- und anderen Räume, der Ausrüstung der Werkstätten, dem Vorrat an Kleidung und Wäsche, dem Vorrat an Stoffen und Lebensmitteln und überhaupt dem gesamten Eigentum der Kinderkolonie" —, außerdem die Verlegung der "Poltavaer M. Gor'kij-Arbeitskolonie mit dem gesamten Eigentum, das dieser Kolonie gehört", nach Kurjaž.[35] Dieser insgesamt 18 Punkte umfassende Vertragstext regelt darüber hinaus die Frage der Leitung der Kolonie, der Herkunft und des Unterhalts der Zöglinge ("maximal 150", also die Poltavaer, sollen weiterhin vom Volksbildungskommissariat unterhalten werden; "maximal 150 Rechtsbrecher" d.h. Jungen, sowie vorübergehend auch 50 Mädchen von den Kurjažer Zöglingen sollen übernommen werden, und zwar auf Kosten der Bezirkskinderhilfe — alle übrigen werden in andere Einrichtungen verlegt), des Personals (dessen Abzug in eine andere Kolonie, aber auch die Möglichkeit ihrer Übernahme "nach Vereinbarung mit dem Leiter der Kolonie") u.a. Für "Organisations- und Instandsetzungsfragen zur Disposition des Kolonieleiters"

---

[34] Ebd., Bl. 22.

[35] Ebd., Bl. 35-37. Rekonstruktion der fehlenden ersten Seite dieser Ausfertigung mit Hilfe der endgültigen Fassung ("Abkommen"), Bl. 42.

sollen "mindestens 20.000 Rubel" bereitgestellt werden. Als Termin für die Übernahme durch den Leiter der Gorkij-Kolonie sieht dieser Vertragsentwurf den 20. April 1926 vor.

Über die neue Situation — Verlegung nach Kurjaž statt nach Zaporož'e — berichtet Makarenko in Briefen an einen früheren Mitarbeiter, den er erneut als Erzieher gewinnen wollte, sowie an Gor'kij.

In dem Brief an V.I. Popovičenko vom 22. März heißt es u.a.:

"In Zaporož'e ist Koval' gewesen, er hat dort ganz umsonst eine Woche lang herumgesessen und ist mit einem ungewissen Ergebnis zurückgekehrt. Die Angelegenheit ging zum Rat der Volkskommissare, und letzterer erteilte uns schließlich eine Absage. Man hätte noch kämpfen können, um so mehr, als uns auch Gor'kij seine Unterstützung anbot, aber uns war bereits die Lust zum Kämpfen vergangen wie auch die Lust an Zaporož'e selbst. Sogar wenn wir es bekommen hätten, so wären wir mit den Geldschwierigkeiten kaum fertiggeworden. Geld zu beschaffen ist jetzt sehr schwierig. (...) Und deshalb habe ich die Frage Zaporož'e gestrichen und eine andere gestellt — uns Kurjaž zu übergeben, wo Sie vielleicht schon einmal waren. Gestern bin ich aus Char'kov zurückgekehrt, mit dem unterschriebenen Vertrag über die Vergabe der Kurjažer Kolonie."[36]

Im weiteren gibt Makarenko in diesem Brief ein anschauliches Bild des "entsetzlichen Zustands" der Kolonie sowie der erforderlichen Instandsetzungsmaßnahmen. Zum Schluß hebt er noch den 'Standortvorteil' hervor: "In Kurjaž verbinden sich die Annehmlichkeiten einer Großstadt mit denen einer ländlichen Gegend. Von der Station 'Ryžov' ist es 1 1/2 Werst, von der Station 'Kurjaž' 1 Werst, es gibt elektrisches Licht und eine Wasserleitung."

Und in dem Brief an Gor'kij (25. März) heißt es:

"Auf Zaporož'e haben wir verzichtet (sogar telegrafisch!). Das Zaporož'er Bezirksexekutivkomitee will uns nicht auf sein Territorium lassen, es befürchtet, die Kolonisten könnten 'die Bevölkerung terrorisieren'. Deshalb hat es große Teile davon an andere vergeben. Uns war noch eine Hoffnung geblieben — wir hatten die Angelegenheit dem Rat der Volkskommissare der Ukraine übergeben, aber auch der erteilte uns eine Absage — die Instandsetzung käme zu teuer. Der Rat der Volkskommissare (irgendein Ausschuß des Rates) ist überzeugt, daß wir mit der Instandsetzung nicht

---

[36]Muzej A.S. Makarenko, Kremenčug; auch (mit redaktionellen Eingriffen) in: Ped.soč. 8, S. 26f. — Unzutreffende Behauptungen wie diese, daß der Vertrag bereits unterschrieben sei, finden sich in dem Brief mehrere; offenbar wollte Makarenko damit seinem Anliegen, Popovičenko als Erzieher zurückzugewinnen, Nachdruck verleihen. Siehe z.B.: "Das Kurjažer Personal wird bis auf den letzten Mann entlassen." (Lt. Auskunft L.T. Koval's machte Makarenko von der im Vertrag bzw. Abkommen vorgesehenen Möglichkeit Gebrauch, das Personal teilweise zu übernehmen; das betrifft 3 Erzieher, die Instrukteurin der Schneiderwerkstatt sowie den Leiter des Kraftwerks); "Der Kolonieleiter und der Wirtschaftsleiter sitzen im Gefängnis." (Koval': "Das ist mir neu. Ich glaube, daß es nicht so war. Das hat Anton sich ausgedacht.").

zurechtkommen würden. Eine höhere Instanz gibt es nicht. Jetzt fordern wir für uns einen Platz in der Nähe von Char'kov. Man bietet uns das Gut des ehem. Klosters Kurjaž an, sieben Werst von Char'kov entfernt. Auf diesem Gut befindet sich zur Zeit eine Kinderkolonie, in pädagogischer Hinsicht ein elendes Loch, wie ich es entsetzlicher in meinem ganzen Leben nicht gesehen habe. Wir sind einverstanden, mit unserer gesamten Habe dorthin zu übersiedeln, unter der Bedingung, daß von den dortigen Kolonisten nicht mehr als 200 dableiben und daß man das gesamte Personal irgendwohin abzieht. Unser Volksbildungskommissariat ist entsetzt, es befürchtet, daß wir nicht nur mit diesen 200 nicht fertig werden, sondern auch noch unsere eigene Ordnung und Disziplin einbüßen. Mal sehen. Die Sache scheint zu klappen. Die Aufgabe ist entsetzlich schwer, aber wir haben unseren Schwung noch nicht verloren."[37]

Aus den Akten ergibt sich folgendes Bild: Am 25. März 1926 legt das Volksbildungskommissariat dem Rat der Volkskommissare eine "schriftliche Stellungnahme in der Angelegenheit der Verlegung der Gor'kij-Kolonie aus dem ehem. Gut Trepke, Bezirk Poltava, auf das Gut des ehem. Klosters Kurjaž, Bezirk Char'kov" vor, die hier ungekürzt wiedergegeben werden soll:

"Das Volksbildungskommissariat hält es für erforderlich, die Gor'kij-Kolonie aus dem Bezirk Poltava in den Bezirk Char'kov zu verlegen, und zwar aus folgenden Gründen:

Die Gor'kij-Kolonie ist eine Einrichtung von staatlicher Bedeutung, sie wird auf Staatskosten unterhalten und steht der gesamten Ukr.SSR zur Verfügung. In den fünf Jahren des Bestehens der Kolonie ist es ihr gelungen, sich ein starkes Kollektiv aus Zöglingen und Pädagogen mit einem eigenen, spezifischen Unterrichts- und Erziehungssystem zu schaffen, und deshalb ist es die am besten geeignete Einrichtung, in ihr kann man eine große Zahl halbwüchsiger Rechtsbrecher zusammenziehen. Die Konzentration der Minderjährigen in einer einzigen Einrichtung ergibt eine beachtliche Einsparung staatlicher Mittel.

Die Gor'kij-Kolonie im Bezirk Poltava (ehem. Gut Trepke) zu belassen, wäre selbst bei der jetzigen Zahl der Zöglinge unmöglich, denn dort gibt es weder genügend Land (nur 37 Desjatinen) noch Gebäude, in denen man neue Werkstätten einrichten könnte.

So ist die Verlegung der Gor'kij-Arbeitskolonie in das ehem. Kloster Kurjaž, wo es etwa 100 Desjatinen Land, ein großes Gehöft, ein Kraftwerk und Werkstätten gibt, unbedingt erforderlich.

Die Verlegung gibt dem Volksbildungskommissariat die Möglichkeit, diese Einrichtung für Rechtsbrecher im gesamtukrainischen Maßstab auf ein angemessenes Niveau zu heben, was eine starke Waffe im Kampf gegen die Jugendkriminalität in der Ukraine ergeben würde.

Aufgrund des oben Ausgeführten ersucht das Volksbildungskommissariat um die Genehmigung, die Gor'kij-Kolonie aus dem Bezirk Poltava (ehem. Gut Trepke) in den Bezirk Char'kov (ehem. Kloster Kurjaž) zu verlegen.

Gegenwärtig befindet sich das Gut des ehem. Klosters Kurjaž in der Verfügung der Char'kover Bezirkskinderhilfe. Für die Verlegung der Kolonie hat das Volksbildungs-

---

[37]Ped.soč. 1, S. 230.

kommissariat die Einwilligung der Char'kover Bezirksinspektur für Volksbildung und der Bezirkskinderhilfe erhalten."[38]

Am 30. März bestätigt die Kanzlei des Rates der Volkskommissare dem Volksbildungskommissariat den Eingang dieser Stellungnahme und teilt zugleich mit, daß dann, "wenn die Angelegenheit mit den lokalen Organen abgestimmt wurde, eine Verordnung des Rates der Volkskommissare der Ukr.SSR nicht erforderlich ist".[39] Daß sich aufgrund dieser Situation noch Schwierigkeiten ergeben könnten, die fast das Ende des Übersiedlungsplanes bedeutet hätten, war zu diesem Zeitpunkt noch nicht abzusehen; darüber ist in der bisherigen Makarenko-Literatur auch kein Hinweis enthalten.

Hierzu wie auch zur weiteren Behandlung der Angelegenheit durch die Char'kover Behörden lassen sich einige Angaben in den Protokollen der Präsidiumssitzungen des Bezirksexekutivkomitees aus jener Zeit finden. Ein paar Ergänzungen dazu brachte auch die lokale Presse.

Das Präsidium des Char'kover Bezirksexekutivkomitees befaßt sich am 9. April 1926 zum ersten Mal mit dieser Frage. Der entsprechende Tagesordnungspunkt ist jedoch noch recht allgemein formuliert: "Reorganisierung der Kurjažer Kinderarbeitskolonie '7. November' in Hinblick auf deren außerordentlich schwierige Lage". Dazu wird folgender Beschluß gefaßt: "Die Angelegenheit zur Behandlung auf einer Präsidiumssitzung nach deren Bearbeitung durch den Bezirksplan weiterzuleiten", d.h. durch die für Wirtschaftpläne zuständige Behörde des Exekutivkomitees.[40]

Eine Woche später ist dann konkret von der geplanten Verlegung der Gor'kij-Kolonie die Rede. Der Formulierung des entsprechenden Tagesordnungspunktes kann man jedoch auch entnehmen, daß es noch einen anderen Plan zur Nutzung des ehemaligen Klosters Kurjaž gegeben hat — als Jungarbeiterwohnheim: "Verlegung des Heims für minderjährige Arbeiter aus den Räumen in der Karl-Liebknecht-Str. 31, Char'kov, nach Volčansk oder nach Kurjaž sowie Verlegung der Maksim-Gor'kij-Kinderkolonie von Poltava nach Kurjaž." Eingebracht hatte diesen Antrag der Bezirksplan, also keine pädagogische Instanz. Auf dieser Sitzung vom 16. April wird beschlossen:

"a) Die Verlegung des Heims für minderjährige Arbeiter von Char'kov nach Volčansk oder Kurjaž, wo es hierfür keine Voraussetzungen gibt, für unzweckmäßig zu erklären. (...)

c) Den Antrag des Volksbildungskommissariats betreffs Verlegung der M. Gor'kij-Kinderkolonie von Poltava nach Kurjaž abzulehnen. (Die Gen. Kantororovič und Pokko bleiben bei einer abweichenden Meinung und halten es für erforderlich, die

---

[38]CGAOR, f. 166, op. 6, ed.chr. 1823, Bl. 29, 32.

[39]Ebd., Bl. 33

[40]ChOGA, f. R-845, op. 2, ed.chr. 675, Bl. 404.

Gor'kij-Kolonie nach Kurjaž zu verlegen, und in Hinblick darauf, daß der Beschluß mit 4:3 Stimmen gefaßt wurde, beantragen sie, die Angelegenheit zur Behandlung auf einer erweiterten Präsidiumssitzung weiterzuleiten)."[41]

Bei diesen beiden Mitgliedern des Präsidiums des Char'kover Bezirksexekutivkomitees handelt es sich bezeichnenderweise um Vertreter von Behörden, die an der Bekämpfung der Jugendkriminalität besonders interessiert bzw. daran beteiligt waren: Bezirksplan (S.I. Kantorovič) und Bezirks-Čeka (S.I. Pokko).

Unterstützung bekamen die Befürworter der Übersiedlung der Gor'kij-Kolonie nach Kurjaž von seiten der Presse. So berichtete die Lokalzeitung "Char'kovskij proletarij" am 18. April über die geplante Verlegung der Kolonie nach Kurjaž. In dem Artikel wird zunächst darauf hingewiesen, daß Char'kov eines der Hauptzentren der Jugendkriminalität", über keine geeignete Einrichtung zur Umerziehung von minderjährigen Rechtsbrechern verfüge. Weiter heißt es in diesem Zusammenhang:

"Nehmen wir zum Beispiel die Kurjažer Kinderkolonie. Dort leben viele Rechtsbrecher, doch die pädagogische Arbeit, die an ihnen durchgeführt wird, läßt sehr zu wünschen übrig. Unterdessen wird jetzt die Möglichkeit der Verlegung der Poltavaer Maksim-Gor'kij-Kolonie für minderjährige Rechtsbrecher nach Kurjaž spruchreif. Diese Versuchs- und Mustereinrichtung des Volksbildungskommissariats ist eine der besten in der UdSSR. In dieser Kolonie arbeitet ein Kollektiv von 35 pädagogischen Spezialisten,[42] das einzige in der Ukraine, das über eine große Erfahrung auf dem Gebiet der Erziehung krimineller Kinder und Jugendlicher verfügt. Das Volksbildungskommissariat ist bereit, diese Kolonie mit allen Bediensteten und Zöglingen, mit dem gesamten Hab und Gut, das der Kolonie gehört, mit der Ausrüstung usw. nach Kurjaž zu verlegen. Unserer Bezirksinspektur für Volksbildung werden in der Kolonie etwa 150 Plätze für minderjährige Rechtsbrecher überlassen. Die Kolonie bleibt weiterhin auf dem staatlichen Budget.

Über die große Bedeutung, die diese Kolonie für Char'kov haben wird, braucht man nicht viele Worte zu verlieren. Auch bisher schon mußte sich die Bezirkskinderhilfe des öfteren an die Maksim-Gor'kij-Kolonie mit einem Gesuch um Aufnahme von Rechtsbrechern aus Char'kov wenden. Für die dortige Unterbringung von Kindern und Jugendlichen muß die Kinderhilfe nicht wenig Mittel aufwenden, aber alle lassen sich dort gar nicht unterbringen.

Die Kurjažer Kolonie nun, die sich in überaus schlechten Verhältnissen befindet, verschlingt obendrein noch enorme Mittel. Die Kinder bekommen dort nicht das, was sie bei einer guten Organisierung der Sache bekommen könnten. Die Verlegung der Poltavaer Kolonie würde zweifellos zur Gesundung jener anomalen Atmosphäre beitragen, die sich in Kurjaž feststellen läßt."[43]

---

[41]Ebd., Bl. 415.

[42]Der im August 1924 bestätigte Stellenplan der "Arbeitskolonie in Poltava für 120 Mann" umfaßt insgesamt 35 Personen — einschließlich Instrukteuren der Werkstätten (6) und nichtpädagogischem Personal (6).

[43]B.G., Perevod Poltavskoj trudkolonii v Kurjaž. In: Char'kovskij Proletarij, 1926, Nr. 87,

Zum Schluß wird in diesem Artikel ein Punkt angesprochen, der die ablehnende Haltung des Bezirksexekutivkomitees beleuchtet:

"Die Frage der Verlegung der Poltavaer Kolonie nach Kurjaž stößt jedoch nicht nur auf Zustimmung. Es wird die Befürchtung laut, daß das Volksbildungskommissariat diese Kolonie nach einiger Zeit auf das lokale Budget überstellen wird, was sich für unser Bezirksbudget als eine schwere Belastung auswirken würde. Die Frage ist wichtig, man muß alle Fakten abwägen — dafür und dagegen.

Ob es aber richtig ist, eine Frage, der für die adäquate Organisierung des Kampfes gegen die Jugendkriminalität eine so große Bedeutung zukommt, allein aufgrund von Mutmaßungen über die künftige Politik des Volksbildungskommissariats in negativem Sinne zu entscheiden?"

Damit, daß es in diesem Zusammenhang noch zu Schwierigkeiten kommen könnte, hatte man im Volksbildungskommissariat offenbar nicht gerechnet. Denn bereits am 8. April 1926, also noch vor der erstmaligen Behandlung der Frage im Präsidium des Char'kover Exekutivkomitees, wurde R.L. Berlin, die Vorsitzende der Gesamtukrainischen Kommission für die Angelegenheiten minderjähriger Rechtsbrecher, beauftragt, "das Abkommen zwischen dem Volksbildungskommissariat, der Char'kover Bezirksinspektur für Volksbildung und dem Char'kover Bezirkskomitee (sic!) der Kinderhilfe in der Angelegenheit der Verlegung der Poltavaer Gor'kij-Arbeitskolonie auf das Gut des ehem. Klosters Kurjaž zu unterzeichnen".[44]

Am 21. April bekräftigte die Kanzlei des Rates der Volkskommissare in einem Schreiben an das Volksbildungskommissariat die bereits am 30. März erteilte Rechtsbelehrung, daß die Verlegung der Gor'kij-Kolonie in den Bezirk Char'kov "als eine Angelegenheit, die auf dem üblichen Weg und zudem durch Übereinkunft zwischen den betreffenden Ressorts entschieden werden kann, nicht in die Zuständigkeit des Rates der Volkskommissare der Ukr.SSR fällt; sie muß in erster Linie mit dem Char'kover Bezirksexekutivkomitee geregelt werden, und wenn sie dort geregelt sein wird, ist eine spezielle Genehmigung des Rates der Volkskommissare der Ukr.SSR über die Verlegung der Kolonie nicht erforderlich."[45]

Die durch das Minderheitsvotum von S.I. Kantorovič und S.I. Pokko ermöglichte erneute Behandlung dieser Frage auf einer "erweiterten Präsidiumssitzung" erfolgt am 23. April. An jenem Tag findet eine gemeinsame Sitzung des Präsidiums des Char'kover Bezirksexekutivkomitees und des Stadtsowjets unter Leitung I.D. Gavrilins, des Vorsitzenden des Exekutivkomitees, statt. Der entsprechende Tagesordnungspunkt war dieses Mal von zwei Dienststellen - "Bezirksvolksbildungsinspektur (Gen. Machno) und Bezirksplan (Gen. Kantorovič)" sowie von "Gen. Berlin als Vertreterin des Volksbildungskommissariats"

18.4., S. 3.

[44]CGAOR, f. 166, op. 6, ed.chr. 1823, Bl. 39.

[45]Ebd., Bl. 41.

beantragt worden; er lautet: "Verlegung der Maksim-Gor'kij-Kinderkolonie von Poltava nach Kurjaž und Verlegung der Kurjažer Kolonie nach Volčansk". Beschlossen wird nun:

"a) Dem Antrag des Volksbildungskommissariats betreffs Verlegung der Maksim-Gor'kij-Versuchs- und Muster-Kinderkolonie von Poltava nach Kurjaž unter der Bedingung zuzustimmen, daß die Unterhaltung dieser Einrichtung des Volksbildungskommissariats als Versuchs- und Mustereinrichtung zu Lasten des staatlichen Budgets bestehen bleibt.
Den Rat der Volkskommissare zu ersuchen, diesen Beschluß zu bestätigen.
Es für erforderlich zu erachten, daß das Volksbildungskommissariat diese Kolonie nach ihrer Verlegung nach Kurjaž auf 300-350 Mann erweitert, mit der Auflage, die Kinder von den Straßen Char'kovs aufzulesen.
b) Die Volksbildung zu beauftragen, Vereinbarungen mit dem Volksbildungskommissariat über den Ablauf und die Bedingungen der Verlegung der Kolonie zu treffen.
c) Es in Ergänzung dazu als erforderlich zu erachten, daß das Volksbildungskommissariat nicht nur sämtliche Kosten der Verlegung und des Transports der Gor'kij-Kolonie von Poltava nach Kurjaž übernimmt, sondern zum Teil auch die Kosten der Verlegung jener Kinder, die zu Lasten der Kinderhilfe unterhalten werden, aus der Char'kover Kolonie nach Valki, angesichts der Tatsache, daß diese Verlegung mit der Verlegung der Kolonie aus Poltava verknüpft ist."[46]

In einem Artikel der Zeitung "Char'kovskij proletarij" vom 25. April wird nicht nur über diesen Beschluß informiert, sondern erneut auch über die "vortrefflich ausgestattete Poltaver Maksim-Gor'kij-Arbeitskolonie". Dazu heißt es u.a.:

"Die Organisierung der Erziehungsarbeit ist hier mustergültig geregelt. Das qualifizierte pädagogische Personal dieser Kolonie verfügt auf dem Gebiet der Erziehung minderjähriger Rechtsbrecher über große Erfahrung. Seine pädagogische Arbeit erbrachte ausgezeichnete Resultate: 80% aller Zöglinge dieser Kolonie sind Komsomolzen. Fluchtfälle gibt es in der Kolonie außerordentlich selten, sie machen 1% aus. Die wirtschaftliche Lage der Kolonie ist gut, sie erzielt aus ihrer Wirtschaft regelmäßig Gewinne."[47]

Damit war für die Gor'kij-Kolonie die letzte Hürde auf dem Weg nach Kurjaž genommen. Ein entsprechendes Abkommen — auf der Basis des oben erwähnten Vertragsentwurfs — ist wohl noch im April 1926 unterzeichnet worden; es wurde — wie aus einem entsprechenden Vermerk hervorgeht —, am 6. Mai von Kantorovič bestätigt.[48]

Über die jüngsten Ereignisse berichtet Makarenko am 8. Mai in seinem Brief an Gor'kij:

---

[46]ChOGA, f. R-845, op. 2, ed.chr. 675, Bl. 439.

[47]Perevod v Kurjaž Poltavskoj detskoj kolonii. In: Char'kovskij proletarij, 1926, Nr. 94, 25.4., S. 4.

[48]CGAOR, f. 166, op. 6, ed.chr. 1823, Bl. 42.

"Erst gestern wurde der leidenschaftlich geführte Kampf um Kurjaž beendet. Ich schrieb Ihnen bereits, daß wir, nachdem wir in dem Krieg um Zaporož'e eine Niederlage erlitten hatten, die Frage der Übergabe des sieben Werst von Char'kov entfernt gelegenen Gutes des ehem. Klosters Kurjaž an uns aufgeworfen haben. Gleich in den ersten Tagen schien die Frage endgültig entschieden gewesen zu sein, doch dann fanden sich andere Interessenten, und es entstand ein ziemliches Durcheinander, denn 'ein verlobtes Mädchen finden alle schön'. Die Char'kover Kommission für Kinderhilfe, der die jetzige, äußerst erfolglose Kolonie in Kurjaž gehört, wollte uns die Kolonie vor allem deshalb nicht übergeben, weil sie ihren Mißerfolg nicht eingestehen wollte und hoffte, die Sache in Zukunft in Ordnung bringen zu können. Wir verlangten von der Kommission 20.000 Rubel für die Instandsetzung der Gebäude, die man verkommen lassen hatte. Die Kommission erklärte sich bereit, uns 50.000 zu geben, aber unter der Bedingung, daß die Kolonie weiterhin 'Kurjažer 7. November-Kolonie' heißt und der Kinderhilfe rechenschaftspflichtig bleibt. In unserer Vollversammlung wurde einstimmig die kategorische Forderung erhoben, daß die Kolonie 'Char'kover M. Gor'kij-Kolonie' heißen und dem Volksbildungskommissariat unterstellt sein soll."[49]

In einem weiteren Brief berichtet Makarenko (am 23. Mai, nun bereits aus Kurjaž) Gor'kij von den Erfahrungen, die er und "unsere erste Staffel — vier Erzieher, elf Zöglinge und der Hauptinstrukteur" — in knapp zwei Wochen unter schwierigsten Bedingungen gemacht haben. In diesem sehr informativen Brief äußert Makarenko auch "eine große Bitte: Wenn es Ihnen nicht zu schwer fällt und Sie es für richtig halten, so schreiben Sie doch bitte ein paar Dankesworte an das Präsidium des Char'kover Bezirksexekutivkomitees, zu Händen seines Vorsitzenden, Gen. Gavrilin. Man hat uns dort sehr großes Vertrauen entgegengebracht, indem man unsere Kolonie verteidigt und wegen unserer Verlegung einen großen Kampf ausgefochten hat."[50]

Über das genaue Datum der Übersiedlung der Gor'kij-Kolonie von Triby nach Kurjaž gibt es in der Makarenko-Literatur unterschiedliche Angaben, die jedoch alle nicht zutreffend sind. Die häufigste Datierung ist dabei der 15. Mai 1926.

Zunächst sollte die Übersiedlung am 13. Mai erfolgen,[51] dann wurde sie jedoch auf den 27. Mai verlegt,[52] Das korrekte Datum kann man dem Brief einer Zöglingsabteilung an Gor'kij vom 18. Juni entnehmen, und es wurde inzwischen auch von L.T. Koval' bestätigt: 29/30. Mai 1926.

Statt von einer "Eroberung" — so Makarenkos Darstellung im "Pädagogischen Poem" — ist dort von einem völlig undramatischen Umzug die Rede, der unbemerkt von der Öffentlichkeit vor sich ging. Der sehr nüchterne und

[49]Ped.soč. 1, S. 231.

[50]Ebd., 233.

[51]CGAOR, f. 166, op. 6/II, ed.chr. 2971, Bl. 5.

[52]Ped.soč. 1, S. 232.

informative Bericht der 2. Abteilung lautet wie folgt:

"Wir wollen Ihnen mitteilen, wie wir aus der Stadt Poltava nach Char'kov übergesiedelt sind. Als wir die Nachricht gehört hatten, daß wir von einem toten Ort an einen lebendigen übersiedeln werden, waren wir alle sehr erfreut und warteten auf den Augenblick, an dem wir uns in Marsch setzen würden. Anton Semenovič war früher als alle anderen nach Char'kov gefahren, um die Kolonie zu übernehmen. Nachdem er die Kolonie übernommen hatte, schrieb er uns, daß wir uns auf den Weg machen sollten.

Am Abend des 29.V. trieben wir, die zweite Abteilung, die Kühe, Schafe, Kälber und Pferde zur Bahnstation. Am Morgen des 30.V. fuhren wir nach Char'kov los, unterwegs freuten wir uns, weil wir Anton Semenovič so schnell wie möglich wiedersehen wollten, und noch mehr freuten wir uns, solche Kameraden, wie wir es selbst auch sind, zu sehen.

Nun kamen wir an, nahmen alle in Reih und Glied Aufstellung und zogen in die Kolonie. Als wir uns mit den anderen Kolonisten trafen, freuten wir uns und gaben einander die Hand.

Am 31.V. begannen wir die Sachen aus den Waggons auszuladen, in erster Linie luden wir unser Vieh aus und trieben es in die Kolonie, und was das gesamte tote Inventar angeht, so mieteten wir Fuhrwerke und transportierten an demselben Tag alle Sachen.

Am nächsten Tag haben wir uns schon alle Gebäude und den ganzen Hof angeschaut, und als wir alles gesehen hatten, wurde es einigen Jungens ganz traurig zumute, weil es so trostlos war, die übrigen Gor'kijer ließen sich nichts anmerken, obwohl es auch für sie trostlos war und redeten dagegen jenen Kameraden Mut zu, die schon ganz betrübt waren."[53]

Die weiteren Ereignisse sind bekannt: Am 3. Juni beglückwünschte Gor'kij Makarenko und die Kolonie "zur Übersiedlung an den neuen Ort", und die Verlesung dieses Briefes am 13. Juni, einem Sonntag, wurde, wie Makarenko am 16. Juni Gor'kij antwortet, "zu einem Wendepunkt in der Geschichte unseres Kampfes gegen den Verfall in Kurjaž". Gor'kijs Brief an Gavrilin erschien an jenem 16. Juni in der Presse. Daraufhin schickten alle in Char'kov erscheinenden Zeitungen in den folgenden Wochen Reporter in die Kolonie und veröffentlichten längere, durchweg sehr wohlwollende Artikel.

---

[53] AG, DBP 20-32/I; zit. in: N.A. Sundukov, Rol' Gor'kogo v pedagogičeskoj dejatel'nosti A.S. Makarenko. Diss. kand. ped. nauk, Moskva 1953. — L.T. Koval' äußerte sich auf Befragen zum Ablauf der Übersiedlung wie folgt: "Am 29., spät abends, wurde auf der Station Božovo alles verladen, am 30., morgens, kamen wir auf der Station Ryžov an, und auf der Station Ljubotin begrüßte uns A.S. Makarenko, der in unserem Zug mit nach Ryžov fuhr."

Mykola Oksa

Neue Archivmaterialien zu Makarenkos Tätigkeit in der Char'kover Bezirkskinderhilfe[0]

Das Leben und das pädagogische Wirken des großen sowjetischen pädagogischen Neuerers A. S. Makarenko sind eng verknüpft mit dem proletarischen Char'kov, das von 1918 bis 1934 die Hauptstadt der Sowjetukraine war. Hier leitete er etwa 10 Jahre lang (von 1926 bis 1935) zwei sehr interessante Erziehungs- und Unterrichtseinrichtungen für Kinder: die Gor'kij-Kolonie und die Dzeržinskij-Kommune. Hier vervollkommneten sich seine marxistisch-leninistischen pädagogischen Ansichten, hier wurden die grundlegenden belletristisch-pädagogischen Werke geschrieben. Die Char'kover Zeit spielte in seiner pädagogischen Tätigkeit eine besondere Rolle; sie war eine Periode des intellektuellen Aufbruchs und der schöpferischen Reife.

Die zweite Hälfte der 20er und der Beginn der 30er Jahre sind auch in der Ukraine durch eine Verschärfung der Auseinandersetzung in der Pädagogik zwischen verschiedenen Richtungen gekennzeichnet. Damals schufen biologisierende und soziologisierende Tendenzen in der Psychologie die Grundlage für eine breite Entwicklung der Pädologie, die zunehmend die Rolle der alleinigen "marxistischen Wissenschaft von den Kindern" beanspruchte. In der pädagogischen Theorie und Praxis verstärkten sich die Tendenzen der Spontanität und der "freien Erziehung".

Unter diesen schwierigen sozialpädagogischen Bedingungen trat Makarenko mit einer ausgereiften pädagogischen Konzeption hervor, der die marxistisch-leninistische Lehre von der Erziehung sowie seine achtjährige Erfahrung in der Gor'kij-Kolonie zugrunde lagen. Nicht zufällig haben sich deshalb in verschiedenen Fonds Char'kover Archive Dokumente erhalten über die fruchtbare Arbeit Makarenkos in der Gor'kij-Kolonie und der Dzeržinskij-Kommune, in der Bezirks-Kommission für Kinderhilfe (Bezirkskinderhilfe), in der Verwaltung der Kolonien und Kinderheime des Bezirks Char'kov u. a.

Die Materialien in den Staatsarchiven für das Gebiet und die Stadt Char'kov werfen Licht auf viele bisher wenig beachtete Seiten von Makarenkos Theorie und Praxis. Nachfolgend soll — auf der Grundlage dieser Materialien — über Makarenkos Aktivitäten in der Char'kover Bezirkskinderhilfe berichtet wer-

---

[0]Referat, verlesen auf dem 2. Marburger Gespräch über aktuelle Tendenzen der Makarenko-Forschung. Aus dem Russ.: Maria Bechheim.

den. Dabei muß man erwähnen, daß all jene Fragen, die mit der Tätigkeit des pädagogischen Neuerers in dieser Institution zusammenhängen, in den zahlreichen Publikationen, die sein Leben und Wirken in Char'kov behandeln, noch nicht die erforderliche Beachtung erfahren haben.

Nach der Übersiedlung der Gor'kij-Kolonie von Kovalevka nach Kurjaž nimmt Makarenko aktiv an der Arbeit der Bezirkskinderhilfe teil. So kommt es schon Ende 1926, wie A. A. Frolov schreibt, "zwischen der Char'kover Bezirkskommission für Kinderhilfe und Vertretern des Volksbildungskommissariats der Ukr.SSR zu Meinungsverschiedenheiten bezüglich der Erweiterung der Werkstätten der Gor'kij-Kolonie. Der Sekretär der Zentralkommission für Kinderhilfe der Ukr.SSR, M. I. Kulik, unterstützt, nachdem er die Kolonie kennengelernt hat, Makarenkos Idee von der Schaffung großer selbstverwalteter Werkstätten in den Kolonien und Kinderheimen."[1] Das war das erste Mal, daß er in seinen zahlreichen Meinungsverschiedenheiten mit dem Volksbildungskommissariat der Ukr.SSR bei der Bezirkskinderhilfe Unterstützung fand.

Makarenko war ein eifriger Mitstreiter dieser Institution. So nahm er an 10 von insgesamt 26 Sitzungen des Präsidiums der Char'kover Bezirkskinderhilfe im Jahr 1927 teil, wobei alle Sitzungen, denen er beiwohnte, in der zweiten Jahreshälfte stattfanden. Und das ist nicht zufällig — etwa bis Mitte 1927 war die Einstellung des Volksbildungskommissariats der Ukraine zur Erziehungsarbeit in der Gor'kij-Kolonie sehr wohlwollend. Der pädagogische Neuerer legte immer wieder neue Pläne vor und träumte davon, die Kolonien und Kinderheime zu einem Kinderarbeitskorps zu vereinigen und eine Kindermiliz zu schaffen.

Am 7. Juli 1927 stand auf der Präsidiumssitzung der Bezirkskinderhilfe die Frage der geplanten Reorganisierung der Kindereinrichtungen für das Jahr 1927/28 auf der Tagesordnung. Die Vorsitzende der Char'kover Bezirksbildung, Fiš, unterstrich in ihrem Bericht im Präsidium der Bezirkskinderhilfe, daß "sich gegenwärtig die Frage der Vereinigung aller Kindereinrichtungen stellt, wofür Gen. Makarenko, der Leiter der Kurjažer Kolonie, mit der Überprüfung der Kinderheime beauftragt wurde, woraufhin die Entscheidung über die Möglichkeit einer Vereinigung gefällt werden soll".[2] Zu diesem Bericht nahmen Štan' und Rozgon Stellung. Štan' äußerte: "Eine Kindermiliz wird unter den Verwahrlosten eine große moralische Wirkung haben, sie wird im Kampf gegen die Kinderverwahrlosung einen großen Erfolg zeigen. Das System des Gen. Makarenko ist 'militärisch', und seine Methode für die Arbeit mit Rechtsbrechern

---

[1] A. A. Frolov, Organizacija vospitatel'nogo processa v praktike A. S. Makarenko, Gor'kij 1976, S. 57.

[2] Char'kovskij gorodskoj gosudarstvennyj archiv, Char'kov (im weiteren zit. als: ChGGA), f. R-4, op. 1, ed. chr. 43, Bl. 107. — Die in diesem Referat auszugsweise wiedergegebenen Sitzungsprotokolle sind in ukrainischer Sprache abgefaßt.

ist gut, aber für normale Kinderheime ist sie nicht geëignet."[3] Rozgon, der die Zweckmäßigkeit einer Vereinigung der Kindereinrichtungen und der Schaffung einer Kindermiliz unterstrich, sagte: "Die Methode des Gen. Makarenko ist eine Methode der Arbeitsorganisation, die ohne Disziplin nicht möglich ist".[4] Auf dieser Sitzung wurde der Beschluß gefaßt, daß Maßnahmen hinsichtlich einer Vereinigung von Kindereinrichtungen des Char'kover Gebiets zu einem Arbeitskorps sinnvoll seien.

Mit der Überprüfung der Kinderheime und -kolonien begann Makarenko am 11. August 1927. Die Bezirkskinderhilfe befaßte sich mit den Ergebnissen der Überprüfung der Ržavecer Kolonie (Berichterstatter war Zajčik). Zu diesem Bericht nahmen Gricjuk, Sucharev und Makarenko Stellung.

Eine interessante Idee äußerte Makarenko, als er bemerkte, daß

"die Ržavecer Kolonie von sich aus eine äußerst starke Einrichtung ist. Die Arbeit der Kolonie läßt sich rationalisieren, wenn man an verschiedenen Stellen Kinder heranzieht. Von der Produktion her könnte man eine Näherei und eine Schuhmacherei einrichten, auch einen Geflügelhof schaffen. Die Kolonie, die jetzt 300 Kinder umfaßt, wird groß und leistungsfähig werden.

Wir haben 6.000 Kinder. In diesem Jahr müssen wir 2.000 Kinder entlassen. In den Kinderheimen können sie keine Ausbildung erhalten, obwohl der Wunsch danach sehr groß ist. Fast 100 % der Kinder sind unzufrieden, abgesehen von den 40 Jugendlichen, die auf die Arbeiterfakultät geschickt wurden. Wenn wir nur 20 Jugendlichen eine Qualifikation ermöglichen — wie Gen. Sucharev ausführt —, was werden dann alle anderen Kinder sagen? Wir brauchen einen Jugendlichen, der sich an die Arbeitslogik der Maschinen anpassen kann, der in der Lage ist, mit allen Produktionszweigen umzugehen, damit er sich in dem, was ihn umgibt, zurechtfinden kann."[5]

Zu dieser Idee Makarenkos nahmen Zajčik und Sucharev Stellung. Zajčik erwiderte: "Solche Leute haben wir nicht, und es wird sie auch nicht geben." Sucharev sprach davon, daß "es natürlich besser ist, die Kinder in die Produktion zu geben, doch bei dieser großen Zahl Jugendlicher, die wir haben, ist eine vollständige Unterbringung realiter nicht durchführbar. Die Art der Werkstätten — diese Frage muß noch diskutiert werden."[6]

Auf jener Sitzung wurde Makarenko aufgefordert, die notwendige Anzahl Jugendlicher für die Übergabe in Pflegeschaft, sei es nun bei einer Organisation oder bei Einzelpersonen, vorzubereiten.[7] Da Makarenko am selben Tag bereits auf einer Sitzung des Bezirksplans referiert hatte, wurde sein Bericht zur Reorganisierung der Kinderheime und -kolonien und zur Schaffung einer gemein-

---

[3]Ebd., Bl. 108.
[4]Ebd.
[5]Ebd., Bl. 163 f.
[6]Ebd., Bl. 164.
[7]Ebd., Bl 165.

samen Verwaltung auf die nächste Präsidiumssitzung der Bezirkskinderhilfe verschoben.[8]

Seinen Bericht über die Reorganisierung der Kindereinrichtungen der Bezirksvolksbildung erstattete Makarenko am 18. August 1927. Zum besseren Verständnis soll hier die Protokollnotiz von Makarenkos Ausführungen vollständig wiedergegeben werden:

"Im Frühjahr wurde der Bezirksvolksbildung die Idee einer Reorganisierung des Verwaltungssystems der bestehenden Kindereinrichtungen zur Kenntnis gebracht. Im jetzigen System gibt es pro Person einen enormen Mehrverbrauch für den Unterhalt, außerdem haben die bestehenden Kindereinrichtungen keineswegs eine einheitliche Zielsetzung.

Das Angebot an Pädagogen für Kindereinrichtungen ist sehr dürftig, es gibt keine Pädagogen, die für die Erziehung des neuen Menschen geeignet sind.

Deshalb entstand der Gedanke, ein Arbeitskorps zu schaffen, dessen Organisationssystem zur Beseitigung der aufgetretenen Unzulänglichkeiten und zur Herausbildung einer Arbeitsorientierung beitragen könnte. Bis heute hatte jede Kindereinrichtung ihre eigene Prägung. Auf dieser Sitzung kann ich keine eigene Theorie zur Schaffung und Realisierung des vorgesehenen Systems entwickeln, ich bin jedoch von dessen Zweckmäßigkeit völlig überzeugt. Das Grundlegende an diesem System ist, daß alle Kindereinrichtungen einer gemeinsamen Korpsverwaltung unterliegen werden, die ganz bestimmte Tätigkeitsbereiche umfaßt: den Bereich der Arbeit, den der Exekutive u. a. Die Organisierung einer solchen Verwaltung wird es ermöglichen, Disziplin zu schaffen, die Verwaltung nach den einzelnen Kindereinheiten auszurichten und ähnliches.

Bei der Ausführung spielt die ökonomische Grundlage eine sehr wichtige Rolle, wenn auch leider noch nicht gesagt werden kann, daß wir eine solche ökonomische Basis hätten. Eine Umerziehung der Kinder ist nur möglich, indem man sie die Arbeitsprozesse erleben läßt, um sie ganz in die Arbeitsvorhaben der betreffenden Kindereinrichtungen einbeziehen zu können. Das System der Bewilligung der Gelder für die Unterhaltung der Kindereinrichtungen mit ihrer Unterscheidung nach einzelnen Posten grenzt die Selbständigkeit der Verwaltung ein, und deshalb ist Gen. Makarenko gegen eine Aufteilung der Gelder auf diesen oder jenen Posten. Am besten wäre es, wenn man die bewilligten Mittel der Verwaltung übergeben und ihr das Recht einräumen würde, diese Gelder im Rahmen des Gesamtplans frei zu verteilen.

Die Organisierung des Korps zielt auf die Organisierung eines starken Kollektives hin. Eine bewußte Beziehung der Zöglinge zur Disziplin wird man durch eine Reduzierung der ständigen kleinlichen Beaufsichtigung und des Herumspionierens und ähnliches erreichen. Wir brauchen die Unterstützung der gesellschaftlichen Organisationen, und ich bin sicher, daß wir diese Unterstützung erhalten werden.

Bei der Organisierung des Korps wird man die bereits vorhandene Grundlage der Erziehung nutzen. Es ist vorgesehen, die Werkstätten nach dem Territorialprinzip zusammenzulegen und sie zu kleinen Fabriken oder Betrieben auszubauen. Eine Patenschaft sollte sich nicht auf die einzelnen Kindereinrichtungen zersplittern. Hilfe von seiten der Gor'kij-Kolonie wird jenen Einrichtungen gewährt werden, die schon

---

[8]Ebd.

ziemlich heruntergekommen sind. Zum Aufgreifen der Verwahrlosten ist die Bildung einer speziellen Kindermiliz zwecks Unterstützung der Bezirkskommission für Kinderhilfe vorgesehen. Der Einsatz wird nach vorhandenen Plänen und entsprechend den Möglichkeiten der Kindereinrichtungen erfolgen. Einige Kindereinrichtungen müssen völlig reorganisiert werden, so muß z. B. in der Komarover Kinderarbeitskolonie ein Wohnheim für Entlassene geschaffen werden. Das Zmiever Reformatorium bleibt bestehen, es sollte für Rechtsbrecher mit kürzeren Strafen Verwendung finden. Einen besonderen Unterschied zwischen Verwahrlosten und Rechtsbrechern gibt es nicht, letztere sind lediglich aktiver."[9]

Nach Makarenkos Bericht wurde folgender Beschluß gefaßt:

"Der Bericht des Gen. Makarenko wird zur Kenntnis genommen. Die Bezirksvolksbildung ist zu bitten, ein Projekt zur Organisierung des Arbeitskorps einzureichen, eine dreiköpfige Arbeitsgruppe soll sich damit im einzelnen vertraut machen und ihre Schlußfolgerungen in dieser Angelegenheit dem Präsidium der Bezirkskommission für Kinderhilfe vorlegen."[10]

Auf derselben Sitzung behandelte man das Protokoll einer Überprüfung der M. Gor'kij-Kolonie, die von der Sektion Volksbildung beim Stadtsowjet am 13/14. Juni 1927 durchgeführt worden war.[11] Entsprechend dem auf der Sitzung gefaßten Beschluß wandte sich der Vorsitzende der Bezirkskinderhilfe, M. Sucharev, am 25. August mit folgendem Brief an das Präsidium des Stadtsowjets:

"Im Hinblick auf die Überprüfung der M. Gor'kij-Kinderkolonie durch die Sektion Volksbildung des Stadtsowjets, die der Bezirkskommission für Kinderhilfe zur Durchsicht vorgelegt wurde, hält es die Bezirkskommission für Kinderhilfe für erforderlich, sich auf der Präsidiumssitzung des Stadtsowjets mit der Angelegenheit der Arbeit und des Zustands dieser Kinderkolonie zu befassen, einschließlich eines Berichts des Leiters der Kinderkolonie, Gen. Makarenko, und eines weiteren Berichts der Untersuchungskommission, und zwar in Anwesenheit von Vertretern der Bezirkskommission für Kinderhilfe und der Bezirksvolksbildung, da einzelne Aspekte und Fragen von prinzipieller Art sind."[12]

Eine besondere Bedeutung für den Gang der Ereignisse im pädagogischen Wirken Makarenkos hatte ein auf den ersten Blick völlig unscheinbarer Beschluß der Bezirkskinderhilfe vom 23. August 1927. Darin hieß es, daß bis zum 15. Oktober die Kindereinrichtungen im Gebiet um Char'kov überprüft sein müßten, und daß "man die gesamte mit der Untersuchung zusammenhängende Arbeit, auch die Instruktion, der Genossin Zajčik überträgt, sie wird beauftragt, die Auswahl der in Frage kommenden Mitarbeiter selbst vorzunehmen, desgleichen

---

[9]Ebd., Bl. 157.
[10]Ebd.
[11]ChGGA, f. R - 1, op. 18, ed. chr. 171, Bl. 13 - 15.
[12]Ebd., Bl. 12.

die Ausarbeitung eines Plans und eines Verfahrens für die Überprüfung."[13]
Ebenso wie Djušen, Sal'ko, Sucharev und Tarapata gehörte auch Zajčik — so
Prof. A. I. Zil'berštejn in verschiedenen Gesprächen gegenüber dem Autor —
zum Lager der prinzipiellen Gegner Makarenkos.

Über diese Zeit spricht G. S. Sal'ko ziemlich offen in ihren Erinnerungen,
wobei sie unterstreicht, daß "es auch bei mir Momente gab, wo mir ... das, was
er machte, falsch erschien..."[14]

Als Ergebnis der "Gerüchteküche" und auch der "der Genossin Zajčik
übertragenen Instruktion" wurde eine tendenziöse Korrektur über den Zustand
der Gor'kij-Kolonie "zusammengebraut", deren wesentliche Aussage lautet:

"Eine Übertragung des in der Gor'kij-Kolonie bestehenden Erziehungssystems
auf andere Kolonien ist nicht zu empfehlen, diese Frage ist vor der Fraktion des
Bezirksexekutivkomitees zu behandeln.
Indem man die prinzipielle Einstellung des Gen. Makarenko zu Inhalt und Methoden der Sozialerziehung, die von der allgemeinen Linie der Sozialerziehung abweicht,
zur Kenntnis nimmt, wird es als unumgänglich erachtet, die Leitung der Kinderkolonien (besonders in der jetzigen Zeit der Reorganisierung) in die Hände von Parteige-
nossen zu legen."[15]

Obwohl die Autoren der "Materialien der Überprüfung der Gor'kij-Kolonie"
nicht namentlich genannt sind, lassen sie sich doch auf der Grundlage von Archivmaterial und uns zur Verfügung stehender Memoiren teilweise erschließen.

Für den 25. August 1927 war durch das Präsidium der Bezirkskinderhilfe
die Behandlung des "Projekts der Organisierung eines Arbeitskorps für Kindereinrichtungen aus dem Char'kover Gebiet" angesetzt. Das Projekt war jedoch
noch nicht fertiggestellt, und so faßte die Bezirkskinderhilfe den Beschluß, "die
Bezirksvolksbildung nochmals zu bitten, daß Projekt innerhalb von 3 Tagen
dem Präsidium der Bezirkskinderhilfe zur Prüfung vorzulegen."[16]

Auf der Präsidiumssitzung der Bezirkskinderhilfe vom 8. September 1927
erklärte deren Vorsitzender, Sucharev, "daß der Leiter der Bezirksvolksbildungsinspektur, Gen. Mikoljuk, auf der nächsten Sitzung... selbst über die Organisierung des Arbeitskorps berichten wird."[17] Obwohl eine solche Erklärung
abgegeben wurde, berichtete auf der folgenden Sitzung, am 15. September
1927, über das Projekt der Organisierung einer Verwaltung für die Kinderein-

---

[13] ChGGA, f. R - 4, op. 1, ed. chr. 43, Bl. 196.

[14] Otdel rukopisej Gosudarstvennoj biblioteki SSSR im. V. I. Lenina, Moskau, f. 447 (G. E.
Žurakovskij), kart. 13, ed. chr. 3, Bl. 11.

[15] Char'kovskij oblastnoj gosudarstvennyj archiv, Char'kov (zit. als: ChOGA), f. R - 858,
op. 2, ed. chr. 6, Bl. 110.

[16] ChGGa, f. R - 4, op. 1, ed. chr. 43, Bl. 151.

[17] Ebd., Bl 192.

richtungen des Bezirks Char'kov — A. S. Makarenko. Eine kurze Protokollnotiz seiner Ausführung blieb erhalten. Sie lautet:

"Alle Kindereinrichtungen, und zwar die Kolonien, Wohnheime und Kinderheime, werden zu einem Arbeitskorps vereinigt. Über eine Vergrößerung der Heime kann erst dann gesprochen werden, wenn die Möglichkeit besteht, ein Heim für ungefähr 1.000 Kinder zu errichten, dies ist jedoch zum jetzigen Zeitpunkt nicht möglich, und deshalb muß mit den 22 Einheiten gearbeitet werden.

Außer der administrativen wird man auch eine wirtschaftliche Zusammenlegung durchführen.

Bis in die heutige Zeit gab es Heime für Rechtsbrecher, die jedoch nach der Reorganisierung der Kindereinrichtungen nicht mehr bestehen werden. Es wird eine Primärkolonie geschaffen, in der das Personal lediglich Beobachtungsaufgaben wahrnehmen wird. Einen Monat lang werden die Erzieher den Charakter des einen oder anderen Jugendlichen zu ergründen versuchen, woraufhin die Jugendlichen in bestimmte Einrichtungen verteilt werden — entsprechend der Art der jeweiligen Einrichtung und dem Charakter des einzelnen.

Das Personal der zentralen Verwaltung wird bestehen aus dem Leiter, seinem Gehilfen, dem Leiter des Produktionsbereichs, dem auch kommerzielle Funktionen übertragen werden, dem Leiter des Unterrichtsbereichs (es wird ein Sportzentrum errichtet) und schließlich dem technischen Personal. In den Kindereinrichtungen wird es einen Leiter geben, und um jede Art von Streit zu vermeiden, wird das übrige Personal mit Zustimmung des Leiters eingestellt. Zu Leitern werden jene Pädagogen ernannt, die eine Verbesserung der Arbeit der Kindereinrichtungen ermöglichen. Es ist beabsichtigt, den Stellenplan beizubehalten, damit der Arbeitslohn für das Personal der Kindereinrichtungen erhöht werden kann. Der gesamte vorhandene Etat wird überprüft, unter Berücksichtigung der Ausbildung, Dienstdauer u. a.

Die bewilligten Summen für den Unterrichtsbereich sind sehr gering, und deshalb sollen für den Aufbau einer Bibliothek von Seiten der Bezirkskommission für Kinderhilfe ungefähr 20.000 Rubel bewilligt werden."[18]

Zu dem Bericht nahmen Melamed, Rozovskij, Sal'ko, Rozgon, Sucharev und Mikoljuk Stellung. Sie äußerten sich zu der Frage einer Patenschaft über das Korps, zur Frage der materiellen Unterstützung, der Persönlichkeit der Pädagogen u. dgl. m. Im Schlußwort sprach A. S. Makarenko darüber, daß "sich die materielle Hilfe auf jeden Fall auf das Korps konzentrieren muß und auf keinen Fall zersplittert werden darf. Ziel des Korps ist es, die Mittel zwischen den Kolonien zu regulieren und im Falle einer sparsamen Verwendung am Ende des Jahres daraus ein Umlaufkapital zu schaffen, das dem Korps zur Verfügung steht. Als Pädagogen sollen diejenigen gelten, die die pädagogische Arbeit kennen, und nicht jene, die nur ein Diplom haben. Es muß ein Rat der Paten gebildet werden, aber dieser Rat darf sich auf gar keinen Fall beim Korps befinden."[19]

---

[18]Ebd., Bl. 184.

[19]Ebd., Bl. 185.

Eine Analyse des dargelegten Materials erlaubt den Schluß, daß die Idee für den Aufbau und die theoretische Begründung des Kinderarbeitskorps voll und ganz von Makarenko stammt.

Die theoretische Begründung für solche Einheiten finden wir in zwei äußerst interessanten, von Makarenko verfaßten Dokumenten: "einen Statut für das Kinderkorps des Bezirks Char'kov," das aus drei Abschnitten besteht: allgemeine Bestimmungen; die finanziellen Mittel des Arbeitskorps und die Regelung der Tätigkeit dieser Organe,[20] sowie einer "Verordnung über die Bewilligung der finanziellen Mittel für die Unterhaltung der Einrichtungen des Kinderarbeitskorps".[21]

Makarenko konnte gut mit Geld umgehen. Er verstand es, die für die Unterhaltung der Kindereinrichtungen bestimmten finanziellen Mittel so einzusetzen, daß sie einen maximalen Ertrag erbrachten. Als Beispiel wollen wir den vollständigen Text der "Verordnung über die Bewilligung der finanziellen Mittel..." anführen:

"1. Alle Kredite für die Unterhaltung des Kinderarbeitskorps befinden sich in der Verfügung der Verwaltung des Kinderarbeitskorps und werden ihm von der Bezirksfinanzabteilung direkt gewährt.

2. Die Verwaltung des Kinderarbeitskorps erhält, mit Hilfe seines Apparats und unter Einhaltung der allgemeinen Bestimmungen, die Gelder von der Bezirksfinanzabteilung bzw. zahlt sie den direkten Kreditgebern zurück, wenn ihr der Ankauf oder die Beschaffung der Objekte und Materialien für alle Einrichtungen des Kinderarbeitskorps gelingt.

3. Die Verwaltung des Kinderarbeitskorps kann einen Teil der Kredite, die sich in ihrer Verfügung befinden, in der Bezirksfinanzabteilung auf einzelne Kolonien übertragen, wofür die Verwaltung eine Woche vor den Fälligkeitsterminen der Bezirksfinanzabteilung die entsprechenden Vollmachten zuschickt.

4. Die Verwaltung des Kinderarbeitskorps erhält das Recht, zu einem beliebigen Zeitpunkt alle Kredite oder einen Teil der Kredite, die der einen oder anderen Kolonie gewährt worden waren, erneut in die Verfügung der Verwaltung zurückzugeben (bzw. aufzuheben).

5. Die Verwaltung des Kinderarbeitskorps erhält das Recht, durch eine eigene Anordnung von den Krediten, die sich in ihrer Verfügung befinden, einen Teil von einem Verwendungszweck auf einen anderen unter Benachrichtigung der Bezirksfinanzabteilung zu übertragen.

6. Die Verwaltung des Kinderarbeitskorps erhält das Recht, von allen ihr gewährten Krediten (bezüglich aller Einrichtungen) bis zu 50.000 Rubel für deren Verwendung als Umlaufkapital zu erhalten, damit sie gegen Ende des Haushaltsjahres in der Kasse der Bezirksfinanzabteilung wieder eingesetzt werden können oder damit von dieser entschieden werden kann, sie weiterhin beim Umlaufkapital zu belassen.

7. Die Rechnungsführung obliegt jener Person, von der diejenigen Dokumente, die

[20]ChOGA, f. R - 858, op. 1, ed. chr. 5, Bl. 186 - 188 Rücks.

[21]ChOGA, f. R - 845, op. 3, ed. chr. 1778, Bl. 210 - 210 Rücks.

zur Gewährung der Gelder aus der Kasse der Bezirksfinanzabteilung geführt haben, unterzeichnet wurden."[22]

Das "Statut für das Kinderarbeitskorps des Bezirks Char'kov" blieb nicht unverändert, bald danach verfaßte Makarenko ein "Statut für die Verwaltung der Schul- und Arbeitskolonien für Kinder", das in Bd. 1 der "Pädagogischen Werke" veröffentlicht wurde.[23] Damit versuchte er, die führende Rolle der Erziehungsfunktion der Kinderarbeitseinrichtungen hervorzuheben.

Im Anschluß an Makarenkos Bericht wurde im Präsidium der Bezirkskinderhilfe folgender Beschluß gefaßt:

"Es ist festzustellen, daß die Struktur der Vereinigung der Leitung aller Kindereinrichtungen zu einer einzigen Einheit bei der Bezirksvolksbildung zweckmäßig ist. Es ist zu betonen, daß diese Vereinigung die Möglichkeit schafft, die Mittel auf die Werkstätten, auf die Verwaltung und die Erziehung der Kinder zweckmäßiger zu verteilen... Dem Modus der Finanzierung der Kindereinrichtungen über das Arbeitskorps ist zuzustimmen, wobei jede Einrichtung einen vom Korps festgelegten Vorschuß erhalten sollte. Die Bezirksvolksbildung ist bei der Fürsprache gegenüber dem Bezirksexekutivkomitee bezüglich der Erlaubnis der Manövrierbarkeit der Mittel zu unterstützen, wobei diese nicht nur von einem Verwendungszweck zu einem anderen, sondern auch aus einer Kindereinrichtung in eine andere verschoben werden können, jedoch mit Kenntnis der Bezirksfinanzabteilung."[24].

Auf der Sitzung vom 6. Oktober 1927 stimmte die Bezirksfinanzabteilung der Mittelbegründung in den von Makarenko verfaßten Dokumenten jedoch nicht zu. Dies veranlaßte ihn zu der Bemerkung, daß dann, wenn der von ihm vorgeschlagene Bedarf nicht akzeptiert werde, man auch die von ihm verfaßten Projekte eines Kinderarbeitskorps im Bezirk Char'kov fallen lassen könne. Bei dem "Statut für die Verwaltung der Schul- und Arbeitskolonien für Kinder" steht der Vermerk: "Entsprechend einer Bemerkung des Gen. Makarenko wird dieses Statut hinfällig."[25]

Die Arbeit zur Schaffung eines Kinderarbeitskorps wurde aus Gründen nicht realisiert, die nicht von Makarenko abhingen. In dieser Zeit leitete er weiterhin die M. Gor'kij-Kolonie, und außerdem hatte er mit der Organisierung der Dzeržinskij-Kommune und der Leitung der Kindereinrichtungen im Bezirk Char'kov sehr viel zu tun. Der Herbst 1927 ist eine sehr fruchtbare Periode im Wirken des pädagogischen Neuereres. Von der großen Überlastung zeugt

---

[22]Ebd.

[23]A. S. Makarenko, Pedagogičeskie sočinenija v vos'mi tomach, t. 1, Moskva 1983, S. 60 - 63.

[24]ChGGA, f. R - 4, op. 1. ed. chr. 32, Bl. 185.

[25]ChOGA, f. R - 845, op. 3, ed. chr. 1778, Bl. 211.

ein Beschluß des Präsidiums der Bezirkskinderhilfe vom 15. Dezember 1927, in dem es heißt:

"Festzuhalten ist das dritte Fernbleiben des Gen. Makarenko auf der Präsidiumssitzung der Bezirkskommission für Kinderhilfe zwecks Vorstellung des Arbeitsplans der Verwaltung der Kindereinrichtungen für das Jahr 27/28. Der Gen. Sucharev ist zu beauftragen, das Präsidium des Bezirksexekutivkomitees und den Gen. Krupko darüber zu benachrichtigen und das Präsidium der Bezirkskommission für Kinderhilfe über die entsprechenden Folgen zu unterrichten."[26]

Über den Arbeitsplan der Verwaltung der Kindereinrichtungen für das Jahr 1927/28 sprach A. S. Makarenko vor dem Präsidium der Bezirkskinderhilfe am 6. Januar 1928. Die Protokollnotiz über Makarenkos Ausführungen zeugt von der großen Arbeit, die er in der Verwaltung der Kindereinrichtungen geleistet hat:

"Der Hauptteil der Arbeit der Verwaltung besteht darin, die Arbeitsqualität der Kindereinrichtungen zu erhöhen, besseres pädagogisches Personal zu finden und ein starkes Kinderkollektiv zu schaffen. Zum jetzigen Zeitpunkt ist der Zustand der Kinderkolonien einigermaßen zufriedenstellend mit Ausname derjenigen in Bogoduchov und Zeleno-Gaj. Die Bogoduchover Kolonie kann sich wegen ihrer materiellen Lage nicht entfalten, und die Zeleno-Gajer Kolonie wurde von dem unfähigen ehemaligen Leiter in diesen Zustand gebracht. Dort ist das pädagogische Personal sehr streitsüchtig, außerdem gibt es dort sehr viele randalierende Jugendliche, die man nirgendwohin schicken kann. In den anderen Kolonien wird die Arbeit zunehmend geordneter, besonders in Budy, Dergači, auch im Volčansker Kinderstädtchen. In Kürze findet eine Konferenz der Leiter der Kindereinrichtungen statt, auf der meines Erachtens ein Verzeichnis aller jener Zielsetzungen erstellt werden muß, die in diesem Jahr unbedingt zu erfolgen haben, z. B.: Lesen und Schreiben, Hygiene, ein gemeinsames Kollektiv aus Kindern und Pädagogen, eine richtige Organisation des Grundkollektivs, eine richtige Durchführung der politischen Erziehung u. a. Die Hauptaufgabe, um all das Aufgezeigte zu erreichen, ist die Auswahl guter Leiter sowie die Fähigkeit, all jene, die wir schon haben, auf ihren Posten zu behalten. Eine weitere Aufgabe ist die passende Auswahl des Erziehungspersonals, das wegen des geringen Lohns sehr schwer zu finden ist; dies kann dann gelingen, wenn man sich dazu entschließt, die Qualität der Pädagogen auf Kosten ihrer Zahl zu verbessern.

Die Frage der Reorganisierung der Kindereinrichtungen wird man auf einer pädagogischen Beratung diskutieren. Im weiteren werden periodisch pädagogische Beratungen angesetzt, auf denen man die Probleme der Kindererziehung durcharbeiten wird.

Die Verwaltung wird danach streben, die Wohnheime zu erhalten, und zwar deshalb, weil der Bedarf danach sehr groß ist und man die Kinderheime stabilisieren muß. Die Zahl der Entlassungen und Aufnahmen sowie die Anzahl der Plätze sind durchführbar, die Auswahl von 2.000 Verwahrlosten ist ebenfalls durchführbar."[27]

---

[26] ChGGA, f. R - 4, op. 1, chr. 79, Bl. 3.
[27] Ebd., Bl. 11.

Diejenigen, die sich zu dem Bericht äußerten — Kozak, Rozovskij, Zajčik, Melamed, Sucharev, Fiš, Movšovič —, unterstützten den von Makarenko verfaßten Plan für die Arbeit der Verwaltung der Kindereinrichtungen. Die Analyse von Makarenkos Tätigkeit in der Bezirkskinderhilfe erlaubt den Schluß, daß er in dieser Zeit sein Erziehungskonzept ständig verteidigen mußte. Seine Äußerungen sind aufrichtig, erfüllt von einem starken Glauben an die Richtigkeit der durchzuführenden Unternehmungen. Einige der hier angeführten Materialien können als pädagogische Arbeiten betrachtet werden, die spürbare Korrekturen in das traditionelle Verständnis einzelner Aspekte seines Erbes einbringen. Sie weisen die Auffassung zurück, Makarenko habe die Rolle des Erziehers vernachlässigt, sie erlauben es, den pädagogischen Neuerer als Volksbildungsorganisator zu charakterisieren, und sie zeigen, wie der Erziehungsprozeß in einer Gesellschaft organisiert sein muß, die den Sozialismus aufbaut.

Fedir Naumenko

Zum Problem der Autorschaft der Broschüre "Die Kinderverwahrlosung und ihre Bekämpfung"[0]

1931 erschien im Medizinischen Staatsverlag der Ukr.SSR eine ukrainischsprachige Broschüre mit dem Titel "Bezprytul'nist' ta borot'ba z neju" (Die Kinderverwahrlosung und ihre Bekämpfung). Von der Kritik blieb die Broschüre unbeachtet.[1] Als Verfasser war G. Sal'ko angegeben. Die Autorschaft dieser Broschüre wurde von niemandem in Zweifel gezogen. Mit der Zeit geriet die Broschüre ganz in Vergessenheit. Sogar G. Sal'ko selbst hat sich niemals dazu geäußert. G. Sal'ko war bekanntlich 1929 die Frau A.S. Makarenkos geworden.[2]

Die Jahre vergingen, und 1974 bzw. 1975 erschienen im Informationsbulletin des Makarenko-Referats der Forschungsstelle für Vergleichende Erziehungswissenschaft der Universität Marburg, "Makarenko 71/72", sowie in der Zeitschrift "Pädagogik und Schule in Ost und West", H.2/1975, zwei kurze Artikel von Irene Wiehl und Götz Hillig, in denen der Gedanke geäußert wurde, daß der Autor der genannten Broschüre — abgesehen von deren erstem Kapitel — nicht G.S. Sal'ko, sondern A.S. Makarenko sei.[3] Die beiden Wissenschaftler äußerten die Vermutung, daß G.S. Sal'ko auch die Übersetzung des Textes dieser Broschüre in die ukrainische Sprache vorgenommen haben könnte, die Makarenko angeblich nicht beherrschte.

Sie waren sich ihrer These so sicher, daß sie den Text der Broschüre "Die Kinderverwahrlosung und ihre Bekämpfung" in Band 1 der kritischen "Marburger Ausgabe" der Gesammelten Werke A. Makarenkos aufnahmen.[4] und das Titelblatt der Broschüre in Band 13 dieser Ausgabe (dabei handelt es sich

---

[0]Referat, verlesen auf dem 2. Marburger Gespräch über aktuelle Tendenzen der Makarenko-Forschung. Aus dem Russ.: Götz Hillig.

[1]Siehe: A. Makarenko, Gesammelte Werke. Marburger Ausgabe, Bd.13, Ravensburg 1976, S. 8.

[2]Offiziell wurde die Ehe zwischen A.S. Makarenko und G.S. Sal'ko 1935 in Kiev registriert.

[3]Makarenko 71/72. Informationen aus dem Makarenko-Referat, Marburg 1974, S. 21f. — G.Hillig u. I.Wiehl, "Die Kinderverwahrlosung und ihre Bekämpfung" — eine Makarenko bisher nicht zugeschriebene Schrift aus dem Jahr 1931. In: Pädagogik und Schule in Ost und West, 1975, H.2, S 29f.

[4]A. Makarenko, Gesammelte Werke. Marburger Ausgabe, Bd.1, Ravensburg 1976, S. 82 - 128.

um ein bibliographisches Nachschlagewerk) in Faksimile wiedergeben.[5]
Haben I. Wiehl und G. Hillig mit ihren Schlußfolgerungen recht?

Konnte es seinerzeit noch geschehen, daß die Broschüre "Die Kinderverwahrlosung und ihre Bekämpfung" unbeachtet blieb, so ist heutzutage alles,
was den hervorragenden Pädagogen und Schriftsteller betrifft, für die breite
Öffentlichkeit von Interesse und kann nicht unbeachtet bleiben. Doch in diesem
Fall handelt es sich immerhin um ein Werk im Umfang von drei Druckbogen
(48 Seiten).

Titelumschlag der Schrift: "Kinderverwahrlosung und ihre Bekämpfung"

Heute interessiert uns jede unbekannte Zeile von Makarenko, Briefe von ihm
und jedes beliebige andere Dokument, denn sie erweitern unsere Vorstellung von
ihm und schaffen die Voraussetzungen für eine gründlichere Erforschung seines
Erziehungssystems, seines Lebens und Schaffens. Deshalb ist die Klärung der
Frage so wichtig, ob die oben genannte Arbeit aus Makarenkos Feder stammt
bzw. in welchem Maße er daran beteiligt war.

Wir halten es unsererseits für unbedingt erforderlich, auf diese Frage eine
Antwort zu finden, dabei einige Präzisierungen bezüglich der bereits vorliegenden Untersuchungen zu dem Problem vorzunehmen und auch die Zurück-

---

[5] A. Makarenko, Gesammelte Werke, Bd. 13, S. 9.

weisung der Schlußfolgerung von I. Wiehl und G. Hillig zu begründen, daß Makarenko den Text dieser Broschüre zunächst auf russisch niedergeschrieben und G.S. Sal'ko dann die Übersetzung ins Ukrainische vorgenommen hat.

Titel und Inhalt der Broschüre bezeugen, daß sie ungefähr 1929 geschrieben wurde, und zwar zu einem damals höchst aktuellen Thema — der Bekämpfung der Kinderverwahrlosung.

Der Autor der Broschüre ist bemüht, die Ursachen dieses Phänomens in den kapitalistischen Ländern und in unserem Land aufzudecken. Bei der Beantwortung dieser Frage betont er, daß die Kinderverwahrlosung bei uns, im Unterschied zu den kapitalistischen Ländern, historisch bedingt ist. Sie ist das Ergebnis von Kriegen (Welt- und Bürgerkrieg), die die heranwachsende Generation zu Tausenden vernichtete und Millionen von Kindern ohne Obdach und ohne elterliche Fürsorge zurückließen.

Zum Anwachsen der Kinderverwahrlosung trug außerdem noch die sich damals herausbildende pädagogische "Handwerkelei" in der Familienerziehung und der Erziehung in der Schule bei. Der Autor der Broschüre zeigt auf, daß Familie und Schule auch unter den sowjetischen Bedingungen zu schwach sind, und unterstreicht damit die Idee der Sozialerziehung. Unter den sowjetischen Bedingungen sollte diese nicht in der Familie und auch nicht in der Schule erfolgen, sondern in eigens dafür geschaffenen Kinderheimen unter Leitung qualifizierter Pädagogen. Nach Auffassung des Autors gehört die pädagogische Zukunft unter den neuen, sozialistischen Bedingungen nicht der Familie und Schule, sondern staatlichen Einrichtungen vom Typ der Kinderheime, Einrichtungen vom Internatscharakter. Die Familie als sozialer Organismus (und von daher ergeben sich auch ihre erzieherischen Funktionen) konnte im Rußland des Zaren, der Bourgeoisie und der Gutsbesitzer die wichtigste Stätte der Kindererziehung sein und war es ja auch. Unter den neuen, sozialistischen Bedingungen — betont der Autor der Broschüre — "gehört den Kinderheimen und nicht der Familie die sowjetische pädagogische Zukunft".[6] Dieser Gedanke wird in der Broschüre mehrmals wiederholt. Allerdings entzieht der Autor die Kinder nicht völlig der Liebe und Fürsorge ihrer Eltern, aber hierin erschöpft sich auch schon die Beziehung zwischen ihnen. Der Autor behauptet, daß die bekannte harmonische Verknüpfung eines Faktors wie des Einflusses der Familie mit dem "neuen Faktor" nur in Kinderheimen möglich sei, und von daher stelle die Aneigung einer praktisch neuen Lebenserfahrung durch die Kinder eine sozialistische Erfahrung im Prozeß der Produktionsarbeit in einem kommunistischen Grundkollektiv dar. Demjenigen, der mit dem pädagogischen Erbe A.S. Makarenkos vertraut ist, wird klar, daß der angeführte Gedanke von diesem stammt, dem

---

[6]Siehe den Abschn. V. der Broschüre "Bezpritul'nist' ta borot'ba z neju", S. 37 - 44.

Begründer der Kollektivpädagogik.

In den 20er Jahren wurde die Rolle der Familie und der traditionellen Schule in der Erziehung von Makarenko unterschätzt und die Bedeutung der staatlichen Erziehungseinrichtungen vom Internatstyp — Kinderheime und -kolonien — überbewertet. Die Unterschätzung der Rolle von Familie und Schule betrifft nicht allein Makarenko, sondern auch viele andere, die in der Volksbildung tätig waren. So bestand z.B. die staatliche Volksbildungskommission der RSFSR aus zwei Gruppen: einer Petrograder mit A.V. Lunačarskij und einer Moskauer mit P.N Lepešinskij. Die letztere schlug ebenfalls vor, die Schule als ein Überbleibsel der bürgerlichen Gesellschaft zu verwerfen und statt dessen Schulkommunen zu eröffnen, die ohne Ferien und freie Tage bei einer nicht begrenzten Zahl von Unterrichtsstunden pro Tag arbeiten. A.V. Lunačarskij kritisierte diese Vorstellungen. Freilich auch N.K. Krupskaja, in etwas gemäßigterem Ton; im allgemeinen aber teilte sie die Vorstellungen der Moskauer Gruppe und lehnte nur eine Reihe von deren extremen Positionen ab.

Sogar später noch, 1930, schrieb Krupskaja in Zusammenhang mit einem Anstieg der Zahl der Verwahrlosten, die aus Familien kamen, diesbezüglich: "Wir müssen jetzt den Bau eines ganzen Systems von Sozialerziehungseinrichtungen in Angriff nehmen, von Einrichungen des *Massen*charakters, zur Versorgung aller Kinder und offen für alle."[7] Wie wir sehen, stimmen diese Gedanken Krupskajas zu einem gewissen Grade mit der allgemeinen Tendenz der Broschüre "Die Kinderverwahrlosung und ihre Bekämpfung" überein.

Viel kategorischer wurde diese Frage zugunsten der Kinderheime in der Ukraine entschieden. Gleich zu Beginn der 20er Jahre war es dort üblich, die Kinderheime als die wichtigste Form der Sozialerziehung anzusehen. Das fand seinen Niederschlag auf der Ersten Parteiberatung.

Auf der Ersten Parteiberatung über Fragen der Volksbildung, die am 31.12.1920 und am 1.1.1921 stattfand, schlug der Vertreter des Volksbildungskommissariats der Ukraine vor, nicht die Schule, sondern die Einrichtungen vom Internatstyp, also die Kinderheime, der Sozialerziehung der heranwachsenden Generationen zugrundezulegen. Diese Idee war nicht neu. Ähnliche Vorschläge hatte es in der Großen Französischen Revolution schon in dem sog. Lepalletier-Plan gegeben. Und wie 130 Jahre zuvor in Frankreich, erwies sich die Realisierung eines solchen Plans als irreal — er war für die junge sozialistische Sowjetrepublik nicht zu bewältigen, weder unter den Bedingungen des 'Kriegskommunismus' noch unter denen der 'Neuen Ökonomischen Politik'; außerdem entsprach sie nicht den sich historisch herausgebildeten Volkstraditionen in der Erziehung. Deshalb faßte die Erste Parteiberatung den Beschluß: Die Schule

---

[7] N.K. Krupskaja, Pedagogičeskie sočinenija v 6-ti t., t.4, S.254 (Hervorhebung von mir; F.N.).

ist das wichtigste Glied im System der Erziehung der heranwachsenden Generation, und dem Kinderheim kommt eine soziale Hilfsfunktion zu — als Erziehungseinrichtung für Waisenkinder.

Trotz der Tatsache, daß die Volksbildungsorgane von den Beschlüssen der Ersten Parteiberatung ausgingen, gewann die Idee der Kinderheime bei einem Teil der Pädagogen weiterhin an Popularität, vor allem in der Ukraine. Das läßt sich mit bestimmten historischen Bedingungen in dieser Sowjetrepublikation erklären, wo der Bürgerkrieg extrem hart war und auch besonders lange dauerte. Hier gab es viele Verwahrloste. Ihre Zahl hatte durch eine Dürre und Hungersnot im Jahr 1921 an der Wolga und im Süden der Ukraine stark zugenommen. Um die Kinder vor dem sicheren Tod zu retten, nahm die Ukraine über 50.000 Kinder aus den Hungergouvernements Rußlands auf und das Poltavaer Gebiet allein mehr als 16.000. Dort wurden in aller Eile Kinderheime und Kinderkommunen eröffnet und in den Städten Aufnahmestellen und kostenlose Speisehallen eingerichtet. Bis Dezember 1922 wurden allein im Poltavaer Gebiet 252 Kinderheime geschaffen, in denen die Kinder nicht nur eine Bleibe, sondern auch eine Erziehung im Prozeß kollektiver Produktionsarbeit erhielten. Für minderjährige Rechtsbrecher — moralisch verkommene oder, wie man damals sagte, "moralisch defektive" Kinder und Jugendliche — wurden spezielle Kolonien geschaffen.

Diese Atmosphäre konnte nicht ohne Auswirkung auf Makarenko bleiben, der 1920 zum Leiter einer dieser Kolonien ernannt worden war. So ist es nicht verwunderlich, daß er unter dem Einfluß jener Bedingungen daran festhielt, die Kinderheime und -kolonien im Vergleich zu Familie und Schule für die progressivere Form zu halten, um "den neuen Menschen auf eine neue Weise zu schaffen". Nach der Meinung des Autors der Broschüre wird in den Kinderheimen und -kolonien, im Prozeß eines ständigen Kampfes für ein besseres Dasein, ein Gefühl des Kollektivismus anerzogen, die Arbeitsdisziplin gestählt und der Stolz eines arbeitenden Menschen geschmiedet. In der Gor'kij-Kolonie habe man sich von allem getrennt, "was noch aus der alten Schule mitgeschleppt worden war."[8] Der Autor dieser Gedanken ist uns gut bekannt.

Gegen Ende der 20er Jahre erwies es sich für das ganze Land als erforderlich, die Zahl der Kinderheime zu erhöhen. Die Bekämpfung der Kinderverwahrlosung blieb noch ein äußerst akutes Problem. Davon zeugt eine Verordnung des Rates der Volkskommissare der Ukr.SSR vom 15. Januar 1931 "Über die Verbesserung der Arbeit der Kinderheime".[9] Noch vor dem Erscheinen der Broschüre "Die Kinderverwahrlosung und ihre Bekämpfung" war bei

---

[8] A.S. Makarenko, Pedagogičeskie sočinenija v vos'mi tomach, Moskva 1983 - 1986 (im weiteren zit. als: Ped. soč. 1ff), t. 1, S. 19.

[9] Siehe: G. Hillig u. I. Wiehl (s. Anm. 3), S. 29

Makarenko die Idee entstanden, eine Reihe von Artikeln zur Verteidigung dieser staatlichen Einrichtung zu schreiben. Zu dieser Zeit verfügte er schon über eine zehnjährige Erfahrung aufgrund einer außerordentlich erfolgreichen Arbeit mit Verwahrlosten in einer Kolonie. Bei einem der geplanten Artikel dieses Zyklus handelt es sich unseres Erachtens um jenen Text, der in Band 1 der "Pädagogischen Werke" unter der redaktionellen Überschrift "Über einige Probleme von Theorie und Praxis der Erziehung" veröffentlicht wurde.

In diesem, seinerzeit nicht publizierten Text legt Makarenko seine Ansichten über die Familie als einen unzuverlässigen Helfer auf dem Gebiet der Erziehung und die Schule als eine "zeitweilige Form" der Erziehung in einer sozialistischen Gesellschaft dar und setzt sich für das Kinderheim als "die zukünftige Form der sowjetischen Erziehung" ein.[10] Wie wir sehen, stimmen die hier angeführten Ideen Makarenkos aus dem seinerzeit nicht publizierten Text ganz und gar mit Ideen überein, die auch in der G.S. Sal'ko zugeschriebenen Broschüre zum Ausdruck kommen. Eine Analyse des Inhalts dieser Broschüre bezeugt, daß auch die darin enthaltenen methodischen Empfehlungen völlig im Geiste der pädagogischen Konzeption und im Stil A.S. Makarenkos geschrieben sind — ein Umstand, auf den, anhand des in Band 7 der "Werke" A.S. Makarenkos (Moskau 1958) veröffentlichten Auszüge aus dem o. g. Text, bereits I. Wiehl und G. Hillig hingewiesen hatten. All das berechtigt uns mit gutem Grund zu der Annahme, daß nicht G.S. Sal'ko, sondern A.S. Makarenko der Autor dieser Broschüre ist.

Diese Schlußfolgerung wurde von Prof. A.I. Zil'berštejn (Char'kov) in einem Gespräch mit M. Oksa am 10.3.1984 unterstrichen: Nach der Lektüre einer früheren Fassung dieses Referats wandte jener sich entschieden gegen die These, daß Makarenko nur Mitautor der Broschüre "Die Kinderverwahrlosung und ihre Bekämpfung" sei. Seiner Auffassung nach ist er der alleinige Autor. Er zeigte M. Oksa ein Exemplar der Broschüre mit einer handschriftlichen Widmung Makarenkos, die ihn als den Autor ausweist.

Aber weshalb wurde die Broschüre unter G.S. Sal'kos Namen veröffentlicht? Makarenkos pädagogisches System war in den Jahren 1927/28 scharf kritisiert worden. Die Char'kover Volksbildungsinspektur hatte die Anwendung in den Kinderheimen und -kolonien des Bezirks verboten. Diesem Umstand ist es zuzuschreiben, daß der Text "Über einige Probleme von Theorie und Praxis der Erziehung" und auch jene Artikel über die Bekämpfung der Kinderverwahrlosung nicht veröffentlicht wurden.

Die Jahre 1927/28 waren in Makarenkos Leben und Wirken die allerschwierigsten. Auf der Gesamtrussischen Kinderheimkonferenz (November 1927) und

---

[10]Ped. soč., 1, S. 81.

dann auch auf dem VIII. Komsomolkongreß (Mai 1928) war das in der Gor'kij-Kolonie praktizierte Erziehungssystem scharf kritisiert worden, u.a. von N.K. Krupskaja. Die Char'kover Regierungszeitung "Visti" hatte am 27. Juni 1928 sogar eine Meldung veröffentlicht, aus der hervorging, daß wegen der falschen Erziehungspraxis in der genannten Kolonie deren Leiter, A.S. Makarenko, entlassen worden sei. Unter diesen Umständen konnte man eine von Makarenko verfaßte Broschüre nirgendwo zur Publikation annehmen.

Bemüht, die Broschüre dennoch herauszubringen, entstand bei ihm die Idee, sie unter dem Namen G.S. Sal'ko erscheinen zu lassen. Sie war zu der Zeit, nachdem sie die Beziehung zu einem gewissen Osterman abgebrochen hatte, Makarenkos Frau geworden. Nur so konnte die Broschüre "Die Kinderverwahrlosung und ihre Bekämpfung" erscheinen — zwar nicht im Staatsverlag für Schöngeistige Literatur, der ja gerade erst die Veröffentlichung des "Pädagogischen Poems" abgelehnt hatte, sondern im Medizinischen Staatsverlag der Ukraine.

Nach den Worten von Prof. Zil'berštejn hatte Makarenko zunächst zwei Artikel in ukrainischer Sprache über die Bekämpfung der Kinderverwahrlosung und zur Verteidigung der Kinderheime als der Basis der Sozialerziehung geschrieben. Zil'berštejn bereitete sie persönlich für die Veröffentlichung in der pädagogischen Zeitschrift "Šljach osvity" vor. Wie ihm der bereits erwähnte M.L. Osterman berichtete, verbot der Chefredakteur dieser Zeitschrift, Volkskommissar N.A. Skrypnik, nachdem er das für das nächste Heft vorgesehene Material durchgesehen hatte, die Publikation von Makarenkos Artikeln. Da die Bekämpfung der Kinderverwahrlosung auch weiterhin aktuell war, schrieb Makarenko auf der Grundlage dieser Artikel, ebenfalls auf Ukrainisch, eine allgemeinverständliche Broschüre.

Der Beschluß des ZK der VKP (B) "Über die Grund- und Mittelschule" vom 5.9.1931 führte auch in der Ukraine zu einer radikalen Änderung der Ansichten vom sozialen Charakter der Erziehung. Das, was in den 20er Jahren so populär gewesen war, gehörte nun der Vergangenheit an. Die Partei nahm Kurs auf die Schule als das wichtigste Glied des Bildungssystems. Damit war jene im Frühjahr 1931 erschienene Broschüre bereits nicht mehr aktuell — beiseitegeschoben von den Erfordernissen des Lebens —, und geriet in Vergessenheit.

War Makarenko nun imstande, die Broschüre auf ukrainisch zu schreiben? I. Wiehl und G. Hillig verneinen dies, aber das ist ein gewaltiger Irrtum.

In den Fragebogen, den Makarenko in Zusammenhang mit seinem Parteieintritt ausfüllte, schrieb er im Februar 1939: "Nationalität — Ukrainer, Muttersprache — Russisch."[11] Es besteht Grund zu der Annahme, daß er auch die

---

[11]Institut mirovoj literatury im. M. Gor'kogo AN SSSR. Otdel rukopisej, Moskau, f. 114,

ukrainische Sprache gut beherrschte.

Makarenko lebte und arbeitete in der Hauptstadt der Ukraine, in Char'kov. Somit ist es ganz natürlich, daß seine Broschüre, die für einen großen ukrainischen Leserkreis bestimmt war, nicht auf russisch erscheinen konnte, sondern auf ukrainisch veröffentlicht werden mußte. All das zogen I. Wiehl und G. Hillig in Betracht, aber sie behaupteten — gestützt auf eine entsprechende Erklärung von Makarenkos leiblichem Bruder, des Emigranten V.S. Makarenko, die dieser in seinen Erinnerungen gemacht hat —, daß Makarenko die ukrainische Sprache nicht beherrschte und die Broschüre somit auf russisch verfaßte. Deshalb, so schließen diese Autoren, wurde der Text der Broschüre von G.S. Sal'ko aus dem Russischen ins Ukrainische übersetzt. Sie könnte, so die Behauptung der beiden Autoren, daher auch an der Autorschaft der Broschüre beteiligt gewesen sein. In ihrer Argumentation verweisen sie auf das Vorkommen von Wörtern aus dem galizischen Dialekt der ukrainischen Sprache und auch von einzelnen Polonismen, die von G.S. Sal'ko stammen könnten, die angeblich aus Galizien stammte und der Nationalität nach Polin war.

In der Sprache der Broschüre sind tatsächlich einzelne Galizismen enthalten, und es lassen sich auch Polonismen ausmachen, aber die gehen keineswegs auf das Konto von G.S. Sal'ko.

Wir konnten herausfinden, daß sie am 3. September 1892 im Gouvernement Kamenec-Podol'skij in der Familie eines Lehrers geboren wurde, der der revolutionären Gruppe der "Narodovol'cen" angehörte — Stach Rogal'-Levickij. Laut Auskunft des Kamenec-Podol'skijer Archivs steht in der Geburtsurkunde: "orthodoxe Konfession", und in ihrem sowjetischen Paß war als Nationalität tatsächlich "Polin" angegeben.

Galina Stachievna Rogal'-Levickaja, schon früh verwaist, wuchs in der Familie eines Onkels mütterlicherseits namens Fivejskij in Kamenec-Podol'skij auf. Nach Abschluß des dortigen privaten Mädchengymnasiums[12] mit Russisch als Unterrichtssprache (Unterricht in polnischer wie auch in ukrainischer Sprache war damals im Russischen Reich nicht erlaubt) trat sie in das Kiever Handelsinstitut ein, und zwar in die Historische Abteilung der Fakultät für Ökonomie. Sie verließ das Institut im 4. Studienjahr. 1912 heiratete sie M.V. Sal'ko, der nach Absolvierung der Kiever Universität Lehrer für die naturwissenschaftlichen Fächer an einer Realschule in Kaluga wurde. In den Jahren des Bürgerkriegs war M.V. Sal'ko eine Zeitlang Stellvertreter des Volksbildungskommissars der Ukr.SSR, V.P. Zatonskij.

---

op.1, d.5, Bl.1.

[12]Zunächst hatte sie das Mariengymnasium besucht, aber wegen Nichtzahlung der Unterrichtsgebühr war sie von dieser Schule verwiesen worden (lt. Auskunft desselben Archivs).

G.S. Sal'ko war nach der Revolution aktiv an der Etablierung und Herausbildung der Sowjetmacht in der Ukraine beteiligt: 1918 war sie Sekretär des Revolutionskomittees der Arbeiter-, Bauern- und Rotarmistendeputierten in der Stadt Roslavl, 1919-1921 Sekretär der Politabteilung im Stab der 2. Roten Armee, und seit 1921 arbeitete sie im Volksbildungskommissariat der Ukr.SSR in Char'kov, zunächst als Inspektorin, später als Leiterin der Abteilung Kinderschutz, und von 1927 bis einschließlich 1929 war sie Vorsitzende der Char'kover Bezirkskommission für die Angelegenheiten minderjähriger Rechtsbrecher. In dieser Funktion, so vermuten I. Wiehl und G. Hillig, habe sie auch Zugang zu jenem statistischen Material gehabt, daß im ersten Kapitel der Broschüre enthalten ist. Das ist durchaus möglich; wir meinen jedoch, daß A.S. Makarenko dieses Material ohne die Mithilfe G.S. Sal'kos aufbereitet hat.

Russisch war auch bei ihr gewissermaßen zur Muttersprache geworden. Ukrainisch beherrschte sie nur schlecht, und auch Polnisch konnte sie nur passiv, doch ihre Hilfe als Übersetzerin hatte A.S. Makarenko, wie wir gesehen haben, gar nicht nötig.

Aber woher stammen nun die Galizismen und Polonismen in der Broschüre? Es ist nicht ausgeschlossen, daß der Text, bevor er in Druck ging, von einem aus Galizien stammenden Redakteur des Medizinischen Staatsverlages redaktionell überarbeitet worden ist. In der Ukraine gab es damals viele, die aus Galizien stammten: die einen, ehemalige Kriegsgefangene aus der österreichischen Armee, waren nach dem Weltkrieg dort geblieben, andere hatten sich vor der Verfolgung durch das Piłsudski-Regime in die Sowjetukraine retten können, wo sie in den verschiedensten Institutionen Arbeit fanden.

Die Klärung der Frage der Autorschaft der Broschüre "Die Kinderverwahrlosung und ihre Bekämpfung" könnte damit als erledigt gelten, wenn es da nicht einen — völlig unerwarteten — Umstand geben würde. Die Herausgeber von Band 5 der "Pädagogischen Werke" A.S. Makarenkos (Moskau 1985) nahmen einige Auszüge aus dieser Broschüre in den genannten Band auf.[13] Sie erklärten dazu unvermutet im Vorwort, daß sie auf der Grundlage von ihnen selbst vorgenommener textologischer Untersuchungen sowie von ihnen gesammelter biographischer Daten zu dem Schluß gekommen seien, daß der Autor des Buchs "Die Kinderverwahlosung und ihre Bekämpfung" G.S. Makarenko ist. Laut Befund der Herausgeber von Band 5, L.Ju. Gordin und A.A. Frolov, seien nur "einzelne Kapitel dieser Arbeit (darunter auch der hier wiedergegebene Auszug) unter Mitwirkung A.S. Makarenkos geschrieben worden."[14]

Doch zu diesem Schluß waren, und zwar aufgrund ähnlicher Beobachtun-

---

[13]Ped. soč. 5, S. 311-317.
[14]Ebd., S. 6.

gen, wie uns bereits bekannt ist, schon zehn Jahre zuvor die Mitarbeiter des Makarenko-Referats der Universität Marburg, Irene Wiehl und Götz Hillig, gekommen. Freilich, wissenschaftliche Entdeckungen werden bestätigt, in Frage gestellt, widerlegt oder korrigiert. Auch in der Makarenko-Forschung ist das nicht ausgeschlossen. Niemand verbietet den Herausgebern von Band 5, diesen Weg einzuschlagen und eine eigenständige textologische Analyse der Broschüre oder, wie sie es nennen, des "Buchs" durchzuführen und auch, vielleicht sogar neue, biographische Daten zu sammeln und auf dieser Grundlage dann offen zu erklären, daß I. Wiehl und G. Hillig mit ihren Schlußfolgerungen bezüglich der Autorschaft dieses "Buchs" recht haben. Das läge im Rahmen der wissenschaftlichen Ethik und würde niemanden überraschen. Aber leider läßt sich eine solche Erwähnung oder ein entsprechender Hinweis im Vorwort zu Band 5 nicht finden. Statt dessen schreiben die Herausgeber in ihrem Kommentar zur Veröffentlichung der Auszüge aus der Broschüre "Die Kinderverwahrlosung und ihre Bekämpfung" etwas nebulös, daß "es gar keine Gründe gibt, diese Skizze insgesamt A.S. Makarenko zuzuschreiben, wie das ausländische Kommentatoren seines Erbes versuchen".[15]

In Zusammenhang damit erscheint die Erklärung der Herausgeber von Band 5, daß sie tatsächlich eine neue, eigenständige textologische Analyse der Broschüre "Die Kinderverwahrlosung und ihre Bekämpfung" durchgeführt und neue biographische Daten gesammelt hätten, nicht überzeugend. Eine solche eigenständige textologische Analyse konnten die Herausgeber von Band 5 gar nicht durchführen. Der textologischen Analyse als wissenschaftlicher Methode liegt bekanntlich das Prinzip des Vergleichs zugrunde. Der Autor dieses Beitrags, wie zuvor auch schon I. Wiehl und G. Hillig, führte einen gründlichen Vergleich von Text und Inhalt der Broschüre mit einem anderen Text durch, der zweifelsfrei von Makarenko stammt und Ende der 20er Jahre entstanden ist.[16]

Doch mit welchem Text haben L.Ju. Gordin und A.A. Frolov den Inhalt des Buchs "Die Kinderverwahrlosung und ihre Bekämpfung" verglichen, um den Leser von einer eigenständigen textologischen Analyse und von da aus auch von der Stichhaltigkeit ihrer alles andere als eigenständigen Schlußfolgerungen überzeugen zu können, mit denen sie sich I. Wiehls und G. Hilligs Argumentation zu eigen machen? Dazu hätten sie unbedingt Texte benötigt, die aus der Feder von G.S. Sal'ko stammen und die bereits vor der Herausgabe des Buchs "Die Kinderverwahrlosung und ihre Bekämpfung", also vor 1931, entstanden bzw. veröffentlicht worden sind. Solche Texte gibt es, wie I. Wiehl und G. Hil-

---

[15]Ebd., S. 329.
[16]Siehe: Ped. soč. 1, S. 80-90.

lig nachweisen; doch den Herausgebern von Band 5 sind sie nicht bekannt. So kann es auch nicht überraschen, daß deren Erklärung von einer eigenständigen textologischen Analyse der Broschüre nicht überzeugend klingt. Um es glaubwürdiger zu machen, daß sie recht haben, verweisen L.Ju. Gordin und A.A. Frolov auf einige biographische Daten, die sie angeblich gesammelt hätten. Aber auch die sind nicht neu, sondern allgemein bekannt. Wenn G.S. Makarenko im "Buch für Eltern" (dieses Werk ist ebenfalls in Band 5 enthalten) als Mitautorin genannt ist, warum könnte dann ganz analog A.S. Makarenko nicht Mitautor der Broschüre "Die Kinderverwahrlosung und ihre Bekämpfung" gewesen sein, und sei es auch nur einzelner Kapitel? Doch die Herausgeber von Band 5 vergessen da eine elementare Wahrheit: Analogien kann es durchaus geben, aber sie sind nur dann beweiskräftigt, wenn sie sich auf wirklich stichhaltige Fakten stützen und nicht auf unbewiesene Syllogismen.

In Band 9 der L'vover Reihe "A.S. Makarenko" (1974) wurde Material für das "Buch für Eltern" veröffentlicht, das tatsächlich aus der Feder von G.S. Makarenko stammt.[17] Wenn man den Inhalt dieser Publikation außer acht läßt und den Text der Broschüre "Die Kinderverwahrlosung und ihre Bekämpfung" mit dem Text des genannten Materials lediglich auf der textologischen und stilistischen Ebene vergleicht, kann man sich leicht davon überzeugen, daß nicht G.S. Sal'ko die Broschüre verfaßt hat, sondern A.S. Makarenko. Davon hätten sich auch die Herausgeber von Band 5 der "Pädagogischen Werke" A.S. Makarenkos überzeugen können, wenn sie tatsächlich eine textologische Analyse der Broschüre und der von uns erwähnten Materialien durchgeführt hätten, die zweifelsfrei aus der Feder von G.S. Sal'ko-Makarenko stammen. Allen, die sich von der Richtigkeit unserer Schlußfolgerungen überzeugen wollen, sind diese Quellen zugänglich.

Abschließend kann man sagen: I. Wiehl und G. Hillig, die — bedingt durch die Umstände — nicht genug Material, darunter auch Daten biographischen Charakters, hatten, konnten bezüglich der Autorschaft der Broschüre "Die Kinderverwahrlosung und ihre Bekämpfung " nur die *halbe Wahrheit* sagen. Doch L.Ju. Gordin und A.A. Frolov, die gegen die Ethik verstoßen, indem sie sich deren Argumente unkritisch zu eigen machen, sagen bereits die *Unwahrheit*. Man kann lediglich vermuten, daß A.S. Makarenko, als er sich wegen der oben dargelegten Gründe dafür entschied, diese Broschüre unter dem Namen von G.S. Sal'ko zu veröffentlichen, sie ihr zum Durchlesen gegeben hat. Das ist das einzige, dem man schwerlich seine Zustimmung verweigern kann.

---

[17]V.E. Gmurman, Kak sozdavalas "Kniga dlja roditelej". (Neskol'ko neobchodimych pojasnenij). In: A.S. Makarenko. Kn. 9, L'vov 1974, S. 123-137.

Anatolij Frolov

Filmdokumente über die Gor'kij-Kolonie und die Dzeržinskij-Kommune[0]

Im Zentralen Staatsarchiv für Film-, Foto- und Tondokumente der UdSSR (Moskau) werden einige Filmdokumente über die von A. S. Makarenko geleiteten Erziehungseinrichtungen aufbewahrt.

So ist ein Filmstreifen erhalten geblieben, der die Ankunft A. M. Gor'kijs in der nach ihm benannten Kolonie am 8. Juli 1928 zeigt. Die Filmtechnik läßt uns zu Zeugen eines fernen, aber doch so nahen Ereignisses werden: Makarenko, der mit erhobenem Arm am Wegesrand steht, nähert sich einem Auto. Zum ersten Mal begegnen sich jetzt diese beiden bedeutenden Menschen, deren Ansichten so eng zu einer Einheit verbunden waren, zum allumfassenden "Programm der Menschlichkeit". Nun geben sie sich die Hand, umarmen sich kräftig und küssen sich. Wir sehen, wie sie nebeneinander hergehen und können in ihre aufgeregten Gesichter schauen.

Umringt von Gastgebern und Gästen betritt Gor'kij das Gelände der Kolonie und schreitet die Reihen der Kolonisten ab. Das sind die Gor'kijer, die Aleksej Maksimovič wie ihren Vater lieben und verehren. Durch den Briefwechsel sind ihm alle Kolonie-Angelegenheiten bekannt, er erinnert sich an die Namen der Abteilungskommandeure und vieler Zöglinge, kennt ihr Leben. Vor uns tauchen Fahnenträger auf. In Paradeuniform nehmen sie bei den Fahnen Haltung an. Da ist das Orchester, es ertönt der traditionelle Marsch der Kolonisten "Der glückliche Gor'kijer". Gor'kij und seine Begleiter betreten ein Haus, dessen Eingang feierlich mit Bändern umwunden ist. "Der Fahnengruß des Orchesters, das Geräuch der sich erhebenden Arme der Knirpse, ihre glühenden Blicke und unsere offenen Herzen breiten wir wie einen Teppich dem Gast aus." So ist diese Begegnung im "Pädagogischen Poem" beschrieben.

Makarenko ging davon aus, daß Gor'kij Gast der Kolonisten ist. Die ganzen drei Tage war der große Schriftsteller mit den Kindern zusammen. Makarenko wollte nicht, daß sich diese Begegnung in eine offizielle Feier verwandelt. Es war gerade Erntezeit, und das Leben in der Kolonie ging seinen gewohnten Gang. Gor'kij stand früh um sechs mit allen gemeinsam auf, frühstückte mit den Kolonisten und besprach mit den Abteilungskommandeuren, zu welchen Arbeiten

[0]Entnommen aus: Narodnoe obrazovanie, 1968, Nr. 3, S. 97 - 99 (Kinodokument o kolonii imeni Gor'kogo), gekürzt; A. S. Makarenko. Kn. 9, L'vov 1974, S. 104 - 106 (Kinodokumenty o kommune im F. È. Dzeržinskogo.). Aus dem Russ.: Stefan Breuers.

er sich begeben sollte. Er erlaubte es nicht, daß man speziell für ihn ein Pferd von der Arbeit abzog, und fuhr zu einem abgelegenen Feld auf einem "ohnehin in diese Richtung fahrenden Transportmittel" — einer Erntemaschine. Um niemaden zu beleidigen, bemühte er sich, alle Plätze zu besuchen, an denen gearbeitet wurde. Abends scharten sich alle um Gor'kij. Die Kolonisten führten für ihn das Stück "Nachtasyl" auf, gaben ein Konzert und hörten ihm zu, als er davon erzählte, wie er vor vielen Jahren schon einmal im Kloster Kurjaž war und dort mit einem damals berühmten Gottesmann ein Streitgespräch geführt hatte.

Besuch M. Gor'kijs in Kurjaž 1928

Makarenko schrieb, daß die Ankunft Gor'kijs nicht nur einen Höhepunkt in der Entwicklung des Kollektivs der Gor'kijer bildete, sondern auch ihr Ende. Noch vor der Ankunft Gor'kijs hatten die Angriffe auf das hier praktizierte Erziehungssystem begonnen. Zuvor war die Frage des Weggangs Makarenkos aus der Kolonie bereits entschieden worden. "Ohne mir auch nur das Geringste anmerken zu lassen und ohne den allgemeinen Ton zu senken, begann ich mit dem Abbau des Kollektivs," schreibt Makarenko im "Pädagogischen Poem". Doch in Erwartung des hochgeschätzten Gastes standen zugleich "die Sorgen wie Regenbogen über uns und bohrten sich die Scheinwerfer unserer Träume in den Himmel."

In den Skizzen "Durch die Union der Sowjets" beschreibt Gor'kij seine Eindrücke vom Besuch der Kolonie und gibt dabei eine hohe Einschätzung des hier praktizierten Erziehungssystems. Makarenko erinnerte sich, daß sie, als Gor'kij in der Kolonie war, viel über die Wege der Erziehung und über die noch unklare Technik, den neuen Menschen zu schaffen, gesprochen hatten. Besonderes Interesse erweckte bei Gor'kij das Problem der neuen Stellung der Kinder im Verhältnis zur Gesellschaft. "Hier ist die grundlegende Frage: Den Drang des Menschen nach Freiheit mit Disziplin zu verbinden — so eine Pädagogik braucht man."

In seinen Skizzen zeigte Gor'kij, wie erfolgreich in der Kurjažer Kolonie diese beiden Tendenzen miteinander harmonierten. Er drängte Makarenko, über jene, vom Standpunkt der "pädagogischen Revolution" wichtigen Schlußfolgerungen zu schreiben, zu denen er aufgrund seiner langjährigen und schwierigen Arbeit gekommen war. Ihn interessierten die neuen "Wege des Vertrauens" zum Menschen und die neuen Prinzipien gesellschaftlicher und schöpferischer Disziplin.

Die Begegnung Gor'kijs mit Makarenko wurde zum wichtigsten Meilenstein in der Entwicklung der Ansichten des pädagogischen Neuerers. Etwa in dieser Zeit schreibt er: "Ich habe vieles gründlich durchdacht und in meinem pädagogischen Kredo formuliert." Eine große Rolle spielten dabei die Briefe Gor'kijs, die seine Energie und den Glauben "verzehnfachten" und ihn in seinem damaligen Kampf unterstützten. Dadurch, daß er Gor'kij in Kurjaž empfing, erhielt er die Möglichkeit, alle seine pädagogischen Vorstellungen bis ins Letzte zu überprüfen.

M. Gor'kij und Zöglinge (Kurjaž) 1928

"... Unsere kollektiven Entdeckungen", schreibt Makarenko, "fanden bei Aleksej Maksimovič volle Zustimmung, darunter auch die berüchtigte 'Militarisierung'... Er hatte verstanden, daß dieses Element das Leben der Kolonisten verschönert..."

Im Moskauer Film-, Foto- und Tondokumente- Archiv werden auch zwei dokumentarische Filmstreifen über die Dzeržinskij-Kommune aufbewahrt. Einer davon, "Im Namen des eisernen Bolschewiken" (Imenem železnogo bol'ševika), stammt aus dem Jahr 1932. Dieses Filmdokument ist insofern interessant, als hier ein gewöhnlicher Arbeitstag in der Kommune gezeigt wird: der Unterricht in einem Klassenraum, die Arbeit in der eigenen Fabrik und der Alltag der Kommunarden. Der Film gibt eine Vorstellung davon, welch für eine große Bedeutung in der Kommune dem Sport beigemessen wurde.

Anfangs wird die im Vestibül des Hauptgebäudes angebrachte Gedenktafel mit dem Text der Verordnung des Kollegiums der GPU der Ukr.SSR zur Organisierung der F.É. Dzeržinskij-Jugendarbeitskommune gezeigt. Als Denkmal für diesen unbeugsamen Revolutionär aus der Kohorte Lenins konzipiert, wuchs und erstarkte die Kommune unter der Mithilfe der Čekisten, die, um es mit Worten Makarenkos zu sagen, in diese Sache nicht nur persönliche finanzielle Mittel, sondern auch ihre Freizeit, die Kraft ihrer Gedanken und ihre Seele investierten.

Wir sehen im Bild einen Kommunarden — einen Wachposten mit Gewehr, der nachts an der Gedenktafel Wache hält. Danach zeigt die Kamera die Schlafräume. Das Gesicht eines friedlich schlafenden Jungen, dann das eines Mädchens. Im Bild erscheinen Blumen, die dem vorher Gesehenen Schönheit und lebendige Kraft verleihen.

Es ist früh am Morgen. Ein lächelnder Kommunarde putzt sich die Zähne. Die Mädchen waschen sich mit Handtüchern. Ein Junge wäscht sich den Oberkörper und trocknet sich mit einem Handtuch ab... Und jetzt — die Turnhalle, Jugendliche haben vor dem Barren Aufstellung genommen, alle in weißen Sporthemden mit dem "Dynamo"-Emblem. Einer der Kommunarden tritt an den Barren, macht einen Handstand und andere Übungen. In der Totale werden die Gesichter der Jungen gezeigt, die sich in einer Reihe aufgestellt haben. Dabei kann man z.B. Konstanin Širjavskij erkennen, der einige Jahre später sein Studium an der juristischen Fakultät abgeschlossen hat. Makarenko hat ihn wie folgt charakterisiert: "Širjavskij... Er hatte eine lange Verwahrlostenpraxis, hat sich jedoch von allen Spuren der Verwahrlosung befreit... ernsthaft und auf den rechten Weg." Unter den Kommunarden ist auch Dmitrij Terentjuk, jetzt Schauspieler an einem Theater. Makarenko bemerkte zu seinem Charakter: "Große Fähigkeiten, gehört zum Typ der ruhigen Menschen mit Köpfchen."

Danach zeigen die Zöglinge einige Übungen am Reck und an der Sprossenwand. Die Mädchen vollbringen Übungen auf dem Schwebebalken.

Nun verkündet ein Text: "Hier leben, arbeiten und lernen 342 ehemalige

Verwahrloste."

Die Film zeigt nun die Fabrik der Kommune. Die Kommunarden arbeiten an Drehbänken. Ein Mädchen steht hinter einer Bohrmaschine. Eine Gruppe Jungen ist mit der Montage von Elektrobohrern beschäftigt. Ihre Bewegungen sind sicher und geschickt. Die fertigen Bohrer werden mit einem Meßinstrument überprüft. Auf einem Tisch werden die Produkte der Fabrik ausgestellt. Der Schlußtext lautet: "Die mit eigenen Händen geschaffene wertvolle Produktion. Die Kommunarden stellen Elektrobohrer her, die früher aus dem Ausland eingeführt wurden."

Vor uns ein Klassenraum — der Unterricht der Kommunarden. Der Lehrer geht zwischen zwei Tischreihen entlang. Die Zöglinge sitzen über Tische gebeugt und lösen selbständig Aufgaben. Bei einem Mädchen bleibt der Lehrer stehen, schaut in ihr Heft und erklärt etwas. Die Kamera fixiert die einzelnen konzentrierten Kindergesichter und die zwanglose Atmosphäre des Unterrichts. An einem der Tische sitzt Aleksander Guljaev. 1944 starb er an der baltischen Front den Heldentod.

"Der eigene Klub, die eigenen Musiker" — so lautet der Text. Die Leinwand zeigt den mit Zöglingen gefüllten Zuschauerraum des Klubs. Auf der Bühne spielt ein Blasorchester. Im Bild erscheint bald der eine, bald der andere Musiker, und es ist, als hörten wir die Trompeten des berühmten Orchesters der "Dzeržinskijer", eine Sinfonie des vernünftigen und kraftvollen Lebens der Kommune.

Den Abschluß bildet eine Gesamtansicht der Kommune — eines der Gebäude. Makarenko hat davon als von einem "Palast der Pädagogik" gesprochen, der in seinen Träumen existierte. Das schöne graue, terrazzoglänzende Haus, die sonnigen Zimmer, die festlichen Säle und die breiten Treppen — all das wurde, wie Makarenko sagt, "mit klugem Geschmack" gestaltet.

Da kommt einem Gor'kij in den Sinn. Er nannte die Dzeržinskij-Kommune "ein Fenster zum Kommunismus". Der alles vermögende Film erweckt diese bedeutende Erscheinung in der Geschichte der sowjetischen Pädagogik erneut zum Leben und erinnert uns daran, wie in einem ständigen Suchen und Kämpfen die Grundlagen zur praktischen Lösung der Aufgaben der kommunistischen Erziehung gelegt wurden.

Und obwohl der kleine Dokumentarfilmstreifen natürlich nicht alle Bilder des mannigfaltigen Lebens des Kommunardenkollektivs zeigt, gibt er ein anschauliches Beispiel für solch ein Kinderkollektiv, das im Einklang mit dem ganzen Land lebt, mit dem gleichen "Schwung", mit der gleichen "Leidenschaft" und dabei einträchtig hohe gesellschaftliche Disziplin, wirkliche Selbständigkeit und Initiative und tatsächliche Freiheit zur Entwicklung der Persönlichkeit miteinander verbindet.

Es ist interessant, daß es in diesem Filmstreifen nichts künstliches und nichts Gezwungenes gibt. Auf den ruhigen, lächelnden Gesichtern der Zöglinge ist jene "Dur-Stimmung" spürbar, durch den sich der Lebensstil der Kommunarden ausgezeichnet hat.

Bekanntlich wurde die Dzeržinskij-Kommune von einigen Hundert Delegationen besucht, auch von viele Staatsmännern. Im August 1933 war E. Herriot, der frühere Premierminister Frankreichs und aktive Befürworter der französisch-sowjetischen Beziehungen, Gast der Kommune. Erhalten geblieben ist die Wochenschau "Der Premierminister Frankreichs, E. Herriot, in Char'kov" mit einigen Bildern von dessen Besuch in der Kommune.

Das Objektiv der Kamera verweilt auf dem großen Schild mit dem Namen dieser Einrichtung, das an der Fassade des Hauptgebäudes der Kommune angebracht ist. Danach sehen wir E. Herriot und den französischen Botschafter in der Sowjetunion, Alfan, inmitten einer großen Gruppe von Zöglingen. E. S. Magura erinnert sich: "Eduard Herriot fiel auf, daß es in der Kommune keine Zäune gab, und er war darüber sehr erstaunt. Anscheinend hatte er sich solche Kindereinrichtungen ganz anders vorgestellt."

Vielen ist dieser Tag für immer im Gedächnis geblieben. F. V. Šapošnikov erinnert sich, daß das Orchester der Kommune für die Gäste Werke ukrainischer und französischer Komponisten spielte und Herriot geweint hat, als er die Ouvertüre "Triumph der Revolution" hörte. In das Gästebuch schrieb E. Herriot anschließend: "Mit Begeisterung und Dank. Eduard Herriot."

Es gibt noch einen Dokumentarfilm, allerdings über das weitere Schicksal der Zöglinge der Kommune. In dem Film "Die Schule der Lehrer" aus dem Jahr 1949 wird ein Treffen von Studenten und Lehrern des Staatlichen Moskauer Pädagogischen Lenin-Instituts mit der Witwe des bedeutenden Pädagogen A. S. Makarenko, Galina Stachievna Makarenko, und den ehemaligen Kommunarden V. Kljušnik, Z. Kljamer und L. Sal'ko gezeigt. Die drei Zöglinge A. S. Makarenkos hatten am Großen Vaterländischen Krieg teilgenommen und besitzen Auszeichnungen der Regierung. Hauptman L. Sal'ko war Ingenieur geworden, während Major V. Kljušnik und Oberstleutnant Z. Kljamer in die Militärakademie der Panzertruppen eingetreten waren. "Einer der kultiviertesten und diszipliniertesten Kommunarden... Dank seines ruhigen Wesens und seiner Besonnenheit besitzt er einen sehr positiven Einfluß auf die Kommunarden." So äußerte sich Makarenko über V. Kljušnik bei dessen Entlassung aus der Kommune.

Wochenschauen könnten auch Material über verschiedene Personen des öffentlichen Lebens, über Schriftsteller und Pädagogen liefern, die die Kommune besucht haben.

Über die Dzeržinskij-Kommune werden sich bestimmt auch noch andere

Filmdokumente finden lassen. Makarenko weist in seinen Werken wiederholt auf die eine oder andere Tatsache aus dem Leben der Kommune hin, die bei Filmregisseuren Interesse hervorrief oder sogar zum Gegenstand eines Films wurde.

Nach den Worten von Zöglingen Makarenkos wurde über die Kommune ein Dokumentarfilm gedreht, der aus mehreren Teilen bestand. Diese Filmstreifen wurden mehrmals gezeigt, und sie dienten dazu, Neulinge mit dem Leben der Kommunarden bekanntzumachen. Einige Zöglinge erinnern sich noch an die Titel dieser Filme.

Filmdokumente stellen eine noch nicht erforschte Quelle zum Studium von Makarenkos pädagogischen Erfahrungen dar. Es besteht meines Erachtens die zwingende Notwendigkeit, das Gesamtbild seines bedeutenden pädagogischen Experiments, das in der Weltpädagogik nicht seinesgleichen hat, dokumentarisch wiederstehen zu lassen. Dabei können sich auch Aussagen von Zeugen sowie die Analyse verschiedenartiger andere Informationsquellen sehr nützlich erweisen.

Nachbemerkung des Herausgebers

Auf der Suche nach entsprechenden Quellen im Zentralen Staatsarchiv für Film-, Foto- und Tondokumenten der Ukr. SSR (Kiev) ist es M. Oksa gelungen, ein bisher unbekanntes Filmdokument über die Gor'kij-Kolonie aufzufinden. Dabei handelt es sich um Aufnahmen, die im Mai 1928 — nach der Ankündigung von Gor'kijs Besuch durch die Presse — in Kurjaž von einem Team der ukrainischen Wochenschau gedreht worden waren. Sie sind in der "Kinowoche" (Kinotyžden') Nr. 44/87 enthalten, die im Archiv unter der Signatur 1380 registriert ist.

Der Filmstreifen zeigt Szenen aus einigen Bereichen der Kolonie: Viehhaltung, Feldarbeiten und Sport. Die Zwischentitel lauten wie folgt: "Bei Char'kov in einem ehemaligen Kloster" (Bilja Charkova v kolyš'omu monastyri) "Torbogen 'Und auf Erden werden wir das rote Banner der Arbeit errichten' " (Arka "I nad zemleju postavym prapor červonyj truda"), "Kühe und Schafe auf der Weide" (Korovy ta vivci na vypasi), "Kolonisten am Traktor" (Kolonisty bilja traktora), "Kolonisten machen Turnübungen" (Kolonisty robyjat' vpravy).

А. МАКАРЕНКО

КНИГА
ДЛЯ РОДИТЕЛЕЙ

ГОСУДАРСТВЕННОЕ ИЗДАТЕЛЬСТВО
„ХУДОЖЕСТВЕННАЯ ЛИТЕРАТУРА·
МОСКВА—1937

Titelblatt der Erstausgabe: "Buch für Eltern"

Götz Hillig

Makarenkos Entdeckung der Familie

Zur Entstehungs- und Wirkungsgeschichte des
"Buchs für Eltern" (1936-1939)[0]

1. Zur Vorgeschichte

Mit dem "Buch für Eltern", dessen erster und zugleich einziger Teil 1937 erschien, sowie den im selben Jahr von einem Moskauer Rundfunksender ausgestrahlten "Vorträgen über Kindererziehung" war es dem 'Kinderheimverfechter' Makarenko in weiten Kreisen pädagogischer Praktiker und der Eltern gelungen, auch als Fachmann für Fragen der Erziehung in der Familie Anerkennung zu finden. So wurde er 1938/39 wiederholt zu entsprechenden Vorträgen und Diskussionsveranstaltungen vor einem größeren Publikum eingeladen und von zahlreichen Lesern zu konkreten Erziehungsproblemen brieflich oder mündlich konsultiert. In einem seiner Vorträge führte Makarenko dazu u.a. aus (22. Juli 1938):

"Nachdem das 'Pädagogische Poem' erschienen war, kamen sie alle zu mir: ehemalige Verwahrloste und allerlei Banditen, vom Leben Verbogene und sogar Nichtverbogene, die nach irgendwelchen Wahrheiten suchten und fragten, wie sie handeln sollten. (...) Aber nach dem 'Buch für Eltern' weiß ich nicht mehr, wohin ich mich retten soll; es kommen Eltern, und zwar ausschließlich Versager."[1]

Und in einem anderen Vortrag (9. März 1939) heißt es: " (...) sehr oft empfange ich bei mir zu Hause Klienten, die mir die verschiedensten Fragen stellen, obwohl an meiner Tür kein Schild hängt: 'Sprechstunde von ... bis ...'."[2] Dagegen wurde das von Makarenko vertretene Konzept der Erziehung

---

[0]Entnommen aus: Pädagogik und Schule in Ost und West, 1982, H.1, S. 9-19. Vom Verf. durchgesehen und ergänzt.

[1]Central'nyj gosudarstvennyj archiv literatury i iskusstva SSSR, Moskau (im weiteren zit. als: CGALI), f. 332, op.4, ed.chr. 175, Bl.3. Für die Publikation wurde diese Aussage wie folgt geändert: "Nachdem das 'Pädagogische Poem' erschienen war, kamen Pädagogen, junge Menschen und ältere Menschen zu mir, die nach neuen, sowjetischen Normen der Moral suchten, diese in ihrem Leben befolgen wollten und mich fragten, wie sie handeln sollten. (...) Aber nach dem 'Buch für Eltern' kommen Eltern, Versager zu mir." A.S. Makarenko, Sočinenija v semi tomach, 2-e izd., Moskva 1957-58 (zit. als: Soč. 1ff.), t.4, S. 456 f. so auch in : A.S. Makarenko, Pedagogičeskie sočinenija v vos'mi tomach, Moskva 1983-86 (zit. als: Ped.soč., 1ff.), t.4, S. 211f.

[2]CGALI, f.332, op.4, ed.chr. 187, Bl.24; auch in: Ped.soč.4, S. 361. Zuweilen gab Makarenko

in der Familie von den Vertretern der pädagogischen Theorie recht reserviert, z.T. sogar ablehnend aufgenommen.

Im folgenden soll versucht werden, die bisher bekannt gewordenen Daten zur Entstehungs- und Publikationsgeschichte des "Buchs für Eltern" sowie der Kontroverse um dieses Werk im historischen und biographischen Kontext darzustellen.

In den letzten Jahren bekannt gewordene Quellen zeigen, daß Makarenko gegenüber dem Komplex Familie/Familienerziehung zumindest bis zu Beginn der 30er Jahre eine äußerst kritische, ja ablehnende Haltung eingenommen hatte. So bezeugt sein Bruder Vitalij, daß A.S. Makarenko bereits als Jugendlicher (ca. 1907/08) ausgesprochen familienfeindlich eingestellt war. In der Familie sah er ein "Relikt aus den Zeiten der Sklaverei", und er versicherte, selbst niemals heiraten und niemals Kinder in die Welt setzen zu wollen.[3] In einem wahrscheinlich Ende 1929/Anfang 1930 geschriebenen Artikel zur Funktion des Kinderheims in der sozialistischen Gesellschaft plädiert Makarenko — zu einem Zeitpunkt, als das Kinderheim in der Ukraine nur noch für Waisen bestimmt und somit, wie er schreibt, bereits "zum Aussterben verurteilt" war — für einen Ausbau des Netzes der Heime und zugleich für die Wiederaufnahme der Diskussion über die Methodik des Kinderheims. Angesichts der mit Beginn des ersten Fünfjahrplans verstärkten Einbeziehung der Frau in den Produktionsprozeß bezeichnet er dabei das Kinderheim als "die zukünftige Form der sowjetischen Erziehung", da es "dem Kind unvergleichlich mehr bietet als die beste Familie" und außerdem den Unterhalt der Kinder erheblich verbillige. Da es "keine sozialistische Gesellschaft ohne eine von dieser Gesellschaft selbst getragene Erziehung geben" könne, gehöre gerade dem Kinderheim "die sowjetische pädagogische Zukunft".[4]

Desgleichen gibt Makarenko in der zu Beginn des Jahres 1931 entstandenen Schrift "Die Kinderverwahrlosung und ihre Bekämpfung" der Erziehung durch fachlich ausgebildete Spezialisten im Kinderheim den Vorzug gegenüber der "unqualifizierten" Familienerziehung: "(...) schon jetzt steht vor uns allen die Frage nach der neuen Lebensweise, die neue Lebensweise aber erfordert vor allem, der Familie das Recht zur unqualifizierten Erziehung der Kinder zu nehmen." "Niemals wird die Frau dort völlig frei sein, wo die Familie als eine

seinen Zuhörern auch seine Telefonnummer bekannt und ermutigte sie, ihn anzurufen - "am besten morgens bis um elf oder nachts um eins" (CGALI, f. 332, op. 4, ed.chr. 175, Bl.25). Aus den im Makarenko-Fonds des CGALI aufbewahrten Briefen von Lesern des "Buchs für Eltern" (ebd., op.1, ed.chr.71) wurde erstmals in folgendem Erinnerugsbeitrag eines Gor'kij-Kolonisten zitiert: A. Tubin, Anton. In: God XXII. Al'manach 16, Moskva 1939, S. 445-492.

[3]V. Makarenko, Moj brat Anton Semenovič. Vospominanija, pis'ma; Marburg 1985, S. 38.

[4]Soč. 7, S. 383f. Ped.soč. 1, S. 81f.

pädagogische Insititution gilt."[5]

2. Der aktuelle Anlaß

Makarenkos überraschender Entschluß, ein "Buch für Eltern" (im folgenden BfE) zu schreiben, ist in enger Verbindung mit der 1935/36 erfolgten radikalen Änderung der sowjetischen Sozialpolitik zu sehen, wodurch der bereits zu Beginn der 30er Jahre zu beobachtende Prozeß der Wiedereinsetzung der Familie in ihre traditionellen Rechte und Pflichten bezüglich der Kindererziehung abgeschlossen wurde.[6]

Nach einem Propagandafeldzug in den Zeitungen seit Juni 1935, durch den "die Spannungen und Pflichten des Familienlebens" gepriesen wurden,[7] veröffentlichte das Regierungsorgan "Izvestija" am 26. Mai 1936 den Entwurf einer Verordnung, die ein Verbot der Abtreibung (einzige Ausnahme: medizinische Indikation) und entsprechende Hilfen für kinderreiche Mütter, den Ausbau des Netzes der Entbindungsheime, Krippen und Kindergärten, verschärfte Strafmaßnahmen bei der Verweigerung von Alimentenzahlungen sowie erschwerende gesetzliche Bestimmungen hinsichtlich der Ehescheidung vorsah. Zugleich wurden die Leser aufgefordert, sich "zu diesem Entwurf bzw. zu dessen einzelnen Abschnitten" zu äußern.[8]

Die Verordnung trat bereits am 27. Juni in Kraft.[9] In dieser Zeit begann Makarenko — tatkräftig unterstützt von seiner Frau — Material für ein Buch

[5]A. Makarenko, Gesammelte Werke. Marburger Ausgabe, Ravensburg 1976-78, Stuttgart 1982 (zit. als: Ges. Werke 1ff.), Bd. 1, S. 122.

[6]Siehe dazu: L. Liegle, Familienerziehung und sozialer Wandel in der Sowjetunion, Berlin/Heidelberg 1970.

[7]Vgl. I. Rüttenauer, A.S. Makarenko. Ein Erzieher u. Schriftsteller in d. Sowjetgesellschaft, Freiburg/Basel/Wien 1965, S. 129.

[8]Projekt postanovlenija CIK i SNK Sojuza SSR o zapreščenii abortov, uveličenii material'noj pomošči rozenicam, ustanovlenii gosudarstvennoj pomošči mnogosemnejnym, rasširenii seti rodil'nych domov, detskich jasnej i detskich sadov, usilenii ugolovnogo nakazanija za neplatež alimentov i o nekotorych izmenenijach v zakonodatel'stve o razvodach". In: Izvestija CIK, 1936, Nr. 121, 26.5., S. 1. — Über die Auswirkungen dieses in der Sowjetunion nicht ungewöhnlichen Verfahrens der öffentlichen Diskussion eines Gesetzentwurfs berichtet S. Leonhard in ihrem Buch "Gestohlenes Leben" (Frankfurt/M. 1956, S. 49): Die Redaktion der "Izvestija" war angehalten, vor allem zustimmende Leserbriefe zu veröffentlichen; als diese jedoch weitgehend ausblieben, sah man sich schließlich gezwungen, selbst positive Zuschriften zu verfassen und so das Bild einer breiten, "jubelnden Zustimmung der Bevölkerung" zu dem Regierungsentwurf zu schaffen. Wie diese Zeugin weiter berichtet, mußten die negativen Äußerungen anschließend "zur Auswertung" dem NKVD ausgehändigt werden, was zur Verhaftung und Verurteilung zahlreicher Leserbriefschreiber, darunter bekannter Sexualwissenschaftler, führte.

[9]Veröffentlicht in: Izvestija CIK, 1936, Nr. 150, 28.6., S. 1.

zu sammeln, durch das Eltern lernen sollten, ihre Kinder "richtig" zu erziehen. Makarenko hatte zwar selbst keine Kinder, zu seinem Haushalt gehörten jedoch zwei Halbwüchsige bzw. Jugendliche, die er "wie eigene Kinder erzog":[10] Lev Michajlovič Sal'ko (geb. 1914), ein Sohn seiner Frau aus erster Ehe, und Olimpiada Vital'evna Makarenko (geb. 1920), eine Tochter seines nach Frankreich emigrierten Bruders. Obwohl Makarenko damit durchaus über eine gewisse Erfahrung als 'Familienoberhaupt' verfügte, kann man davon ausgehen, daß er sich ohne jenen aktuellen politischen Anlaß wohl kaum so intensiv mit Fragen der Erziehung in der Familie beschäftigt hätte.

Später, in seinen Vorträgen der Jahre 1938/39, begründete er den Zugang zu dieser Problematik mit der Tatsache, daß er in den Arbeitskolonien der Ukr.SSR, in deren Verwaltung er seinerzeit tätig war, es zunehmend mit Kindern aus Familien zu tun gehabt habe, die — wie er am 9. März 1939 vor Studenten des Char'kover Pädagogischen Instituts ausführte — "noch Papa und Mama hatten, aber wegen 'guten' Benehmens zu drei, vier Jahren verurteilt worden waren",[11] wohl auch aufgrund eines Erlasses vom 7. April 1935, der die Strafmündigkeit Minderjähriger auf zwölf Jahre herabsetzte. So äußerte er auf einem Treffen mit Lesern des BfE (9. Mai 1938):

"Genossen, ich hätte früher niemals gedacht, daß ich einmal ein 'Buch für Eltern'schreiben würde, da ich selbst kein Vater bin, keine eigenen Kinder habe und mich, wie mir schien, niemals mit Fragen der Familienerziehung beschäftigen würde. Doch während meiner Tätigkeit in den Arbeitskolonien und den Kommunen erhielt ich in den letzten Jahren von Eltern Kinder — Rechtsbrecher, jugendliche Kriminelle —, das waren bereits keine Verwahrlosten mehr, sondern hauptsächlich Kinder aus Familien."[12]

3. Der Beginn der Niederschrift

Die Arbeit am BfE nahm Makarenko sehr wahrscheinlich schon bald nach der Veröffentlichung des Entwurfs bzw. der Verordnung selbst auf,[13] denn bereits am 27. Juli 1936, auf einem Treffen mit Lesern und Kritikern des

---

[10]Soč. 4, S. 445; Ped.soč. 7, S. 150.

[11]CGALI, f. 332, op. 4, ed.chr. 187, Bl. 4. In Soč. 5, S. 279, und Ped.soč., 4, S. 344, ist diese Stelle getilgt.

[12]CGALI, f. 332, op. 4, ed.chr. 173, Bl. 3; gekürzt auch in: Soč, 4, S. 437; Ped.soč. 7, S. 145.

[13]Nach Abschluß des "Pädagogischen Poems" (September 1935) hatte Makarenko zunächst an einem Roman über die Erziehung Erwachsener gearbeitet — der "Erziehung von Kadern aus zweitklassigem Material", entsprechend der Stalinschen Losung "Die Kader entscheiden alles" (vorgesehene Titel: "Čelovek" (Der Mensch), "Duraki" (Dummköpfe), "Čudaki" (Sonderlinge), dann jedoch eine Anregung seiner Frau aufgenommen (s. Ped. soč., 8, S.54) und "eine gründliche wissenschaftliche Arbeit über Prinzipien unserer Erziehungsarbeit unter dem

"Pädagogischen Poems" im Moskauer Haus des Schriftstellers, erwähnte er dieses neue Projekt:

"Jetzt ist es notwendig geworden, ein Buch 'für Eltern' herauszubringen. Es herrscht ein Überfluß an Material und ein Überfluß an Gesetzen der sowjetischen Pädagogik, darüber muß man schreiben. Ein solches Buch werde ich bis zum 15. Oktober fertig haben, einen Redakteur habe ich auch schon...".[14]

Ganz offensichtlich hatte Makarenko während dieses Moskau-Aufenthaltes den Schriftsteller P. Pavlenko, der bereits jene Ausgabe des Gor'kijschen "Almanachs" redaktionell betreut hatte, in der der 3. Teil des "Poems" erschienen war,[15] als künftigen Redakteur seines neuen Buches gewinnen können. Am 11. September 1936 berichtete dann auch die ukrainische Literaturzeitung ("Literaturna hazeta"), der "Almanach" habe das BfE "angenommen".[16] Inzwischen wurde bekannt, daß die Redaktion des "Almanachs" bereits am 9. Juli 1936, also nur zwölf Tage nach Inkrafttreten der Regierungsverordnung, mit Makarenko einen Vertrag über die Veröffentlichung einer Arbeit mit dem Titel "Väter und Kinder" abgeschlossen hatte.[17]

Dabei sah Makarenko in der Familienerziehung offenbar nicht das eigentliche bzw. einzige Thema seiner weiteren pädagogisch-literarischen Tätigkeit. Das eigentliche, übergreifende Thema war für ihn wohl die "kommunistische Erziehung", wozu er — ermutigt durch den am 5. Juli 1936 veröffentlichten Parteibeschluß "Über die pädologischen Abweichungen in den Volksbildungskommissariaten" — eine "Methodik" verfassen wollte; am 14. Juli richtete er an seinen Vorgesetzten im NKVD der Ukr.SSR ein entsprechendes Gesuch um Entlassung, unter ausdrücklichem Bezug auf die Arbeit an einem solchen Buch.[18] Und daneben verfolgte Makarenko einen alten Plan, dessen Intention sich eigentlich nur schwer mit dem neuen Projekt einer Erziehungshilfe für Eltern vereinbaren läßt: die Gründung eines Internats gerade für Kinder aus intakten Familien! Noch während seines Aufenthaltes in Moskau (Ende Juli/Anfang August 1936) wendet er sich mit einer Zuschrift an den neugegründeten "Rat für Schriftstellerfrauen" innerhalb des Schriftstellerverbandes der UdSSR und schlägt die Errichtung einer "Waldschule" oder einer Arbeitskolonie für Kinder von Schriftstellern vor, in der "die Fragen der Bildung (...), auch alle Fragen

---

Titel 'Mal'čiki' (Kleine Jungen) geplant", wie er Anfang/Mitte Mai 1936 auf einer seinem literarischen Schaffen gewidmeten Sitzung der russischsprachigen Sektion des Schriftstellerverbandes der Ukraine bekanntgab (Ges. Werke, 1, S. 161).

[14] Soč. 7, S. 307; Ges. Werke 7, S. 202; Ped.soč. 4, S. 26.

[15] Ges. Werke 13, S. 37f.

[16] Ebd. 1, S. 163.

[17] Ped.soč. 5, S. 318.

[18] Ges. Werke 1, S.162.

der Charaktererziehung und der Körpererziehung gut gelöst" würden: "Es ist ja allen bekannt, daß man gerade auf diesen Gebieten in unseren Familien, selbst in den kultivierten, nicht immer versteht, den Kindern das zu geben, was sie brauchen."[19] Andererseits betont Makarenko fast zur gleichen Zeit in einer Zuschrift an die "Literaturna hazeta" zum Entwurf der neuen ("Stalinschen") Verfassung der UdSSR, dort müsse "in Kap. X eine Aussage über die Familie gemacht werden" da, wie er ausführt, "die Familie in der sozialistischen Gesellschaft die Primärzelle ist; und diese Primärzelle muß sozialistisch sein".[20]

4. Fertigstellung und Drucklegung

Zum vereinbarten Abgabetermin (15. Oktober 1936) legt Makarenko der Redaktion des "Almanach" jedoch nicht das fertige Manuskript des BfE, sondern offensichtlich nur einige Kapitel vor. Das ist in einem Brief P. Pavlenkos vom 24. November zu entnehmen, in dem dieser — nach der Lektüre des "Anfangs" des BfE — Makarenko zur Weiterarbeit auffordert, da dieses Werk in seiner "großen Bedeutung für das ganze Volk die des 'Pädagogischen Poems' um ein Vielfaches übersteigt". Pavlenko prophezeit dem BfE "einen größeren Erfolg als das 'Poem', das gerade erst beginnt, ein Erfolg zu werden.[21]

In der Öffentlichkeit behauptet Makarenko zur gleichen Zeit, er habe dieses Werk bereits abgeschlossen. So führt er am 25. Oktober 1936 vor Arbeitern der Moskauer Kaganovič-Kugellagerwerke aus, das BfE "wird zur Zeit in Moskau gedruckt",[22] und auf einem seinem literarischen Schaffen gewidmeten Abend im Leningrader Haus des Schriftstellers erklärt er am 14. Dezember, dieses Werk sei bereits "für den Druck vorbereitet" und er arbeite schon an einem neuen Buch.[23] Dagegen läßt sich allein aufgrund der Belastungen vermuten, denen Makarenko in dieser Zeit in Kiev und Brovary (vorübergehende Leitung einer Kolonie) ausgesetzt war, daß die Arbeit am BfE erst nach der im Februar 1937 erfolgten Übersiedlung nach Moskau wiederaufgenommen wurde.[24] Das wird durch Eintragungen in Makarenkos Tagebuch bestätigt. Ihnen kann man

---

[19]Soč. 7, S. 448; Ges. Werke 7, S. 203; Ped.soč. 4, S. 25.

[20]Ges. Werke 7, S. 194; Ped.soč. 4, S. 26.

[21]Soč. 4, S. 529f. Ped.soč. 5, S. 319.

[22]Moskau, Oktober 1936. Edition der Protokolle zweier Begegnungen A.S. Makarenkos mit Lesern des "Pädagogischen Poems", Marburg 1987, S. 14.

[23]"Kniga dlja roditelej". Večer A.S. Makarenko. In: Literaturnyj Leningrad, 1936, Nr. 58, 17.12., S. 4.

[24]Einen vergleichbaren Vorgang dokumentiert der Makarenko-Biograph E.Z. Balabanovič bezüglich des Romans "Der Mensch" (s. Anm. 13), von dem Makarenko nur die ersten Kapitel geschrieben hat. Dazu liegt eine von ihm verfaßte kurze Pressemitteilung vorliegt, die wie folgt lautet: "Der Mensch — Roman von Makarenko. A. Makarenko beendet gerade

entnehmen, daß er die Arbeit an diesem Werk erst am 21. Mai 1937 fortgesetzt hat.[25] Kurz davor schrieb er einem Freund, K.S. Kononenko: "Das 'Buch für Eltern' hatte ich bis zum 7. Druckbogen vorangequält und kam nicht weiter; ich weiß selbst nicht warum — bin einfach steckengeblieben, das ist alles. Ich habe schon Lust, es zu schreiben, aber irgendwie fehlt mit die Zeit dafür."[26]

Doch bereits vor der Wiederaufnahme der Arbeit schließt Makarenko — und zwar am 9. bzw. 15. März 1937 — mit den Staatsverlagen für Schöngeistige Literatur in Moskau (Gosudarstvennoe izdatel'stvo "Chudožestvennaja literatura") und Kiev (Deržavne literaturne vydavnyctvo) entsprechende Verträge über die Veröffentlichung des BfE als Einzelausgabe in russischer Sprache bzw. ukrainischer Übersetzung; als Abgabetermin des Manuskripts — im Umfang maximal von zwanzig Druckbogen — wird dabei der 13. bzw. 15. August 1937 vereinbart.[27]

"21. Mai. (...) Am Abend nahm ich das 'BfE' in Angriff. 22. Mai. Arbeitete den ganzen Tag am 'BfE'. Tippte einen Druckbogen um. (...)"[28] Diese Eintragungen in Makarenkos Tagebuch dokumentieren den Beginn einer kurzen, aber intensiven Phase der Arbeit am Manuskript und zugleich auch der Kontakte zu Redaktionen Moskauer Zeitschriften zwecks Vergabe der Vorabdruckrechte. Hierfür interessieren sich neben dem "Almanach" auch "Krasnaja nov' " und "Oktjabr' ", beides Organe des Schriftstellerverbandes.

Zur Weiterarbeit zieht sich Makarenko am 8. Juni 1937 für drei Wochen in ein Dorf in der Nähe von Kiev zurück.[29] Die dort abgeschlossene Kapitelfolge im Umfang von zwölf Bogen stellt er für den Vorabdruck jedoch nicht dem "Almanach" und auch nicht "Oktjabr' " zur Verfügung, sondern der Zeitschrift "Krasnaja nov' ", die bereits im Juli-Heft mit der Veröffentlichung beginnt (Kap. 1-4).

Ein Grund für den Wechsel zu dieser Zeitschrift könnte seine Bekanntschaft mit einem Mitglied des Redaktionskollegiums, dem Schriftsteller A. Fadeev, gewesen sein. Mit ihm war er durch die gemeinsame Arbeit in der Moskauer Organisation des Schriftstellerverbandes verbunden gewesen. Fadeev war in Zusammenhang mit der im Sommer 1937 erfolgten Auflösung des noch von

---

den großen Roman 'Der Mensch'." (E. Balabanovič, Anton Semenovič Makarenko. Čelovek i pisatel', Moskva 1963, S. 410).

[25] Archiv des Makarenko-Referats, Marburg.

[26] Ebd.

[27] CGALI, f. 332, op. 1, ed.chr. 49, Bl. 10, 11.

[28] Archiv des Makarenko-Referats.

[29] Siehe dazu den folgenden Eintrag in seinem Tagebuch: "8.-29. Juni. Dubečnja. Schrieb Bogen 6 bis 12 einschließlich — 7 Druckbogen BfE. Es ließ sich gut arbeiten. Niemand störte." (Soč. 4, S. 530; Ped.soč. 5, S. 320).

Gor'kij eingesetzten Kollegiums des "Almanach"[30] 'freigesetzt' worden. Daß die Entscheidung für "Krasnaja nov' " kurzfristig gefallen sein muß, ist auch aus den Umständen der Drucklegung des BfE zu schließen: In einem im Juni-Heft dieser Zeitschrift enthaltenen Vorankündigung der für das zweite Halbjahr 1937 vorgesehenen Arbeiten ist Makarenkos Werk nicht aufgeführt.[31] Eintragungen in seinem Tagebuch kann man entnehmen, daß dieser Anfang Juli 1937 "aufgrund von Bemerkungen von 'Krasnaja nov' ' drei Tage lang an den Kapiteln 5 und 6 des 'BfE' gesessen" hat. Und am 10. Juli registriert er bereits den Eingang des ersten Honorars für dieses Werk von "Krasnaja nov' " (1.500 Rubel).[32]

Laut Kommentar in der Ausgabe "Sočinenija" (Werke) lieferte Makarenko das Manuskript des BfE, das in den Heften 7 bis 10/1937 von "Krasnaja nov' " (Auflage: 35 000 Exemplare) veröffentlicht wurde, sukzessive ("po častjam")[33] bis Mitte September 1937 ab; zu diesem Zeitpunkt geht Heft 10 mit dem 9. Kapitel — es schließt mit dem Vermerk "Konec pervogo toma" (Ende des ersten Bandes) — in Satz.[34] Bereits Ende September 1937 wurde auch die Herstellung der Buchausgabe aufgenommen, die schon kurz nach Abschluß des Vorabdrucks in "Krasnaja nov' " im November 1937 erschien (Auflage 10 000 Exemplare).[35] Diese Ausgabe, deren Text sich gegenüber der Zeitschriftenveröffentlichung als leicht gekürzt und an einigen Stellen geändert erweist,[36] enthält erstmals den auch später beibehaltenen Vermerk: "Das 'Buch für Eltern' habe ich in Zusammenarbeit mit meiner Frau Galina Stachievna Makarenko geschrieben."[37] Die vertraglich vereinbarte ukrainische Übersetzung ging ebenfalls bald in Herstel-

---

[30]Ein Mitglied dieses Redaktionskollegiums, der Literaturkritiker V. Kirpotin, hatte zuvor einen seiner Kollegen, L. Averbach, sowie die Schriftsteller V. Kiršon und A. Afinogenov in einem im Parteiorgan "Pravda" veröffentlichten Artikel als "trotzkistische Agenten" denunziert; s. V. Kirpotin, Trockistskaja agentura v literature. In: Pravda, 1937, Nr. 134, 17.5., S. 4.

[31]Krasnaja nov', 1937, Nr. 6, 4. Umschl.-S. — Vorabdrucke aus der ersten Folge des BfE erschienen am 20. 7. 1937 in der "Literaturnaja gazeta" (Nr. 39, S. 5) und am 5. 8. 1937 in der in Stalino, Donbass, herausgegebenen Abendzeitung "Stalinskij rabočij" (Nr. 178, S. 3); Ges. Werke 13, 69 f., 73.

[32]Archiv des Makarenko-Referats.

[33]Soč. 4, S. 530.

[34]Ges. Werke 13, S. 92.

[35]Ebd., S. 97-99.

[36]Ebd., S. 71, 78, 82, 92.

[37]Ebd., S. 97; Soč. 5, S. 7. Wie der sowjetische Makarenko-Forscher V.E. Gmurman wiederholt ausführte, beschränkte sich G.S. Makarenkos Mitarbeit am BfE auf die Sammlung von Material; "das ganze Buch, von der ersten bis zur letzten Seite, wurde von A.S. Makarenko geschrieben und gibt dessen Vorstellung wieder" (Soč. 4, S. 531). Gmurman selbst (in: A.S. Makarenko. Kn. 9, L'vov 1976, S. 125-137) sowie L.Ju. Gordin und A.A. Frolov (in:

lung (20. März 1938) — sie erschien jedoch erst posthum im Frühjahr 1940.[38] Wie Makarenko am Schluß seines Buches ausführt und wie er auch später in Vorträgen erklärte, wollte er in diesem ersten Band das Alltagsleben der Familie als Kollektiv darstellen. Dabei greift er bestimmte Situationen heraus und demonstriert daran — in jeweils in sich abgeschlossenen einzelnen Erzählungen — das falsche und das richtige Verhalten. Behandelt werden dabei u.a. folgende Probleme: die Familie als Wirtschaftskollektiv, die Verteilung der Pflichten in der Familie, die Stellung von Vater und Mutter, die Autorität der Eltern und die Disziplin der Kinder, die sexuelle Erziehung, die kinderreiche Familie, das Einzelkind, die von ihrem Mann verlassene Frau.[39]

5. Die zeitgenössische Rezeption

Zur Zeitschriften- und Einzelveröffentlichung des BfE sind insgesamt elf Stellungnahmen bekannt geworden, die im Zeitraum Dezember 1937 bis Juli 1938 erschienen. Darunter befinden sich zwei empfehlende, in einer Frauenzeitschrift[40] bzw. in einer literarischen Zeitschrift publizierte Rezensionen[41] sowie zwei Beiträge pädagogischer Praktiker, die — bei positiver Grundeinstellung zur Tatsache der Veröffentlichung eines solchen familienpädagogischen Buches — im einzelnen recht kritische Beurteilungen enthalten.[42]

Besondere Beachtung verdienen sechs Einzelrezensionen, von denen fünf in literarischen Periodika erschienen, sowie eine in einer Tageszeitung publizierte Sammelbesprechung. In der bisher einzigen sowjetischen Arbeit, die — wenn auch nur einige wenige — Hinweise auf die zeitgenössische Rezeption von Makarenkos Publikationen enthält, wird in erster Linie aus zustimmenden, im Zentralen Staatsarchiv für Literatur und Kunst aufbewahrten Zuschriften von Lesern zitiert. Von den elf hier ausgewerteten publizierten Stellungnahmen sind dabei nur vier genannt und bibliographisch nachgewiesen, wobei vermerkt wird, daß "in der Beurteilung des 'Buchs für Eltern' auch Fehler gemacht

---

Ped. soč. 5, S. 281-310) veröffentlichten Auszüge aus den von G.S. Makarenko für das BfE geschriebenen Texten. Siehe auch Anm. 86.

[38]Ges. Werke 13, S. 142.

[39]Siehe auch: I. Rüttenauer, A.S. Makarenko (s. Anm. 7), S. 127-180; dies., Ein Buch für Eltern. Nachbemerkungen zu einem Seminar über A.S. Makarenkos Konzept der Erziehung in der Familie. In: Pädagogik und Schule in Ost und West, 1969, H. 4, S. 101-103.

[40]S. Žarečnaja, "Kniga dlja roditelej" A. Makarenko. In: Obščestvennica, 1938, Nr. 4, S. 58-60.

[41]Stan., A. Makarenko. "Kniga dlja roditelej". In: Rezec, 1938 Nr. 6, 3. Umschl.-S.

[42]D. Pfljaumer/N. Pfljaumer, "Kniga dlja roditelej". In: Lit. obozrenie, 1938, Nr. 1, 15. 1., S. 72-74; N. Astachova, "Kniga dlja roditelej". In: Ebd., Nr. 8, 20. 4., S. 12-16.

wurden".[43] Einige weitere Hinweise auf die zeitgenössische Rezeption des BfE enthält der Kommentar zur Veröffentlichung dieses Werkes im Rahmen der neuen achtbändigen Ausgabe der "Pädagogischen Werke" Makarenkos (Bd. 5, 1985). Dabei wird, bis auf eine einzige Ausnahme, nur aus positiven Rezensionen zitiert, und dieser Abschnitt steht dementsprechend auch unter dem Motto: "Das 'Buch für Eltern' wurde von der sowjetischen Öffentlichkeit mit Zustimmung aufgenommen."[44]

Die erste Besprechung des BfE stammt von dem bekannten Schriftsteller und Literaturwissenschaftler V. Šklovskij; sie erschien am 20. Dezember 1937 in der "Literaturnaja gazeta", einem Organ des Vorstandes des sowjetischen Schriftstellerverbandes.[45] Šklovskij, der das Werk als eine "literarische Instruktion" für Eltern bezeichnet, beurteilt dessen Problematik und einzelne darin enthaltene Aussagen (so über die sexuelle Erziehung) positiv, weist aber auch auf eine Reihe von "Mängeln" hin. So sei das BfE "sehr ungleichmäßig" gestaltet, und es biete insofern "nichts Neues", als es "nicht jene Kühle der künstlerischen Wahrnehmung enthält, die ein Künstler im Augenblick der Eingebung besitzt". In dem Werk gebe es aber durchaus literarisch gelungene Stellen, die es von "gewöhnlicher Belletristik" abheben.

Die nächste Stellungnahme zum BfE erschien am 5. Februar 1938 in der Zeitung "Izvestija", und zwar innerhalb eines Artikels, in dem sich die Lyrikerin A. Adalis äußerst kritisch mit dem im vorangehenden Jahrgang von "Krasnaja nov' " veröffentlichten Beiträgen beschäftigt.[46] Bezüglich Makarenkos Werk wird dabei der Redaktion dieser Zeitschrift — und zwar unter ausdrücklicher Bezugnahme auf Šklovskijs Kritik — vorgeworfen, sie habe es versäumt, diese "interessanten, aber nicht genügend durchdachten und letztlich entwurfartigen Aufzeichnungen" einer entsprechenden "Überarbeitung" (šlifovka) hinsichtlich des "gedanklichen und publizistischen Inhalts" zu unterziehen. Weiter heißt es in diesem Artikel, Makarenko "berücksichtigt nicht die vielfältige Komplexität des wirklichen Lebens, er erfaßt nicht einmal einen kleinen Teil der Fragen des Alltagslebens, und deshalb bleiben seine Antworten auf viele aktuelle Fragen naiv und idealistisch abstrakt".

Auf diese Vorwürfe reagierte Makarenko sehr schnell. Bereits eine Woche später, am 12. Feburar, veröffentlichte die "Komsomol'skaja pravda", das Zentralorgan des Kommunistischen Jugendverbandes, eine von ihm verfaßte,[47] aber

---

[43]N.A. Morozova, A.S. Makarenko. Seminarij. Izd. 2-e, pererabot., Leningrad 1961, S. 22f.

[44]Ped. soč. 5, S.322.

[45]V. Šklovskij, "Kniga dlja roditelej" A. Makarenko. In: Lit. gazeta, 1937, Nr. 69, S.20. 12., S. 6.

[46]A. Adalis, Ob odnom tolstom žurnale. In: Izvestija CIK, 1938, Nr. 30, 5. 2., S. 3.

[47]So jedenfalls bezeugte es V.E. Gmurman gegenüber dem Verf.

128

gemeinsam mit den Schriftstellerkollegen A. Karavaeva und A. Ėrlich gezeichnete ausführliche Entgegnung, in der — unter der Überschrift "Verleumdung eines jungen Schriftstellers"[48] — ein von Adalis ebenfalls kritisierter Autor, Viktor Panov, verteidigt wird. Dessen Erzählung über Umerziehungslager des NKVD "Im Norden" (Na severe) war in der Sammelrezension als "äußerst stümperhaftes Werk" bezeichnet worden, das "in jeder beliebigen bürgerlichen Zeitschrift hätte erscheinen können, (...) als eine dort übliche Verleumdung des sowjetischen Menschen". Makarenko kommt in seiner Zurückweisung dieser — in der damaligen politischen Situation lebensgefährlichen — Vorwürfe gegen Panov zu dem Schluß, "selbst dann, wenn er untalentiert wäre, dürfe man mit ihm doch nicht mit Hilfe der allergewöhnlichsten Verleumdungen abrechnen". Adalis' gleichzeitig vorgebrachte Kritik am BfE wird in diesem Artikel mit keinem Wort erwähnt; indirekt wird dieser Autorin damit jedoch die Kompetenz als Kritikerin abgesprochen.[49]

Eine weitere Rezension erschien Anfang März 1938 in der Leningrader Zeitschrift "Zvezda". Ihr Autor, der Schriftsteller N. Ždanov — von ihm liegt auch eine Besprechung des "Pädagogischen Poems" vor[50] — gibt darin eine insgesamt positive Einschätzung des BfE.[51] Er bezeichnet dieses Werk, das "sowohl in literarischer als auch in unmittelbar pädagogischer Hinsicht wertvoll" sei, als ein "pädagogisches Traktat über die Erziehung in der Familie". Makarenkos hauptsächliches Verdienst sieht dieser Autor darin, daß "er sich in der Auswahl seines Themas an das gewöhnliche Alltagsleben der Arbeiterfamilien wendet". Ein grundlegender Mangel des BfE sei jedoch die Tatsache, daß darin das gesellschaftliche Leben als einer der entscheidenden, bewußtseinsbildenden Erziehungsfaktoren fast völlig ausgeklammert werde.

"Die Erziehungsarbeit in unserer sowjetischen Gesellschaft kann sich nicht mit dem Einimpfen von Verhaltensregeln entsprechend den Forderungen der Familie und des Alltagslebens begnügen. (...) Man muß sagen, daß Makarenko dies nicht begriffen oder sich über die Bedeutung der staatsbürgerlichen Erziehung keine Rechenschaft abgegeben hat." Zum Schluß seines Artikels schreibt Ždanov: "Makarenkos Buch ist eines der ersten Werke auf diesem Gebiet. Es wurde von einem Menschen geschrieben,

---

[48]A. Makarenko/A. Karavaeva/A. Ėrlich, Kleveta na molodogo pisatelja, In: Komsomol'skaja pravda, 1938, Nr. 35, 12. 2., S. 3. A. Karavaeva — Mitglied des Redaktionskollegiums der Komsomolzeitschrift "Molodaja gvardija", A. Ėrlich — ständiger Mitarbeiter von "Krasnaja nov' ".

[49]In der sowjetischen Makarenko-Literatur gibt es weder einen Hinweis auf die Sammelrezension von Adalis noch auf die Entgegnung von Makarenko/Karavaeva/Ėrlich.

[50]Siehe dazu vom Verf.: Makarenkos "Pädagogisches Poem" in der zeitgenössischen Kritik (1934-1937). Ein Überblick. In: Pädagogik und Schule in Ost und West, 1980, H. 4, S. 85-96; 1981, H. 1 S. 15-22 (hier: S. 15f.).

[51]N. Ždanov, "Kniga dlja roditelej" A. Makarenko. In: Zvezda, 1938, Nr. 3, S. 223-229.

der das Leben der sowjetischen Familien unablässig beobachtet, einem Menschen, der über eine große pädagogische Erfahrung und literarisches Talent verfügt. Bei der Gestaltung der sowjetischen Ethik und Kultur des Alltagslebens der Familie wird Makarenkos Buch zweifellos von Nutzen sein."

Einhellig positiv ist ein Beitrag des Psychologen V. Kolbanovskij, der Anfang/Mitte März 1938 in "Krasnaja nov' " (sic!) unter der Überschrift "Ein lehrreiches Buch" erschien.[52] Von diesem Autor waren in derselben Zeitschrift bereits 1935 (Nr. 10) und 1936 (Nr. 6) zwei längere Artikel über das "Pädagogische Poem" veröffentlicht worden, in denen Makarenko u.a. gegen politisch gefährliche Beschuldigungen des Literaten M. Bočačer in Schutz genommen wurde.[53] Inzwischen publizierte Dokumente zeigen, daß Makarenko und Kolbanovskij zum Zeitpunkt der Niederschrift des BfE bereits miteinander befreundet waren, ja daß letzterer sogar an der redaktionellen Überarbeitung des Manuskripts dieses Werkes (für die Buchausgabe?) beteiligt war.[54] Es kann also davon ausgegangen werden, daß Makarenko bei der Niederschrift seiner Verteidigung des Nachwuchsautors V. Panov der Text des erst einige Wochen später erschienenen Artikels V. Kolbanovskijs bereits bekannt war.

Zunächst geht dieser Autor jedoch auf die Rezeption des (1933-1935 erschienenen) "Pädagogischen Poems" ein:

"Für die pädagogischen Praktiker, vor allem die jüngeren, war dieses Buch nicht nur ein literarisches Ereignis. Sie sahen in ihm einen wertvollen Beitrag zur pädagogischen Wissenschaft, ein Buch, das mit der Zeit zusammen mit anderen bedeutenden Werken, einen hervorragenden Platz in der Geschichte der Weltpädagogik einnehmen wird. Es fand sich lediglich eine kleine Gruppe von Leuten, die diesem Buch mehr als ablehnend begegneten. Das waren Volksfeinde, die es verstanden hatten, sich in die Leitung der sowjetischen pädagogischen Front einzuschleichen." Indirekt kommt Kolbanovskij in diesem Zusammenhang auf M. Bočačer zu sprechen, den er irrtümlich für eine — inzwischen abgesetzte — "Leiterin eines der bedeutenden Pädagogischen Institute" hält; jene habe "frech versucht, die sowjetische Öffentlichkeit mit Hilfe eines ungereimten und höchst dilettantischen Artikels unter der kecken Überschrift 'Ein antipädagisches Poem' zu täuschen. Dieser extrem feindliche Anschlag endete mit dem schmählichen Scheitern seines Initiators. Die sowjetische Öffentlichkeit hob Makarenkos 'Pädagogisches Poem' auf den Schild. Doch zum großen Bedauern hat die pädagogische Presse ihm bisher keine Beachtung geschenkt. Das 'Pädagogische Poem' erscheint gerade in einer neuen Ausgabe. Der Kreis seiner Leser wird immer größer. Die positive Wirkung des Buchs nimmt spürbar zu. Doch die Theoretiker der sowjetischen Pädagogik... schweigen."

---

[52] V. Kolbanovskij, Poučitel'naja kniga. (O "Knige dlja roditelej" A. Makarenko). In: Krasnaja nov', 1938, Nr. 2, S. 185-200.

[53] Makarenkos "Pädagogisches Poem" (s. Anm. 48), 1980, S. 91- 95; 1981, S. 15, 18-20.

[54] A.S. Makarenko. (Kn. 10), L'vov 1978, Abb. vor S. 97, S. 153f.

In bezug auf das Thema von Makarenkos neuem Buch schreibt Kolbanovskij:

"Die Theoretiker der sowjetischen Pädagogik, unter denen es gar nicht wenige 'Linksabweichler' gab, haben diesen Bereich vernachlässigt, vermutlich in der Annahme, daß die Familie 'abstirbt' und es sich folglich gar nicht lohnt, sich darüber den Kopf zu zerbrechen." Und weiter führt Kolbanovskij aus: "Das große Verdienst von A. Makarenko besteht darin, daß er in seinem neuen 'Buch für Eltern' die Grundlagen einer für uns unentbehrlichen Pädagogik der sozialistischen Familie geschaffen hat." "Der Autor des 'Buchs für Eltern' ist einer der bedeutendsten Meister der sowjetischen Pädagogik. Er hat zwar keine einzige theoretische Anleitung auf dem Gebiet der Pädagogik und kein einziges Lehrbuch geschrieben. Dafür hat er aber mit viel Geschick sein Talent als Schriftsteller dazu genutzt, um über die Novellen in seinem neuen Buch unentbehrliche und außergewöhnlich aktuelle pädagogische Ideen in einer sehr verständlichen und spannenden Form einem breiten Leserkreis nahezubringen."

Wie bereits Šklovskij, so hebt auch Kolbanovskij "Makarenkos Gedanken über die sexuelle Erziehung" besonders hervor — es sei "das Frischeste, Wertvollste und Anregendste, was wir zu dieser Frage in der sowjetischen pädagogischen Literatur finden können". Zum Schluß seines Beitrags schreibt dieser Autor: "Makarenko hat ein Buch von außergewöhnlicher gesellschaftlicher Bedeutung geschaffen. Das 'Buch für Eltern' schließt eine spürbare Lücke in der Pädagogik. Darüber hinaus beginnt mit diesem Buch die Schaffung einer rationalen Pädagogik der sozialistischen Familie."

Fast gleichzeitig mit Kolbanovskijs äußerst positiven Einschätzung des BfE erschienen — in einer literarischen bzw. einer pädagogischen Zeitschrift — zwei Beiträge pädagogischer Theoretiker, die sich mit diesem Werk sehr kritisch auseinandersetzen.[55] In einem der Artikel mit dem Untertitel "Notizen eines Pädagogen" führt S. Sovetov[56] — ein Spezialist für Fragen der Schulhygiene — aus, er erkenne die Notwendigkeit an, derartige Erziehungshilfen für Eltern herauszugeben; und in Makarenkos Buch sieht dieser Wissenschaftler den "Versuch eines pädagogischen Handbuchs für Eltern in literarischer Form". Er registriert darin jedoch zahlreiche Mängel. Vor allem vermißt er eine Würdigung der "enormen Rolle der Schule bei der Erziehung und Unterrichtung unserer bemerkenswerten Jugend" und unterstreicht dies mit einem entsprechenden Zitat aus dem — bereits 1919, auf dem VIII. Parteitag, angenommenen — Programm der VKP(B). Makarenko verschweige nicht nur "die grundlegende, führende Rolle unserer Schule" bei der Erziehung des Kindes, sondern erwähne auch nicht den Klassenlehrer als den eigentlichen Leiter die-

---

[55] Die Grundmuster dieser Kritik finden sich bereits in einigen der zum "Pädagogischen Poem" erschienenen Rezensionen; s. Anm. 50.

[56] S. Sovetov, "Kniga dlja roditelej" A. Makarenko. (Zametki pedagoga). In: Lit. kritik, 1938, Nr. 3, S. 128-139.

ses Prozesses.

Weitere Mängel sieht er in der Auswahl der Beispiele. Einige davon seien "ausgesprochen pathologisch" und gehörten "eher in die Kompetenz eines Psychiaters als eines Pädagogen", andere wiederum beträfen gar nicht "unsere sowjetische Familie", sondern eine "vulgäre bourgeoise Sippschaft". Außerdem gehe Makarenko auf eine Reihe wichtiger Aspekte der kommunistischen Erziehung überhaupt nicht ein: "die Erziehung zur Liebe zur Heimat, zur Partei Lenins und Stalins, zu den Führern unseres Landes, die internationale, die antireligiöse Erziehung, die Erziehung zur Liebe zur Natur u.a.m.". Und bei der Beurteilung der den einzelnen Episoden zugrundeliegenden pädagogischen Prinzipien äußert sich dieser Autor vor allem sehr kritisch zu Makarenkos ablehnender Haltung gegenüber Familien mit nur einem Kind — das sei eine "antiwissenschaftliche, pädologische Position", denn selbst dort, wo ein Kind allein mit seiner Mutter zusammenlebe, "ist eine gute sowjetische Erziehung keineswegs ausgeschlossen"[57] —, sowie zu dessen Verabsolutierung der Bedeutung des "allgemeinen Tons" im Erziehungsprozeß: "erforderlich sind auch elementare pädagogische Kenntnisse, die sich alle Eltern aneignen sollten".

Zum Schluß seines Beitrags wendet sich Sovetov "an den Genossen A. Makarenko und an alle Genossen Schriftsteller" mit der Bitte, auch weiterhin pädagogische Fragestellungen in literarischen Werken zu bearbeiten, vor Schwierigkeiten und Fehlern nicht zurückzuschrecken und sich dabei gegebenenfalls auch helfen zu lassen. "Die Sache der kommunistischen Erziehung wird von unserem ganzen Land, von der Partei und unserem Lehrer, dem Genossen Stalin, unterstützt. Die sowjetische Öffentlichkeit erwartet von den Schriftstellern Erzählungen und Romane über unsere Kinder, über ihre Erziehung."

Eine noch kritischere Position gegenüber dem BfE nimmt N.P. Storoženko in einem "Schädliche Ratschläge für Eltern über Kindererziehung" überschriebenen Beitrag ein, der in der Zeitschrift "Sovetskaja pedagogika" erschien, einem 1937 gegründeten Organ des Volksbildungskommissariats der RSFSR.[58] Wie Sovetov kritisiert auch dieser Autor die isolierte Betrachtung der Familie durch Makarenko und dessen Mißachtung der "führenden Rolle", die der Schule bei der Erziehung der heranwachsenden Generation gebühre. "Die Erziehung in der Familie soll die Schule ergänzen und ihr helfen, die Aufgabe der Heranbildung

---

[57] Auf diesen Vorwurf nimmt Makarenko in seinem Vortrag vom 9. 5. 1938 indirekt Bezug, wenn er ausführt: "Ebenso habe ich eine Familie, in der es ein einziges Kind gibt, nicht etwa deshalb geschildert, um zu zeigen, wie falsch es erzogen wird, sondern deshalb, um das Bestreben, nur ein Kind zu haben, zu verurteilen." (Soč. 4, S. 440; Ped.soč. 7, S. 147.)

[58] N.P. Storoženko, Vrednye sovety roditeljam o vospitanii detej. A. Makarenko — "Kniga dlja roditelej". "Krasnaja nov' ", kn. 7, S. 8, 9, 10 za 1937 g. In: Sovetskaja pedagogika, 1938, Nr. 3, S. 124-128.

allseitig entwickelter, überzeugter Erbauer des Sozialismus zu erfüllen."

"Befremdlich" sei aber auch Makarenkos Verhältnis zur Pädagogik und den Pädagogen, wenn er — in Zusammenhang mit einer Geschichte vom Versagen eines Pädagogikprofessors bei der Erziehung seines eigenen Sohnes — glaubhaft machen wolle, daß die besten Kinder bei jenen Eltern aufwüchsen, die von der pädagogischen Wissenschaft keine Ahnung haben und sich statt dessen "auf den gesunden Menschenverstand und die Lebensweisheit" verlassen. Es treffe zwar zu, daß sich die pädagogische Wissenschaft "sehr wenig" mit Fragen der Familienerziehung beschäftige; "alles übrige" in Makarenkos Darstellung dieses Falles sei jedoch "ein grober, völlig ungerechtfertigter Angriff auf die Wissenschaft von den Kindern — die Pädagogik —, auf die Lehrer, auf die pädagogischen Lehranstalten und die Hochschulen". Die "geringschätzige, ja sarkastische Haltung des Autors gegenüber der Pädagogik" durchziehe das ganze Buch. "Makarenko ist jedes Mittel recht, um die Pädagogik zu diffamieren, und dabei bedient er sich nicht nur erfundener Geschichten, sondern auch des Zynismus."

Auch Storoženko zitiert den o.a. Abschnitt aus dem Parteiprogramm und leitet von daher ab, "daß die Schule die Erziehung der Kinder in der Familie beeinflussen soll und daß die Erziehung in der Familie isoliert von den Zielen und Aufgaben der sowjetischen Schule gar nicht vorstellbar ist". Dagegen trenne Makarenko die Erziehung in der Familie von der in der Schule.

Darüber hinaus kritisiert dieser Autor, daß Makarenko "keines der sich bereits eingebürgerten pädagogischen Prinzipien" anerkenne. "Sie alle 'gehen in die Brüche', als nicht stichhaltig und für die Familienerziehung nichts hergebend. (...) Er schafft neue 'Gesetzmäßigkeiten', nicht nur in der Familienerziehung, sondern auch im sozialen und kulturellen Leben." Und eine dieser "Gesetzmäßigkeiten" — "Vielleicht lassen sich alle Mißerfolge in der Erziehung auf die Formel bringen: 'Erziehung zur Habgier' "; "diesem Laster setzt Makarenko 'die Kenntnis von den Grenzen der Habgier' entgegen" — interpretiert Storoženko wie folgt: "Das bedeutet, daß man die Herausbildung eines Bedürfnisses, eines Bestrebens bei den Kindern unterdrücken, in Normen zwängen muß, und darin sieht er (Makarenko) ein grundlegendes Prinzip der Erziehung. Und nicht zufällig ist das ganze Buch mit Beispielen der Begrenzung von Bedürfnissen, Interessen und Bestrebungen der Kinder bunt durchsetzt."

In Zusammenhang mit einem von Makarenko geschilderten Fall groben Verhaltens führt Storoženko aus: "Mit diesem Beispiel bekräftigt der Autor seinen prinzipiellen Standpunkt, daß man in keinem einzigen konkreten Fall zeigen kann, wie man ein Kind erziehen soll, sondern den Eltern nur Ausgangspunkte für ihre eigenen pädagogischen Überlegungen anbieten kann." Dem wird entgegengesetzt: "Der sowjetische Pädagoge wird in einem solchen Fall die Umstände untersuchen, die zu dem Fehlverhalten des Kindes geführt haben, und wird den Eltern Ratschläge erteilen, wie sie weiterhin vorgehen sollen, um ein solches Fehlverhalten zu korrigieren und ihm vorzubeugen."

Besonders gravierend ist jedoch, daß sich Storoženko bei seiner Kritik auf den von Makarenko seinerzeit begrüßten Anti-Pädologie-Beschluß vom 4. Juli 1936 beruft:

"Im Lichte dieses Beschlusses erscheint Makarenkos 'Buch für Eltern' als ein Versuch, der Pädagogik die Rechte auf dem Gebiet der Familienerziehung abzusprechen, den Lehrer und die sowjetische Schule zu verunglimpfen — ein für die Sache schädlicher Versuch. Makarenko nimmt eine bereits verurteilte, alte, zerschlagene Position ein und bedient sich dabei der Front der Belletristik. Wir bauen darauf, daß der Leser seine 'Theorien' schnell durchschauen und in der Lage sein wird, hinter den aufgeblasenen pseudorevolutionären Phrasen den wahren Kern seines Buchs zu erkennen."

Abschließend äußert sich Storoženko auch zur literarischen Form des BfE:

"Das ist eine Sammlung von allen möglichen Skizzen, Notizen, Erzählungen, Essays, Repliken und Bemerkungen, die durch das gemeinsame Thema und die publizistischen polemischen Überlegungen des Autors miteinander verbunden sind. (...) Die Form der Präsentation des Materials, dessen Strukturierung und die Mittel der Gestaltung entsprechen ganz dem Inhalt des 'Buchs für Eltern'. In ihrer Unorganisiertheit und Formloigkeit sowie im Nichtübereinstimmen mit der realen Wirklichkeit bilden sie eine Einheit."

Makarenko erfuhr von Storoženkos Artikel durch Kolbanovskij. Eintragungen in seinem Tagebuch zeugen davon, wie sehr in diese Kritik beschäftigte:

"12.IV.38. In der Zeitschrift 'Sovetskaja pedagogika' hat irgendein Professor einen pogromartigen Artikel über das 'Buch für Eltern' geschrieben. Ich habe ihn nicht gelesen, Kolbanovskij rief vor einer Woche an, aber seitdem schweigt auch er — ist er zu feige?
15.IV.38. Den Artikel von Storoženko in der 'Sovetskaja pedagogika' gelesen. Gehässig, kleinlich, unverhüllt feindselig. Man müßte eine Antwort schreiben. Wo drucken, bei Ermilov ("Krasnaja nov' "; G.H.)? (...) Im großen und ganzen dauert die pädagogische Einsamkeit an, man steht wie vor einer Wand. Der Artikel in 'S.P.' ist charakteristisch, wie ein Indikator für die Stimmungen des Volksbildungskommissariats. (...)
19.IV.38. (...) Kolbanovskij sagt, daß die 'Pravda' eine Antwort an Storoženko drucken wird. Ermilov versprach, noch eine zu drucken."[59]

Ein Jahr später kam Makarenko — im Rahmen seiner Ausführungen vor Lehrerstudenten in Char'kov (9. März 1939) — noch einmal auf Storoženkos Beitrag zurück:

"In einer Moskauer Zeitschrift erschien ein Artikel 'Schädliche Ratschläge für El-

---

[59]Archiv des Makarenko-Referats.

tern'. Im allgemeinen lese ich kritische Artikel über meine Werke nicht so gern, doch diesen las ich. Was ist da schädlich, denke ich. Vielleicht ist es schlecht geschrieben? Es stellt sich heraus, daß es deshalb schädlich sei, weil dort nichts über die Schule gesagt wird; folglich ist das Buch schädlich. Ich fand, daß dieser Vorwurf nicht so schwerwiegend ist, und so schreibe ich weiter am 'Buch für Eltern'. Doch über die Schule werde ich nicht schreiben. Wer kann mich zwingen, über alle Themen zu schreiben? Und überhaupt empfiehlt es sich für einen Schriftsteller, ein einziges Thema zu wählen und nicht zwanzig. Doch über die Schule müssen Sie, die Lehrer, schreiben, die Sie eine pädagogische Ausbildung erhalten haben; Sie haben viele Gedanken, viele Gefühle und eine gute Einstellung zur Schule. Schreiben Sie!"[60]

Anfang Juli 1938 erschien schließlich noch ein weiterer Beitrag über das BfE, wiederum in einer literarischen Zeitschrift ("Kniga i proletarskaja revoljucija"): "Der 'pädagogische Stil' der sowjetischen Familie" von K. Lavrova.[61] Von dieser Literaturkritikerin liegt auch eine Rezension des "Pädagogischen Poems" vor.[62] Als "das Grundlegende und äußerst Wertvolle an Makarenkos Buch", das "von einem gesunden pädagogischen Optimismus durchdrungen" sei, bezeichnet diese Autorin "die Propagierung des neuen moralischen Bewußtseins des Menschen der sozialistischen Gesellschaft auf einem höchst konservativen und mit Vorurteilen belasteten Gebiet — im Bereich der familiären Beziehungen, vor allem in Verbindung mit einem so extrem wichtigen Problem wie der Erziehung der jungen Generation".

Kritisch äußert sich Lavrova zu zwei Fragenkomplexen: 1. zum Problem des Einzelkindes — Makarenkos diesbezügliche Schlußfolgerungen seien "logisch nicht zwingend", das von ihm vorgeschlagene "Allheilmittel" (Erweiterung der Familie zwecks Bildung eines Kollektivs) "ist, wie uns scheint, gegen ein eingebildetes Übel gerichtet", man müsse vielmehr "nach Wegen zur Schaffung einer wahrhaft sozialistischen Familie, unabhängig von der Kinderzahl, suchen"; 2. zum Komplex "Scheidung und Alimente" — Makarenkos Ausführungen hierzu seien "wenig überzeugend und zudem nicht gesichert", er habe dieses Problem

---

[60]CGALI, f. 332, op. 4, ed.chr. 187, Bl. 4f. In Soč. 5, S. 281, und Ped.soč. 4, S. 345, wurde der letzte Satz dieser Aussage wie folgt gekürzt: "Doch über die Schule müssen Sie, die Lehrer schreiben ... Sie haben viele Gedanken und viele Gefühle. Schreiben Sie!" Der vorangehende Abschnitt dieses Vortrags verdeutlicht Makarenkos verzerrt-polemische Wiedergabe der in den o.g. Rezensionen vorgebrachten Kritik an dessen isolierter Betrachtung der Familie; dort heißt es: "Wegen des 'Buchs für Eltern' beschimpften mich die Kritiker und die Pädagogen. Die Kritiker, weil das Buch zu belehrend, und die Pädagogen, weil es zu literarisch sei und niemanden belehre. Vor allem aber fielen die Pädagogen deshalb über mich her, weil ich nichts über die Schule gesagt habe. Das ist ein Mißverständnis. Ich hatte gar nicht vorgehabt, etwas über die Schule zu sagen, ich wollte über die Eltern, für die Eltern, für die Familie sprechen."
[61]K. Lavrova, "Pedagogičeskij stil' " sovetskoj sem'i. A. Makarenko — Kniga dlja roditelej. In: Kniga i proletarskaja revoljucija, 1938, Nr. 5-6, S. 187-192.
[62]Makarenkos "Pädagogisches Poem" (s. Anm. 50), 1981, S. 15, 18.

"verarmt, vereinfacht und verengt", und der von ihm geschilderte Fall "ist nicht typisch für die gegenwärtige sowjetische Familie und steht außerhalb unserer Gesetzgebung", der "humansten und weisesten Gesetzgebung der Welt".

Das vorangehende, Ende Mai/Anfang Juni 1938 erschienene Heft der Zeitschrift "Kniga i proletarskaja revoljucija" enthält einen "Gespräch mit dem Leser" überschriebenen Artikel Makarenkos,[63] in dem dieser zunächst noch einmal Ziel und Zweck des BfE zu umreißen versucht: "Unterstützung der sowjetischen Familie beim Stellen und Lösen von Erziehungsaufgaben, doch ich wollte, daß dieses Ziel mit belletristischen Mitteln erreicht wird", bevor er auf Zuschriften von Lesern eingeht. Dabei setzt er sich auch mit einer Mitte Januar 1938 veröffentlichten Stellungnahme von D. und N. Pfljaumer[64] auseinander — die anderen kritischen Beiträge zu seinem Buch waren ihm zum Zeitpunkt der Niederschrift dieses Artikels (Februar/März 1938)[65] ganz offensichtlich noch nicht bekannt. In dem Artikel äußert Makarenko auch, daß er die empfangenen Briefe als Material in die Arbeit am zweiten und dritten Band des BfE einbeziehen wolle; er sei davon überzeugt, daß diese dadurch "vollkommener" werden würden.

6. Pläne für die Weiterarbeit

Über die Thematik und auch die vorgesehenen Fertigstellungstermine der geplanten weiteren Bände des BfE hat sich Makarenko in der Folgezeit wiederholt öffentlich geäußert, und zwar im Rahmen von Vortragsveranstaltungen und Zeitungsinterviews. Ein bereits vor der Fertigstellung von Band 1, im Sommer 1937, zu Papier gebrachter Plan für die Weiterarbeit geht von "drei bis vier Bänden" aus. Band 2 sollte das Thema "Schule und Elternhaus" behandeln, Band 3 — "Ästhetik der Erziehung. Spiel".[66]

Später sollte der 2. Band — entsprechend Makarenkos in der Öffentlichkeit gemachten Äußerungen — zunächst (Februar/März 1938) "den Fragen der Erziehung eines aktiven, zielstrebigen, bolschewistischen Charakters des sich herausbildenden jungen sowjetischen Menschen" gewidmet sein, wobei "als Leitfaden die allgemeinen Prinzipien der Philosophie und die Weisungen der Genossen Lenin und Stalin" angeführt werden, die Makarenko "in die Sprache

---

[63]A. Makarenko, Razgovor s čitatelem. In: Kniga i proletarskaja revoljucija, 1938, Nr. 4, S. 158-160; auch in: Soč. 4, S. 431-436; Ped. soč. 7, S. 142-144.

[64]Siehe Anm. 40.

[65]Die Nr. 3 der Zeitschrift "Kniga i proletarskaja revoljucija" war bereits am 21.3.1938 in die Herstellung gegangen; Ges. Werke 13, S. 113.

[66]Ped.soč. 5, S. 318.

des Familienalltags und des Verhaltens in der Familie übertragen" wollte.[67] Am 9. Mai 1938 führt er dann aus, "die Hälfte des zweiten Bandes solle der Tatsache gewidmet werden, "daß für den Erfolg der Erziehung eines Menschen das früheste Alter bis zu fünf Jahren entscheidend ist", und außerdem auf die Frage eingehen, "wie egoistisch Eltern in der Liebe zu ihren Kindern sein können".[68] Am 22. Juli 1938 erklärt Makarenko dann, daß er im zweiten Band — an dem er "immer noch unentwegt schreibe" — zeigen wolle, wie "Menschen mit normalem Verstand", die voll im Berufsleben stehen und "mit sehr unterschiedlichen Leuten normale Beziehungen unterhalten", "bei ihren eigenen Söhnen auf der Stelle treten, ganz wie 'anormale' Menschen, die nicht fähig sind, sich selbst in den einfachsten Dingen zurechtzufinden".[69]

Konkretere Angaben macht Makarenko in einem am 28. September 1938 in der Zeitung "Večernjaja Moskva" veröffentlichten Interview über seine Arbeitspläne:

"Thema des Buchs (gemeint ist Band 2 des BfE; G.H.) ist die politische und ethische Erziehung der Jugend. Das Buch wird aus zehn Erzählungen bestehen. Jede davon ist einem Thema gewidmet — der Disziplin, der Freundschaft und anderen Problemen der sozialistischen Moral — und wird ein in sich geschlossenes Werk darstellen. Am Ende des Buchs werden Schlußfolgerungen stehen — das ist der publizistische Teil des Buchs. Ich mache das auf Wunsch der Leser. Zum ersten Band meines 'Buchs für Eltern' erhielt ich Hunderte von Stellungnahmen. Die Leser schlugen mir eine Reihe neuer Themen und Probleme vor, die ich in den folgenden Bänden meines Werks aufzunehmen versuche. Den zweiten Band will ich noch in diesem Jahr abschließen." [70]

In einer Umfrage der "Literaturnaja gazeta" über Arbeitsvorhaben der Schriftsteller (veröffentlicht am 10. Februar 1939) bestätigt Makarenko, daß Band 2 des BfE "der politischen und sittlichen Erziehung der Kinder gewidmet" ist. Doch zum Fertigstellungstermin heißt es nun: "Diesen Teil des Romans soll ich bis zum 1. Mai abschließen; dazu habe ich mich gegenüber der Redak-

---

[67]Soč. 4, S. 436; Ped.soč. 7, S. 144.

[68]Soč. 4, S. 445, 452; Ped.soč. 7, S. 150, 155. — Vom Stand der Arbeit an Band 2 geben Makarenkos Äußerungen in diesem Vortrag kein klares Bild. Einerseits heißt es da, "mein zweiter Band wird drei- bis vierhundert Seiten haben"; die folgenden Ausführungen vermitteln jedoch den Eindruck, dieser Band sei bereits abgeschlossen, und es liege nun allein am Verlag, ihn schnell zu veröffentlichen: "Sie werden ihn lesen, sobald der Staatliche Literaturverlag ihn verlegt, aber der beeilt sich nicht sehr damit. Für die Veröffentlichung des 'Pädagogischen Poems' brauchte er anderthalb Jahre." (Soč. 4, S. 444, 445; Ped.soč. 7, S. 150).

[69]CGALI, f. 332, op. 4, ed.chr. 175, Bl. 2, 5. Bei der Veröffentlichung wurde "eigene Söhne" in "eigene Kinder" geändert (Soč. 4, S. 458; Ped.soč. 4, S. 212).

[70]Nad čem rabotajut pisateli. A. Makarenko. In: Večernjaja Moskva, 1938, Nr. 223, 28.9., S. 3.

tion der Zeitschrift 'Krasnaja nov' ' verpflichtet.[71] Und am 9. März äußert er dann vor Char'kover Studenten: "Jetzt habe ich den zweiten Band in Druck gegeben, in dem hauptsächlich von der sittlichen und politischen Erziehung die Rede ist; dabei muß ich aber auch auf die Schule eingehen."[72] Schließlich heißt es in einem in der Zeitschrift "Oktjabr'" veröffentlichten Nachruf auf Makarenko, dieser sei "ganz plötzlich mitten aus dem Leben gerissen worden, als er gerade den zweiten Teil seines 'Buchs für Eltern' abschloß, woran er vom frühen Morgen bis spät in die Nacht gearbeitet hatte".[73]

Band 3 sollte zunächst (Februar/März 1938) "Fragen des Konsums",[74] später (Interview vom 28. September 1938) der Arbeitserziehung und Berufswahl gewidmet sein,[75] Band 4 — von vier Bänden ist erstmals am 9. Mai 1938 die Rede[76] — "Fragen des Glücks, Fragen einer sowjetischen Ästhetik"— (28. September 1938)[77] bzw. der "ästhetischen Erziehung der jungen Menschen im Sowjetland" (10. Februar 1939)[78] oder, wie es Makarenko am 9. März 1939 formulierte: "Und der vierte Band, für mich der wichtigste, hat als Thema: 'Wie muß man einen Menschen erziehen, damit er, ob er will oder nicht, ein glücklicher Mensch wird.' "[79]

7. Im Teufelskreis der Verträge

Zieht man Aufzeichnungen aus Makarenkos Tagebuch heran, so wird deutlich, daß es sich bei all diesen in der Öffentlichkeit gemachten Äußerungen über die Weiterarbeit am BfE um nichts anderes als um Phantasiegebilde handelt, ausgelöst durch die jeweilige Vortragsatmosphäre bzw. Fragen der Zuhörer. So war auch der 2. Band, über den Makarenko geäußert hatte, er "schreibe immer noch unentwegt an ihm" (22. Juli 1938) bzw. er habe ihn "jetzt in Druck gegeben" (9. März 1939), keineswegs abgeschlossen, als Makarenko am

---

[71]Tvorčeskie plany pisatelej. In: Lit. gazeta, 1939, Nr. 8, 10.2., S. 4.

[72]CGALI, f. 332, op. 4, ed.chr. 187, Bl. 3.

[73]Anton Semenovič Makarenko. Nekrolog. In: Oktjabr' 1939, Nr. 4, S. 43f., hier: S. 43. An einer anderen Stelle (S. 44) dieses — wie das Manuskript (CGALI, f. 1604, op. 1, ed.chr. 39) zeigt — von dem Literaturkritiker K. Zelinskij verfaßten Nachrufs ist von dem "zweibändigen 'Buch für Eltern' " die Rede.

[74]Soč. 4, S. 436; Ped.soč.7, S. 144.

[75]Siehe Anm. 70.

[76]Soč. 4, S. 442; Ped.soč. 7, S. 148. Im Vortrag vom 16.10.1938 ist dagegen nur von drei Bänden die Rede (Soč. 5, S. 249; Ped.soč. 4, S. 247).

[77]Siehe Anm. 70.

[78]Siehe Anm. 71.

[79]Soč. 5, S. 280; Ped.soč. 4, S. 344.

1. April 1939 starb.

Am 26. September 1938 notierte sich Makarenko eine Übersicht der 'anstehenden Arbeiten". Neben fünf anderen literarischen Projekten, zu deren Fertigstellung er sich bereits durch entsprechende Verträge mit Verlagen, Zeitschriftenredaktionen und Filmstudios verpflichtet hatte, heißt es dort: "'Buch für Eltern' Bd. 2 — 15 Druckbogen — 1.1.1939." Dieses umfangreiche Arbeitsprogramm ließ sich jedoch ganz offensichtlich nicht realisieren, und so revidiert Makarenko bereits am 1. Dezember 1938 seine Pläne. In dem neuen Programm für 365 Arbeitstage (!) notiert er nun bezüglich Bd. 2 des BfE (wobei er auch den hierfür vorgesehenen Umfang reduziert): "Bei 10 Druckbogen benötigt man für den Plan 10 Arbeitstage, für den Entwurf 40 und für die zweite Fassung 14 Tage. Insgesamt 64 Arbeitstage." Von den inzwischen sieben literarischen Projekten rückt er das BfE nun auf den letzten Platz, wobei er vermerkt: "Hinausschieben lassen sich die Fristen nur beim 'Buch für Eltern' (...)." Als Termin für die Fertigstellung von Bd. 2 des BfE sieht er jetzt den 1. Dezember 1939 vor![80]

Wohl aufgrund der angespannten finanziellen Lage, die Makarenko nötigte, immer neue und neue Verträge abzuschließen, um in den Genuß von Vorschüssen zu kommen, sah er sich jedoch schon nach wenigen Tagen veranlaßt, seine Arbeitspläne erneut zu revidieren und die bereits erwähnte Verpflichtung einzugehen, Bd. 2 des BfE schon bedeutend früher fertigzustellen. Die entsprechende vertragliche Vereinbarung zwischen der Redaktion von "Krasnaja nov' ", vertreten durch A.A. Fadeev, und Makarenko vom 19. Dezember 1938 enthält u.a. folgende Angaben: Umfang — 18 Bogen, Veröffentlichung im Verlauf des Jahres 1939, Manuskriptabgabe (in zwei Etappen) — nicht später als am 1. April und am 1. Mai 1939.[81] Am 28. Dezember notiert Makarenko dazu: "Habe mit 'Krasnaja nov' ' Vertrag für den II. Band 'Buch für Eltern' abgeschlossen. Aber wann schreiben? Verträge, Verträge!"

Wegen dieser neuen Verpflichtung schiebt Makarenko nun alle seine anderen Projekte beiseite und beginnt am 12. Januar 1939 mit der Niederschrift einer thematischen Aufbereitung ("témnik") des für den 2. Band vorgesehenen Materials.[82] In seinem Tagebuch finden sich in den folgenden Wochen jedoch keine Eintragungen über konkrete Arbeitsschritte, sondern lediglich Aufzeich-

---

[80] Archiv des Makarenko-Referats.

[81] CGALI, f. 332, op. 1, ed.chr. 49, Bl. 26.

[82] V.E. Gmurman, O "temnike" A.S. Makarenko. In: A.S. Makarenko. Kn. 8, L'vov 1971, S. 107-112 (mit Wiedergabe der Aufschlüsselung von 17 Themen); Ped.soč. 5, S. 276-281 (21 Themen).

nung über einen aufgrund des Vertragsabschlusses erwarteten Vorschuß (17., 25. Januar).

Am 6. Februar notierte er — innerhalb einer Übersicht der von ihm eingegangenen Verpflichtungen — zum BfE: "Vorschuß 4.500 bekommen. Beginne den II. Band am 7. März zu schreiben, mit der Absicht, ihn am 18. April abzuschließen."[83]

Vom 6.-12. März 1939 hielt sich Makarenko in Char'kov auf, wo er im Rahmen eines Vortrags u.a. äußerte, Bd. 2 habe er "jetzt in Druck gegeben". In Wirklichkeit hatte er zu der Zeit mit der Niederschrift dieses Bandes noch nicht einmal begonnen.[84] Und in den ihm noch verbliebenen drei Wochen war er mit anderen Arbeiten beschäftigt. Abgeschlossene Kapitel für eine Fortsetzung des BfE wurden in Makarenkos Nachlaß auch nicht gefunden,[85] lediglich von seiner Frau für die Weiterarbeit an diesem Werk vorbereitete Materialien, die 1970 — unter dem Titel "Makarenko berät die Eltern" — innerhalb einer populärwissenschaftlichen Reihe irrtümlich als von Makarenko selbst verfaßte Texte publiziert wurden.[86]

Wie wenig Spuren das BfE in der sowjetischen Pädagogik hinterlassen hatte, zeigt der Umstand, daß in einer Artikelserie der "Učitel'skaja gazeta" zum Thema "Laßt uns ein Buch für Eltern schaffen!" ein knappes Jahr nach Makarenkos Tod dessen Werk gleichen Titels mit keinem Wort erwähnt wurde.[87] Neuausgaben erlebte das BfE erst seit 1949 — im Verlauf der zu jener Zeit bereits auf Hochtouren laufenden Kanonisierung Makarenkos.

---

[83] Archiv des Makarenko-Referats.

[84] Dementsprechend wurde Makarenkos Mitteilung im Vortrag vom 9.3.1939: "Jetzt habe ich den zweiten Band in Druck gegeben (...)" in Soč. 5, S. 279, korrigiert zu "Jetzt schreibe ich den zweiten Band (...)" und in dieser Form auch in Ped.soč. 4, S. 344, übernommen.

[85] Drei kürzere, "relativ abgeschlossene" Textabschnitte aus dem für die Bände 2 und 3 vorbereiteten Material sind in Soč.4, S. 520-526, enthalten, diese und weitere Fragmente auch in Ped.soč. 5, S. 240-265.

[86] Makarenko sovetuet roditeljam. (Publikaciju podgotovil E.S. Dolgin), Moskva 1970. Siehe dazu: V. Gmurman / M. Vinogradova, Dosadnaja ošibka. In: Knižnoe obozrenie, 1971, Nr. 9, 26.2., S. 10f.

[87] K. Čukovskij, O knige dlja roditelej i škol'nych učebnikach. In: Učit. gazeta, 1940, Nr. 9, 17.1., S. 3. Dieser Artikel des mit Makarenko persönlich bekannt gewesenen Schriftstellers war von der Redaktion der "Učitel'skaja gazeta" zur Diskussion gestellt worden. In der Ausgabe vom 29.1.1940 (Nr. 14) wurden auf S. 3 unter der Überschrift "Sozdadim knigu dlja roditelej!" 6 Stellungnahmen veröffentlicht.

Libor Pecha

Frauen im Leben Makarenkos[0]

Künstlern und Dichtern macht man in bezug auf ihr Liebesleben selbst in prüdesten Kreisen Zugeständnisse. Biographen und Literaturwissenschaftler analysieren genüßlich ihre intimen Beziehungen und beobachten mit absoluter Selbstverständlichkeit, wie die einzelnen Liebesverbindungen das künstlerische und literarische Schaffen beeinflussen und bereichern. Ein Künstler oder Dichter verliert dadurch nichts, sondern erfüllt damit eher eine gewisse gesellschaftliche Norm, die als etwas mit seinem Schaffen logisch Verknüpftes angesehen wird.

Ganz anders ist das bei Pädagogen. Ein Pädagoge scheint in seinem Leben nur ein einziges Recht zu besitzen — nämlich ein zitierbares Vorbild zu sein. Und wenn er das nicht ist, rücken ihn sich die Biographen in diesem Sinne zurecht.

Dieses Schicksal ereilte auch Makarenko. Theoretisch können wir zwar die Frage stellen, wie es sich damit verhält, ob ein Pädagoge zugleich ein Künstler ist, aber praktisch ist das bereits entschieden: Ein Pädagoge ist verpflichtet, gleichermaßen schöpferisch und vollkommen zu sein wie jeder Künstler, aber sein Leben muß makellos und ehrenhaft sein wie das eines jeden Pädagogen.

Der Umstand, daß das pädagogische Schaffen nicht weniger anspruchsvoll ist als das künstlerische und den ganzen Menschen mit all seinen Lebensbezügen fordert, wird dabei nicht genügend bedacht, um daraus alle erforderlichen Schlüsse zu ziehen.

Bezüglich Anton Makarenkos Jugend sind wir in großem Maße auf das Zeugnis seines Bruders Vitalij angewiesen. Bei dem von ihm gezeichneten Bild brauchen wir nicht zu befürchten, daß er etwas beschönigt, auch nicht in bezug auf Antons wenig ansehnliches Äußeres, wie es Vitalij in seinen Erinnerungen mitteilt — kleine graue Augen, wie bei allen Kurzsichtigen oft blinzelnd, von kleinem Wuchs und mit einer großen Nase, worüber er sehr unglücklich war. Aber trotzdem verliebte sich Anton immer wieder leicht wie ein kühner Husar, was eines seiner Paradoxa war. Es heißt, daß er sich über Verliebte lustig machte, "doch er selbst verliebte sich alle sechs Monate aufs neue und

---

[0]Entnommen aus: L. Pecha, Biografické činitele formování tvořivé pedagogické osobnosti (s použitím analýzy osobnosti A. S. Makarenka), Praha 1985, S. 111 - 119; vom Verf. durchgesehen. Aus dem Tschechischen: Eva Pohanka in Zusammenarbeit mit Irene Wiehl und Götz Hillig.

nicht etwa nur platonisch, sondern forderte vielmehr unbedingte Erwiderung".[1] Und sogleich wartet Vitalij mit einer Aufstellung der Objekte von Antons Verliebtheit auf: Raisa Zelenina (Krjukov, 1903), Nataša Najda (Krjukov, 1903), Polja Mironova (Krjukov, 1904), Katja Sosnovskaja (Krjukov, 1910), Fenja Nikitčenko (Dolinskaja, 1912), Katja Kosteckaja (Poltava, 1914), Tanja Korobova (Krjukov, 1917), Julija Popova (Krjukov, 1918).

1905, als Makarenko gerade zu unterrichten begann, wollte er Polja Mironova heiraten, weil er ihr irgendwann einmal sein Wort gegeben hatte. Das war die älteste Tochter eines Hausbesitzers, bei dem die Familie Makarenko damals zur Untermiete wohnte; sie hatte Anton in einer Horde spielender Kinder schützend beigestanden. Als er mit der Absicht, Polja zu heiraten, bei seinem Vater auf Unverständnis stieß, wollte er sich erschießen; doch nach einigen Monaten ging er auf das Zureden von Freunden und seiner Eltern ein und ließ von dem Vorhaben ab.

In den Jahren des Heranwachsens war Makarenko stets verschlosssen und ernst, manchmal auch traurig und schweigsam. Ungefähr 1907 war er zu folgendem moralischen Kredo herangereift:

"Einen Gott gibt es nicht. Die Märchen von der Erbsünde, vom Reich Gottes, von der Auferstehung der Toten und der Unsterblichkeit der Seele können nur kleine Kinder glauben. Das Leben ist sinnlos, absurd und bis zum Entsetzen grausam. Man kann wohl einzelne Personen lieben, doch die Menschheit als solche ist nur eine Masse, eine Herde und verdient Verachtung. 'Nächstenliebe' ist überhaupt nicht gerechtfertigt und zudem völlig nutzlos. Kinder in die Welt zu setzen ist ein Verbrechen. Das ist das Los der Bauern und Kleinbürger, also gerade jenes Teils der Erdbevölkerung, der aufgrund seiner Armut nicht imstande ist, für die Zukunft seiner Kinder zu sorgen. Aber wenn man keine Kinder in die Welt setzen darf, wird die Ehe vollkommen überflüssig. Die Menschen können frei zusammenleben, ohne eine sogenannte gesetzliche Ehe einzugehen, solange sie einander lieben. Und wenn die Liebe vergeht, wie alles auf dieser Welt, können die Menschen völlig frei auseinandergehen, ohne die demütigende Prozedur der Scheidung."

Was Vitalij zu diesem Thema über seinen Bruder niederschrieb, ist sehr glaubwürdig; es stimmt mit dem überein, was wir von anderer Seite wissen und vervollständigt unser Bild. Auch wenn wir annehmen, daß Vitalij hier und da etwas übertrieben und bei der Rekonstruktion eines vergessenen Details sich auch einmal etwas verzeichnet hat, so ist die von ihm gegebene grundsätzliche Charakteristik doch zutreffend. Übertrieben sind die erwähnten sechs Monate, und die Beschreibung des wenig ansehnlichen Äußeren löst natürlich ein Schmunzeln aus, da Vitalij selbst seinem Bruder wie aus dem Gesicht geschnitten war, aber zwei Vorzüge besaß: Er war sieben Jahre jünger und trug, bevor er seine Heimat verließ, eine Offiziersuniform. Das letztere bietet uns

---

[1]V. Makarenko, Moj brat Anton Semenovič. Vospominanija, pis'ma; Marburg 1985 S. 35 f.

eine Erklärung dafür, warum Anton Makarenko später als Kolonieleiter perfekt sitzende und schmuck aussehende Kleidung trug, was seine schmale Taille betonte und seinem ganzen Aussehen eine schneidige Eleganz verlieh.

Makarenko war sexuell normal veranlagt und brachte in dieser Beziehung eine sachliche Nüchternheit und Offenheit zum Ausdruck. Daß er dabei gegen das Empfinden der Unzulänglichkeit seiner äußeren Erscheinung angehen mußte, ist unbestritten; dazu besitzen wir Zeugnisse seiner Selbstkritik und Verlegenheit (wenn auch meist durch Scherze überspielt). Später stellte sich bei Makarenko Begeisterung, aber auch Verträumtheit und Romantik ein, so daß er sich leicht verliebte und an Liebespoesie berauschen konnte. Wenn wir zudem noch bedenken, daß es sich hierbei um Angaben aus seinen jungen und ungebundenen Jahren handelt, so haben wir es dabei weder mit etwas Sonderbarem noch mit etwas Außergewöhnlichem zu tun. Wesentlich und charakteristisch für Makarenko sind ein extremer Wagemut, Unternehmungslust und eine idealistische Moral. Dies machte ihn zu einem Don Quichotte edelster Art, und zwar nicht nur in der Liebe.

Was nun die in Makarenkos Kredo enthaltene philosophische Einstellung zur Ehe angeht, so läßt sich hier der Einfluß Schopenhauers erkennen, den er damals gerne las, aber auch der revolutionären Zeiten, als alle traditionellen gesellschaftlichen Institutionen einer radikalen Kritik unterzogen wurden, Ehe und Familie nicht ausgenommen. Vor allem Berufsrevolutionäre lehnten damals die offizielle Eheschließung ab und begnügten sich mit einer faktischen Verbindung. Vitalij Makarenko rekonstruierte ein Gespräch seines Bruders mit dem Popen Grigorvič, der Anton gefragt hatte:

"Heißt das, daß Sie die Ehe ablehnen?" Seine Antwort: "Jawohl, ich lehne sie ab. Die Familie ist ein Relikt aus den Zeiten der Sklaverei. Sie hat überhaupt keinen Sinn. Auf jeden Fall schwöre ich und gebe mein Wort darauf, daß ich niemals heiraten und niemals Kinder in die Welt setzen werde."[2]

Man muß hinzufügen, daß Makarenko diesen in seiner Jugend geleisteten Schwur bis kurz vor seinem Tod gehalten hat; das betrifft die Ablehnung der gesetzlichen Ehe und die Entscheidung, keine Kinder in die Welt zu setzen.

Elizaveta Fedorovna Grigorovič

In seinem literarischen Erstling, der Erzählung "Ein dummer Tag", ließ Makarenko Personen aus wirklichen Begebenheiten auftreten. Das waren: ein Lehrerkollege, der Pope D. I. Grigorovič, dessen Frau Elizaveta Fedorovna und Anton Semenovič selbst. Dieses Werk behandelte nicht nur eine Episode aus

---

[2] Ebd., S. 37.

seinem Leben, sondern auch den Beginn seiner ersten faktischen Ehe.

D. I. Grigorovič hatte seinen Kollegen, der wegen der nicht zustandege-
kommenen Heirat mit Polja Mironova ganz niedergeschlagen war, zu sich nach
Hause eingeladen; die Frau des Popen sollte sich seiner annehmen und ihn
trösten. Das ist ihr hervorragend gelungen, doch dem Popen entglitt das Ganze.

E. F. Grigorovič (Mitte) mit Freundin und A. Makarenko 1911

Zu guter Letzt verließ Elizaveta Fedorovna ihren Mann[3] und zog 1908 nach
Kiev, wo sie zur Weiterbildung als Lehrerin das Höhere Pädagogische Fröbel-
Institut für Frauen besuchte, das sie 1912 absolvierte. Anschließend nahm sie
ihren Beruf als Lehrerin wieder auf und war von 1914 - 1920 Leiterin einer Elementarschule in Poltava.[4] Zwischen ihr und Makarenko entwickelte sich eine
vertraute, aber offene und ungezwungene Beziehung. Sie besuchten sich gegen-
seitig und verbrachten gemeinsam einen Teil der Ferien, aber bis 1919 arbeiteten sie in verschiedenen Städten. 1920 wurde Elizaveta Fedorovna die Leitung
der späteren Gor'kij-Kolonie in der Nähe von Poltava angeboten; sie schlug
jedoch Makarenko für diesen Posten vor, willigte aber ein, mit ihm zusammen
in der Kolonie zu arbeiten. So haben sie schließlich an ein und demselben Ort
leben und arbeiten können.

---

[3]Ebd., S. 41.

[4]F. I. Naumenko, Naša mama. (Unveröffentlichtes Manuskirpt, 1979).

Zu welchem Zeitpunkt ihre intime Beziehung zu Ende ging, ist nicht bekannt, doch ihre gute Zusammenarbeit auf dem Gebiet der Erziehung überdauerte ihre Liebe. E. F. Grigorovič ging noch gemeinsam mit Makarenko in die Dzeržinskij-Kommune, verließ diese aber früher als er. (Das ist ein 'offenes Geheimnis', aber man schreibt nicht darüber).

Balabanovič erwähnt E. F. Grigorovič in seiner Makarenko-Biographie lediglich zweimal. Zunächst erwähnt er sie gemeinsam mit Terskij und Tatarinov als eine treu ergebene Mitarbeiterin Makarenkos. Und das andere Mal schreibt Balabanovič: "Anton Semenovič's erste Gehilfin und Mitgründerin der Kolonie, E. F. Grigorovič, erinnerte sich an seine unglaublich großen Stiefel ..."[5] Darüber hinaus bezog sich Balabanovič lediglich noch in den Anmerkungen auf einige Aussagen von ihr.

Im "Pädagogischen Poem" führt Makarenko E. F. Grigorovič wie folgt ein:

"...Ekaterina Grigor'evna war auf pädagogischem Gebiet ein alter Hase. Sie war nicht viel älter als Lidočka, doch Lidočka schmiegte sich an sie wie ein Kind an seine Mutter. Ekaterina Grigor'evna hatte ein ernstes, schönes Gesicht mit geraden, fast männlichen schwarzen Augenbrauen. Sie verstand es, ihre wie durch ein Wunder erhalten gebliebenen Kleider betont adrett zu tragen, und es war ganz richtig, was Kalina Ivanovič sagte, als er sie kennenlernte: 'Mit einer solchen Frau muß man sehr vorsichtig umgehen...' "[6]

In den "Typen und Prototypen" des "Pädagogischen Poems" steht Elizaveta Fedorovna, gleich nach Kalina Ivanovič, an zweiter Stelle:

"Ekaterina Grigor'evna. Sie bleibt einer der Hauptpersonen. Niemals gibt sie die neuen pädagogischen Positionen auf. Ein positiver, ruhiger Typ. Bei allen Diskussionen muß sie gewisse Bedenken verkörpern, muß ein wenig bremsend wirken und dadurch zum Nachdenken anregen, um so schöner ist dann ihr ruhiger Übertritt auf meine Seite. Geht in die Kommune. Die letzte Etappe ihrer Arbeit sollte von dem Empfinden einer gewissen Müdigkeit, einem traurigeren Blick begleitet sein, aber um so klarer sollte ihr freudiges und sicheres Vorwärtsschreiten zum Ausdruck kommen. In dem neuen Kollektiv muß sie als eine gute Kraft empfunden werden."[7]

E. F. Grigorovič selbst äußerte sich viele Jahre später wie folgt: "Anton Semenoviv, ein lebendiger und fröhlicher Mensch, arbeitete ohne Schlaf und ohne Pausen. Die Zusammenarbeit mit ihm war leicht und interessant, und die Schwierigkeiten erschienen nicht mehr so groß." I. Ubijvovk, der Elizaveta Fedorovnas Erinnerungen aufgezeichnet hat, schließt seinen Artikel mit den Worten: "Stets wiederholte sie, daß die Jahre der Arbeit in der Kolonie ihre

---

[5] E. Balabanovič, Anton Semenovič Makarenko. Čelovek i pisatel', Moskva 1963, S. 91 f.

[6] A. Makarenko, Gesammelte Werke. Marburger Ausgabe, Bd. 3, Stuttgart 1982, S. 9 f.

[7] Ebd., Bd. 5, S. 336.

glücklichsten gewesen seien."[8]

Aus all dem kann man schließen, daß sie Zusammenarbeit zwischen Elizaveta Fedorovna und A. S. Makarenko in der Gor'kij-Kolonie harmonisch, freudig, fruchtbar und erfolgreich, wenn auch nicht frei von Konflikten, war. Wer weiß, was aus Makarenko geworden wäre, wenn er nicht diese reife, ihm ergebene, weiblich einfühlsame und sich bescheiden im Hintergrund haltende Gefährtin gehabt hätte.

E. F. Grigorovič (rechts) mit Freundinnen, Bruder (links) und A. Makarenko bei einem Geburtstagspicknick im Sept. 1915/1916

Elizaveta Fedorovana Archangel'skaja, verheiratete Grigorovič wurde am 1. September 1880 geboren, sie war also siebeneinhalb Jahre älter als A. S. Makarenko. In einem 1922 von ihr ausgefüllten Fragebogen schrieb sie, daß sie verheiratet sei, aber von ihrem Mann getrennt lebe.[9] Orthodoxe Geistliche durften sich nicht scheiden lassen, und so konnten E. F. Grigorovič und A. S. Makarenko keine gesetzliche Ehe eingehen, selbst wenn sie es gewollt hätten. Ich vermute, daß ihr Zusammenleben in der Gor'kij-Kolonie für beide eine ideale Lösung war und daß es sich um eine liebevolle, wertvolle Beziehung gehandelt hat, einschließlich der Erfüllung von Makarenkos früherem Kredo bezüglich der

---

[8]I. Ubijvovk, Samye sčastlivye gody. In: Sem'ja i škola, 1968, Nr. 3, S. 31 f.

[9]Central'nyj gosudarstvennyj archiv Oktjabr'skoj revoljucii i socialističeskogo stroitel'stva, Kiev, f. 166, op. 2, ed. chr. 1687, Bl. 94 - 101.

Lösung einer Beziehung beim Verlöschen der Liebe ohne Formalitäten.

Der junge, noch suchende Makarenko, der von Kindesalter an ein starkes Schutzbedürfnis hatte, suchte aus seinem Gefühlschaos einen Ausweg und fand zum Glück eine Partnerin, wie er sie brauchte. Und sie befreite sich auf diese Weise aus einer unergiebigen ehelichen Abhängigkeit und wurde eine gute Lehrerin und Erzieherin. Die letzten Jahre ihres Lebens wohnte Elizaveta Fedorovna in einem kleinen Haus in Krjukov. Sie starb am 25. Mai 1973, und auf dem Krjukover Friedhof steht auf dem Grabstein unter ihrem Namen geschrieben: "Mitstreiterin A. S. Makarenkos".

Galina Stachievna Sal'ko

Wie Galina Stachievna Sal'ko Makarenko kennengelernt hat, berichtet sie in einer lebendigen Skizze ihrer Erinnerungen an A. S. Makarenko als Organisator einer Kindereinrichtung. Dort schreibt sie:

"Ich sah Anton Semenovič 1922 im Volksbildungskommissariat der Ukr.SSR. Schon damals sprach man in pädagogischen Kreisen in der Ukraine viel und unterschiedlich von der Poltavaer Maksim-Gor'kij-Kolonie. Zum ersten Mal besuchte ich diese Kolonie, und zwar zusammen mit einem Inspektor des Volksbildungskommissariats der Ukraine, als sie sich bereits in Kurjaž bei Char'kov befand. Das war im Frühjahr 1927.
Während eines Schneegestöbers trafen wir auf dem Gelände der Kolonie ein. An den seitlichen Begrenzungen des Innenhofs wuchsen große Bäume, und dazwischen standen, wohlgefällig angeordnet, kleine weiße Häuser mit niedlichen Holztreppen. In den Vorgärten vor diesen Häusern waren kleine Beete angelegt. Mitten im Hof ragte das Massiv der berühmten Klosterkirche empor. Der Hof und die Kirche waren so riesengroß, daß die drei nebeneinander parkenden Personenwagen wie kleine Spielzeugautos aussahen. Unser Automobil hielt auf diesem improvisierten Parkplatz, und wir betraten den festen Schotter des Hofes.
Wir waren auf die Organisatoren, die Erzieher und den Leiter dieses betont nett gestalteten Heims neugierig. Ich muß sagen, daß ich mit einer gewissen Skepsis in die Kolonie gekommen war; ohne besondere Freude dachte ich an einige bevorstehende Stunden offizieller Langeweile, wie das bei einem kurzen Besuch einer Kindereinrichtung gewöhnlich zu sein pflegt..."[10]

Wir dürfen nicht vergessen, daß die Autorin dieser Zeilen zu jener Zeit (1927) Vorsitzende der Kommission für die Angelegenheiten minderjähriger Rechtsbrecher des Char'kover Bezirksexekutivkomitees war. Davor hatte sie selbst ein Kinderheim geleitet — mit welchem Erfolg, wissen wir bis heute noch nicht. Bis zum Beginn ihrer persönlichen Beziehung zu Makarenko hatte sie zum Lager der Gegner des von ihm vertretenen und praktizierten Erziehungs-

---

[10]Muzej A. S. Makarenko, Kremenčug.

systems gehört. Dennoch wechselte sie später schnell auf seine Seite über.[11]

Balabanovič schreibt ganz richtig, daß G. S. Sal'ko damals eine von den wenigen Mitarbeitern der Volksbildung war, die die große Bedeutung von Makarenkos Arbeit richtig einzuschätzen wußten und ihn auch moralisch unterstützten. Im weiteren versucht er jedoch, die Entstehung dieser Einschätzung wie folgt zu erklären:

"Aus einer Freundschaft, die aufgrund gemeinsamer intellektueller Interessen entstanden war, entwickelte sich ein großes und tiefes Gefühl. Galina Stachievna wurde Makarenkos Frau. Als Pädagogin vom Fach und ausgebildete Historikerin, als ein Mensch mit einer großen Allgemeinbildung und einem ausgeprägten Sinn für literarische Qualität erwies sie sich bei Makarenkos pädagogischer und schriftstellerischer Arbeit als ein treuer Freund und Helfer. Es war eine große und nicht häufig anzutreffende Freundschaft, die auf gegenseitiger Achtung, gleichen Interessen und gegenseitigem, tiefen Verstehen gründete und die sich auch in schwierigen Lebenssituationen bewährte. Und zugleich war es eine produktive und schöpferische Gemeinschaft."[12]

Aus anderen Quellen gewonnene Fakten erlauben den Schluß, daß Balabanovič hier sowohl der Vorstellung von einem Musterpädagogen als auch G. S. Makarenko Tribut zollt, die ihn offensichtlich zuvorkommend mit für eine Biographie nützlichem Material versorgt hatte, deren alleinige Hüterin sie zu der Zeit war.

Andererseits führt Balabanovič aus, daß die große Liebe zwischen A. S. Makarenko und G. S. Sal'ko sehr schnell entflammte, während sich die Zusammenarbeit, die nicht immer erfolgreich war, erst später ergab. An eine Übereinstimmung ihrer intellektuellen Interessen und Charaktere können wir jedoch nicht so recht glauben, und dieser Auffassung sind nicht nur wir. So sprach S. A. Kalabalin von einer "erstaunlichen und alles andere als gelungenen Verbindung dieser beiden Personen".[13]

An einer anderen Stelle schreibt Balabanovič:

"Hätten wir nicht die Briefe A. S. Makarenkos an seine Frau, diese bedeutenden menschlichen und literarischen Zeugnisse, so könnten wir nur Vermutungen darüber anstellen, was sich damals in Makarenkos Seele abgespielt hat. Der größte Teil dieser Briefe stammt aus den Jahren 1927 - 1929, als sich Galina Stachievna wegen einer Krankheit lange Zeit in Sanatorien aufhalten mußte. Makarenkos Briefe an seine Frau bilden ein ungewöhnliches lyrisches Tagebuch, in dem Intimes, ganz Persönliches, mit Allgemeinerem verknüpft ist. Makarenko, der über sein Innenleben sonst nicht gern sprach, öffnet sich hier einem ihm nahestehenden Menschen mit einer besonderen Offenheit. Als würde er sich mit einem guten Freund unterhalten, so denkt er laut über die verschiedensten Fragen nach. Makarenko skizziert in seinen Briefen Bilder der ihn

---

[11] Gespräch des Verf. mit Prof. A. I. Zi'berštejn, Char'kov, 1. 11. 1982.

[12] E. Balabanovič (s. Anm. 5), S. 142.

[13] Gesprächsprotokoll des Verf., bei Moskau, 18. 5. 1969.

umgebenden Wirklichkeit, erzählt von seiner pädagogischen und schriftstellerischen Arbeit und vertraut ihnen seine Zukunftspläne an. Der außergewöhnliche Wert dieser Briefe liegt auch darin, daß sie erlauben, die Breite und Anspannung von Makarenkos schöpferischem Denken nachzuempfinden."[14]

Auf den folgenden fünfeinhalb Seiten, die den Schluß des Kapitels "Die Reife" bilden, zitiert und kommentiert Balabanovič Auszüge aus elf Briefen Makarenkos an G. S. Sal'ko aus dem Zeitraum Juli 1927 bis 9. September 1931. Er bezeichnet sie dabei treffend als "Hymnen der Liebe". Für deren Sättigung mit Lyrismen und einer hingebungsvollen, leidenschaftlichen Liebe ist das kürzeste dieser Zitate — aus einem Brief von 1.-2. November 1929 — charakteristisch: "Jetzt hier im Arbeitszimmer, zu einer Zeit, wo niemand mehr das ist, tippe ich Ihnen einen Brief und weine; mir fällt es schwer zu tippen, weil ich durch die Tränen hindurch schlecht sehe..."[15]

A. Makarenkos Frau Galina Stachievna Sal'ko 1911

In dem Kapitel "Der pädagogische Schriftsteller" verwendet Balabanovič Auszüge aus weiteren sieben Briefen Makarenkos an G. S. Sal'ko — dieses Mal

---

[14]E. Blabanovič (s. Anm. 5), S. 143.
[15]Ebd., S. 144 f.

als Beweis für Galina Stachievnas Anteil an Makarenkos literarischem Schaffen und seinen Erfolgen, insbesondere bei der Niederschrift des "Pädagogischen Poems". Er zitiert dabei aus dem Brief vom 21.-22. Oktober 1929 das folgende Lob, das sich auf das "Poem" bezieht: "Hätte ich mich nicht in Dich verliebt, so hätte ich aus meinen Konzepten nie etwas gemacht."[16] Im weiteren führt Balabanovič aus, daß G. S. Sal'ko Makarenkos "erste Leserin, wohlwollende und kluge Beraterin und Kritikerin" war, weshalb er das "Pädagogische Poem" nicht nur einmal "unser Buch" nannte.[17]

Wir hegen keinerlei Zweifel an der Authentizität und Glaubwürdigkeit der von Balabanovič zitierten Auszüge aus Makarenkos Briefen und auch nicht daran, was sie bezeugen — seine große Liebe sowie den inspirierenden und beratenden Einfluß Galina Stachievnas auf seine literarische Arbeiten in dem genannten Zeitraum. Wir wollen lediglich darauf hinweisen, daß Balabanovič, wie er dem Verfasser dieses Beitrags gegenüber äußerte, nur Auszüge aus den Briefen erhielt, und das späteste Datum der 28. Oktober 1932 ist. Das bedeute sowohl eine Beschränkung auf einen fünfjährigen Ausschnitt aus der ganzen Beziehung, der noch vor ihrer standesamtlichen Registrierung lag, als auch auf ausgewählte Passagen aus dieser Korrespondenz. G. S. Makarenko hat später selbst noch eine Reihe von Auszügen aus den an sie gerichteten Briefen von 1927 - 1931 publiziert; sie betreffen vor allem Makarenkos pädagogische Tätigkeit.[18]

Makarenkos Briefe an Galina Stachievna befinden sich nicht im Makarenko-Fonds des Zentralen Staatsarchivs für Literatur und Kunst der UdSSR (CGALI), und angeblich weiß man dort auch nichts über ihren Verbleib. Galina Stachievnas Briefe an Makarenko befinden sich zwar im CGALI, aber sie stehen nicht zur Einsichtnahme zur Verfügung — angeblich wegen ihres rein privaten Charakters.[19] So müssen wir leider davon ausgehen, daß die Korrespondenz zwischen A. S. Makarenko und G. S. Sal'ko, auf deren dokumentarischen Wert Balabanovič zu recht verweist, im Grunde genommen gar nicht bekannt und zudem nicht zugänglich ist, was zweifellos mit ihrem Inhalt zusammenhängt.

Niemand von denen, die Galina Stachievna persönlich kannten, hat ihr gegenüber aufrichtig von ihrer Klugheit und Schönheit gesprochen. Dabei waren allein schon ihre großen und dunklen Augen bezwingend. Sie war eine erfahrene und temperamentvolle Frau. Mit ihrem Intellekt und ihrer Intuition konnte sie die positiven Seiten von Makarenkos Persönlichkeit und deren Entwicklungsmöglichkeiten erkennen.

---

[16]Ebd., S. 190.

[17]Ebd.

[18]Voprosy teorii i istorii pedagogiki. Pod red. A. V. Ososkova, Moskva 1960, S. 10 - 18.

[19]Diese Auskunft erhielt der Verf. im CGALI, 27. 6. 1969. Die Regelung gilt offenbar immer noch.

A. Makarenkos Frau Galina Stachievna Sal'ko 1949

G. S. Sal'ko hatte einen Sohn und wußte, daß dieser eine strengere und systematischere Erziehung nötig gehabt hätte. Sie hatte zwei Jahre mit einem Kollegen von der Volksbildung, M.Osterman, zusammengelebt, der jedoch, kurz bevor sie Makarenko kennenlernte, zu seiner Frau zurückgekehrt war.[20] Makarenko trug schwer an dem Handicap hinsichtlich seines eigenen Wunsches nach gesellschaftlichem Ansehen, zumal Galina Stachievna nicht nur charmant war, sondern auch eine hohe gesellschaftliche Stellung einnahm und sie ihm somit voraus war. Sie war seit 1918 Mitglied der Kommunistischen Partei und gehörte aufgrund ihrer beruflichen Position zu seinen Vorgesetzten. Außerdem war sie adliger Herkunft, und es ist interessant, daß auch Makarenkos Vater, ein schwer arbeitender Mann aus dem Volk, eine Frau "vom Hofe" geheiratet hatte. Vielleicht hatten beide das Bedürfnis, zu ihren Frauen emporzuschauen und ihnen Achtung entgegenzubringen.

Galina Stachievna, geborene Rogal'-Levickaja, war polnischer Herkunft und wurde am 3. September 1892 geboren. 1912 heiratet sie ihre Studentenliebe M. V. Sal'ko, und 1915 kam ihr gemeinsamer Sohn L'ev Michajlovič zur Welt.

---

[20]Lt. Zeugnis A. I. Zil'berštejns, 1. 11. 1982, der mit Michail L'vovič Osterman und Galina Stachievna Sal'ko befreundet war.

1917 trennten sich die Eheleute Sal'ko. Im ukrainischen Volksbildungskommissariat hat G. S. Sal'ko ab 1921 gearbeitet, zunächst als Inspektorin und später als Leiterin der Abteilung Kinderschutz. Von September 1924 bis März 1926 leitete sie ein Kinderheim in dem Dorf Gievka, Bezirk Char'kov. Von Januar 1927 bis Januar 1929 war sie Vorsitzende der Kommission für die Angelgenheiten minderjähriger Rechtsbrecher und zugleich Vorsitzende der Verwaltung für Kinderheime der Char'kover Volksbildungsinspektur. In dieser Zeit lernte sie A. S. Makarenko kennen, mit dem sie ab Herbst 1929 zusammenlebte.[21]

Von 1929-1932 hielt sich G. S. Sal'ko wegen einer offenen Halstuberkulose in Sanatorien auf. Ab September 1932 bis Mai 1935 arbeitete sie als Lehrerin für Geschichte und Literatur an der Arbeiterfakultät der Dzeržinskij-Kommune. Danach, d.h. nach ihrer Übersiedlung mit Makarenko nach Kiev und dann auch in Moskau, stand sie in keinem Beschäftigungsverhältnis. Von Juli 1943 bis Februar 1951 leitete sie die Arbeitsstelle zur Erforschung des pädagogischen Erbes A. S. Makarenkos am Institut für Theorie und Geschichte der Pädagogik der Akademie der Pädagogischen Wissenschaften der RSFSR. Sie starb am 14. September 1962.[22]

Zwanzig Jahre lang habe ich alle Zeugen, denen ich begegnete, vor allem Zöglinge Makarenkos und seine Mitarbeiter, nach dem menschlichen und moralischen Profil von G. S. Makarenko befragt. Dabei stieß ich nur ein einziges Mal auf eine positive Einschätzung — bei Evgenij Zenonovič Balabanovič. Er erklärte, daß er zuvor noch niemals einen so energischen Menschen begegnet sei wie Galina Stachievna Makarenko.[23]

Alle anderen, die sie persönlich gekannt hatten, ehemalige Kolonisten und Kommunarden, und mit denen ich sprach, hatten ihr gegenüber eine ablehnende Haltung. Sie war ihnen fremd geblieben, auch als Lehrerin. Trotz ihrer pädagogischen Ausbildung und ihrer Spezialisierung auf dem Gebiet der Heime für verwahrloste Kinder war sie außerstande, sich den Kommunarden zu nähern. Diese befremdlich erscheinende Tatsache ließe sich unter Umständen mit dem Hinweis auf Eifersucht erklären, mit der das Kollektiv seinen geliebten Leiter verteidigen wollte, wie Makarenko selbst einmal sagte:

"Stellen Sie sich vor, in der Gor'kij-Kolonie hatten mir die Jungens nicht gestattet, zu heiraten. Sobald sie mich zusammen mit irgendeiner Frau sahen, waren sie gleich beleidigt: 'Was soll das, Anton Semenovič, wir bedeuten Ihnen wohl nichts mehr!'

---

[21]In der neuen Makarenko-Ausgabe wird 1929 als das Jahr der Eheschließung angegeben. Makarenko, Pedagogičeskie sočinenija v vos'mi tomach, t. 1, Moskva 1983, S. 342.

[22]F. I. Naumenko, Osnovnye daty iz žizni i dejatel'nosti Makarenko Galiny Stachievny. (Unveröffentlichtes Manuskript, 1979).

[23]Gespräch des Verf. mit E. Z. Balabanovič und seiner Frau, Moskau, 19. 5. 1969.

Deshalb bin ich bis zu meinem vierzigsten Lebensjahr einfach nicht dazu gekommen zu heiraten; aber jetzt bin ich verheiratet..."[24]

Die Kommunarden hatten dabei das Gefühl, Galina Stachievna wäre auf sie eifersüchtig, aber in Wirklichkeit waren wohl beide Seiten aufeinander eifersüchtig. Das erklärt jedoch noch nicht den Kern der Sache.

Je näher jemand Makarenko stand, desto weniger mochte er Galina Stachievna. Olimpiada Vital'evna, Makarenkos Nichte, die seinerzeit bei beiden lebte, beklagte sich darüber, daß ihre Stiefmutter es ihr nicht erlaubt hatte, mit Anton Semenovič unter vier Augen zu sprechen; das gelang ihr erst bei dessen Besuch im März 1939 in Char'kov, wo sie damals studierte.[25] Einige von Olimpiada Vital'evna bezeugte Vorfälle, die mit ihrem Hinauswurf im Sommer 1938 endeten, werfen kein sonderlich gutes Licht auf Makarenkos Frau.

Galina Stachievna war ein energischer und autoritärer, aktiver und schwieriger Mensch. Sie war stark an materiellen Werten interessiert, und einen großen Teil ihrer Intelligenz setzte sie für deren Bewahrung ein. Sicher war sie eine starke Persönlichkeit, nicht ohne Eigenliebe und Verstellung, aber auch mit einem nicht unsympathischen Spektrum an vielfältigen, nuancenreichen Reaktionen, dabei jedoch mit einer auf Ablehnung stoßenden Herrschsucht und Unausgeglichenheit.

Im Zusammenhang mit Makarenko sind für uns drei Momente im Leben Galina Stachievnas besonders relevant:

Das erste Moment betrifft die Jahre 1927 - 1928, und zwar das Projekt des Arbeitskorps aus 18 Kolonien im Bezirk Char'kov. Auch wenn wir nicht alle Einzelheiten wissen, so ist doch das Wesentliche bekannt. Makarenko wurde da durch seinen Ehrgeiz, aber auch durch seine wirkliche Liebe in ein Projekt hineingezogen, er wurde Galina Stachievnas Stellvertreter, doch als es schwierig zu werden begann, flüchtete sich Galina Stachievna schon bald in eine Krankheit und ließ ihn, wie er es befürchtet hatte, mit der ganzen Arbeit allein. Makarenko bezahlte das mit dem Verlust der Gor'kij-Kolonie und sicher auch mit einem großen Teil seiner Gesundheit.

Das zweite Moment bezieht sich auf die Moskauer Jahre. Man kann davon ausgehen, daß die Gründe für Makarenkos Heirat, die er so lange abgelehnt hatte, auch ökonomischer Natur waren. Das war die Zeit nach den ersten Anzeichen seiner Herzkrankheit, woraufhin er im März 1935 in einer Odessaer kardiologischen Klinik behandelt wurde. Gleichzeitig stellten sich die ersten bedeutsamen schriftstellerischen Erfolge mit der Aussicht auf Honorare ein; und mit der Heirat im September 1935 sicherte sich Galina Stachievna die Voraus-

---

[24] A. S. Makarenko, Sočinenija v semi tomach, t. 5, Moskva 1958, S. 385.

[25] Gespräch des Verf. mit Olimpiada Vita'evna Makarenko, Moskau, 4. 11. 1982.

setzung für die ihr später zufallenden Autoren- und Urheberrechte. Schlagartig gab sie ihre Beschäftigung auf und war fortan nur noch Hausfrau. Auf diese Weise befand sich Makarenko dann in seinen Moskauer Jahren zum ersten Mal in einer für ihn gänzlich neuen finanziellen Situation: Als nunmehr alleiniger Ernährer einer vierköpfigen Familie war er auf das Geld angewiesen, das er allein durch das Schreiben verdiente.

Man wundert sich, wieviel schriftstellerische Verpflichtungen Makarenko in jener Zeit auf sich genommen und wie viele seiner Qualifikation nicht entsprechende minderwertige Arbeiten wie z.B. Zeitungsartikel und Gutachten er geschrieben hat. Auf den ersten Blick wirkt das wie eine Vergeudung von Talent und Zeit. Aber hierfür gibt es eine ganz einfache Erklärung: Makarenkos Haushalt war durchaus imstande, auch größere Summen zu verschlingen — so etwa das Honorar für das "Pädagogische Poem"—, und deshalb herrschte ständig Geldmangel. Dem konnte rasch Abhilfe geschaffen werden: durch das Verfassen kleinerer Artikel, mit denen sich schnell Geld verdienen ließ, oder durch Abschluß neuer Verträge (für Romane und Drehbücher) mit Verlagen und Redaktionen, die eine Chance auf Vorschüsse boten. Makarenko bediente sich beider Möglichkeiten.

Aus seiner erhalten gebliebenen Korrespondenz mit dem Odessaer Studio "Ukrainfil'm" (5 Briefe und 1 Telegramm aus dem Zeitraum 14.11.1937 - 15.3.1939) geht hervor, daß Makarenko diesem Filmstudio ein Drehbuch angeboten und dafür einen Vorschuß in Höhe von 5.000 Rubel erhalten hat. Nach längeren, unangenehmen Verhandlungen, in deren Verlauf das Filmstudio — nach Konsultation des Volksbildungskommissariats — ein von Makarenko geschriebenes Drehbuch mit dem Titel "Flaggen auf den Türmen" ablehnte, da es einen Film zu einem schulischen Thema bestellt hatte, forderte "Ukrainfil'm" in dem letzten Brief den Vorschuß bis zum 20.-22.3.1939 zurück.[26]

Das alles illustriert den ökonomischen Hintergrund von Makarenkos zweijährigem Moskau-Aufenthalt, der sich zu einem Durcheinander risikoreicher Unternehmungen entwickelte, wo es neben abgeschlossenen kleineren und größeren Arbeiten auch fünf begonnene, aber niemals beendete Bücher gibt. Makarenko setzte damit vor allem seine Gesundheit aufs Spiel. Später haben ihm sogar die Ärzte verboten, zu schreiben und zu arbeiten.

Der Großmut seiner Liebe — er hatte den Stiefsohn aufgenommen und seiner Frau erlaubt, ihre Arbeit aufzugeben — war im Grunde selbstzerstörerisch. Galina Stachievna gönnte ihm nicht nur die ärztlich verordnete Ruhe nicht, sondern schuf zudem eine ökonomische Situation, die ihm nicht einmal eine kurze Erholung erlaubte. Makarenko verbrachte sein ganzes Leben ohne jeg-

---

[26]CGALI SSSR, f. 332, op. 1, ed. chr. 39.

liche Ansprüche auf Luxus, und seine materiellen Bedürfnisse waren gering. Eine Datscha, von der er geträumt hatte, und gar ein Auto, was er einmal als Symbol der Bourgeoisie bezeichnet hatte, schaffte sich Galina Stachievna erst nach seinem Tod an.[27]

Das dritte Moment, um das es uns hier geht, betrifft bereits die Zeit nach Makarenkos Tod, es greift jedoch nachhaltig in sein pädagogisches und literarisches Erbe und das weitere Schicksal der Verbreitung und Anerkennung seiner Ideen ein.

Nach dem Tod ihres Mannes war G. S. Makarenko ohne jeden Zweifel die treibende Kraft von Unternehmungen, deren erklärtes Ziel und tatsächliches Ergebnis die Fortführung von Makarenkos Arbeit durch die Veröffentlichung seines Nachlasses war. So wurde eine Kommission zur Pflege des Andenkens an A. S. Makarenkos gegründet, deren Sitzungsprotokolle aus der Zeit vom 5. April 1939 bis 14. März 1941 erhalten geblieben sind.[28] Vorsitzender dieser Kommission war der Schriftsteller Viktor Fink, Wohnungsnachbar der Makarenkos, und Galina Stachievna war eine Zeitlang Sekretär. Die Kommisssion begann Archivmaterial zu sammeln, Konferenzen und Ausstellungen zu veranstalten, in der Lehrer- und der Literaturzeitung zu publizieren und alle Voraussetzungen für eine umfassende Ausgabe der erhalten gebliebenen Werke Makarenkos zu schaffen. In mehreren Protokollen dieser Kommissionssitzungen sind Vorschläge darüber enthalten, G. S. Makarenko eine Leibrente in Höhe von 500 Rubel im Monat zu bewilligen, während die übrigen Kommisssionsmitglieder dort unentgeltlich arbeiteten.

Diese organisatorischen Aktivitäten führten schließlich zur Gründung der bereits erwähnten "Arbeitsstelle zur Erforschung des pädagogischen Erbes A. S. Makarenkos", deren Leiterin G. S. Makarenko wurde; dort arbeitete auch V. E. Gmurman, für lange Zeit der beste Kenner der Makarenkoschen Erziehungskonzeption in der Sowjetunion. Die Arbeitsstelle bereitete u.a. die Veröffentlichung der siebenbändigen Ausgabe der "Werke" vor, von der zwei Auflagen erschienen sind.

Es ist richtig, daß in dem Bestreben nach einer Annäherung an das authentische Makarenko-Bild entsprechend dem allgemeinen Trend durch redaktionelle Eingriffe in seine Texte sowie in Kommentaren und auch in Untersuchungen über ihn die Anforderungen jener Zeit mit eingeflossen sind. Doch all diese Aktivitäten führten zur Schaffung einer breiten textlichen, dokumentarischen und populären Basis, auf der die Pädagogik der Sowjetunion, der anderen sozialistischen Länder und schließlich der übrigen Welt weiter aufbauen konnte.

---

[27]Gespräch des Verf. mit S. A. Kalabalin, 18. 5. 1969.
[28]CGALI SSSR, f. 332, op. 1, ed. chr. 76.

Ob Makarenkos pädagogisches Erbe ohne diese große Unterstützung durch seine Witwe den Weg in die Öffentlichkeit gar nicht gefunden hätte und somit untergegangen wäre, muß letztlich offen bleiben. Wir glauben das nicht, denn zugleich wuchs von unten her der Druck seiner Leser, seiner ehemaligen Zöglinge und Mitarbeiter, die Konferenzen veranstalteten, sich mit seinen Ideen befaßten, ihre Erinnerungen publizierten und weitere Veröffentlichungen seiner Arbeiten verlangten. Doch die entscheidenden Grundlagen waren doch von ihr geschaffen worden.

Bei all diesen Aktivitäten verlor G. S. Makarenko niemals ihre eigenen Interessen aus den Augen. Mit der hier aufgezeigten Ambivalenz der Motive hat sie der Gesellschaft jedoch einen großen Dienst erwiesen. Zu dieser Problematik äußerte sich sehr treffend V. N. Terskij am 2. November 1957 in einem Brief an einen guten Freund, dem ehemaligen Kommunarden G. V. Kamyšan'skij:

"Urteilt man nach den Briefen der Moskauer, so ist sie (G. S. Makarenko, L. P.) gegen eine unorganisierte Tätigkeit in dieser Beziehung. Aber wie soll man das verstehen? Was ist eine organisierte, und was soll eine unorganisierte Tätigkeit sein? Ich verstehe das wirklich nicht, aber mir ist klar, daß die alte Frau befürchtet, man könnte Anton Semenovič mit irgendetwas kompromittieren. Meiner Meinung nach ist ihre Furcht unbegründet. Aber alten Frauen wird vieles verziehen. Natürlich wäre es besser, wenn sie etwas täte, aber da kann man nichts machen. Es ist gut möglich, daß sie gar kein Interesse hat, in dieser Richtung etwas zu unternehmen, denn ich habe niemals erlebt, daß ihre Interessen allein vom Idealismus bestimmt gewesen wären. Sie versteht es, ihre persönlichen Interessen mit staatlichen zu verknüpfen. Doch ihr Alter und ihr Gesundheitszustand sprechen uns das Recht ab, Anschuldigungen gegen sie vorzubringen, zumal sie — trotz allem — für diese Sache mehr getan hat als irgendeiner von uns."[29]

Makarenkos Beziehungen zu Frauen waren vielseitig und keineswegs gradlinig. Bis in die letzten Tage seines Lebens finden sich in seiner Korrespondenz kecke und verschämte Anzeichen von Kontaktaufnahmen. Daß es gerade zwei Frauen waren, die zu Makarenkos Lebzeiten über seine Arbeit geschrieben haben (Maro und Ostromenckaja), ist sicher kein Zufall, denn ihnen überließ er seine Manuskripte und schenkte ihnen Vertrauen. In seiner Korrespondenz mit N. F. Ostromenckaja lassen sich beredte Zeugnisse seiner Gefühlsausbrüche finden.

Makarenko wäre weder ein so guter Schriftsteller noch ein so guter Pädagoge gewesen, wenn er wirklich der allem entsagende Asket gewesen wäre, auf den sein Äußeres und seine strenge Arbeitsdiziplin schließen lassen.

---

[29]Dieser neunseitige Brief V. N. Terskijs wurde dem Verf. von G. V. Kamyšanskij zur Abschrift überlassen; 22. 1. 1965 in Char'kov.

Karmija Širjaeva

"Mein Sonnenschein!"

Makarenkos Briefe an Ol'ga Petrovna Rakovič[0]

Noch heute leben Menschen, die A.S. Makarenko persönlich gekannt haben. Und viele von ihnen besitzen noch Briefe von ihm. Dabei handelt es sich um erstaunliche Dokumente, die den Menschen Makarenko, seine Freude, Trauer und Kummer, seine Träume und Hoffnungen offenbaren.

In ganz besonderer Weise gilt das für die Briefe an Ol'ga Petrovna Rakovič (1904-1980), in denen Makarenko sich uns in einem neuen, völlig unerwarteten Licht zeigt. O.P. Rakovič hat 15 Briefe aufbewahrt, die Makarenko ihr zwischen 1921 und 1939 geschickt hatte. Er hatte ihr wesentlich mehr Briefe geschrieben, diese waren ihm jedoch im September 1924 von ihr zurückgegeben worden.

Ol'ga Petrovna Rakovič, die Tochter eines Lehrers, hatte sechs Klassen eines Gymnasiums und anschließend den ersten Kurs einer sozial-ökonomischen Schule besucht, bevor sie im Oktober 1920 — im Alter von 16 Jahren — ihre erste Stelle als Bibliothekarin einer Arbeitsschule in Poltava antrat. Anschließend war sie von Mai 1921 bis August 1922 als Rechnungsführerin in der Versorgungsabteilung des Poltavaer Gouvernement-Volksbildungsamtes tätig.

In dieser Behörde, die auch für die Versorgung der Gor'kij-Kolonie zuständig war, lernte Makarenko O.P. Rakovič kennen. Im Februar 1923 übernahm sie die Funktion einer Vertreterin der Gor'kij-Kolonie und wurde in deren Stellenplan als Instrukteurin geführt. Sie lebte weiterhin in Poltava und erledigte dort alle finanziellen Angelegenheiten der Kolonie, weswegen ihr Makarenko häufig schreiben mußte. Die Briefe wurden durch Boten gebracht, in erster Linie durch den Zögling Semen Kalabalin (den "Karabanov" des "Pädagogischen Poems"), der wegen verschiedener Aufträge öfter in die Stadt fahren bzw. reiten mußte. O.P. Rakovič stand bis zur Verlegung der Gor'kij-Kolonie nach Kurjaž (1926) in deren Diensten.

Ursprünglich hatte Makarenko geplant, O.P. Rakovič im "Poem" darzustellen. Davon zeugt seine Übersicht der "Typen und Prototypen der handelnden Personen" dieses Werks, wo es unter Nr. 156 heißt: "(Ol'ga Petrovna) Natal'ja Vasil'evna Subbotina. So wie sie ist. Lebhaft, hübsch, aber noch ganz ein Kind: 'Sie können mir doch nichts vormachen!' Beginnt in Kurjaž aktiv zu

---

[0]Aus dem Russ.: Stefan Breuers in Zusammenarbeit mit Vera von Hlynowski, Natalia Micke und Götz Hillig.

werden." 69 der dort verzeichneten Personen wurden jedoch nicht ins "Poem" aufgenommen, darunter auch Ol'ga Petrovna.

O.P. Rakovič beteiligte sich auch an der Theaterarbeit der Gor'kij-Kolonie. Zusammen mit A.S. Makarenko trat sie in dem Stück "Pani Mara" auf. Sie war jung, schön und doch klug; so ist es nicht verwunderlich, daß sie in der Kolonie allen gefiel, aber in ganz besonderer Weise war deren Leiter von ihr angetan.

Makarenkos Briefe an Ol'ga Petrovna zeigen uns einen Menschen, der geliebt hat und geliebt werden wollte. Aber leider ist diese große Liebe ohne Erwiderung geblieben. Dabei war das die reinste, tiefste und ritterlichste Liebe. Auf ihre Art inspirierte sie ihn, brachte ihn voran, ließ ihn träumen, doch zugleich erweckte sie in ihm Trauer und Leid. Wahrscheinlich gelang es ihm nicht immer, das zu verbergen, denn viele Jahre später, im Februar 1930, schrieb S.A. Kalabalin an Ol'ga Petrovna: "Wir Kolonisten jener fernen Tage... waren auf Sie furchtbar wütend (seien Sie mir um Gottes Willen deswegen nicht böse, daß ich Vergangenes hervorhole, das schon mit rosafarbenen und mit Trauerbändern umwunden ist)... Ich erinnere mich, daß ich manchmal einfach zu Ihnen gehen und Ihnen sagen wollte: 'Doch Anton Semenovič liebt Sie sehr.' Anton Semenovič war einer der unseren, und wir wollten, daß er sich nur in eine Frau verliebt, die auch wir mochten."

Wenn Makarenko von O.P. Rakovič eine Antwort erhielt — sie verwendete dafür spezielle, zu Umschlägen gefaltete Briefbögen kleinen Formats, sog. "sekretki" — riß er sie ungeduldig auf, in der Erwartung, darin "irgendetwas Besonderes, Glänzendes, Nichtalltägliches" zu entdecken (wie er im Brief vom 29.12.1923 schreibt). Doch der Inhalt war stets streng geschäftlich.

Nach dem Wegzug der Gor'kij-Kolonie war O.P. Rakovič zunächst noch in der Verwaltung einiger anderer Poltavaer Erziehungs- und Unterrichtsanstalten tätig, bevor sie ab 1934 — bis zu ihrer Pensionierung im Jahr 1972 — zunächst als Referentin und dann als Inspektorin im Poltavaer Pädagogischen Institut gearbeitet hat.

Wir veröffentlichen hier den vollständigen Wortlaut von zehn Briefen aus dem Nachlaß O.P. Rakovič's. In gekürzter Fassung sind sie zuvor bereits in russischer bzw. ukrainischer Sprache erschienen.

1) 20.10.1921

20. Oktober 1921[1]

Einen Gruß meinem Sternchen!

Gibt es denn auch heute keine Kredite? In solch einem Fall sollten sie mir die Totenmesse singen.

Würden Sie bitte den Brief abschicken?

Wie steht es mit der Versicherungskasse?

Wie steht es mit dem Arbeitsamt?

Wie schlägt Ihr liebes Herz?

Wie geht es dem Lappländer?[2]

Stimmt es, daß Goltvjanskij Sie jeden Tag besucht? Stimmt es? Vielleicht ist er gerade derjenige, der der Beste von allen ist?

Interessant.

Und ich liebe Sie doch.

Ihr A. Makarenko

2) o. Datum (1921/22)

Ich liebe!

Danke, daß es Sie auf der Welt gibt.

A.

Faksimile des Briefs Nr. 2

---

[1]Im Original irrtümlich: 20. Oktober 1920.

[2]Lappländer - so nannte Makarenko einen Pullover von O.P. Rakovič, der ihm besonders gefiel.

159

3) o. Datum (Sommer 1923 ?)

Mein Sonnenschein!

Geschäftliches habe ich nichts mehr. Ich hatte einfach Lust, Ihnen diese Worte zu schreiben:

"Mein Sonnenschein".

Wie Sie sehen, habe ich keine Angst, es zu tun, obwohl ich genau weiß, daß Ihnen meine Zärtlichkeit nichts bedeutet, sie langweilt Sie nur. Was soll's! Die Sache ist, sehen Sie, doch die, daß ich eigentlich nichts zu verlieren habe.

Vielleicht verstehen Sie, daß ich Ihnen so schrecklich gern über vieles und viel schreiben und sagen möchte. Aber Sie haben es fertiggebracht, mich bereits derart einzuschüchtern, daß ich es vorziehe zu schweigen. Ich war immer der Überzeugung, daß Sie eine sehr begabte Erzieherin sind. Wie Sie sehen, gewöhne auch ich mich an Ordnung und Korrektheit.

Verse zu schreiben, vor Liebe zu erglühen, hoffnungslos anzubeten und Dummheiten zu machen überlassen wir anderen. Nicht wahr?

Nein, mein Sonnenschein, es ist doch gerade so, daß es unwahr ist. Unwahr, unwahr!

Verstehen Sie das? Ich bin jetzt wahrscheinlich ganz dumm. Ich bin Ihnen gegenüber wahrscheinlich an allem schuld, doch von einem bin ich überzeugt: in Ihrem wunderschönen Lächeln und in Ihrem schneeweißen Teint, in Ihrer erstaunlichen Reinheit steckt irgendeine schreckliche Unwahrheit. Worin besteht sie? Ich sehe sie, und sie hat mich bereits bezwungen, aber ich kann sie nicht genau erklären. Eines von dreien: entweder spotten Sie kleinlich über mich oder treiben mit mir grausame Scherze, oder aber Sie amüsieren sich nicht ohne Berechnung. Nur eines von diesen dreien ist möglich. Weil ich ein viertes verwerfe. Und dieses vierte: Sie haben Angst, sogar große Angst, sich in mich zu verlieben. Das ist freilich auch nicht ohne Berechnung, dafür aber wunderschön, doch so scheint es nicht zu sein. Dabei, hol's der Teufel, bin ich in allen diesen vier Fällen verloren. Verzeihen Sie meine Aufrichtigkeit! Sie rührt daher, daß ich Sie allzu sehr liebe, mein Sonnenschein.

Ihr A.M.

4) 29.12.1923

Mein gar nicht so zärtlicher Sonnenschein!

Ich bin schon in der zweiten Kolonie. Ich sitze und träume ernsthaft: gerade hier ist mir klargeworden, wie einsam ich bin, aber auch, daß ich meiner eigenen Natur nach gar nichts anderers sein kann als einsam.

Nun gut. Es fragt sich, wie man einsam sein kann, wenn es einen Sonnenschein gibt? Das ist schwer, nicht wahr? Nein, eher leicht, mein Sonnenschein! Ich spüre in mir zur Zeit gewaltige Kräfte, aber ich weiß bereits gut, daß diese allzu tief in mir verborgen sind. Sie können sie nicht wahrnehmen. Das sind Kräfte des Denkens und der philosophischen Synthese. Wenn Sie sie wahrnehmen würden, wären Sie von ihnen für immer vergiftet. Man braucht sie Ihnen gar nicht zu zeigen. Doch das, was Sie brauchen und was Ihnen deshalb auch gefällt, das besitze ich nicht: weder ein sorgloses Lachen noch anspruchslosen Witz oder klare Lebenskraft, die sagt: leb, solange es sich leben läßt.

Nun gut.

Was soll ich tun? In der zweiten Kolonie belasten mich die Ruinen, die mittelmäßigen, stumpfsinnigen Jungens, die kalten, feuchten Schlafräume, die abgeschabten Öfen voller Risse, das Wasser auf den Fensterbänken und der Schmutz auf dem Fußboden. Und die mittelmäßigen, ängstlichen, diensteifrigen und entgegenkommenden Erzieher, die zwar ganz gut sind und all das, aber langweilig, langweilig und anscheinend völlig überflüssig.

Warum ich hierher geflohen bin, vor wem und wovor? Ich bin geflohen, weil ich seit langem in Fieber und Unruhe bin. Daß ich jetzt psychisch nicht gesund bin, ist klar. Aber warum jagen meine Pflicht und mein Stolz meiner Unruhe nach? Warum konnte ich jetzt so ruhig mit Vesič[3] über die Öfen und mit Tapuc's[4] Frau über die Preise sprechen, warum hat sich mein Fieberwahn in dem Spinnengewebe der Koloniesorgen verfangen? Und erst als Semen mir Ihr winziges Briefchen übergab, habe ich mich mit einem Mal von allen Sorgen und Öfen befreit. Welch eine wunderschöne Fähigkeit, mit einem einfachen Lächeln den äußeren Rand Ihres Briefchens abzureißen und zugleich ganz tief, direkt im Zentrum des Gehirns, die bebende Erwartung von irgendetwas Besonderem, Glänzendem, Nichtalltäglichem zu verbergen. Und zugleich mit der kalten Überzeugung eines nüchtern denkenden Menschen ganz sicher zu wissen, daß es sich nur um Bezugsscheine handelt. Es sind lediglich zwei Bezugsscheine. Für Licht und für Wasser.

Ein Vorwurf, doch lieb gemeint: "Wenn Sie mir auch gesagt haben, daß Sie es nicht vergessen werden..." Ich könnte mich eigentlich sehr leicht rechtfertigen. Ich hatte es überhaupt nicht vergessen. Sie haben die Bezugsscheine aus ganz anderen Gründen nicht bekommen. Aber man braucht sich überhaupt nicht zu rechtfertigen. Was soll's!

"Seien Sie so gut und schicken Sie" usw. Gut, gut.

"Alles Gute!"

---

[3] V.A. Vesič, Erzieher.
[4] B.M. Tapuc', Gärtnerei-Instrukteur.

Mit einem Mal ist mir hell und licht zumute. Man braucht nur noch die Flügel auszubreiten und loszufliegen. Und mit einem Mal kehrt meine unglaublich müde Verzweiflung zurück. "Du bist Wonne und Hoffnungslosigkeit." [5]

Was verbirgt sich in diesen beiden Wörtern: "Alles Gute!"?

Alles, was Ihnen gefällt, Anton Semenovič, und alles, was Ihnen nicht gefällt; bitte sehr...

1. Eine große, scheue und freudige Liebe.

2. Eine fröhliche, verspielte junge Hochachtung einem guten Onkel gegenüber.

3. Eine übermütige, lachende Gesundheit der Jugend, die nicht dazukommt, darüber nachzudenken, was man dort verstehen und fühlen wird.

4. Ein funkensprühender, schädlicher jugendlicher Spott: "Ihnen gefällt es, und mich kostet es nichts. Bitte sehr, winden Sie sich in Schmerzen!"

5. Einfach nichts. Genauso nichts wie auf einem leeren Teller.

Sowohl das eine als auch das andere, jeder beliebige dieser fünf Punkte ist möglich. In diesen beiden Wörtern die Wahrheit zu finden ist somit genau so schwer, wie eine Bedeutung in Ihrem Lächeln zu finden. Quälen Sie sich nur weiter, A.S.! Doch Ihre vergeblichen Bemühungen, diese Verkrampfungen zu verbergen und allem ein anständiges Aussehen zu geben, all das macht Sie furchtbar lächerlich.

Und wozu das Ganze?

Nun gut. Heute gehen sie in die Operette. Und ich gehe in die erste Kolonie. Irgendwohin muß man ja gehen! Mit irgendeinem Ziel. Nicht einfach nur so auf dem Hof der zweiten Kolonie herumgehen oder -laufen. Übrigens ist wahrscheinlich das eine wie das andere gleichermaßen vernünftig.

In die erste Kolonie zu gehen ist allein schon deshalb sinnvoller, weil Sie vielleicht speziell für mich ein winziges Briefchen schicken, in dem geschrieben stehen wird: "Alles Gute!" Das ist keineswegs ausgeschlossen. Sie haben doch eine Menge von diesen winzigen Briefbögen und eine Menge "Alles Gute!".

Ach, ich möchte mich nicht von Ihnen trennen.

Ihr A.M.

PS: Mit Parchomovič [6] habe ich mich ausgesöhnt.

29.XII.23   Ihr A.

---

[5] "Du bist Wonne und Hoffnungslosigkeit" (Blaženstvo ty i beznadežnost'), der letzte Vers des Gedichts "Die letzte Liebe" (Poslednjaja ljubov') des russischen Lyrikers F.I. Tjutčev (1803-1873).

[6] Parchomovič besaß in der Stadt einen privaten Kostümverleih, von wo sich die Kolonisten für ihr Theater Kostüme ausliehen.

5) 2/3.9.1924

Kolonie
2.-3. September 1924
morgens

Das stimmt: sie ist die Schöpferin jedweder Ordnung.

Und dennoch — erlauben Sie mir, mich mit der Befolgung all Ihrer Anordnungen nur einen einzigen Tag zu verspäten! Vor allem werde ich Ihnen heute das Gehalt nicht zahlen. Aus einem ganz einfachen Grund: ich habe keine Möglichkeit, es jemandem mitzugeben. Heute kann ich auf gar keinen Fall in die Stadt fahren, weil ich morgen unbedingt hinfahren muß — abends ist eine Gewerkschaftssitzung, irgendeine besonders wichtige. Ich muß dort sogar über Nacht bleiben. Sie brauchen da übrigens keine Angst zu haben. Ich werde Ihnen die Stimmung nicht verderben. Das Äußerste, mit dem ich Sie belasten werden, ist, daß ich Sie bitte, mit mir gemeinsam auf die Sitzung zu gehen. Dabei ist alles klar: ich möchte schrecklich gern unter dem Schutz und Schirm Ihrer Anmut vor den Leuten erscheinen.

Ich kann also nicht von hier weg. Und außerdem muß ich ja die Gehälter auszahlen. Da die von der Arbeiterfakultät schon losgefahren sind, kann ich einfach keinen hinschicken. Es Percovskij[7] direkt zu geben, davor habe ich Angst. Außerdem dachte ich mir: ich bringe ihr das Gehalt selbst, sie wird Einkäufe machen, und ich werde als ihr ritterlicher Begleiter neben ihr sein. Wäre das nicht schön?

Alle Geldanweisungen, Zahlungen und das andere — all das wird am Donnerstag erfolgen. Schimpfen Sie oder schimpfen sie nicht! Bei Gott, ich habe keine Zeit, nicht mal eine Minute, um darüber nachzudenken, für welchen Teufel ich mich hier auf der Welt herumstoßen lasse.

Sie haben mir gestern auf eine so wichtige Frage nicht geantwortet. Oh Berechnung! Oh Egoismus! Als Strafe dafür habe ich heute beschlossen, Sie kein einziges Mal mehr "Mein Sonnenschein" zu nennen. Stellen Sie sich vor, ich bin zutiefst davon überzeugt, daß Ihnen das sehr unangenehm ist, etwa so wie ein Brief von Ihnen an mich ohne Ausrufezeichen und ohne "ich wünsche alles Gute".

Wenn Sie mir nicht irgendwann auf die Frage antworten, werde ich Sie nicht einmal Ol'ga Petrovna nennen, sondern lediglich Lel'ka. Nicht einmal Lel'a.

Mein Gott, mein Gott! Und warum mußten gerade Sie mir begegnen? Fragezeichen.

Drei Punkte...

Punkt. Und warum so?

Weil ich Sie liebe, hol mich der Teufel!

Verstehen Sie das?

Nein.

Das verstehen Sie nicht.

"Man liebt doch gar nicht so. Wenn man liebt, kann man das spüren, dann sind die Augen doch gar nicht so. Und außerdem — kann man ihm denn überhaupt trauen?"

Wie wahr das alles ist! Ach, wie wahr!

Glauben Sie eins:

---

[7]Percovskij, Zögling.

Der Kopf hat alles Blut aus meinem Herzen getrunken, dafür aber ist in meinem Kopf Herzblut.

Ich widme es Ihnen.

Nehmen Sie es an? Ja oder nein?

Für die Anwort lasse ich Ihnen sechs Stunden Zeit.

Ich küsse Ihre Hände.

Ihr A.

Trotzdem schicke ich Ihnen
Ihre 40 Rubel. Den Rest morgen.

A.M.

6) 23.9.1924

23. September 1924

Entweder bin ich jetzt zu mir gekommen oder endgültig verrückt geworden. Ich weiß auch nicht, was ich tue — ist das etwas, was der MENSCH tun muß, oder aber etwas, was der Würde des Menschen nicht entspricht. Aber das ist ganz einerlei. Ich verstehe dafür nur eines gut. Wahrscheinlich verstehe ich auch nichts weiter als dieses eine.

Dieses eine: ich kann nicht auf Sie verzichten. Bitte, erschrecken Sie nicht! Ich achte in höchst idealer Weise Ihre Freiheit. Was Sie auch tun mögen, Sie werden immer schön bleiben und immer recht haben. Ich werde mich aufrichtig jeder Ihrer Entscheidungen beugen. Ich bin bereit, Ihr Brautführer zu sein und den Kranz über Ihren lieblichen Kopf zu halten.

Ich stelle mir vor: wie schwierig ist es für Sie zu verstehen, was in meiner Seele vor sich geht. Ich bin ohne jeden Zweifel irgendsoein Scheusal. Das meine ich ganz ernst. Warum empfinde ich jetzt nicht nur nicht meine eigene Erniedrigung, sondern sogar das Gegenteil?

Ich stehe über allen, unerreichbar hoch. Sie können auf meinen Stolz neidisch sein.

Als ich Ihnen heute Morgen begegnet bin, ergriff mich ganz unerwartet eine Welle der Freude. Freude darüber, daß es zwischen uns zum Bruch gekommen ist, darüber, daß Sie nun ruhig sind, darüber, daß ich in Einsamkeit lieben kann und dies niemanden etwas angeht, darüber, daß ich Abstand zu meinen Leidenschaften gewinne und auf sie schauen kann wie auf etwas Fremdes, wie durch ein Mikroskop. Früher bekam ich dabei regelmäßig Zahnschmerzen.

Sie haben mir ein Päckchen mit meinen Briefen überreicht. Ach ja, die Briefe! Das erschien mir als eine Bagatelle. Man könnte über diese ganze Geschichte mit den Briefen reichlich lachen. Es gab niemanden, der daran hätte teilnehmen können. Natürlich konnte es auch gar keinen geben. Ich hatte von mir nicht erwartet, daß ich so ein Dummkopf sein könnte. Briefe kann man einfach mit einem Bindfaden verschnüren, kann sie zurückgeben. Mehr läßt sich mit einem Bindfaden jedoch nicht verschnüren.

Ich habe sie gerade noch einmal durchgelesen. L.P.[8] kam dazu. Ich habe zu ihr gesagt: "Das sind Briefe, die mir eine von mir geliebte Frau zurückgegeben hat." "Und warum sind Sie so fröhlich?" Ich habe ihr ins Gesicht gelacht.

Warum sollte ich nicht fröhlich sein?

Die Briefe haben mir gefallen. Wenn Sie Geschmack haben, war es Ihnen vermutlich angenehm, solche Briefe zu bekommen. In ihnen ist von allem etwas enthalten. Und Ihnen muß es schwer gefallen sein, sie zu einem Päckchen zusammenzulegen, einen Bindfaden zu suchen und sich von ihnen zu trennen. So nehme ich es an. Allerdings kann es auch ganz anders gewesen sein. Vielleicht ist Ihnen diese ganze Geschichte in der Tat einfach lästig geworden.

"Pfui! Da hast Du Deine dummen Briefe! Gott sei Dank!"

Mir ist alles egal. Und Ihnen?

Sie haben mich niemals geschont. Und das ist Ihnen hervorragend gelungen. Sogar das letzte von Ihnen:

"Sie gefallen mir nicht."

Und doch ist das seltsam: warum gefalle ich Ihnen nicht? Ich habe Ihnen doch so feine Briefe geschrieben!

Sehen Sie, worum es hier geht: niemand hat das Recht, Sie mir wegzunehmen. Selbst Sie nicht. Absolut kein Recht. Sie existieren vor allem als Bild in meinem Herzen und erst dann in der Wirklichkeit. Doch Sie zu lieben, Sie anzubeten, Sie immer vor mir zu sehen — das ist mein Wille. So wünsche ich es, und so habe ich es entschieden. Wenn ich Sie verletzt haben sollte, können Sie ja die Miliz rufen! In einem wohlgeordneten Staat bleibt nichts dem Zufall überlassen.

Aber wer verbietet mir schon, mich Ihnen zu Füßen zu werfen, zu den Füßen Ihrer Reinheit und Anmut, wer verbietet mir, meinen lange währenden Selbstmord mit Blumen zu schmücken, voller Verachtung und Liebe zu den Menschen? Niemand! Verstehen Sie? Niemand!

Ich gefalle Ihnen nicht? Mein Gott, was für ein Dummkopf hat da versucht, mir beizubringen, daß das für mich so wichtig ist? Ich gefalle Ihnen nicht? Nun, was soll's! Was hat das überhaupt mit unserem Gespräch zu tun? Was wollen Sie eigentlich sagen? Nun, was können Sie mir schon antun? Mir meinen "Sonnenschein" wegzunehmen sind Sie sowieso nicht imstande. Und freiwillig werde ich ihn nicht hergeben — weil... Übrigens, das ist meine eigene Angelegenheit, warum... Wissen Sie was? Können Sie es nicht so einrichten, daß Sie sich über mich nicht ärgern? Mir wäre das eigentlich deshalb so wichtig, weil ich es schrecklich gern habe, wie Sie lächeln.

Ich schwöre, Ihnen über alles dies nur zu schreiben. Warum? Weil ich überzeugt bin, daß Sie gerade jetzt, 2 Uhr nachts, gut von mir denken. Doch bei einem Treffen ärgern Sie sich immer über mich. Und jetzt weinen Sie vielleicht sogar. Deshalb eben sind Sie so wunderbar, weil kein Teufel aus Ihnen klug werden kann. Es ist doch unmöglich, daß Sie über unsere Trennung nicht weinen. Das ist doch keine Bagatelle!

A.M.

---

[8]L.P. Sagredo, Erzieherin.

7) 3.10.1924

Sie wissen alles, was Sie tun sollen.

Sie wissen sogar, was Sie mit mir tun sollen. Ich habe mich davon überzeugt. Ach, mein Sternchen, was soll ich tun? Ich kann bei mir überhaupt keine Ordnung schaffen, sie müssen mich dafür verachten, aber was kann ich denn tun? Wenn Sie mich doch wenigstens etwas lauter beschimpfen würden!

Ich habe jetzt Angst, auch nur eine Minute länger mit Ihnen zusammenzusein, habe vor jenem kritischen Augenblick Angst, wenn meine Visage, meine Worte, meine Liebe Ihnen auf die Nerven zu gehen beginnen, und ich, nachdem ich Ihren Überdruß bemerkt habe, bereits nicht mehr verstehe, was ich tue.

Aber ich habe auch vor etwas anderem Angst — davor, daß Sie mich verlassen könnten. Davor habe ich am allermeisten Angst. Und zugleich weiß ich, daß Sie mich um so eher verlassen werden, je mehr ich Sie durch meine Anwesenheit belästige. So ist das Leben!

> Je zärtlicher eines von ihnen
> Im ungleichen Kampf zweier Herzen ist,
> Desto unverrückbarer und sicherer,
> Liebend, leidend, in Qual vergehend,
> Wird es schließlich verschmachten.

Das ist Tjutčev, ärgern Sie sich nicht! Überhaupt, ärgern Sie sich nicht! Meine Teure! Ärgern Sie sich nicht, meine Liebe!

A.M.

---

[9]Im Original ukr. — "3 žovtnja 1924 r.".

8) 8.10.1924

Excellence!

Mich interessiert nicht nur das Problem eines Kredits bei der Staatsbank. Für mich ist es bei dem unglücklichen Zusammentreffen der Umstände viel wichtiger und interessanter zu wissen: haben Sie am Donnerstag abend frei? Sie verstehen doch, was das bedeutet — "frei"? Das bedeutet: sind Sie überzeugt, daß sich Ihnen an diesem Abend nicht irgendein Schwein aufdrängen wird, ein Wesen, das sogar noch weit weniger sympathischer ist als Makarenko? Wenn Sie frei haben, was dann? Wenn Sie frei haben, so erlauben Sie mir vielleicht, mich noch einmal davon zu überzeugen, daß ich auf Sie einen ziemlich abstoßenden Eindruck mache! Die äußeren Formen sind nicht so wichtig. Man könnte in die Operette gehen, ins Kino oder in ein Restaurant. Ich bin überhaupt ganz und gar bereit, einen unbelebten Gegenstand neben einem Stuhl, einer Tür oder irgendeinem Rahmen darzustellen.

Eigentlich bin ich beinahe davon überzeugt, daß ich mich nicht davon abhalten lassen werde, mit Ihnen zu reden... über Sie! Aber Sie haben sich bestimmt schon daran gewöhnt. Außerdem werde ich mir im Laufe des Abends ein einziges Mal erlauben, sie eigens deshalb zu erzürnen, um danach an Ihrem Lächeln zu ergötzen.

Ich bitte Sie, mir deshalb nicht böse zu sein, um so mehr, als Sie Ihr Lächeln genausowenig kosten wird wie immer: Sie lächeln mir und Ihrer Haustür gleichermaßen zu. Folglich brauche ich sie (die Haustür) nicht sonderlich zu beneiden.

Das ist alles. Sie haben mir gestern kein einziges Wort geschrieben: ich verstehe, Sie haben es mir übel genommen, daß ich Ihnen nicht geschrieben hatte. Nun, ich hatte Ihnen geschrieben, aber M.P.[10] hatte sich zu früh davongemacht. Gestehen Sie doch, daß es Ihnen gefällt, von mir so tolle Briefe zu bekommen! Ich stelle mir vor, was Sie tun würden, wenn es mich nicht gäbe. Bedenken Sie, daß Sie überhaupt nicht schön sind, weder elegant noch graziös, weder geistreich noch kokett. Mein Gott, erst jetzt sehe ich, daß ich für Sie eine wirkliche Entdeckung bin.

Ihr A. Makarenko

Schauen Sie auf die Rückseite!

Sie sind natürlich verärgert.
Lächeln Sie jetzt...!
Merci!
Doch, wie steht es mit Donnerstag abend? Na?
Eine Bitte, deren Erfüllung ich gar nicht verdiene:
Erstens: Seien Sie so gut und gehen Sie heute ins Invaliden-Artel und bitten Sie darum, für Donnerstag auf Freitag für den Zug Nr. 4 Odessa-Char'kov (9.15) zwei Fahrkarten zu besorgen. Von Ihrem Geld. Ich werde es Ihnen am Donnerstag zurückgeben.
Zweitens: Seien Sie so gut und quälen Sie sich ein wenig vor Eifersucht: für wen ist wohl die zweite Fahrkarte?
Ha-ha! Für eine Frau. Für ein junges Mädchen. Ein brünettes. Mit Grübchen.

8.X.24   Ihr A.M.

---

[10]M.P. Nikolaenko, Gärtnerei-Instrukteur.

9) 24.3.1930

Char'kov, 24. März 1930

Liebe Ol'ga Petrovna!

Ihr Brief hat mich sehr erfreut und erstaunt und schrecklich betrübt. Ich lese ihn mehrmals und traue meinen Augen nicht — sind das wirklich Sie, mein Sonnenschein, die da schreibt? Bedenken Sie — ich habe Sie vier Jahre lang nicht gesehen und habe natürlich von Ihnen keine einzige Zeile bekommen.

Glauben Sie mir: an einen Brief von Ihnen nach der "Kündigung" kann ich mich überhaupt nicht erinnern. Offenbar war ich der Meinung, daß Sie das Recht hatten, auf mich zu schimpfen, wie es Ihnen beliebt, und deshab habe ich ihn völlig vergessen — ich erinnere mich einfach an nichts mehr.

Sie sind in meinem Gedächtnis nichts anderes als eine bezaubernd schöne, lächelnde Prinzessin geblieben, die so freudig und ungezwungen meine aufrichtigen und sehr tiefen Gefühle Ihnen gegenüber verspottet hat. Diese ganzen vier Jahre habe ich mit quälender Gekränktheit an "unsere" Geschichte gedacht, die aber eigentlich gar nicht Ihre Geschichte war. In meiner Vorstellung kann man Ihren Standpunkt nicht einmal verurteilen: Sie mußten sich ja irgendwie der Liebe des "verehrten Vorgesetzten" entledigen! Und Sie haben sich ihrer wunderbar, schlau und fröhlich entledigt. Vielleicht haben Sie sogar gedacht, daß meine Liebe nicht einmal aufrichtig ist.

Verzeihen Sie mir jetzt alles, was ich Ihnen schreibe. Sie sind selbst schuld — warum haben Sie mir auch geschrieben?

Ich kann weder über Sie noch mit Ihnen anders reden als über eine geliebte Frau. Ich möchte weder mich noch Sie täuschen — in meinem Leben waren Sie außerordentlich bedeutend. In meinen Notizbüchern sind sehr viele einzelne Worte von Ihnen, Scherze, Bewegungen und verschiedene traurige und entzückende Geschichten aufgeschrieben — das ist alles, was mir im Leben an Schönem geblieben ist. Aber all das ist ungewöhnlich traurig, mein Sonnenschein, und scheint sich überhaupt nicht mehr wiedergutmachen zu lassen.

Und sagen Sie: warum, meine Liebe, haben Sie geschrieben? Soll das ein neuer Scherz sein? Wenn das so ist — warum haben Sie nach vier Jahren den Wunsch, sich gerade über mich lustig zu machen? Und warum haben Sie überhaupt an mich gedacht? Sie hatten mir 1927 geschrieben. Warum? Wozu brauchen Sie das?

Wenn Sie ein wirklicher, lebendiger MENSCH sind oder wenn Sie sich einfach über mich lustig machen, dann müssen Sie auf alle meine Fragen antworten — müssen Sie mir die Wahrheit schreiben. Bis dahin will ich Ihnen nichts über "mein Leben" schreiben, weil ich nicht mehr will, daß Sie mich genauso verspotten wie 1925.

Das bedeutet ganz und gar nicht, daß ich Sie tadeln möchte. Ganz und gar nicht — Sie haben das Recht, so zu handeln, wie es Ihnen beliebt, ich will nur die "alten Wunden" nicht mehr aufbrechen lassen — Sie werden mir meine Offenheit verzeihen. Sehen Sie, die Sache ist doch die, daß ich nicht zu denjenigen gehöre, die an angenehmen Erinnerungen Vergnügen finden — in den eigenen Erinnerungen will ich nicht leben, und ich glaube auch nicht, daß Sie Ihr Leben in Gedanken an die Vergangenheit verbringen wollen.

Für mich wäre es ein Glück, Sie zu sehen und mit Ihnen zu sprechen, ich verstehe vollkommen, daß es für mich ein zu großer Luxus wäre, mir eine solche Freude zu erlauben — danach würde das zu sehr langwierigen und schwierigen Geschichten führen.

Wie Sie sehen, meine Schöne, meine Lage ist beklagenswert.

Schreiben Sie mir einfacher und aufrichtiger, antworten Sie mir direkt auf die Frage: "Was bin ich für Sie, was war ich, und was bin ich für Sie geblieben?" Gerade darüber habe ich niemals Klarheit gehabt — in Ihren "Grüßen" sind nur Möglichkeiten enthalten: sowohl Möglichkeiten des Gefühls als auch Möglichkeiten des Spotts — davon verstehe ich bereits nichts mehr. Wenn Sie mich geliebt haben oder lieben, so schreiben Sie mir das; wenn das niemals der Fall gewesen ist — dann helfen Sie mir, Sie zu vergessen, das wäre am ehrlichsten und vernünftigsten.

Bei all dem ist es furchtbar traurig, daß Sie krank sind oder krank waren; aus Ihrem Brief kann ich nicht herausfinden, ob Sie schon wieder gesund sind.

Seien Sie frohgemut! Übermitteln Sie all den Ihren von mir einen aufrichtigen Gruß.

Ihr A. Makarenko

PS: Wenn Sie mir schreiben wollen, dann so: Char'kov, Postfach 309, an mich.

A.

10) 13.3.1939

Moskau, 13. März 1939

Liebe Ol'ga Petrovna!

Tatsächlich, einmal pro Fünfjahrplan verwöhnt mich das Schicksal mit einem so wunderbaren Geschenk wie einem Brief von Ihnen. Aber Sie sind so listig wie ehedem: in Ihrem Brief schreiben Sie gar nichts — lediglich Komplimente und gute Wünsche, dazu noch einige Sentenzen in althergebrachter Form, doch dem Inhalt nach einfach listig und ein wenig spöttisch. Aber das macht nichts, mein Sonnenschein, ich bin Ihnen auch für all das schrecklich dankbar.

Ich denke sehr oft an Sie, denke an die Zeit, als ich verschwenderisch und dumm war, als ich all Ihre Anmut gesehen und es doch nicht verstanden habe, Sie auf richtige Weise anzuschauen. Ich bin eben auch ein Egoist, und mir war es angenehm zu lesen, daß Sie allein leben. Verurteilen Sie mich nicht wegen dieser dummen, absolut dummen Eifersucht.

Morgen werde ich fünfzig, wie alt Sie sind, läßt sich jetzt wohl schwer ausrechnen? Warten Sie: damals, ungefähr 1925, waren Sie 19 Jahre alt, vielleicht 20, somit sind Sie jetzt 34-35; mein Gott, Sie sind doch beneidenswert jung und wahrscheinlich genauso schön wie damals, und Ihr Lächeln und Ihre Stimme sind wohl dieselben geblieben.

Wissen Sie was, Ol'ga, lassen Sie uns den Briefwechsel wiederaufnehmen! Ehrenwort, das machen wir! Für Sie droht das nicht sonderlich unangenehm zu werden, doch mir würde das eine große Freude bereiten. Ich bin jetzt ein weiser Mensch und verstehe es, Erscheinungen und Menschen wesentlich vorsichtiger und genauer zu beurteilen. Ein Brief von Ihnen wird in mir immer nur die Erinnerung an schöne Tage und dumme Fehler der Vergangenheit wecken. Ich bitte Sie sehr darum, lassen sie uns den Briefwechsel wiederaufnehmen! Das Schlimmste, was Ihnen in einem solchen Fall droht, wäre mein Besuch in Poltava — im Gebietszentrum. Aber Sie brauchen keine Angst zu haben, denn es ist doch nichts Schreckliches daran, daß ein Freund

... nicht einmal Ihr Freund, sondern ein Freund Ihrer Jugend, zu Ihnen auf ein Glas Tee kommt. Ich wage es ja nicht einmal, eigens zu Ihnen zu kommen. Man lädt mich jetzt sehr oft in verschiedene Städte ein, um über Erziehung zu sprechen, erst heute bin ich aus Char'kov zurückgekehrt, wo ich etwa sieben Tage war. Es ist keineswegs ausgeschlossen, daß man mich auch irgendwann einmal nach Poltava einladen wird. Nur dann würde ich es wagen, Sie zu besuchen. Aber das wird wohl so bald noch nicht der Fall sein, und bis dahin können wir uns ja schreiben.

Ich muß vieles von Ihnen wissen, was Sie mir natürlich nicht in einem Brief schreiben werden, vor allem deshalb, weil Sie listig sind. Über einiges ist es jedoch nicht schwer zu schreiben. Zum Beispiel, wo Sie arbeiten, ob Sie häßlich oder noch schöner geworden sind, zu- oder abgenommen haben, wie Sie die Zeit verbringen, ob Sie immer noch in Ihrem Elternhaus wohnen oder nicht (Čapaevstr. 18 — das scheint etwas Neues zu sein), was für Freunde Sie haben, was für Freundinnen, ob Sie jemanden küssen oder nicht. Die letzte Frage brauchen Sie notfalls auch nicht zu beantworten.

Wie ich in dem neuen Arbeitsbereich lebe? Es ist schwer, ihn mit dem früheren zu vergleichen. Aber jetzt habe ich schon keine so glücklichen Minuten mehr, erinnern Sie sich noch? Wir fuhren mit unserem herrlichen Kabriolet nach Poltava. Aus irgendeinem Grund hatten Sie in der Kolonie übernachtet. Wir waren morgens losgefahren. Sie saßen zusammen mit Stefanija Potapovna[11] auf dem Hauptsitz, ich Ihnen gegenüber, und wir lachten auf der ganzen Fahrt. Ich kann mich nicht mehr erinnern, worüber wir damals gesprochen haben, aber ich erinnere mich noch gut, daß dies der glücklichste Augenblick in meinem Leben war. Eigentlich waren Sie die ganze Zeit verlegen und mir gegenüber frech, und doch hatten Sie große Lust zu lachen, und Stefanija Potapovna beneidete Sie um Ihre Schönheit und Jugend und war gekränkt.

In meinem jetzigen Leben gibt es überhaupt kein Glück. Aber ich will schon lange kein Glück mehr und verhalte mich dem Glück gegenüber grundsätzlich ablehnend. Ich arbeite viel, kämpfe viel und begehre oft auf, ich habe viele Feinde, doch Freunde ..., nur solche, die bereit sind, mit mir ein Gläschen Wodka zu trinken und ein wenig zu schwatzen. Deshalb fühlte ich mich immer in irgendsoeiner kämpferischen Position und bin gleich zu jeder Rauferei bereit, aber das ist schon mehr Gewohnheit als Bestreben. Ich habe jetzt nichts mehr in den Händen, was ich bereit wäre, bis zum letzten Blutstropfen zu verteidigen. Ich schreibe. Jetzt habe ich einen Roman über die Liebe konzipiert — einen umfangreichen Roman, in dem ich vieles sagen und mich an vieles erinnern möchte, deshalb denke ich jetzt noch häufiger an Sie.

Mein Sonnenschein, lassen Sie uns den Briefwechsel wiederaufnehmen! Seien Sie nicht überheblich und glauben Sie mir eins: ich verehre Sie aufrichtig und bin Ihnen mit meinem ganzen Herzen inbrünstig ergeben, in meinem Leben sind Sie in tiefster und reinster Erinnerung geblieben.

Ich bin Ihnen für den Brief schrecklich dankbar. Und greifen Sie zu keiner List: Sie wissen sehr wohl, daß Ihre Glückwünsche sich mit keinen anderen auch nur annähernd vergleichen lassen.

Ich küsse Ihre Hände und wünsche Ihnen Glück und Freude.

Entschuldigen Sie, daß ich auf der Maschine schreibe — das ist Gewohnheit. Antworten Sie, ich bitte sehr darum... sehr.

Ihr A. Makarenko

---

[11] S.P. Ermolenko (Frau des Erziehers V.I. Ermolenko), Wäscheverwalterin.

Götz Hillig

Zum Problem von Makarenkos nationaler Identität[0]

"Nationalität: Ukrainer", "Muttersprache: Russisch", "Welche Sprachen (Fremdsprachen und Sprachen der Völker der UdSSR) beherrschen Sie? Russisch und Ukrainisch".

Diese Eintragungen von Makarenkos Hand finden sich in seinem letzten Selbstzeugnis — einem in russischer Sprache abgefaßten und von ihm, am 15. Februar 1939 in Moskau, auch auf russisch ausgefüllten Fragebogen in Zusammenhang mit seinem Antrag zur Aufnahme in die Kommunistische Partei.[1]

Die Angabe über die Nationalität — Ukrainer — wurde dann auch in das Protokoll jener Sitzung des Parteikomitees des Schriftstellerverbandes vom 16. März 1939 aufgenommen, auf der Makarenkos Antrag behandelt wurde.[2] Und man kann vermuten, daß sein Paß, der in der Literatur bisher nicht erwähnt wurde, ihn ebenfalls als Ukrainer ausgewiesen hat.

Ähnliche Angaben hatte Makarenko bereits 15 Jahre zuvor in einem ukrainischsprachigen Fragebogen für "Mitarbeiter von Kindereinrichtungen der Sozialerziehung" des Hauptkomitees Sozialerziehung des Volksbildungskommissariats der Ukr.SSR — seiner damaligen vorgesetzten Dienststelle — gemacht. Auch hier notierte er (im September 1924 auf ukrainisch) in der Rubrik 'Nationalität' "Ukrainer", und auf die Frage 'Welche Sprachen beherrschen Sie, und in welchen können Sie unterrichten?' antwortete er: "Russisch und Ukrainisch"[3]

Nur zwei Jahre zuvor (im September 1922) hatte Makarenko — in derselben Funktion und am selben Ort als Leiter der Gor'kij-Kolonie bei Poltava — in einem (russischen) Fragebogen des Volksbildungskommissariats für "Mitarbeiter der Einrichtungen für defektive Kinder im Gebiet Char'kov" unter 'Nationalität' eingetragen: "Russe"[4] Und das wiederum entspricht dem Zeugnis seines

---

[0]Referat, gehalten auf der IV. Erziehungstheoretischen Arbeitstagung der Ungarischen Pädagogischen Gesellschaft in Zánka, September 1987.
[1]Institut mirovoj literatury im. A. M. Gor'kogo AN SSSR. Otdel rukopisej, Moskau, f. 114, op. 1, d. 5, Bl.1.
[2]Ebd., Bl. 5; veröffentlicht in: A. S. Makarenko, Pedagogičeskie sočinenija v vos'mi tomach, Moskva 1983-86 (im weiteren zit. als: Ped.soč. 1ff.), t.8, S. 128.
[3]Central'nyj gosudarstvennyj archiv Oktjabr'skoj revoljucii i socialističeskogo stroitel'stva USSR, Kiev (zit. als: CGAOR), f. 166, op.4, ed. chr. 937, Bl. 46. (Nach der Muttersprache war hier nicht gesondert gefragt worden).
[4]Ebd., f. 116, op. 2. ed. chr. 1687, Bl. 94. (Nach Sprachkenntnissen war hier nicht gefragt

Bruders Vitalij, der — in einem Brief an das Makarenko-Referat — geschrieben hat: "trotz seiner ukrainischen Herkunft war Anton 100 % Russe."[5]

Seine pädagogischen und literarischen Texte schrieb Makarenko auf russisch, und in dieser Sprache hielt er auch alle seine Reden und Vorträge; dasselbe gilt für seine Korrespondenz. Es gibt jedoch einige amtliche Schriftstücke von Makarenkos Hand in ukrainischer Sprache sowie auf ukrainisch protokollierte Diskussionsbeiträge von ihm auf Sitzungen zentraler und lokaler Gremien in Char'kov[6] bzw. in Organen der Dzeržinskij-Kommune,[7] und einzelne seiner pädagogischen und literarischen Arbeiten sind in dieser Sprache publiziert worden. Alle diese ukrainischen Zeugnisse stammen aus einem bestimmten Zeitraum — den Jahren 1924-1932.

Was hat ihn damals in der Ukraine veranlaßt oder sogar genötigt, seine "Produktion" partiell in ukrainischer Sprache zu Papier zu bringen bzw. zu veröffentlichen und darüber hinaus sogar gewissermaßen seine Nationalität zu wechseln?

Inwieweit beherrschte Makarenko die ukrainische Sprache? In welchem Maße verwendete er in seinem literarischen Werk bewußt Ukrainismen, und inwiefern sind sie dort nur milieubedingt eingeflossen?

Wie stark waren Makarenkos Bindungen an seine ukrainische Heimat, wo er fast sein ganzes Leben verbrachte? Was zog ihn dagegen nach Rußland, vor allem nach Moskau, das er regelmäßig besuchte und wohin er schließlich auch übersiedelte?

Und last but not least: Lassen sich in seinem Werk spezifische Auswirkungen feststellen, die durch die Umgebung (Ukraine) und die geistige Orientierung (Rußland) bedingt sind?

Auf diese Fragen will ich in meinem Referat eine Antwort zu geben versuchen. Ich stütze mich dabei auf veröffentlichte und unveröffentlichte Quellen, darunter auch Aufzeichnungen und Befragungen von Zeugen. Ein Teil des entsprechenden Quellenmaterials wurde von Libor Pecha für die Forschung erschlossen, der in seiner 1985 erschienenen Untersuchung "Biographische Faktoren bei der Herausbildung der Persönlichkeit eines kreativen Pädagogen (anhand einer Analyse der Persönlichkeit A. S. Makarenkos)" erstmals auf das

---

worden).

[5] V. Makarenko, Moj brat Anton Semenovič. Vospominanija, pis'ma; Marburg 1985, S. 79.

[6] Wie z.B. der Bezirkskommission für Kinderhilfe. Siehe dazu das Referat M. (N. N.) Oksas auf dem 2. Marburger Gespräch über aktuelle Tendenzen der Makarenko-Forschung, Mai 1986.

[7] So etwa im Pädagogischen Rat jener Einrichtung sowie der angeschlosssenen Arbeiterfakultät. Siehe: Central'nyj gosudarstvennyj archiv literatury i iskusstva SSSR, Moskau (zit. als: CGALI), f. 332, op 4, ed. chr. 374; op. 2, ed. chr. 30.

Problem von Makarenkos nationaler Identität einging.[8]

Von der sowjetischen Makarenko-Forschung wurde dieses Problem — abgesehen von einem Teilaspekt: der gezielten Verwendung von Ukrainismen im "Pädagogischen Poem" — bisher nicht behandelt, teilweise sogar tabuisiert, wovon die Unterdrückung oder zumindest doch Ignorierung entsprechender Quellen zeugt.

Die Fakten:

1. Makarenko wuchs in einer russischsprechenden Familie auf. "Vater war in Char'kov zur Welt gekommen, und in Char'kov sprach man ein sehr schönes Russisch." Und die Angehörigen der Mutter "waren Zuwanderer aus dem Gouvernement Orel", also aus Rußland, schreibt V. S. Makarenko.[9] Dem entspricht auch die verbürgte russische Aussprache des — ukrainischen — Namens Makarenko mit der Betonung auf der zweiten (statt auf der dritten) Silbe.[10]

Die Literatur, die der junge A. S. Makarenko las und die ihn prägte, bestand — wie sein Bruder glaubwürdig bezeugt[11] — ausschließlich aus russischsprachigen Büchern, Zeitschriften und Almanachen, d. h. aus Werken russischer Autoren (vor allem Schriftsteller, aber auch Historiker und Philosophen) bzw. aus Übersetzungen entsprechender Bücher europäischer Sprachen. Seine literarischen Vorbilder waren bekanntlich zwei zeitgenössische russische Schriftsteller — Čechov und Gor'kij. Russische Sprache und Literatur war auch sein Hauptfach als Lehrer, und er konnte sich, wie der Direktor des Poltavaer Lehrerinstituts, A. K. Volnin, in seinen Erinnerungen ausführt, "gewandt in flexiblen und gut formulierten Sätzen in rein russischer Literatursprache ausdrücken", "was bei einem Ukrainer besonders überraschte".[12]

Das schließt natürlich nicht aus, daß A. S. Makarenko auch Ukrainisch verstand, das vorwiegend von der Bevölkerung auf dem Land gesprochen wurde. Auf Befragen teilte V. S. Makarenko mit, daß bei ihnen zu Hause durchaus auch

---

[8]L. Pecha, Biografické činitele formóvaní tvořivé pedagogické osobnosti (s použizím analýzy osobnosti A. S. Makarenka), Praha 1985, S. 57.

[9]V. Makarenko (s. Anm.5), S. 155

[10]Diese heute geläufige Betonung (Makárenko) wurde auch von V. S. und O. V. Makarenko bestätigt.

[11]V. Makarenko (s. Anm. 5), S. 33 f.

[12]A.K. Volnin, Anton Semenovič Makarenko v učitel'skom institute. Vospominanija. In: Učebno-vospitatel'naja rabota v detskich domach. Bjulleten', 1941, Nr. 2 - 3, S. 117 - 124, hier: S. 123. — Andererseits ist in diesem Zusammenhang auch erwähnenswert, daß ein Großteil der redaktionellen Eingriffe bei den erstmals publizierten Texten in der neuen, achtbändigen Makarenko-Ausgabe "Pedagogičeskie sočinenija" (s. Anm. 2) — wie einer der Herausgeber dem Verf. gegenüber erklärte — gerade deshalb erforderlich gewesen sei, weil Makarenko als Ukrainer die russische Sprache nur unzureichend beherrscht habe.

einzelne ukrainische Wörter wie "chata" (Haus) und "bat'ko" statt "otec" (Vater) verwendet wurden, "allerdings eher zufällig und im Scherz".[13]

2. Die Februarrevolution führte auch in der Ukraine zu einem Anwachsen der nationalen Bewegung. Auf Lehrerkonferenzen wurde seit April 1917, auf gesamtukrainischer und lokaler Ebene, eine umgehende "Ukrainisierung" der Schulen und Lehrerbildungseinrichtungen sowie Kurse für Lehrer zum Erlernen der ukrainischen Sprache gefordert. So nahm ein Kongreß der Lehrer des Gouvernements Poltava Ende Mai 1917 entsprechende Resolutionen über die Umstellung aller Elementarschulen sowie des Poltavaer Lehrerinstituts auf Ukrainisch als Unterrichtssprache mit Beginn des Schuljahres 1917/18 an. Einwände des Institutsdirektors Volnin, der zu bedenken gegeben hatte, daß "eine Minderheit der Hörer des Instituts" nicht entsprechend vorgebildet sei, um "die Lektionen in allen Fächern in ukrainischer Sprache zu hören", blieben dabei unberücksichtigt.[14] Als Konsequenz dieser Maßnahmen wurde Volnin abgesetzt und ein Ukrainer, Levitskij (Levyts'kyj), zum Direktor des Instituts ernannt.[15]

Makarenko, der sich bei seinem Eintritt in das Poltavaer Lehrerinstitut verpflichtet hatte, für die Gewährung eines staatlichen Stipendiums nach Abschluß des Studiums "mindestens sechs Jahre lang entsprechend den Weisungen der Unterrichtsbehörde als Lehrer einer städtischen Schule zu arbeiten",[16] bewarb sich am 9. September 1917 um eine Planstelle als Lehrer bzw. eine Stelle als Hilfslehrer an der städtischen Musterschule, die dem Institut angegliedert war. Dort hatte er bereits als "Zögling" der Abschlußklasse aushilfsweise unterrichtet — in Vertretung von Lehrern, die zum Militärdienst einberufen worden waren.[17] In diesem von dem ukrainischen Makarenko-Forscher N. P. Nežinskij (M. P. Nižyns'kyj) im Faksimile publizierten Dokument führt Makarenko — wohl um seine Chance für eine solche Stelle unter den neuen nationalen Bedingungen zu verbessern — auch aus: "In Hinblick auf die Ukrainisierung des Instituts halte ich es für erforderlich zu klären, daß ich alle Fächer des Kurses der Musterschule auf ukrainisch unterrichten kann, insofern das unter den Bedingungen des Übergangsstadiums der zu ukrainisierenden Schule überhaupt

---

[13]V. Makarenko (s. Anm. 5), S. 155.

[14]Žurnal zasedanij delegatskogo gubernskogo učitel'skogo s-ezda v g. Poltave. In: Pedagogičeskij žurnal, 1917, Nr. 4 - 6, S. 72 - 86; Postanovy delehats'koho hyberns'koho včutel's'koho s-jizdu v Poltavi 25 - 28 travnja 1917 roku. In: ebd., S. 87 - 91.

[15]Central'nyj gosudarstvennyj istoričeskij archiv USSR, Kiev, f. 707, op. 311, ed. chr. 6, Bl. 3, 12. — Außer Volnin sind 1917/18 auch noch drei Lehrer russischer Nationalität entlassen worden: Lysogorskij, Šestakov und Kvjatkovskij (Ebd., Bl. 19).

[16]Faksimilewiedergabe dieses Dokuments in: M. P. Nižyns'kyj, Žyttja i pedahohična dijal'nist' A. S. Makarenka. Vyd. 2-e, Kyjiv 1967, S. 22.

[17]Siehe dazu das Referat M. Bybluks auf dem 2. Marburger Gespräch.

möglich ist."[18]

Nach der Oktoberrevolution, die in der Ukraine nicht sofort zur Herrschaft der Bolschewiki führte, sondern die Proklamation einer Ukrainischen Volksrepublik durch die bürgerliche Zentralrada zur Folge hatte, hielt der Prozeß der Ukrainisierung an. Es wurden weiterhin Ukrainisch-Kurse veranstaltet, so auch im "Ukrainischen Staat" (Ukrajins'ka deržavna), also in der Zeit der Regierung des von der deutsch-österreichischen Besatzungsmacht eingesetzten Hetmans Skoropadskij, darunter auch Kurse speziell für Eisenbahnbedienstete.

Erhalten geblieben ist eine Bescheinigung vom 18. August 1918 über die "erfolgreiche Teilnahme an Kursen der ukrainischen Sprache und Schriftführung sowie der Geschichte der Ukraine, die vom Verkehrsminsterium unter Aufsicht eines Inspektors der Kurse als Vertreter des Bildungsministeriums durchgeführt wurden". Diese Bescheinigung, die auf den Namen Vasyl' (V. S.) Popovičenkos, eines Mitarbeiters A. S. Makarenkos in Krjukov und später auch in der Poltavaer Gor'kij-Kolonie, ausgestellt wurde, trägt u. a. auch Makarenkos Unterschrift, der Mitglied der Prüfungskomission war[19] — wohl aufgrund seiner Stellung als Leiter einer Schule des Verkehrsministeriums. Daraus kann man jedoch nicht ohne weiteres schließen, daß Makarenko in diesen während der Schulferien veranstalteten Kursen selbst auch Ukrainisch unterrichtet hat. Denn von einer Zeugin, M. S. Miljutina, wird glaubhaft berichtet, daß Makarenko zu dieser Zeit Arbeitern in Krjukov Russisch-Unterricht erteilte.[20]

Festzuhalten ist jedoch, daß die von Makarenko geleitete Höhere Eisenbahnelementarschule in den von häufigen Machtwechsel geprägten Jahren 1917-1919 russischsprachig blieb und daß es dort auch keinen Ukrainisch-Unterricht gab. Ebenso beschränkte sich der von ihm in dieser Zeit in Krjukov geleitete Korolenko-Theaterzirkel auf die Aufführung russischsprachiger Stücke (russischer und ausländischer Autoren). Als sich dann die Bolschewiki in der Ukraine endgültig etabliert hatten (Ende 1919), engagierte sich Makarenko — zu der Zeit Direktor einer (russischen) städtischen Schule in der Gouvernementshauptstadt Poltava — bezeichnenderweise zunächst in einer 'russischen' Gewerkschaft. Er war Mitglied des Gouvernementsvorstandes der Gewerkschaft der Lehrer an russischen Schulen,[21] bevor er dann, offenbar im zweiten Halbjahr 1920, in die neugegründete ukrainische "Einheitsgewerkschaft" der Bildungsarbeiter (Robos) eintrat.[22]

---

[18]M. P. Nižyns'kyj (s. Anm. 16), S. 26, 37. Dieser Satz wird von Nežinskij nicht zitiert, geschweige denn interpretiert.

[19]Ličnyj Archiv F. Naumenko, L'vov.

[20]N. P. Nežinskij, A. S. Makarenko i pedagogika školy, Kiev 1976, S. 17.

[21]M. P. Nižyns'kyj (S. Anm. 16), S. 38.

[22]Sein ausgefüllter Fragebogen vom September 1924 (s. Anm. 3) enthält folgende Angaben

3. In den ersten Jahren der "Sowjetmacht" wurde — wie es im Volksbildungsgesetzbuch der Ukr.SSR vom 22. November 1922 heißt — "jegliche gekünstelte Ukrainisierung wie auch Russifizierung abgelehnt" und "der Bevölkerung aller Nationen und nationalen Minderheiten, die die Ukraine bevölkern, Erziehung und Unterricht in ihrer Muttersprache garantiert". Unter "Nationen" wurden dabei Ukrainer und Russen verstanden. Ukrainisch — "als der Sprache der Mehrheit der Bevölkerung der Ukraine vor allem auf dem Land" — und Russisch — "als der Sprache der Mehrheit in den Städten und als der Unionssprache" — wurde eine für die Ukr.SSR "gesamtstaatliche Bedeutung" beigemessen; beide Sprachen sollten in allen Erziehungs- und Bildungseinrichtungen der Ukraine unterrichtet werden.[23]

Die Gleichstellung von Ukrainisch und Russisch wurde im Sommer 1923 aufgehoben. Mit einem Dekret des Rates der Volkskommissare "Über Maßnahmen zur Ukrainisierung der Unterrichts-, Erziehungs- sowie der Kultur- und Bildungseinrichtungen" vom 27. Juli sowie einer Verordnung des Gesamtukrainischen Zentralen Exekutivkomitees und des Rates der Volkskommissare "Über Maßnahmen zur Sicherung der Gleichberechtigung der Sprachen und über die Förderung der Entwicklung der ukrainischen Sprache" vom 1. August wurde nun verfügt, "den Übergang der Einrichtungen der Sozialerziehung auf die ukrainische Sprache im Verlauf der beiden folgenden Unterrichtsjahre abzuschließen", also Russisch durch Ukrainisch zu ersetzen, und außerdem den gesamten Verwaltungsapparat zu ukrainisieren.[24] Die Frist von zwei Jahren für die Umstellung der Einrichtungen der Sozialerziehung (Schulen, Kinderheime) wurde schließlich durch eine Verordnung des Gesamtukrainischen Exekutivkomitees und des Kollegiums des Volksbildungskommissariats auf ein Jahr verkürzt — sie sollte nun schon bis zum 1. August 1924 abgeschlossen sein.

An diesen Sachverhalt wurde Makarenko als Leiter einer der beiden Arbeitskolonien des Volksbildungskommissariats durch ein Zirkular vom 2. August 1924 erinnert, das vom Vorsitzenden des Hauptkomitees Sozialerziehung, I. Sokoljanskij (Sokoljans'kyj), sowie von M. Bykovec, Oberinspektor des Kinderschutzes innerhalb dieses Hauptkomitees, unterzeichnet ist. In diesem Zirkular

---

bezüglich seiner Zugehörigkeit zu Gewerkschaften: "Als Mitglied in welcher Gewerkschaft registriert: Robos", "Seit wann: 1920".

[23] Kodeks zakonov o narodnom prosveščenii U. S. S. R. In: Sobranie uzakonenij i rasporjaženij Raboče-krest'jans'kogo pravitel'stva Ukrainy, 1922, Nr. 49. Vvedenie: Osnovnye položenija, §§ 23, 25.

[24] O meroprijatijach po ukrainizacii učebno-vospitatel'nyjch i kul'turno-prosvetitel'nych učreždenij; O merach obespečenija ravnopravija jazykov i o sodejstvii razvitiju ukrainskogo jazyka. In: Sobranie uzakonenij..., 1924, Nr. 29, S. 896 - 900 (hier: S. 896), 913 - 919 (hier: S. 913 f.).

ist zunächst davon die Rede, daß "in erster Linie jene Einrichtungen auf die ukrainische Sprache übergehen werden, die sich in Ortschaften auf dem Land befinden". Dann wird Makarenko konkret aufgefordert:

"1. Ab dem 1.VIII. den Schriftverkehr der Kolonie in ukrainischer Sprache zu führen — Bestellungen, Verzeichnisse, Befehle, Anweisungen, Abrechnungen, pädagogische Dienstjournale, Beurteilungen u. dgl., aber auch die auswärtige Korrespondenz in ukrainischer Sprache zu führen.

2. Die Kinderversammlungen müssen in ukrainischer Sprache durchgeführt werden, mit Ausnahme derjenigen Fälle, wo die Berichterstatter sowie die Redner (Pädagogen) die ukrainische Sprache noch nicht beherrschen.

3. Ebenso muß allen Zöglingen Ukrainisch-Unterricht erteilt werden (Ukrainisch ist Pflichtfach).

4. Bezüglich des Übergangs des gesamten Unterrichts auf die ukrainische Sprache sowie die Bildung von Schulgruppen mit ukrainischer und russischer Unterrichtssprache — bis zum 1. IX. einen schriftlichen Bericht vorzulegen, der zuvor mit dem Pädagogischen Rat durchzusprechen ist.

Über die Durchführung all dessen soll das Hauptkomitee Sozialerziehung am 15. VIII. in Kenntnis gesetzt werden, unter Beifügung von Abschriften der Befehle, Anweisungen u. dgl. zur Kenntnisnahme."[25]

Diese Anordnung ist Makarenko nicht nachgekommen,[26] und so wurde er von Bykovec in einem Schreiben vom 29. August 1924 noch einmal nachdrücklich an seine Pflichten erinnert. Jenes Schreiben, in dem für den Fall der Nichtbefolgung auch mit Konsequenzen gedroht wird, hat folgenden Wortlaut:

"Aufgrund der Anordnung des Volksbildungskommissariats Nr. 45 (§1, Pkt. 4) vom 16. August d. Js. über die Umstellung des gesamten Schriftverkehrs des VBK auf die ukrainische Sprache ordnet der Kinderschutz zum zweiten Mal an, den Schriftverkehr die Kolonie — die Korrespondenz, schriftliche Berichte, Dienstjournale, Beurteilungen, Anordnungen, Zusammenstellungen u. dgl. — in ukrainischer Sprache zu führen.

Die Informationen, die dem Kinderschutz vorliegen, bezeugen, daß die vorangehende Anordnung vom 2. VIII., Nr. 16843, auch weiterhin nicht ganz befolgt worden ist. Insbesondere werden an das VBK auch weiterhin Schreiben in russischer Sprache gerichtet, ganz abgesehen von der schriftlichen Abwicklung der internen Angelegenheiten der Kolonie.

Der Kinderschutz bittet Sie, die Mitarbeiter der Kolonie (Pädagogen, Schriftführer, Sekretäre) rechtzeitig darauf hinzuweisen, daß vom 1. IX. an Mitarbeiter, wenn sie das Dekret des Rates der Volkskommissare und des Gesamtukrainischen Zentralen Exekutivkomitees sowie die entsprechenden Anordnungen des VBK nicht befolgen, entlassen und ihre Namen in der Presse veröffentlicht werden.

Für das Erlernen der ukrainischen Sprache und die Umstellung auf sie standen

---

[25]CGAOR, f. 166 op. 4. ed. chr. 912, Bl. 331.

[26]In der erhaltengebliebenen entsprechenden Akte des Kinderschutzes (CGAOR, f. 166, op. 4, ed. chr. 912) findet sich keine Antwort der Gor'kij-Kolonie.

13 Monate — also genügend Zeit — zur Verfügung, und ein weiterer Aufschub wird nicht gewährt.

Der Kinderschutz schlägt vor, diese Informationen durch einen Koloniebefehl bekanntzugeben und einen Durchschlag davon an das VBK zu senden, zusammen mit Kontrollabschriften der Anordnungen, Zusammenstellungen, Eintragungen in Dienstjournalen und Quittungen vom 30. (dreißigsten) August.

Die Abschriften müssen authentisch sein — mit den Fehlern und Verschreibungen, die im Orginal enthalten sind, sowie mit der Angabe, wer es geschrieben und wer die Abschrift angefertigt hat."[27]

Auf den zuletzt genannten "Vorschlag", seinen Vorgesetzten Kontrollabschriften aller Schriftstücke vom 30. August zu schicken, ist Makarenko ganz offensichtlich nicht eingegangen; doch er sah sich nun gezwungen, seine Korrespondenz mit dem Volksbildungskommissariat in ukrainischer Sprache zu führen.[28]

Als erstes mußte er, wie alljährlich zu Beginn des neuen Unterrichtsjahres, ein ausführliches Personalverzeichnis der Gor'kij-Kolonie erstellen; hinzu kam der eingangs erwähnte Personalbogen, in dem er sich erstmals als Ukrainer eintrug. Das Korrespondieren auf ukrainisch hat er auch eine Zeitlang beibehalten — mindestens bis Ende 1924.

Von ihm in ukrainischer Sprache verfaßte, von der Forschung bisher jedoch nicht beachtete und somit auch in keiner Werk-Ausgabe abgedruckten handgeschriebenen Briefe ist vor allem derjenige inhaltlich erwähnenswert, in dem Makarenko Anfang Oktober 1924 auf den von Bykovec erhobenen Vorwurf eingeht, die Gor'kij-Kolonie habe bedeutend mehr Personal, als ihr laut Stellenplan zustehe. Er verwies darauf, daß durch die Unterbringung der Kolonie an zwei Standorten man für einige Stellen "einen zweiten Bediensteten" haben müsse. Das ließe sich jedoch ändern, indem man die Ausgangskolonie aufgebe und beide Kolonien in dem ehemaligen Gut Trepke vereinige. Dies müsse jedoch umgehend geschehen — "noch vor dem ersten Frost".[29] Bykovec machte sich Makarenkos Vorschlag zu eigen[30] und ermöglichte auf diese Weise, daß die

---

[27]CGAOR, f. 166, op. 4, ed. chr. 912, Bl. 229.

[28]In der Zeit der Ukrainisierung des Schriftverkehrs der Kolonie datierte Makarenko auch einen seiner Liebesbriefe an O. P. Rakovič auf ukrainisch: "3 žovtnja 1924 r." (3. Oktober 1924). Siehe: Učitel'skaja gazeta, 1986, Nr. 32, 13.3., S. 4. — Einzelne seiner Briefe an das Volkbildungskommissariat hatte er, offenbar in Kenntnis der entsprechenden Regierungsbeschlüsse, auch schon in den vorangehenden Wochen in ukrainischer Sprache abgefaßt.

[29]CGAOR, f. 166, op.4, ed. chr. 937, Bl. 49 f.

[30]Am 25.10.1924 legte Bykovec dem Kollegium Sozialerziehung des Volksbildungskommissariats einen "Schriftlichen Bericht über die Reorganisierung der Poltavaer Gor'kij-Arbeitskolonie" vor, wobei er Makarenkos Argumentation z. T. wörtlich übernahm. CGAOR, f. 166, op. 4, ed. chr. 937, Bl. 57.

"Gor'kijer" den Umzug in die "zweite Kolonie" bereits Mitte November 1924 abschließen konnten.

Aus dem ersten Halbjahr 1925 sind bisher keine Briefe, Rechenschaftsberichte usw. der Gor'kij-Kolonie bekanntgeworden, die von Makarenko als deren Leiter an das Hauptkomitee Sozialerziehung oder andere Dienststellen in Char'kov gerichtet wurden. Doch am 8. August 1925 — offensichtlich ermutigt durch den gerade empfangenen ersten Brief von Maksim Gor'kij aus Italien — verfaßte Makarenko eine detaillierte Eingabe, in der er ein noch weitreichenderes Projekt als die Aufgabe des alten Standortes seiner Kolonie vorschlägt: ihre Verlegung in die Nähe von Char'kov (zu der Zeit Hauptstadt der Ukr.SSR), verbunden mit dem Ausbau zu einer groß aufgezogenen, auf produktiver Arbeit begründeten, zentralen ("gesamtukrainischen") Einrichtung zur Umerziehung minderjähriger Rechtsbrecher.[31] Und diese Eingabe ist in russischer Sprache abgefaßt, was Bykovec — die Resolution auf dem ersten Blatt sowie Randbemerkungen und Anstreichungen von seiner Hand zeigen, daß er das Schreiben durchgelesen und zur Bearbeitung weitergeleitet hat (der nächste Leser und "Kommentator" war übrigens ein weiterer Oberinspektor des Kinderschutzes — G. Sal'ko, Makarenkos spätere Frau!) — nicht daran hinderte, im Anschluß an eine Inspektion der Gor'kij-Kolonie in der (ukrainischsprachigen) Lehrerzeitung "Narodnij učytel'" eine sehr positive Darstellung des Lebens in dieser Einrichtung zu veröffentlichen und dabei auch Makarenkos "Klagen über den Bürokratismus des Volksbildungskommissariats" zu erwähnen.[32]

In Kurjaž wurde die Gor'kij-Kolonie, nachdem sie knapp vier Jahre lang als Versuchs- und Mustereinrichtung des Volkbildungskommissariats geführt worden war, erneut den lokalen (Char'kover) Behörden unterstellt, und mit diesen verkehrte Makarenko in russischer Sprache. Und sein späterer Wechsel in die Dzeržinskij-Kommune, eine Einrichtung der bekanntlich mehr gesamtsowjetisch orientierten und damit 'russischen' GPU, befreite ihn von der Pflicht, entsprechende Schreiben in ukrainischer Sprache abzufassen.[33]

4. Dabei war in der Ukraine die Politik der Ukrainisierung auch in der zwei-

---

[31]CGAOR, f. 166, op. 6, ed. chr. 1823; Faksimile in: Nach Char'kov oder nach Zaporož'e? Dokumentation zur Verlegung der Gor'kij-Kolonie von Poltava an einen anderen Ort ("Eroberung von Kurjaž"). 1925 - 1926, Marburg 1985, S. XV - XVII, dort auch russ. Transkription und dt. Übers. (S. 2-10); abgedruckt auch in: Ped.soč 1, S. 40 - 44.

[32]M. Bykovec', Den' v trudovij kolonii. (V Poltavs'kij trudkoloniji im. M. Hor'koho. In: Narodnij učytel', 1925, Nr. 45, S. 4; Faksimile und dt. Übers. in: Makarenko-Materialien IV: Ucrainica. Makarenkos pädagogische Tätigkeit im Spiegel der ukrainischsprachigen Presse, Marburg 1982, S. 7 - 12.

[33]Die GPU war zwar auf Republikebene organisiert, doch Amtssprache dieser Behörde war Russisch. So erfolgte auch die Korrespondenz der GPU der Ukraine als Träger der Dzeržinskij-Kommune mit dem Volksbildungskommissariats dieser Republik auf russisch.

ten Hälfte der 20er Jahre mit Nachdruck verfolgt worden. Die Produktion von Büchern in russischer Sprache ging immer mehr zurück, und die Periodika wurden entweder allmählich von Russisch auf Ukrainisch umgestellt — so z.B. viele Fachzeitschriften, die einen zunehmenden Anteil ukrainischer Artikel brachten und schließlich auch denTitel ukrainisierten — oder aber von einem Tag auf den anderen, so etwa die Zentralorgane des Komsomol (2. Dezember 1925) und der Kommunistischen Partei (1. Juli 1926). Durch diesen Umstand erklären sich auch Makarenkos ukrainischsprachige Publikationen in jener Zeit.[34]

Dessen kritische Einstellung zur Ukrainisierung und speziell zur Umstellung der Unterrichtssprache von Russisch auf Ukrainisch geht aus einem Brief an Gor'kij hervor, in dem er sich bei diesem (am 16. Juni 1926, also bereits von Kurjaž aus) für die "holprigen Briefe" seiner neuen Zöglinge entschuldigt — "die Früchte des Unterrichts in der 'Muttersprache' ",[35] aber auch aus einer Bemerkung in "Der Marsch des Jahres dreißig", wo er von den Schwierigkeiten der Kommunarden schreibt, "das Wesentliche einer Sache mehr oder weniger zufriedenstellend in unserer russisch-ukrainischen Sprache (ein Ergebnis des Wechsels von der russischen Schule in die ukrainische und umgekehrt) darzulegen".[36]

Als Makarenko später (1936, nach dem Erscheinen des "Pädagogischen Poems") bei einem seiner Vorträge in Moskau von einem Zuhörer gefragt wurde: "Welche Sprache haben Sie in der Kolonie gesprochen, und warum ist das Buch auf russisch geschrieben?", antwortete er ausweichend (und da diese Passage in der Sowjetunion bisher nicht veröffentlicht wurde, möchte ich Makarenkos Antwort aus dem Stenogramm ungekürzt wiedergeben):

"Das ist freilich eine Sünde. Natürlich gab es bei uns Ukrainer, und die Schule bei uns war ukrainisch, aber es kam irgendwie so, daß man mehr russisch sprach. Und in der Schule wurden die Kinder auf ukrainisch unterrichtet, doch in der häuslichen Umgebung sprachen sie halb ukrainisch, halb russisch und zum Teil in der Gaunersprache.

Ich teilte den Standpunkt der Ukrainisierung, aber dann kamen immer mehr aus der Stadt dazu. Als die Kolonie bekannter geworden war, begann man Kinder aus Char'kov, Odessa usw. zu uns zu schicken. Das waren schon solche Kinder, bei

---

[34]Bisher sind folgende Publikationen A. S. Makarenkos in ukrainischer Sprache bekannt geworden: Makar., Čerez pracju j samoorhanizaciju — do novoho žittja (Durch Arbeit und Selbstorganisation zu einem neuen Leben). In: Robitnyk osvity, 1925, Nr. 3 - 4, S. 53 - 57; N. F. i A. M. (N.Fere und A. Makarenko), Na veletens'komu fronti. Dosvid radhospu No 3 (An der gigantischen Front. Die Erfahungen des Sovchoz Nr. 3), Charkiv 1930; G. S. Sal'ko, Bezprytul'nist' ta borot'ba z neju (Die Kinderverwahrlosung und ihre Bekämpfung). Charkiv, Kyjiv 1931; Makarenko, Komuna im. F. E. Dzeržyns'koho (Die F. E. Dzeržinskij-Kommune). In: Komunistyčna osvita, 1932, Nr. 10, S. 135 - 139.

[35]Ped. soč. 1, S. 234.

[36]Ped. soč. 2, S. 66.

denen von der ukrainischen Sprache nichts mehr übriggeblieben war. Die Dzeržinskij-Kommune arbeitet auf russisch, weil die Kinder dort alle aus der Stadt stammen und russisch sprechen."[37]

Worüber sich Makarenko hier aus der Rückschau mehr oder weniger apologetisch und zudem recht unklar äußerte, stellt sich anhand der verfügbaren Quellen eindeutiger und differenzierter dar. So heißt es in einem Untersuchungsbericht vom Oktober 1927, die Schule der Gor'kij-Kolonie, die früher ukrainisch war, werde jetzt auf russisch geführt, obwohl 41,77% der Zöglinge Ukrainer seien. Der eingeschlagene "Kurs in Richtung der Russifizierung der Kolonie" wird dabei ausdrücklich als "absolut falsch" bezeichnet.[38]

Diese ganz offensichtlich von Makarenko betriebene 'Entukrainisierung' hatte zur Folge, daß die Gor'kij-Kolonie, um die er ja zu jener Zeit alle Kinderheime des Bezirks Char'kov zum militärisch gegliederten Ersten Arbeitskorps der Ukr.SSR vereinigen wollte, schließlich (im Sommer 1928) als einzige Internatseinrichtung 'russisch' geblieben war.[39] Dieser nationale Aspekt könnte — neben den bekannten pädagogischen Differenzen ("Kommandeursystem" versus "Kinderexekutivkomitee-System") — bei den nachfolgenden Ereignissen durchaus eine Rolle gespielt haben. Erinnern wir uns: Als Gor'kij, der sich anläßlich seines Aufenthaltes in Char'kov im Juli 1928 bei der ukrainischen Regierung für Makarenko eingesetzt und von einem "Genossen B." (offensichtlich Balickij, dem Vorsitzenden der GPU der Ukraine) das Versprechen erhalten hatte, ihn bei seiner Arbeit "nicht zu stören", dann von Makarenkos Absetzung als Leiter der Gor'kij-Kolonie erfuhr, schrieb er ihm am 8. Dezember 1928 aus Italien: "Ich fürchte sehr, daß hierbei 'nationalistische' Tendenzen im Spiel sind."[40]

Ehemalige Zöglinge der Dzeržinskij-Kommune bezeugen, daß Makarenko auch auf dem Höhepunkt der Ukrainisierung zu Beginn der 30er Jahre stets Russisch gesprochen hat — bis auf eine einzige Ausnahme (wohl 1931): Nach einer Vorladung beim damaligen Volksbildungskommissar N. A. Skrypnik (M. O. Skrypnyk), der ihn wegen der falschen 'Amtssprache' in der Kommune zur Rede stellte, habe Makarenko vor den versammelten Kommunarden, und zwar in ukrainischer Sprache, verkündet, daß in der Kommune ab sofort nur noch ukrainisch gesprochen werde. Daraufhin sei dort auch etwa zwei Wochen lang,

---

[37]CGALI, f. 613, op.1, ed. chr. 871, Bl. 28; Veröffentlichung (mit dt. Übers.): Moskau, Oktober 1936. Edition der Protokolle zweier Begegnungen A. S. Makarenkos mit Lesern des "Pädagogischen Poems", Marburg 1987, S. 49.

[38]Char'kovskij gosudarstvennyj oblastnoj archiv, Char'kov, f. R, 858, op. 2, ed. chr. 6, Bl. 107 - 110, hier: Bl. 109.

[39]Visty VUCVK, 1928, Nr. 207, S. 5.

[40]Ped. soč. 1, S. 249.

absichtlich etwas gekünstelt, ukrainisch gesprochen worden.[41]

Eine weitere Auseinandersetzung Skrypniks mit Makarenko fand am 23. Januar 1933 statt. Dieses Mal ging es vordergründig nicht um die Sprachenfrage, sondern um Grundsätzlicheres: um das von Makarenko praktizierte Erziehungssystem. In einer eigens dafür anberaumten Sitzung des Volksbildungskommissariats der Ukr.SSR unterzog Skrypnik die Arbeit der Dzeržinskij-Kommune einer scharfen Kritik. Seine — natürlich auf ukrainisch gehaltene — Rede liegt in einer zeitgenössischen Publikation vor.[42] Makarenko, der an dieser Sitzung teilnahm, wurde — nach dem Zeugnis N. P. Nežinskijs[43] — daran gehindert, auf die von Skrypnik erhobenen Vorwürfe zu antworten, da er darauf bestanden hatte, Russisch zu sprechen. Von der sowjetischen Makarenko-Forschung wird diese Auseinandersetzung übrigens nach wie vor mit Schweigen übergangen. Konsequenterweise wurde jene Stelle in Gor'kijs Brief vom 10. September 1934, wo — und zwar in Zusammenhang mit dem Manuskript von Teil 2 des "Pädagogischen Poems" — Skrypnik erwähnt wird, auch in der neuen Ausgabe der "Pädagogischen Werke" A. S. Makarenkos getilgt. Gor'kij schreibt dort: "Klingt in den Hinweisen des Volksbildungskommissariats auf die von Ihnen angewandte 'Militarisierung' nicht etwas 'Skrypniksches' an?"[44]

Die Auseinandersetzung mit Skrypnik blieb für Makarenko wohl deshalb ohne erkennbare Folgen, weil jener bereits einen Monat später in Zusammenhang mit dem damals verfügten Stop der Ukrainisierung von seinem Posten als Leiter des Volksbildungskommissariats abgelöst wurde. Eine unmittelbare Auswirkung dieser Wende in der Nationalitätenpolitik war übrigens die Gründung jenes Char'kover Russischen Theaters (im Mai 1933), das Makarenko schon wenige Monate später für eine Patenschaft über die Dzeržinskij-Kommune gewinnen konnte.

5. Das Jahr 1933 brachte für Makarenko nicht nur die Befreiung von den Fesseln der Ukrainisierung, sondern auch den Durchbruch als Schriftsteller. Von Gor'kij mit einem Brief aus Italien (30. Januar 1933) zum Schreiben ermutigt und von diesem auch finanziell unterstützt, zog sich Makarenko für

---

[41]V. I. Kolomijcev, ein ehemaliger Dzeržinskij-Kommunarde, gegenüber dem Verf. Dagegen verlegt N. V. Nazarenko — er war Zögling der Kolonie und der Kommune — in seinem unveröffentlichten Erinnerungen an Makarenko diesen Vorfall, wohl irrtümlich, in die Gor'kij-Kolonie und datiert ihn auf das zweite Halbjahr 1927 (Archiv des Makarenko-Referats, Marburg).

[42]M. O. Skrypnyk, Deržyns'ka putovka. In: Politechnična škola, 1933, Nr. 3., S. 20 - 32; Faksimile und dt. Übers. in: Makarenko-Materialien IV (s. Anm. 32.), S. 215 - 241.

[43]Gegenüber dem polnischen Makarenko-Forscher A. Lewin.

[44]M. Gor'kij, Sobranie sočinenij, t. 30, Moskva 1956, S. 357 f., vgl. Ped. soč. 1, S. 259 f. (Gor'kij schreibt irrtümlich "skripnikovskoe").

einige Wochen in ein Erholungsheim für Schriftsteller zurück. Dort nahm er die Arbeit am "Pädagogischen Poem" wieder auf, dessen 1. Teil bekanntlich schon bald erschien.

Bei diesem 'Sich-Freischreiben' in einer für ihn auch pädagogisch schwierigen Zeit (als nur noch 'zweiter Mann' in der Dzeržinskij-Kommune!) legte Makarenko eine gewisse 'imperiale' Haltung an den Tag: er bekannte sich zu Rußland im Sinne einer großen Nation, die 'Großrussen' und 'Kleinrussen' (also die Ukrainer) umfaßt[45] — so z.B. in dem Theaterstück "Dur" in kritischen Äußerungen über 'typisch Russisches', wie er es in seiner — ukrainischen! — Umgebung auf Schritt und Tritt beobachtete. Ein Beispiel:

"Und warum stehen die Maschinen draußen und ohne die Verpackung? / Warum wohl? Das ist russische Arbeit, junger Mann. / Russische? Das sind doch ausländische Maschinen. / Es waren ausländische Maschinen. Doch jetzt sind sie in unsere Pfoten geraten, und wir verändern sie auf unsere Weise: wir haben sie ausgepackt und im Freien stehenlassen. Das eben ist russische Arbeit, junger Mann, verstehen Sie?"[46]

Hierbei zeigt sich Makarenko durchaus als Russe. Interessant ist in diesem Zusammenhang eine später getilgte Stelle in Teil 1 des "Poems", in der er sich scherzhaft als "Renegat", d.h. als Regent vom Ukrainertum bezeichnet und zugleich mit den 'Moskowitern' auf eine Stufe stellt, wobei er charakteristischerweise das entsprechende, etwas abschätzige Wort der Ukrainer für die Russen 'Moskali' verwendet.[47]

Hinweise auf Makarenkos ständige Orientierung an Rußland und vor allem

---

[45] Eine vergleichbare 'imperiale' Haltung in bezug auf die nationale Frage läßt sich auch den folgenden Worten des Moskauer Journalisten B. Volkov entnehmen: in der Skizze "Der Marsch des Jahres dreißig" habe Makarenko "mit einer dem Schriftsteller eigenen sanften südrussischen Ironie unter dem Namen Solomon Borisovič Levinson den Produktionsleiter (...) S. B. Kogan dargestellt". Učitel'skaja gazeta, 1987, Nr. 19, 14.2., S. 3.

[46] A. Gal'čenko, Mažor (Dur), Moskva 1935, S. 32 — Weitere Beispiele: S. 23: "Ich geb'mich nicht gern mit Kleinigkeiten ab. Wenn wir den (einen untauglichen Mechaniker; G. H.) fortjagen, dann müßte man gleich drei Viertel von ganz Rußland fortjagen, und zwar möglichst weit weg."; S. 55: "Aleksandr Osipovič, verzeihen Sie mir altem Mann, aber solche Krankheiten gibt es nur bei den Russen: Cholera, Flecktyphus, Wachstumskrankheiten und auch diese Kinderkrankheiten gibt es in Europa schon lange nicht mehr."; S. 102: "Sie müssen zugeben Petr Petrovič, das ist eine neue Kultur. / Vielleicht eine neue. Aber keine russische." Faksimilewiedergabe dieser Stellen, die in den Makarenko-Ausgaben der Moskauer Akademie der Pädagogischen Wissenschaften sämtlich getilgt bzw. entsprechend gekürzt sind, in: A. Makarenko, Gesammelte Werke. Marburger Ausgabe, Bd. 7, Ravensburg 1976, S. 80, 89, 112, 170.

[47] A. Makarenko, Pedagogičeskaja poéma. (Čast' 1-aja), Moskva 1934, S. 218. Faksimile und dt. Übers. in: A. Makarenko, Gesammelte Werke. Marburger Ausgabe, Bd. 3, Stuttgart 1982, S. 218; auch in Ped. soč. 3, S. 460.

an Moskau finden sich auch in seinen Briefen aus der sowjetischen Hauptstadt. Ihnen kann man entnehmen, daß er die (dienstlichen und privaten) Aufenthalte dort dazu benutzte, um emotional und geistig 'aufzutanken': für Theater- und Museumsbesuche sowie den Kauf von Büchern.[48] So ist es nicht verwunderlich, daß Prof. A. I. Popov, der Direktor des Ukrainischen Forschungsinstituts für Pädagogik (UNDIP), Makarenko im März 1928 u.a. vorwirft, er beachte "vorzugsweise die Moskauer Literatur", vernachlässige also "unsere ukrainische Literatur".[49]

Versuche, die Kommune 'hinzuschmeißen' und zugleich auch die Ukraine zu verlassen und in die RSFSR umzusiedeln, um dort die Leitung einer Erziehungseinrichtung zu übernehmen, hatte es in der nationalistischen Phase wiederholt gegeben — vor allem aufgrund von Konflikten mit dem (aus Čekisten bestehenden) Kommune-Vorstand; einmal wollte er sogar alle seine Zöglinge mitnehmen und die Dzeržinskij-Kommune nach Leningrad, dem damaligen Wohnort seines langjährigen Mitarbeites Popovičenko, verlegen, was ihm jedoch von der ukrainischen GPU verwehrt wurde (Herbst 1929).[50] Und drei Jahre später wandte er sich — aufgrund einer Meldung in Moskauer (!) Zeitungen über die dort bevorstehende Gründung einer nach Gor'kij benannten Musterkommune — in einem langen Brief an diesen (mit dem er drei Jahre lang nicht korrespondiert hatte) und versuchte ihm klarzumachen, daß die Leitung der neuen Einrichtung unbedingt ihm übertragen werden müsse. Dabei vertraute er Gor'kij auch etwas an (und das mag die Herausgeber seiner Werke von der Moskauer Akademie der Pädagogischen Wissenschaften wohl bewogen haben, diese Stelle aus Makarenkos Brief entsprechend vertraulich zu behandeln und sie nicht zu publizieren!): "Und noch etwas — die Ukraine habe ich satt, ich bin eben immer nichts anderes gewesen als ein russischer Mensch. Und Moskau liebe ich."[51] Und im Februar 1935 schrieb er Gor'kij: "nach dem 'Pädagogischen Poem' " wolle er " eine große, sehr große Arbeit, ein seriöses Buch über die sowjetische Erziehung" schreiben und in diesem Zusammenhang "den Genossen Bubnov", den damaligen Volksbildungskommissar der RSFSR, bitten, ihm "zu ermöglichen, in Moskau, näher bei den Büchern und den geistigen Zentren, zu leben und zu arbeiten".[52] "Von Moskau sprach er die ganze Zeit über als von dem gelobten

---

[48]Siehe z. B. Makarenkos Brief aus Moskau an O. P. Rakovič vom 17.2.1925; M. P. Nižyns'kyj (s. Anm. 16), S. 91.

[49]CGALI, f. 332, op. 4, ed. chr. 145, Bl. 32.

[50]N. T. Popovičenko, Vospominanija o rabote v kolonii im. M. Gor'kogo v 1921 - 1925 godach. In: A. S. Makarenko. (Kn. 10) , L'vov 1978, S. 131 - 136, hier: S. 136.

[51]Brief Makarenkos an Gor'kij vom 5.10.1932. In: A. S. Makarenko, Sobranie sočinenij v pjati tomach, Moskva 1971, t. 5, S. 446.

[52]Ped. soč. 1, S. 264.

Land", schreibt K. S. Kononenko in seinen unveröffentlichten Erinnerungen an Makarenko.[53]

Bis zur Übersiedlung nach Moskau sollten jedoch noch zwei Jahre vergehen: Nachdem die Regierung der Ukraine 1934 wieder von Char'kov nach Kiev umgezogen war, wurde Makarenko ja im Juni 1935 vom Innenkommissar Balickij, der seine pädagogische Tätigkeit in der Dzeržinskij-Kommune sehr schätzte, in die neue Hauptstadt nachgeholt — in die gerade gegründete Abteilung Arbeitskolonien des NKVD der Ukr.SSR. Daß Makarenko sich in Kiev der Russischen Sektion des Schriftstellerverbandes der Ukraine anschloß, versteht sich fast von selbst.[54]

6. In den Kiever und dann auch in Moskauer Jahren vermied es Makarenko, in seinen publizistischen Arbeiten sowie in den zahlreichen Vorträgen nähere Angaben zu seiner geographischen Herkunft und seiner Nationalität zu machen. In der Regel begnügte er sich mit allgemeinen Ausführungen wie: "in dem Krähwinkel, in dem ich meine Jugend verbrachte" ("Maksim Gor'kij in meinem Leben") oder mit einem gezielten Hinweis auf seine soziale Herkunft — das Arbeitermilieu, dem er angeblich entstammte bzw. in dem er aufgewachsen war —, so. z. B. in dem Artikel "Berufswahl", aber auch in Vorträgen auf entsprechende Fragen von Zuhörern nach seiner Biographie.

L. Pecha wies ganz zu recht darauf hin, daß der Roman "Ehre", der bekanntlich in jenem vorrevolutionären Milieu angesiedelt ist, in dem Anton Makarenko und sein Bruder Vitalij gelebt hatten, "gewissermaßen in Rußland spielt — von der Ukraine und den Ukrainern ist dort überhaupt nicht die Rede."[55] Dasselbe gilt übrigens auch für Makarenkos Erwiderungen auf Vorwürfe des Kritikers K. Malachov, der ihn wegen dieses Romans der Verfälschung der russischen Geschichte sowie der "Amnestierung des Chauvinismus" bezichtigt hatte.[56]

Doch einmal bekannte sich Makarenko in der Öffentlichkeit zu seiner ukrainischen und damit auch — wie er das offenbar empfand — provinzlerischen Herkunft. Das war in seinem Vortrag im Auditorium der Moskauer Universität am 1. März 1939 — also einen Monat, nachdem er für seine Verdienste um die Entwicklung der sowjetischen Literatur mit dem Orden "Rotes Arbeitsbanner" ausgezeichnet worden war, und zwei Wochen, nachdem er den eingangs erwähnten Antrag zur Aufnahme in die Partei gestellt und, wie wir uns erinnern, sich gegenüber seinen Moskauer Schriftstellerkollegen als Ukrainer bezeichnet hatte.

---

[53]Archiv des Makarenko-Referats.

[54]Lit. hazeta, 1936, Nr. 24, S. 4; CGALI, f. 332, op. 4, ed. chr. 384, Bl. 6.

[55]L. Pecha (siehe Anm. 8), S. 57.

[56]Lit. kritik, 1938, Nr. 5, S. 151 - 166; Pravda, 1938, Nr. 155, 7.6., S. 4; Lit. gazeta, 1938, Nr. 37, 5.7., S. 3.

Dabei kam Makarenko u.a. auf den "Typ des Moskauers" zu sprechen — für ihn der Inbegriff eines weltoffenen, selbstsicheren und entscheidungsfreudigen Menschen. Im Zusammenhang mit seinem eigenen ungeschickten Verhalten im Straßenverkehr — seinerzeit, zwei Jahre zuvor, als er in Moskau ankam — bezeichnete er sich in diesem Vortrag selbstironisch und zugleich kokettierend als "Provinzler und zudem noch Ukrainer", wobei er für letzteres die Wörter "chochol, ukrainec" verwendete.[57]

(In diesem Vortrag gibt es übrigens auch eine impulsive, äußerst kritische Bemerkung zu etwas 'typisch Russischem', und zwar in Zusammenhang mit Ausführungen über eine von ihm angeblich praktizierte Unterweisung seiner Zöglinge — also in der Ukraine! — in der Kultur des Trinkens. Und da ist Makarenko wieder ganz Russe: "Das ist typisch für uns Russen: irgendwo in einer Gasse einen Liter runterkippen, umfallen und gleich an der Eingangstreppe einschlafen!")[58]

Eine ähnliche Gegenüberstellung der Moskauer und der Ukrainer hatte Makarenko schon zu einem früheren Zeitpunkt (September 1933) in seinem Notizbuch festgehalten, und zwar unter dem Stichwort "slovo" (Bonmot). Diese ihm offenbar in der Ukraine zu Ohren gekommene Anekdote, in der man sich über die Schwerfälligkeit der Ukrainer lustig macht, lautet wie folgt:

"In Moskau sind die Leute dressierter und vitaler. Dem Moskauer gelingt es tatsächlich, unter einem Auto hervorzuspringen. Doch der Ukrainer, der unter ein Auto geraten ist, wird noch versuchen herauszubekommen, ob es ihn oder einen anderen erwischt hat. Und wenn er es dann herausbekommen hat, ist es schon zu spät."[59]

---

[57]CGALI, f. 332, op. 4, ed. chr. 186, Bl. 24; veröffentlicht in : G. Hillig, Sankt Makarenko. Zur Editionspraxis der Akademie der Pädagogischen Wissenschaften der RSFSR/UdSSR (1950 - 1983), Marburg 1984, S. 115 f. (In Ped. soč. 4, S. 328, getilgt).

[58]Aus nicht ganz verständlichen Gründen wurde bei der Veröffentlichung dieses Vortrags in der neuen Ausgabe der "Pädagogischen Werke" die scherzhafte Bemerkung über Makarenkos Herkunft getilgt, während die Äußerungen über das Trinken unbeanstandet blieben und erstmal publiziert wurden (Ped. soč. 4, S. 134). Letzteres ist um so erstaunlicher, als in allen früheren Makarenko-Editionen der APN entsprechende Aussagen, wo von Alkohol oder Alkoholismus die Rede ist, wohl aus 'volkserzieherischen' Gründen prinzipiell gestrichen wurden und sich auch in den "Pädagogischen Werken" bei erstmals publizierten Texten entsprechende Tilgungen finden lassen. So fehlt z.B. in einem Brief an einen Freund vom 11.1.1939, in dem Makarenko (nun bereits zwei Jahre in Moskau wohnhaft) sich als "Hauptstädter" bezeichnet — "Wir Hauptstädter haben es gern, wenn Provinzler zu uns kommen." — , der folgende Satz: "Wie schön wäre es, mit Dir bei einem Gläschen Wodka über den Reichtum des Lebens zu sprechen!" (Ped. soč. 8, S. 111; s. CGALI, f. 332, op. 4, ed. chr. 263).

[59]Archiv des Makarenko-Referats. — Der letzte Teil dieser Episode ist in ukrainischer Sprache notiert.

7. Makarenkos Kommilitone am Poltavaer Lehrerinstitut A. N. Vedmickij schreibt in seinen Erinnerungen an diese Zeit, daß Makarenko — zusammen mit vielen anderen 'Zöglingen' des Instituts sowie der "demokratischen Öffentlichkeit Poltavas" — "einen Brief der sozialdemokratischen Fraktion in der Reichsduma unterschrieben hatte, der die Bitte enthielt, sich für das Erscheinen von Zeitungen in ukrainischer Sprache und den muttersprachlichen Unterricht in den Elementarschulen der Ukraine einzusetzen".[60]

Diese Initiative ging jedoch nicht von einer der beiden sozialdemokratischen Fraktionen der Vierten Duma (menschewistische "Siebener" — und bolschewistische "Fünfer"-Fraktion) aus, sondern von einem Geistlichen, Bischof Nikon, der einen entsprechenden Gesetzentwurf eingebracht hatte. Bei dem von Vedmickij erwähnten Brief wird es sich um eine Resolution einer Gruppe von Mitgliedern der Duma — Ukrainer und sich für deren Belange einsetztende Nichtukrainer — gehandelt haben, die dabei ausdrücklich betonen, "weder Sozialdemokraten noch konstitutionelle Demokraten" zu sein.

Diese von Makarenko mitunterschriebene Resolution enthält übrigens auch eine Verurteilung des ukrainischen Nationalismus in Gestalt der separatistischen "mazepinischen", also gegen die "Moskowiter" gerichteten Bewegung, die nach Auffassung der Autoren dieses Dokuments "als staatsschädigend betrachtet und mit allen Mitteln bekämpft werden" müsse.[61]

Eine solche Haltung hat A. S. Makarenko zweifellos in seinem Elternhaus vermittelt bekommen. Sein Bruder Vitalij schildert den Vater als einen ausgesprochenen Gegner alles Ukrainischen: "Ukrainer aller Schattierungen haßte er erbarmungslos, für ihn waren 'Mazepas', verdammte Kulaken."[62]

V. N. Tarasov, seinerzeit Geschichtslehrer am Poltavaer Lehrerinstitut, bezeugt Auseinandersetzungen Makarenkos mit Separatisten (Samostijnyki) unter seinen Kommilitonen — er sei deren "gebildetster und entschiedenster Gegner" gewesen.[63] Auch sein Bruder Vitalij berichtet von entsprechenden früheren Auseinandersetzungen — noch in Krjukov — mit dem Arzt Dimara, der "Rußland und alles Russische auf widerliche Art haßte", "Antons ideologi-

---

[60]A. Vedmickij, V Poltavskom učitel'skom institute. (Otryvki iz vospominanij ob A. S. Makarenko). In: A. S. Makarenko. Kn. 3, L'vov 1956, S. 128 - 131, hier: S. 129.

[61]Siehe dazu: O. Lotoc'kyj, Storinky munuloho. Častyna tretja, Varšava 1934, S. 104 f. (Den Hinweis auf diese Quelle verdanke ich Prof. H. Waskowycz, München); s. auch: A. Lotockij, Narodnoe obrazovanie na ukrainiskom juge. In: Letopis', 1916, Nr. 10, S. 252 - 268, hier: 265.

[62]V. Makarenko (s. Anm. 5), S. 155.

[63]V. N. Tarasov, V Poltavskom učitel'skom institute. (Iz vospominanij ob A. S. Makarenko). In: Izvestija APN RSFSR, vyp. 38, Moskva 1952, S. 143 - 150, hier: S. 149.

schem Feind".[64] Einmal, "bei einem Picknick, nach einem heftigen Wortwechsel", habe Anton diesen wie folgt attackiert:

"Ihre Ukraine hat es als souveränen Staat niemals gegeben, Sie haben keine Geschichte, und wenn es die gibt, so kann man sie auf einer halben Seite unterbringen. Ihre ganze Kultur — das ist Ihr Ševčenko, der in keine einzige Fremdsprache übersetzt worden ist und der in Rußland von fast niemanden gelesen wird..."[65]

V. S. Makarenko bezeugt außerdem Vorbehalte seines Bruders gegenüber dem ukrainischen Historiker Gruševskij (Hruševs'kyj), über den jener sich "in bösartiger Weise lustig machte (wie über alle ukrainischen Samostijnyki)".[66]

Konflikte mit Nationalisten hatte Makarenko auch in der Zeit der forcierten Ukrainisierung. E. S. Magura, der seit 1932 an der Arbeiterfakultät der Dzeržinskij-Kommune Ukrainisch unterrichtete, äußerte im Gespräch mit L. Pecha, daß Makarenko — bevor er ihn, einen Russen, für diese Tätigkeit gewinnen konnte — "so seine Schwierigkeiten mit den Ukrainisch-Lehrern gehabt hatte, da das richtige Nationalisten waren"; er habe sie alle entlassen müssen.[67]

Ihren literarischen Niederschlag fanden diese Auseinandersetzungen in dem Porträt des ukrainischen Nationalisten Derjučenko im "Pädagogischen Poem": "Er 'konnte nicht' Russisch, dekorierte sämliche Räume der Kolonie mit billigen Ševčenko-Porträts und begann sogleich mit dem einzigen, was er konnte — dem Singen ukrainischer Lieder." usw. Wohl nicht zufällig ist der betreffende Abschnitt in Teil 1 enthalten, den Makarenko 1933, unmittelbar nach dem Stop der Ukrainisierung, zu Papier gebracht hat. Diese recht gehässige Karikatur auf den "Ševčenko-Kult" wird allerdings seit 1937 nur noch in einer stark gekürzten Fassung publiziert, doch in den "Pädagogischen Werken" A. S. Makarenkos (Bd. 3) wurde die entsprechende Passage nun wenigstens im Anhang wiedergegeben.[68]

Der erste Teil des "Poems" enthielt darüber hinaus auch noch andere herabsetzende Äußerungen über die Ukrainer, die vom Redakteur der 1934 erschienenen Buchausgabe gemildert bzw. getilgt wurden. Sie betreffen die nach dem Sturz des Zaren mißbilligten Wörter 'maloross' (Kleinrusse — die frühere amtliche Bezeichnung für einen Ukrainer) und 'chochol' (ein von den Russen verwendetes Schimpfwort für die Ukrainer) sowie die anzügliche Wendung 'v nacional'nom stile' (in nationalem Stil) zur Charakterisierung des Umgangs von Kalina Ivanovič mit Šere.[69]

---

[64]V. Makarenko (s. Anm. 5), S. 49.

[65]Ebd., S. 155.

[66]Ebd., S. 79.

[67]L. Pecha (s. Anm. 8), S. 57.

[68]Ped. soč. 3, S. 460.

[69]A. Makarenko, Pedagogičeskaja poėma. (Čast' 1-aja), Moskva 1934, S. 157, 193, 194,

8. Bereits in einer der ersten Rezensionen des "Pädagogischen Poems" (M. Bočačer, 1935) wurde auf die geschickte Verwendung des "Kolorits der ukrainischen Sprache" in den Dialogen hingewiesen.[70] Und N. A. Morozova betonte in ihrer Untersuchung "Über einige Besonderheiten der Sprache und des Stils von A. S. Makarenkos 'Pädagogischem Poem' " (1954): "Die Verwendung von Ukrainismen ist völlig legitim. Die Kolonie befand sich in der Ukraine, unter den Kolonisten gab es Ukrainer der Nationalität nach, und das Kollektiv befand sich in einer engen Verbindung mit der einheimischen Bevölkerung. Der Autor machte sich die Lexik und Phraseologie sowie einzelne grammatikalische Formen der ukrainischen Sprache zunutze. Er bezieht ukrainische Lieder, Sprichwörter und Redensarten in die Sprache des 'Poems' ein. Ukrainismen werden vom Autor als Mittel zur Zeichnung des Lokalkolorits und vor allem zur Charakterisierung von Personen verwendet."[71] Morozova bezog sich dabei auf die Sprache der Dialoge sowie einzelne, vom Autor durch Anführungszeichen markierte Zitate — also auch optisch abgesetztes und somit leicht erkennbares sprachliches Material.

Einen Schritt weiter geht N. A. Vakulenko in ihrem Referat auf der Poltavaer Makarenko-Konferenz (Dezember 1986) über Ukrainismen im "Pädagogischen Poem", das mir bisher allerdings nur in Form der publizierten Thesen dieser Konferenz bekannt geworden ist. Dort heißt es einleitend: "A. S. Makarenko schätzte den Reichtum der beiden Brudersprachen, ihre Ausdrucksmöglichkeiten, und verwendete ganz geschickt die sprachlichen Resourcen aller Ebenen als Mittel der Gestaltung."[72] Vakulenko, die in der Sprache des "Poems" phonetische, morphologische, lexikalische, wortbildungsmäßige, syntaktische und phraseologische Ukrainismen nachweist, führt in den Thesen ihres Vortrages auch aus, daß einzelne Ukrainismen in die Erzählersprache eingegangen sind, und weist in diesem Zusammenhang darauf hin, daß einer davon — 'chlopcy', als Bezeichnung für die Zöglinge der Gor'kij-Kolonie — sich auch in amtli-

---

204; Faksimile und dt. Übers. in: A. Makarenko, Gesammelte Werke. Marburger Ausgabe, Bd. 3, Stuttgart 1982. — Eine weitere derartige Bemerkung über die Ukrainer wurde in der Buchausgabe von Teil 1 und 2 (Moskva 1935, S. 259) getilgt: "(...) an ihnen (den Komsomolzen der Lokomotivwerkstätten; G. H.) war nichts, was an die Weitschweifigkeit der Dorfgespräche über die Güte des Schwarzerdebodens erinnerte (...)."

[70]M. Bočačer, Antipedagogičeskaja poėma. In: Kniga i proletarskaja revoljucija, 1935, Nr. 3, S. 62 - 64, hier: S. 62.

[71]N. A. Morozova, O nekotorych osobennostjach jazyka i stilja "Pedagogičeskoj poėmy" A. S. Makarenko. In: Vestnik Leningradskogo universiteta 1954, Nr. 12, S. 87 - 105, hier: S. 94.

[72]N. A. Vakulenko, Ukrainizmy v "Pedagogičeskoj poėme" A. S. Makarenko. In: A. S. Makarenko i Poltavščina. Tezisy dokladov i soobščenij oblastnoj naučno-praktičeskoj konferencii, Poltava 1986, S. 125 f.

chen Schriftstücken von Makarenkos Hand finden läßt. Dasselbe gilt, möchte ich ergänzen, auch für das Substantiv 'seljanstvo' (Bauernschaft), vor allem aber für das Adjektiv 'kolonijskij' (von ukr. 'kolonijs'kyj') — statt 'kolonist-skij' bzw. einer substantivischen Konstruktion; diese Adjektivform verwendete Makarenko bekanntlich auch in anderen, nichtamtlichen Texten.

Von solchen milieubedingten in die Erzählersprache eingeflossenen Ukrainismen hatte es im "Poem" ursprünglich — im Autorenmanuskript, z.T. auch noch in den ersten Druckfassungen — jedoch noch mehr gegeben. Sie wurden von (Moskauer) Redakteuren durch entsprechende russische Ausdrücke bzw. Formen ersetzt, wenn auch nicht in allen Fällen adäquat. Bedingt durch das sukzessive Erscheinen der drei Teile dieses Werkes verfuhr man dabei allerdings nicht einheitlich. So wurde z. B. die bereits erwähnte Adjektivform 'kolonijskij' in der ersten Buchausgabe von Teil 1 entsprechend russifiziert (und in dieser Gestalt sind die betreffenden Stellen bis heute beibehalten worden),[73] während sie in den beiden anderen Teilen unverändert blieb. Andere redaktionelle Eingriffe betreffen die Aufhebung der von Makarenko auch in der Erzählersprache verwendeten Deklinationsformen der Familiennamen auf -o. Die meisten dieser milieubedingten, heute nicht mehr im Text des "Poems" enthaltenen Ukrainismen befinden sich bezeichnenderweise in den noch in Kurjaž entstandenen Kapiteln 2 bis 9 von Teil 1. Dazu einige Beispiele (in der Reihenfolge ihres Auftretens), betreffend Lexik, Morphologie, Wortbildung und Syntax:[74]
1. представлял собоюконгломерат ‚stellte ein Konglomerat dar' – verändert zu: предстгвлял собои конгломерат; 2. вытрушивание ятереи ‚das Ausschütteln der Reusen' (von ukr. витрушцвати) – опусточение ятереи ‚das Leeren der Reusen'; 3. с проваленнюм черепом ‚mit eingeschlagenem Schädel' (von ukr. провалювати) – с разбитым шереоц; 4. ожидали новых подорожиых ‚warteten auf neue Reisende' (von ukr. подорожнии) – ожидали новых путников; 5. рушает к дверям ‚begibt sich zur Tür' (von ukr. рушати) – направляется к дверям; 6. таки ‚doch noch' (ukr. такі) – все–таки; 7. перетянуть . . . пса ‚dem Hund eins überziehen' (von ukr. перетянути) – вытянуть . . . пса; 8. ответили реготом ‚antworteten mit schallendem Gelächter' (von ukr. регіт) – [unverändert]; 9. сколько мы . . . не обивали порогов ‚an wieviel Türen wir auch anklopften' (ukr.

---

[73]Zum Beispiel: kolonistskaja (statt: kolonijskaja) žizn', vsja kolonistskaja (kolonijskaja) massa, naša kolonistskaja (kolonijskaja) bednost', kolonistskij (kolonijskij) kollektiv, imuščestvo kolonii (kolonijskoe imuščestvo), doroga k kolonii (kolonijskaja doraga), vsja obščestvennost' kolonii (kolonijskaja obščestvennost').

[74]Die genauen bibliographischen Angaben sind in folgenden Arbeiten des Verf. enthalten: A. S. Makarenko, "Pedagogičeskaja poéma". Teil 1: Eine textologische Untersuchung. In: Studia Slavica. Beiträge zum VIII. Internationalen Slawistenkongreß in Zagreb 1978. Hrsg. v. H.-B. Harder u. B. E. Scholz, Gießen 1981, S. 167 - 315 (hier: S. 280 f); Gor'kijs Korrekturen am "Pädagogischen Poem". In: Suche nach Identität. Isabella Rüttenauer zum 75. Geburtstag. Hrsg. v. A. u. F. W. Busch, Oldenburg 1984, S. 161 - 196 (hier: S. 166 - 168).

. . . .не . . .) – сколько мы . . . ни обивали порогов; 10. очень непереборчив ‚nicht besonders wählerisch' (von ukr. неперебірчивии) – очень неразборчив; 11. большею шастью -meistens' – большеи частью; 12. на штанах которого прицепились соломники ‚an seinen Hosen hingen Strohhalme' – кштанам . . .; 13. понаходили лошадеи ‚fanden nach und nach die Pferde' (von ukr. понаходити – нашли лошадеи ‚fanden die Pferde'; 14. ходили из спальни в спальню, ныкали по темным углам двора ‚gingen von Schlafraum zu Schlafraum, streiften ziellos durch die dunklen Winkel des Hofs' (von ukr. никати) – ходили из спальни в спальню, по темным углам двора ‚gingen von Schlafraum zu Schlafraum, durch die dunklen Winkel des Hofs'; 15. обсеяны ‚eingesät' (von ukr. обсіяти) – засеяны; 16. гвозды . . . с исковерканными головами 'Nägel . . . mit verstümmelten Köpfen' (von ukr. голоеа) – гвозды . . . с исковерканными шляпкамц; 17. домашнии арест за нанесение грязи в помещение ‚Hausarrest für das Hereinschleppen von Schmutz in einen Raum' – . . . за принос . . .

In diesem Zusammenhang sind auch einige ukrainisch bedingte Regionalismen zu nennen, die jedoch in der Mehrzahl von den Redakteuren nicht geändert wurden — z.B:'žitnyj' (Roggen-; vgl. ukr. 'žytnij'), statt 'ržannoj', in den Komposita 'žitnaja muka' (Roggenmehl) und 'žitnyj chleb' (Roggenbrot),[75] 'zamožnyj' (wohlhabend), statt 'sostojatel'nyj', 'šljach' (Weg), statt 'doroga', sowie die Wortbildung 'bezprizorščina' (Verwahrlosung, Obdachlosigkeit), statt 'bezprizornost' '.

Einzelne milieubedingte Ukrainismen sind auch in anderen Texten A.S. Makarenkos enthalten, hier ebenfalls charakteristischerweise vor allem in solchen, die in der Gor'kij-Kolonie entstanden sind, also inmitten einer ukrainischsprechenden bäuerlichen Bevölkerung. Neben Formen von Typ 'soboju' statt 'soboj' und Endungen der Familiennamen auf –o betrifft das die Lexik. Auch dazu (in chronologischer Reihenfolge) einige Beispiele:[76]

1. шибка ‚Fensterscheibe' (von ukr. шибка) statt стекло; жинка 'Ehefrau' (von ukr. жинка) statt жена; 3. лист ‚Brief' (von ukr. лист) statt письмо; 4. побалакать ‚plaudern' (von ukr. побалакати) statt разговаривать; 5. таким чином ‚auf diese Weise' (von ukr. такім чином) statt таким образом; 6. навпаки ‚im Gegenteil' (von ukr. навпаки)statt наоборот, напротив; 7. шахраиство ‚Betrug, Gaunerei', (ukr. шахраиство) statt мошенничество; 8. троячка Dreirubelschein' (ukr. троячка) – statt трешка.

9. und letztens: Inwiefern ist das Zeugnis ehemaliger Zöglinge A. S. Makarenkos glaubwürdig, daß dieser die ukrainische Sprache gut, ja sogar sehr gut beherrschte?

---

[75]V.S. Makarenko, mit diesem Reginalismus konfrontiert antwortete in einem Brief an das Makarenko-Referat: "Das Brot nannte man bei uns, wie in ganz Rußland, 'Schwarzbrot' und 'Weißbrot'. 'Roggenbrot'gab es überhaupt nicht." V. Makarenko (s. Anm. 5), S. 155f.

[76]Einige dieser Ukrainismen (Nr. 1, 4, 5 u. 6) werden in den Kommentaren der neuen Ausgabe "Ped. soč." nachgewiesen.

Eine gesicherte Antwort auf diese Frage ist nur bedingt möglich. Der Grund hierfür: Es gibt zu wenig authentisches Textmaterial. Bei den ukrainischen Publikationen aus den Jahren 1925 - 1932 wird es sich in der Regel um vom Autor auf russisch niedergeschriebene Arbeiten handeln, die anschließend vom Verlags- bzw. Redaktionsmitarbeitern ins Ukrainische übersetzt wurden.[77] Und bei Makarenkos Korrespondenz aus der Zeit der 'Ukrainisierung' der Gor'kij-Kolonie bleibt letztlich offen, ob diese Schriftstücke wirklich alle von ihm selbst, ohne fremde Hilfe, verfaßt worden sind.

Das gilt auch für einen relativ ausführlichen Bericht über die Lage der Gor'kij-Kolonie vom 1. Januar 1925, der an das ZK des Verbandes der Bildungsarbeiter der Ukraine (Robos) gerichtet ist.[78] Dieses von der Makarenko-Forschung bisher nicht beachtete Dokument steht im Zusammenhang mit einem Ersuchen an diese Gewerkschaft um eine Patenschaft über die Kolonie. Das Schriftstück von Makarenkos Hand ist recht umfangreich (7 Blatt, doppelseitig beschrieben) und bietet somit auch Stoff für eine sprachliche Untersuchung.[79]

Neben einzelnen durch Anführungszeichen markierten russischen Wörtern enthält dieses Dokument, sieht man einmal von den — relativ zahlreichen — orthographischen Fehlern ab, auch mehrere Russizismen, vor allem aus dem Bereich der Lexik. Im einzelnen handelt es sich dabei um folgende Fälle:

1. жилии будинок, жилии дом ‚Wohngebäude‘, ‚Wohnhaus‘ (Bl. 1 Rücks.; von russ. жилое здание, жилыи дом) statt житловии будинок; 2. пол ‚Fußboden‘ (Bl. 1 R.; russ. пол) statt підлога; 3. печ ‚Ofen‘ (Bl. 1 R.; russ. печь) statt піч; 4. отряд ‚Abteilung‘ (Bl. 1 R.; russ. отряд) statt загін; 5. оборудовати, оборудовання ‚ausrüsten‘, ‚Ausrüstung‘ (Bl. 1 R., 2, 5 R., 6 R.; von russ. оборудовать, оборудование) statt оснащувати, оснащення; 6. збереження ‚Ersparnisse‘ (Bl. 1 R.; von russ. сбережения) statt заощадження; 7. рубель ‚Rubel‘ (Bl. 1 R.; von russ. рубль) statt карбованець; 8. усадьба ‚Gut, Gehöft‘ (Bl. 2; russ. усадьба) statt мазток; 9. договор ‚Vertrag‘ (Bl. 2; russ. договор) statt договір; 10. комбінірования ‚Kombination‘ (Bl. 3; von russ. комбинирование) statt комбінація; 11. наказання ‚Strafe‘ (Bl. 3 R.; von russ. наказание) statt показання, кара; 12. способнии ‚begabt‘ (Bl. 3 R.; von russ. способныи) statt здібнии; 13. рабфак, рабфаковець ‚Arbeiterfakultät‘, ‚Student an einer Arbeiterfakultät‘ (Bl. 3 R.; russ. раб-

---

[77]Das gilt mit Sicherheit auch für die 1931 erschienene Broschüre "Besprytul'nist' ta borot'ba z neju" (s. Anm. 34). F. Naumenko, der jetzt in seinem Referat auf dem 2. Marburger Gespräch die Auffassung vertritt, Makarenko habe die ukrainische Sprache gut genug beherrscht, um diese Broschüre gleich auf ukrainisch zu Papier zu bringen, hatte zunächst — in einem Brief an den Verf. v. 16.12.1977 — der 1975 von diesem und I. Wiehl publizierten These zugestimmt, daß Makarenko den Text auf russisch verfaßt hat und er dann von einem Redakteur des Verlages ins Ukrainische übersetzt wurde.

[78]CGALI, f. 2717, op 1, ed. chr. 157, Bl. 1 - 7.

[79]Die nachfolgende sprachliche Untersuchung wurde in Zusammenarbeit mit Dr. Irene Wiehl, Marburg, durchgeführt.

фак, рабфаковец) statt робфак, робфаківець; 14. піддержувати ‚unterstützen‘ (Bl. 3 R.; von russ. поддерживать) statt підтримувати; 15. сівооборот ‚Fruchtwechsel‘ (Bl. 4R.; von russ. севооборот) statt сівозміна; 16. животноводство ‚Viehzucht‘ (Bl. 4 R., 5; von russ. животноводство) statt тваринництво; 17. не хватало ‚reichte nicht‘ (Bl. 4 R., russ. не хватало) statt не вистачало; 18. вивести ‚züchten‘ (Bl. 5; russ. вывести) statt розвести; 19. гусь ‚Gans‘ (Bl. 5; russ. гусь) statt гуска; 20. полсотня ‚halbes Hundert‘ (Bl. 5; russ. полсотни) statt півсоток; 21. овця ‚Schaf‘ (Bl. 5; von russ. овца) statt вівця; 22. невигодно ‚ungünstig‘ (Bl. 5; russ. невыгодно) statt невигідно; 23. сіялка ‚Sämaschine‘ (Bl. 5; von russ. сеялка) statt сівалка; 24. зводити до ітогу ‚Bilanz ziehen‘ (Bl. 5; vgl. russ. подвести итог) statt підвивати підсумок; 25. нарастання капіталу ‚das Anwachsen des Kapitals‘ (Bl. 5; von russ. нарастание капитала) statt приріст капіталу; 26. недостаток ‚Mangel‘ (Bl. 5 R.; russ. недостаток) statt недостача; 27. по розчоту на ‚berechnet für‘ (Bl. 5 R.; vgl. russ. в расчете на) statt розрахуванно на; 28. кровать ‚Bett‘ (Bl. 6; russ. кровать) statt ліжко; 29. вложення капіталу ‚das Investieren von Kapital‘ (Bl. 6 R.; von russ. вложение капитала eigentlich: вкладывание капитала, капиталовложение) statt вкладення капіталу, капіталовкладення; 30. забронирования ‚Sicherstellung‘ (Bl. 6 R.; von russ. забронировать) statt гарантування; 31. бвинутися вперед ‚vorankommen‘ (Bl. 6 R.; von russ. бвинуться вперед) statt рухатися вперед.

Das scheint sehr viel zu sein — doch bezogen auf den Umfang des hier untersuchten Textes sind das recht wenige Russizismen, die zudem fast ausschließlich Bezeichnungen von Gegenständen des Alltags und des Wohnbereichs sowie von Vorgängen betreffen, die mit dem Leben und der Arbeit der Kolonie eng verknüpft waren und dort auch russisch benannt wurden.

Diese Untersuchung erlaubt den Schluß, daß Makarenko sich die ukrainische Sprache zu jenem Zeitpunkt in einem seiner Begabung und Bildung entsprechenden Maße angeeignet hatte.

Zusammenfassend kann man sagen, daß Makarenko sich trotz seiner ukrainischen Herkunft immer als Russe verstanden hat und geistig nach Moskau orientiert war. In der Zeit der forcierten Ukrainisierung aller Bereiche des öffentlichen Lebens in der Ukr. SSR hat er sich dann allerdings 1924, wohl um seine Stelle als Leiter einer zentralen, der ukrainischen Regierung direkt unterstellten Einrichtung nicht zu verlieren — das Schicksal seines verehrten Lehrers Volnin vor Augen! —, in einem offiziellen Dokument als Ukrainer bezeichnet und an dieser Entscheidung auch künftig festgehalten.[80]

---

[80] Nach Abschluß dieser Untersuchung wurde bekannt, daß Makarenko auch in einem 1935 bei Antritt seiner Arbeit im NKVD der Ukr.SSR von ihm ausgefüllten Fragebogen unter Nationalität Ukrainer eingetragen hat (Archiv MVD USSR, Kiev, Ličnoe delo A. S. Makarenko).

Ferenc Pataki

Makarenkos Sozialismusbild[0]

Jede originelle und wirklich neue pädagogische Konzeption birgt zwangsläufig Prämissen, Vorstellungen vom Menschen und von der Gesellschaft, in sich. Das ist auch dann der Fall, wenn diese Prämissen unausgeprochen bleiben oder nur gelegentlich in rein pädagogischen Überlegungen zum Ausdruck kommen. Makarenko nimmt in dieser Beziehung eine Sonderstellung ein: Bei ihm sind alle pädagogischen Ideen in gesellschaftlichen Prozessen und Bewegungen verwurzelt, so daß es nicht schwerfällt, bei diesem Autor ein programmatisches gesellschaftliches Bewußtsein auszumachen. Gesellschaftliche Faktoren sind die Träger der angestrebten normativen Erziehungsordnung und Erziehungsziele wie auch die Quelle der pädagogischen Einwirkungen, einschließlich der Persönlichkeit und der Aktivität des Erziehers.

Den Kern seiner Ansichten resümiert Makarenko gewissermaßen als Motto wie folgt: "(...) die richtige Erziehung ist jene, die die Pädagogik unserer ganzen Gesellschaft wiederholt."[1] Daraus ergibt sich ganz logisch die folgende Formulierung über den Ausgangspunkt des sozialistischen pädagogischen Denkens: "Wir brauchen nur die Stellung des neuen Menschen in der neuen Gesellschaft zu verstehen."[2] Natürlich sind das ziemlich abstrakte Wahrheiten, doch in einem gewissen Sinne beleuchten sie die Denkweise ihres Autors und tragen damit auch zu einer Beantwortung der Frage bei, ob Makarenko eine spezifische Vorstellung vom Sozialismus gehabt hat, und wenn ja, worin deren wesentliche Züge bestehen.

Um jedoch möglichen Mißverständnissen rechtzeitig vorzubeugen, müssen wir gleich zu Beginn eine Einschränkung machen. Makarenko ist kein politischer oder gesellschaftstheoretischer Denker. Wenn wir die Begrifflichkeit jener Wissenschaften heranziehen, so müssen wir eigentlich sagen: Er hat kein ausgeprägtes, detailliert ausgearbeitetes Bild vom Sozialismus — er hat eher eine Art "Vision" davon, die sich von Zeit zu Zeit verändert. Diese Formel weist hier nicht auf irrationale Momente hin, sondern lediglich darauf, daß in Makarenkos Schriften kein, und sei es auch nur in allgemeinen Zügen, gezeichnetes Bild vom Sozialismus enthalten ist. Demgegenüber formulierte er — wie wir noch sehen

---

[0]Referat, gehalten auf dem 2. Marburger Gespräch über aktuelle Tendenzen der Makarenko-Forschung.

[1]A.S. Makarenko, Pedagogičeskie sočinenija v vos'mi tomach, Moskva 1983-86 (im weiteren zit. als: Ped.soč. 1ff.), t. 4, S. 341.

[2]Ebd., S. 47.

werden — gewisse Probleme des entstehenden Sozialismus mit außergewöhnlichem Scharfsinn.

Während sich Makarenkos "Visionen" vom Sozialismus verändern, weist das Makarenko-Bild selbst ebenfalls eine gewisse Tendenz zu Veränderungen auf, die mit der Umgestaltung der jeweiligen sozialistischen Wirklichkeit und dem diese wiederspiegelnden Sozialismusbild in Verbindung stehen. Makarenkos Lebenswerk und dessen posthumen Schicksal kann man sich nur historisch nähern, denn sein Leben ist durch verblüffende historische Wenden gekennzeichnet.

Im Frühjahr 1928 wird die denkwürdige Entscheidung gefällt, wonach seine pädagogische Konzeption eine "nicht sowjetische und ideologisch schädliche" Erziehungsmethode sei. 1938 stehen ihm dagegen die Spalten der "Pravda" zur Analyse der Probleme der sowjetischen Erziehung offen. So ist es nicht verwunderlich, wenn — immerhin nach dem XX. Parteitag — Autoren wie Anweiler und Wittig schreiben, daß Makarenko, hätte sein früher Tod ihn nicht daran gehindert, sich vielleicht zum "pädagogischen Diktator" der Sowjetunion entwickelt hätte,[3] so wie Lysenko der Diktator der Genetik gworden war. Auf jeden Fall sehen diese Autoren in Makarenko den entschiedensten Vertreter des Stalinismus in der Pädagogik.

Die jüngste, achtbändige sowjetische Makarenko-Ausgabe würdigt ihn im Vorwort zum ersten Band mit freundlichen Worten.[4] Doch die etwas schwerfälligen und sorgfältig ausgewählten Formulierungen unterscheiden sich deutlich von jener Charakterisierung vor einem halben Jahrhundert!

Diese fast verblüffende historische Veränderung des Makarenko-Bildes findet ihren Niederschlag auch im pädagogischen Leben und in der breiten geistigen Öffentlichkeit Ungarns.

Makarenko gehört zu jenen Autoren (und darin ist er in einem gewissen Sinne Georg Lukács ähnlich), die bestrebt waren, durch ihre wissenschaftliche und praktische Tätigkeit auch für ihre eigenen, höchst persönlichen "Lebensprobleme" eine Lösung zu finden. Deshalb scheint es am besten zu sein, wenn wir uns unserem engeren Thema ebenfalls von diesem Punkt aus nähern.

Eine der meistdiskutierten Fragen der Makarenko-Biographie betrifft das Ideengut des jungen, vorrevolutionären Makarenko, seine geistige Orientierung, seine Beziehung zum Sozialismus, die Beurteilung seiner damaligen pädagogischen Arbeit und das Verhältnis dieser Arbeit zu seiner späteren Tätigkeit. Ich selbst war früher der Meinung, daß Makarenkos Weltanschauung zu jener Zeit "die Grenzen des aus den Traditionen des russischen revolutionären Denkens gespeisten revolutionären Demokratismus und des Gor'kijschen Humanismus

---

[3] O. Anweiler, A.S. Makarenko und die Pädagogik seiner Zeit. In: Bildung und Erziehung, 1963, S. 268-293, hier: S. 293.

[4] Ped.soč. 1, S. 5.

195

kaum überschritten hatte".[5] Dieses Bild kann heute etwas nuancierter und präziser gezeichnet, ja sogar korrigiert werden, obwohl eine Reihe von Fragen auch weiterhin offenbleibt.

Aufgrund zahlreicher Anzeichen läßt sich der junge Makarenko — vor allem in der Zeit nach der Revolution von 1905 — den aus der russischen Literatur gut bekannten "überflüssigen Menschen" oder den charakteristischen Čechov-Figuren zuordnen. Heute wissen wir natürlich, daß er im Kreis seines Elternhauses und seiner Freunde auch mit revolutionären Ideen in Verbindung kam und revolutionäre Literatur las. Doch damals hätte er durchaus eine Figur aus den "Drei Schwestern" gewesen sein können! Und wenn schon von Čechov die Rede ist, so hätte Makarenko, wenn es in seinem Leben nicht zu jener großen historischen Wende gekommen wäre, zum Beispiel den Lebensweg einer anderen Figur dieses Schriftstellers, Ivanov, einschlagen können.

Sein Bruder Vitalij versucht in seinen Erinnerungen, ein allgemeines Bild von der Weltanschauung des jungen Anton Makarenko zu zeichnen. Trotz aller Vorbehalte gegenüber dieser erst so viel später zu Papier gebrachten Darstellung müssen wir das hier gezeichnete Bild, was seine allgemeinen Tendenzen betrifft, als authentisch akzeptieren. Über die Weltanschauung des jungen Makarenko schreibt sein Bruder:

"Einen Gott gibt es nicht. Die Märchen von der Erbsünde, vom Reich Gottes, von der Auferstehung der Toten und der Unsterblichkeit der Seele können nur kleine Kinder glauben. Das Leben ist sinnlos, absurd und bis zum Entsetzen grausam. Man kann wohl einzelne Personen lieben, doch die Menschheit als solche ist nur eine Masse, eine Herde und verdient Verachtung. 'Nächstenliebe' ist überhaupt nicht gerechtfertigt und zudem völlig nutzlos. Kinder in die Welt zu setzen ist ein Verbrechen. Das ist das Los der Bauern und Kleinbürger, also gerade jenes Teils der Erdbevölkerung, der aufgrund seiner Armut nicht imstande ist, für die Zukunft seiner Kinder zu sorgen. Aber wenn man keine Kinder in die Welt setzen darf, wird die Ehe vollkommen überflüssig. Die Menschen können frei zusammenleben, ohne eine sogenannte gesetzliche Ehe einzugehen, solange sie einander lieben. Und wenn die Liebe vergeht, wie alles auf dieser Welt, können die Menschen völlig frei auseinandergehen, ohne die demütigende Prozedur der Scheidung."[6]

Wir müssen eingestehen: Das Bild ist ein wenig deprimierend, und wenn es auch authentisch ist, so spiegelt es doch auch suggerierte Haltungen wider. Doch in den östlichen Regionen Europas, im Kreise der Intelligenz der "ersten Generation", die wurzellos nach dem Weg und dem Sinn ihres Daseins suchte, war das keineswegs ungewöhnlich. Dieses Phänomen war in Wien, Pest und Paris gleichermaßen bekannt, offenbar aber auch in Krjukov. Den Weg des

---

[5] F. Pataki, Makarenko élete és pedagógiája, Budapest 1966, S. 19.

[6] V. Makarenko, Moj brat Anton Semenovč. Vospominanija, pis'ma; Marburg 1985, S. 37f.

Ausbruchs, der Selbstfindung hat Makarenko — wenn auch erfolglos — in zwei Richtungen versucht: in der Welt der Literatur und der der Wissenschaft.

Daß die Charakterisierung durch den Bruder authentische Elemente enthält, davon zeugen mehrere Tatsachen, vor allem ein Plan für das "Pädagogische Poem."

In dieser Fassung des Romans steht im Mittelpunkt der Ideenproblematik das Schicksal und der Selbstfindungsprozß eines "starken Charakters", eines russischen Intellektuellen — eines "überflüssigen Menschen".[7] Das Pädagogische spielt hier noch eine untergeordnete Rolle, es bleibt sozusagen im Hintergrund, obwohl der Romanheld, der zweifellos autobiographische Züge trägt, gerade unter dem Einfluß der ihn umgebenden Kinder und einer entscheidenden Begegnung, zu dem Schluß gelangt: "man muß den Menschen viel mehr Toleranz entgegenbringen!"

Im Verlauf der Niederschrift des "Poems" wurde dieses Projekt von Grund auf umgestaltet: Das große Thema der russischen Literatur des 19. Jahrhunderts, der einsame Intellektuelle, das Thema der starken Persönlichkeit, trat seinen Platz an einen völlig neuen "Helden" und eine neue Ideenproblematik ab — an das Kollektiv und das Verhältnis von Individuum und Kollektiv. Diese Veränderungen müssen wir vor dem Hintergrund der sich deutlicher abzeichnenden Erfolge der Gor'kij-Kolonie sehen, durch die das pädagogische Schaffen zeitweilig sogar die früheren literarischen und wissenschaftlichen Ambitionen in sich aufnahm und zugleich auch für das persönliche "Lebensproblem" des Autors eine Lösung anbot.

Für uns ist jedoch am wichtigsten, daß der Entwurf scharf und klar jenen Blickwinkel formuliert, aus dem Makarenko sich der Problematik des Sozialismus nähert und die die Grundlage seines Interesses, seiner geistigen Anstrengungen und seiner praktischen Tätigkeit bildet — "die Stellung des Menschen in der Gesellschaft".

Versuchen wir nun, davon ausgehend, eine wichtige Frage zu klären. Makarenko ist allem Anschein nach keine pädagogische Erscheinung im engeren Sinn: Er ist nicht nur Pädagoge der Schule, der Erziehungsinstitution, der Kinder, auch wenn es sich beim — sowohl bezüglich des Umfangs als auch der Bedeutung — größten Teil seines in vielerlei Hinsicht letztlich unvollendet gebliebenen Werks um ausgesprochen pädagogische Arbeiten handelt. Seiner Inspiration, seinen Absichten und seinen Erfahrungen nach ist er tatsächlich Pädagoge, jedoch im weiteren Sinn des Wortes: Beschäftigt haben ihn die gesellschaftlich-pädagogischen Fragen der entstehenden, mit Konflikten ringenden sozialistischen Wirklichkeit.

---

[7]Ped.soč. 3, S. 491.

Erstaunlich und zugleich irritierend ist die Vielzahl der Genres, in denen sich Makarenko versucht hat: Er schrieb Romane, Theaterstücke und Drehbücher, theoretische Aufsätze und wissenschaftliche Studien, Zeitungsartikel und Skizzen. Thematisch betrachtet berührte er dabei pädagogische, soziologische, psychologische, ethische und ästhetische Fragen. Aber dieser Pädagoge war bestrebt, vor allem die neuartigen Beziehungen des Menschen unter den Bedingungen des Sozialismus zu analysieren und zu gestalten, in der Hoffnung, daß diese sich tatsächlich als neuartig erweisen: Er wollte ein Theoretiker der "sozialistischen Verhaltenstheorie" sein.

Es fällt auf, daß Makarenko in seinen Romanen und anderen Werken die Probleme Erwachsener (Erzieher, Eltern, Arbeiter, Spezialisten aus den Reihen der Intelligenz) — ihre Arbeit, ihre Beziehungen, ihre gesellschaftliche Stellung, ihre Moral — nicht weniger beschäftigten als die Erziehung der Kinder. Davon zeugen auch die Pläne für seine Romane "Dummköpfe" und "Wege einer Generation".

In seiner 1922 niedergeschriebenen Darstellung "Anstelle des Kolloquiums" berichtet Makarenko detailliert über seine geistige Orientierung, über den Umfang seines Wissens und seine Lieblingsautoren, doch zugleich erörtert er mit ungewöhnlichem Scharfsinn und mit Überzeugung seine programmatischen Vorstellungen über die Erziehung sowie über einzelne gesellschaftliche Probleme. In diesem Dokument heißt es u.a.:

"Zu meiner politischen Überzeugung — ich bin parteilos. Ich halte den Sozialismus in den schönsten Formen menschlichen Zusammenlebens für möglich, aber ich meine: solange die Soziologie nicht durch ein festes Fundament der wissenschaftlichen Psychologie, insbesondere der Kollektivpsychologie, untermauert ist, wird eine wissenschaftliche Ausarbeitung sozialistischer Formen unmöglich sein, doch ohne wissenschaftliche Fundierung ist ein vollkommener Sozialismus unmöglich."[8]

Sicher ist es heute bereits ziemlich schwierig, diese komprimierten Thesen zu interpretieren. Der Ausdruck "Kollektivpsychologie" deutet vielleicht auf Bechterevs "Kollektivreflexologie" hin, die 1921 erschienen ist, vor allem aber lenkt es die Aufmerksamkeit auf eine gut ausgearbeitete Sozialpsychologie.

Es ist jedoch unbestreitbar, daß Makarenko auch hier ein Gefühl der Unzufriedenheit und zugleich die Hauptrichtung seines Interesses und seiner Arbeit genau formuliert: die "wissenschafltiche Ausarbeitung sozialistischer Formen". Eine solche nachdrückliche Betonung der Psychologie läßt sich wohl damit erklären, daß Makarenko sich von ihr das wissenschaftliche Instrumentarium erhoffte, um sich der subjektiven Sphäre der sozialistischen Wirklichkeit, den persönlichen Beziehungen und den alltäglichen Lebensformen anzunähern.

---

[8]R.I. Jakovlev, "Referat" A.S. Makarenko. In: Istoričeskij archiv, 1961, Nr. 2, S. 228f.

Obwohl Makarenko bezüglich seiner Hoffnungen später — sehr wahrscheinlich gerade wegen des Fehlens einer Ausarbeitung der "Kollektivpsychologie" — immer skeptischer und kritischer wird, gilt ein Teil seiner persönlichen Anstrengungen auch diesem Gebiet.

Aufgrund einer Initiative Makarenkos gab es Mitte der 20er Jahre in der Gor'kij-Kolonie für eine kurze Zeit ein "wissenschaftliches pädagogisches Kabinett". Das Programm dieses Kabinetts hat er im Sommer 1925 selbst niedergeschrieben.[9] Es ist auch heute noch aktuell und wäre einer gründlichen Analyse wert.

Am intensivsten beschäftigte sich Makarenko mit der Souveränität des gesellschaftlichen Individuums, mit seiner Individualität, mit der Reife, dem Reichtum und der Freiheit seiner Persönlichkeit und mit seinen gewünschten Verhaltensmustern. In einem seiner Briefe an Gor'kij schreibt er: "Es kann nicht von Erziehung die Rede sein, wenn man nicht den Wert des Menschen zugrundelegt."[10] Aber er wußte genau, daß er, um die Aufgaben der Erziehung und zugleich auch die der Gesellschaft bewältigen zu können, auch die Dilemmata des Verhältnisses von Individuum und Kollektiv sowohl theoretisch als auch praktisch lösen mußte: Erziehung und Moral in der sozialistischen Gesellschaft erforderten eine neue Grundlage und eine ganz neue Herangehensweise. Das entsprach wirklich der gesellschaftlichen, kollektivistischen Logik.

Doch dabei durfte man auf gar keinen Fall die Ausgangspunkte aus dem Blick verlieren! Jede Simplifizierung, Vulgarisierung Makarenkos, seine Heroisierung als "Prophet des Kollektivismus" ließ gerade diese Frage unbeachtet. Und hinzu kommt noch, daß es in seinen Werken zahlreiche derartige Formeln gibt, die den Schluß erlauben: "Wichtig ist nicht das Individuum, sondern einzig und allein das Kollektiv." In Wirklichkeit verhielt es sich jedoch genau umgekehrt. Das Kollektiv ist nur deshalb wichtig, weil es um das Individuum geht, um den in Würde und Vernunft lebenden souveränen — jedoch in der Gesellschaft lebenden — Einzelnen: Es geht um das Dasein des Individuums in Würde und Vernunft!

Mit anderen Worten: Wir müssen darauf achten, daß wir die originellen Ideen Makarenkos darüber, was "für die sozialistische Erziehung schlechthin" notwendig ist, nicht mit einer "auf pedantische und kleinliche Weise organisierten Kollektiverziehung" verwechseln,[11] wie sie nicht selten — teils aus Unkenntnis und Vereinfachung, teils aus Gründen des Selbstbetrugs — als gleichwertig angeboten wird.

---

[9]K voprosy ob organizacii kabineta naučnoy pedagogiki. In: A.S. Makarenko. Kn. 7, L'vov 1969, S. 147-157.

[10]Ped.soč. 1, S. 249.

[11]Ebd., S. 39.

Makarenko weiß sehr wohl, daß junge Menschen wie überhaupt alle Mitglieder der Gesellschaft im Prozeß der Erziehung einen unermeßlichen Reichtum an Varianten der Persönlichkeit entwickeln: Jeder von ihnen ist ein souveränes Individuum mit den unterschiedlichsten persönlichen Entwicklungsmöglichkeiten und Neigungen und einer eigenen persönlichen Würde.

"Die größte Gefahr ist die Angst vor dieser Kompliziertheit und dieser Verschiedenartigkeit", schreibt Makarenko. "Diese Angst kann sich in zwei Formen äußern: Die erste besteht in dem Bestreben, alle über einen Kamm zu scheren, den Menschen in eine standardisierte Schablone zu pressen und eine eng begrenzte Serie von Menschentypen zu erziehen. Die zweite Form der Angst äußert sich darin, daß man passiv auf jedes Individuum eingeht und den hoffnungslosen Versuch unternimmt, mit Millionen von Zöglingen fertigzuwerden, indem man sich in unkoordinierter Kleinarbeit mit jedem einzeln abgibt." [12]

Es ist leicht zu erkennen, daß die eine Form der Angst ihren Ausdruck in der autoritären, unbedingten Gehorsam fordernden Ideologie und Praxis findet und die andere im Ideenkreis des liberalen "laissez faire", der freien und spontanen Entwicklung, der "freien Erziehung".

Makarenko wollte auch das von Lukács oft erwähnte "tertium datur" erforschen, die echte Dialektik und den gesellschaftlichen Charakter des Verhältnisses von Individuum und Kollektiv, was die Interessen des Individuums und die perspektivischen Ziele und die Interessen der Gesellschaft gleichermaßen berücksichtigt. Deshalb kam neben dem Verständnis für die Souveränität und Freiheit des Individuums auch die Notwendigkeit auf, die Idee der Souveränität (also der Autonomie und Selbstverwirklichung) des Kollektivs einzuführen wie auch die Interessenbeziehungen, die seiner Existenz zugrundeliegen; anders ist das Problem weder logisch noch praktisch lösbar.

Daraus folgt jedoch eine Reihe von Schlußfolgerungen, denen sich viele widersetzen werden — vor allem heutzutage, wo die sozialistischen Länder gerade dabei sind, das Erbe einer groben und manipulativen "kollektivistischen" Periode zu überwinden. Solche Schlußfolgerungen sind z.B. die Existenz eines über dem Individuum stehenden gesellschaftlich-kollektiven Interesses; im Konfliktfall die Durchsetzung der Logik des Kollektivinteresses; die rationalen und notwendigen Grenzen der Freiheit des Individuums; die prinzipielle Möglichkeit des gesellschaftlichen Zwangs usw. Diese Prinzipien können natürlich verfälscht werden! Ja, mehr noch, sie können mißbraucht werden, aber das ist noch kein Grund, sie zu "widerrufen". All jenen, die dieser Meinung sind, sei empfohlen, immer wieder einmal "Das Gesetz" von Thomas Mann zur Hand zu nehmen.

Einen besonderen Aspekt im Werk Makarenkos bilden seine Bemühungen bezüglich der Fragen der Kontinuität bzw. Diskontinuität der gesellschaftlichen

---

[12] Ped.soč. 4, S. 46.

Entwicklung.

Die sowjetische Gesellschaft der ersten Hälfte der 20er Jahre ist sozusagen noch nach allen Richtungen hin offen: Die aktiven politischen und geistigen Kräfte der Gesellschaft sind — oft in messianischer Begeisterung — voller Elan bemüht, alles "Alte" hinwegzufegen, sich radikal und vollständig vom Alten zu trennen, und sie hoffen, daß sich die "neue Welt" in greifbarer Nähe befindet — der Erfolg ist nur eine Frage des Willens und der Entschlossenheit! Selbst Lenin wendet sich 1920 an die Teilnehmer des III. Komsomolkongresses mit den Worten, sie würden den Kommunismus sicher noch erleben.

In jener Zeit gestalteten sich alle Elemente, das ganze Spektrum des gesellschaftlichen Daseins komplizierter; alle bis dahin existierenden Formen menschlichen Zusammenlebens (Schule, Ehe, Familie, Umgangsformen usw.) wurden in Frage gestellt, und alle traditionellen Werte und moralischen Kategorien waren umstritten. Auf dem Gebiet der Kultur, der Erziehung, des Alltagslebens, der Traditionen und Sitten breitete sich der naive Optimismus des "rotgardistischen Sturms" aus, der auf einen schnellen Durchbruch hoffte, obwohl Lenin in seinen letzten Lebensjahren — vor allem im Zusammenhang mit der Ausarbeitung der 'Neuen Ökonomischen Politik' — entschieden vor Illusionen gewarnt hatte.

Makarenko war zu Beginn der 20er Jahre in zwei grundlegenden Fragen Befürworter eines radikalen Bruchs: in der Beurteilung der Familie und bezüglich der gesellschaftlichen Erziehung — einer der Hauptideen der sozialistischen Erziehungsprogramme. Diese beiden Fragen standen bei ihm tatsächlich in einem engen Zusammenhang. Lange Zeit war er der Meinung, daß die Familie als solche eine hoffnungslos anachronistische Form darstellt. (Siehe die Äußerungen des jungen Makarenko, die aller Wahrscheinlichkeit nach auch in der herrschenden sozialistischen Ideologie jener Epoche ihre Bestätigung fanden.) Deshalb war er auch der Meinung, der Sozialismus sei eine Welt konsequenter gesellschaftlicher Erziehung, und zwar nicht durch die Schule, sondern durch eine riesige Zahl von Erziehungseinrichtungen vom Typ des Kinderheims. Ende der 20er Jahre schreibt er unbeirrt in einem Manuskript: "Ohne gesellschaftliche Erziehung kann es keine sozialistische Gesellschaft geben."[13]

Zu jener Zeit ist Makarenko der Überzeugung, daß der sozialistische Staat — als Folge der Umgestaltung der Familie — einen vollkommen neuen Zugang zum Problem der Erziehung, zur Theorie und Praxis der gesellschaftlichen Erziehung finden muß. Das folgt nicht aus abstrakten idealen oder ideologischen Thesen, sondern aus der Wirklichkeit selbst und den zu erwartenden Tendenzen ihrer Entwicklung.

---

[13]Ped.soč. 1, S. 81.

Bis zu Beginn der 30er Jahre ist Makarenko der Ansicht, daß sich die Sache der sozialistischen Erziehung in Gestalt eines groß angelegten, das ganze Land umfassenden Netzes von Erziehungseinrichtungen des Kinderheims- und Internatstyps entwickeln muß, die jedoch mit der Familie kooperieren müssen. Zu diesem Gedanken kehrt er immer wieder zurück.

Was kann man heute zu dieser Konzeption sagen? Die sozialistische Erziehung entwickelte sich in eine andere Richtung; bis zum heutigen Tag ist die Schule die maßgebliche Erziehungsinstitution, obwohl das Erziehungsprogramm des XX. Parteitages der KPdSU an den Gedanken der Internate wieder angeknüpft hatte. Und wenn wir jetzt das "ideologische Umfeld" und das zeitbedingte Kolorit von Makarenkos Ansichten außer acht lassen, so läßt sich kaum bestreiten, daß die Familie mit all ihren inneren Schwierigkeiten dem von ihm prognostizierten Weg folgt. Und das spricht offensichtlich dafür, daß die Ideen Makarenkos zumindest eine der langfristigen Alternativen der sozialistischen Erziehung darstellen, die man nicht einfach von der Tagesordnung streichen kann. In dieser Frage ist das letzte Wort noch nicht gesprochen!

Die führenden Kräfte der sowjetischen Gesellschaft entschieden sich Mitte der 30er Jahre dafür, die Stabilität der Familie durch rigorose Eingriffe, ja sogar durch Zwangsmaßnahmen (z.B. Änderung des Familienrechts) wiederherzustellen. Da dieser Prozeß in die Stalin-Ära mit ihrem Personenkult fiel, läßt sich heute nur noch schwer ausmachen, was davon historisch und empirisch notwendig war und was lediglich den Stempel dieser Zeit trägt. Auf jeden Fall streicht Makarenko diese Frage seit Beginn der 30er Jahre "von der Tagesordnung".

Einerseits vertieft er sich immer mehr in die Welt der Schule, in die kritische Analyse der dortigen Geschehnisse, und bemüht sich um die Anwendung seiner Konzeption der Erziehung im Kollektiv und durch das Kollektiv; offensichtlich entwickelt er in dieser Zeit als Alternative zum Kinderheim eine Konzeption, nach der die sozialistische Schule das organisatorische Zentrum des ganzen Lebens der Kinder werden soll. Andererseits aber schließt er sich jenen Kräften an, die eine Stabilisierung der Familie anstreben: Er schreibt ein "Buch für Eltern", hält Vorlesungen über Kindererziehung und nimmt dieses Thema auch in seiner Publizistik auf. Es läßt sich heute noch nicht entscheiden, ob es sich bei dieser Akzentverschiebung um eine grundlegende Revision seiner Ansichten, um einen Kompromiß oder aber um eine Selbstschutzmaßnahme handelte.

Die Konflikte und Diskussionen zwangen Makarenko, seine Ansichten scharf und polemisch zugespitzt mit den Positionen seiner Gegner oder einfach mit weiterverbreiteten Glaubenssätzen zu konfrontieren. Ich neige dazu, seine Position ganz allgemein gesagt als rationalen "revolutionären Realismus" zu charakterisieren. Makarenko selbst schrieb darüber wie folgt: "Jede Romantik, wie sie bei uns so verbreitet ist, müssen wir ablehnen (...)."[14] Es ist möglich, daß der Ausdruck "Romantik" hier nicht ganz angebracht ist; vielleicht wäre es richtiger, von naivem Illusionismus oder — wie Makarenko an einer anderen Stelle schreibt — von "Begeisterung über abstrakte Losungen" zu sprechen.

In seiner bewußt reflektierten Alltagspraxis wurde Makarenko bald klar, daß der alles erfassende Schwung des Bruchs mit dem "Alten" und die unter der Ägide des Sozialismus erfolgte deduktive Ableitung partikularer (z.B. pädago-gischer) Konzeptionen unmittelbar aus abstrakten Ideen nur in eine Sackgasse und zu Fehlern führen konnte.

So mußte er in Konflikt geraten mit den Folgen der Fetischisierung des Wer-tes der Arbeit, mit der heuchlerischen Einstellung zum pädagogischen Zwang (zur Bestrafung), mit der radikalen Verneinung bestimmter moralischer Kate-gorien (Ehre, Pflicht, Disziplin), mit der Überbewertung der reinen Bewußtheit (des "Bewußtseins") und mit dem naiven Optimismus bezüglich der "freien Entfaltung" der Möglichkeiten des "Kindes". All diese Erscheinungen subsum-mierte Makarenko unter einem von ihm geprägten Begriff — dem Begriff der "pädagogischen Logik", dem eine konsequente Verwirklichung der Kollektiv-Logik zugrundeliegt.

Makarenko war der Meinung, daß sich die sozialistischen Formen — ob es sich nun um die Sache der Erziehung oder um weiter gefaßte Phänomene des Lebens handelt — nicht auf rein spekulativem Wege und unter Zwang herstellen lassen. Nur eine ständige empirische Analyse und kritische Verallgemeinerung der Wirklichkeit sozialistischer Prozesse, eine Unterstützung neuer Initiativen, aller neueren und neuesten induktiven Impulse· sowie ständiges Experimentie-ren können neuartige Daseinsformen schaffen. Zur Verteidigung all dessen ist Makarenko, als man ihn zwingen wollte, seine in der Praxis bestätigten Prin-zipien aufzugeben, unbeugsam geblieben: Er verteidigte seine schöpferischen Möglichkeiten; als deren Quellen jedoch versiegt waren, war er nicht mehr im-stande, seine Sache fortzuführen.

Eine der größten Gefahren des real existierenden Sozialismus ist, daß er die in weltgeschichtlichen Perspektiven entstandenen und entsprechend konzipier-ten Ideen, Werte und Prinzipien in jeder Hinsicht, sogar bis in die einzelnen Details, der Kontrolle der gegebenen Wirklichkeit und dem Einfluß aktueller Fakten und Entwicklungen entzieht. Diese Ideen, Werte und Prinzipien schwe-ben gleichsam über der Wirklichkeit, aber dennoch dienen sie als Grundlage direkter Schlußfolgerungen — als "deduktiver Impuls" unter Umgehung der Wirklichkeit — und als Grundlage konkreter sozialistischer Prozesse. Dem kühlen und klaren Rationalismus Makarenkos war dies a priori fremd; seine

---

[14]Ebd., S. 43.

Überzeugung und seine Erfahrung führten ihn dazu, daß der Sozialismus über kein bereits fertig vorliegendes Drehbuch verfügt, das man nur Punkt für Punkt zu realisieren braucht und wo alles, was darin nicht vorgesehen ist, einfach ausgeschaltet werden muß.

Makarenko sieht jedoch, und zwar aufgrund bestimmter Prämissen, im Sozialismus eine Gesellschaft, die ununterbrochen Erfahrungen sammelt, ihre eigenen Lebensformen kritisch analysiert und individuellen und kollektiven Perspektiven sehr viel Freiraum gewährt, d.h. eine Gesellschaft "in Bewegung, in ständiger Fortentwicklung". Heute würden wir sagen: in einem Zustand permanenter Reform.

Eine Eigenart des Sozialismus — zumindest nach Makarenkos Auffassung — ist auch, daß er bestimmte Werte und Kategorien nicht einfach radikal verneint, wie das früher viele gemeint hatten, sondern umformt und mit neuen Inhalten füllt und dadurch eine Kontinuität gesellschaftlicher Daseinsformen sogar unter den Bedingungen der Diskontinuität sicherstellt.

Makarenko beschäftigte sich mit diesem Problem in einer recht sachlichnüchternen Weise. Als er aufgrund seiner Erfahrungen erkannt hatte, daß er ohne eine neuartige Interpretation solcher Begriffe wie Disziplin, Pflichtgefühl und Ehre in der Sache der Erziehung keinen Schritt vorankommt, stieß er immer wieder auf die bekannten Formeln: Pflicht — das ist eine "bürgerliche Kategorie", Ehre — ein "Offiziersprivileg"; die Disziplin entstammt dem "reinen Bewußtsein" und äußert sich als Selbstdisziplin, wobei die Logik der Disziplinierung natürlich unannehmbar ist; und das Pflichtgefühl ist ebenfalls eine veraltete Kategorie. Durch eine solche Herausforderung war Makarenko gezwungen, große geistige Anstrengungen zu unternehmen, ja er mußte fast so etwas wie ein Theoretiker der Ethik werden, um solchen Kategorien — zumindest auf der Grundlage eigener Erfahrungen — einen neuen Inhalt zu geben und sie in das geistige Leben und in die Praxis der sozialistischen Gesellschaft zu integrieren.

Dies alles sowie einige Momente seiner persönlichen Erfahrung bewogen Makarenko dazu, auch zwei weiteren Aspekten der sozialistischen Wirklichkeit Beachtung zu schenken: der Natur der für den Sozialismus charakteristischen Konflikte sowie den Dimensionen der Freiheit.

Sowohl die Erfahrungen seines persönlichen Lebens als auch seine theoretischen Überlegungen führten ihn zu der Überzeugung, daß auch die sozialistische Wirklichkeit voller Konflikte ist. Es gehört zu ihrem Wesen, daß sowohl in den einzelnen Menschen als auch in den zwischenmenschlichen und sogar in den gesellschaftlichen Beziehungen ununterbrochen Konflikte auftreten. So sonderbar das auch klingen mag: Makarenko hat in einer ziemlich kritischen Zeit (1938) seine Stimme gegen die Schablonen der Konfliktlosigkeit in der Literatur erhoben.[15] Die Bedeutung dieser Tatsache wird auch dadurch nicht gemindert, daß er sich mit den Problemen der für den Sozialismus charakteristischen Konflikte erst in Verbindung mit der Verteidigung seines Romans "Ehre" auseinanderzusetzen begann.

Heute wissen wir natürlich allzu gut, daß die wirklichen, entscheidenden tragischen Konflikte jener Epoche Makarenko — wie auch seinen Zeitgenossen — verborgen geblieben waren. Und durch seine Publizistik trug er sogar nolens volens zur Verschleierung dieser Konflikte bei. Hier ist nicht der Ort, die entsprechenden Ursachen und Umstände aufzudecken. Es muß jedoch angemerkt werden, daß die schweren gesellschaftlichen Konflikte in Form von politischen Prozessen und Massenrepressalien nicht vorauszusehen waren; ebenso ließ sich keineswegs vermuten, daß so etwas unter den Bedingungen des Sozialismus überhaupt möglich ist. Makarenko hatte etwas anderes erhofft — eine, wie er es nannte, "Humanisierung des Konflikts"; aber darüber schrieb er nur in seinem Tagebuch.[16]

Ein solcher Gedankengang ist auch dann interessant und erwähnenswert, wenn er sich eher auf die Zukunft als auf die Gegenwart bezieht und wenn in seiner Begründung ein apologetisches Moment auftaucht, wie es auch für seine anderen Werke aus den letzten Lebensjahren typisch ist.

Ein Teil der für den Sozialismus charakteristischen Konflikte hat seine Ursache im Verständnis der Freiheit des Individuums und der Umstände ihrer Verwirklichung. Natürlich war Makarenko mit der Formel vertraut: Freiheit ist Einsicht in die Notwendigkeit. Er wußte aber ebenso gut, daß dies eine noch viel zu abstrakte und philosophische Wahrheit ist, um als Leitfaden im alltäglichen Leben zu dienen. Ihn interessierte das alltägliche Antlitz der Freiheit und ihre auch in der Erziehung anwendbare Logik, und zwar schon ganz früh, zu Beginn der 20er Jahre. Denn seine Verwahrlosten kamen ja mit einer großen Erfahrung an unorganisierter anarchistischer "Freiheit" der Straße in die Kolonie!

Aber auch in der ihn umgebenden Gesellschaft entdeckte er immer häufiger Symptome eines umfassenden und radikalen Bruchs, die zwar die Folgen der "Befreiung von etwas" klar widerspiegelten, jedoch nur wenig über die "Freiheit für etwas" aussagten. Das Prinzip des ungebundenen und angenehmen Lebens war oft zum Synonym für persönliche Freiheit geworden, und das hatte zur Folge, daß sich die normativen Unsicherheiten der Gesellschaft immer mehr verstärkten.

---

[15] Ped.soč. 7, S. 160-164.

[16] Stranicy iz zapisnych knižek. In: Voprosy teorii i istorii pedagogiki (pod red. A.V. Ososkova), Moskva 1960, S. 18-33, hier: S. 27.

Und deshalb war für Makarenko schon von Anfang an die Geste der Widerspenstigkeit und die Logik der positiven Behauptungen die entscheidende Frage. (Gerade das gab und gibt auch heute noch Anlaß dazu, seine Ansichten — sieht man sie einmal losgelöst von den aktuellen Problemen seiner Zeit — in konservativer Richtung zu verfälschen.) Die Freiheit des Individuums gibt es für ihn nicht um ihrer selbst willen, sondern nur in Verbindung mit zwei anderen Kategorien: mit der einer vernünftigen Ordnung und der einer neu verstandenen Disziplin. Die Formel der Freiheit kann nur in einem solchen Kontext gesehen werden, ob nun von der Erziehung oder von weiter gefaßten gesellschaftlich-pädagogischen Fragen, von gesellschaftlicher Moral oder aber von sozialitischem Verhalten die Rede ist.

Zum besseren Verständnis wollen wir uns eines Schlüssels zu den Ansichten Makarenkos bedienen, und zwar eines solchen, der uns aufzeigt, wie er die Kategorie der Disziplin umgedeutet hat. Einerseits hat er die Disziplin ihres rein formalen Charakters entkleidet und sie in ein aktives, tätiges, die Pflichterfüllung tragendes Prinzip umgewandelt, das dadurch einen reicheren und umfassenderen Inhalt bekommt als lediglich das "Fehlen von etwas". In einer seiner Vorträge sprach er die gleichsam prophetischen Worte aus: " (...) eine Disziplin, die nur auf einer formalen Norm, einem Dogma oder Befehl basiert, verwandelt sich leicht in blinden Gehorsam, in mechanische Unterordnung unter eine leitende Person."[17]

Andererseits hat er den Begriff der Disziplin erweitert; er erhob sie in den Rang der Ethik und war der Auffassung, daß ihre Erscheinungen und damit auch die Erziehung zur Disziplin all das umfassen, was man als "gesellschaftliche Natur des Menschen" bezeichnet. In diesem Sinne ist ein "freier Mensch" auch ein "disziplinierter Mensch". Deshalb schien eine vergangene Epoche, in der ständig lautstark von "eiserner Disziplin" und "bewußter Disziplin" geredet wurde, sich rein terminologisch an Makarenko anzuschließen, während sie zugleich eine Disziplin forderte, die "auf einer formalen Norm, einem Dogma oder Befehl basiert", also gerade das, was Makarenko verurteilt hatte.

Seine Überzeugung, daß nämlich die Freiheit des Individuums nicht die Welt der willkürlichen Unbeschränktheit bedeutet, sondern "Teil des Gemeinwohls" ist, veranlaßt uns heute, wenn wir neue Formen der sozialistischen Wirklichkeit erforschen, zum Nachdenken und zwingt uns, bei deren Umsetzung in die Praxis immer mehr "induktive Erfahrungen" zu sammeln. "Authentisches Dasein" ist nur das, was sich im Zeichen des "Gemeinwohls" verwirklichen läßt und kein "Laufen in einem leeren Raum".[18]

---

[17]Ped.soč. 4, S. 257.
[18]Ped.soč. 1, S. 12.

Vergessen wir nicht: Makarenkos Lebenswerk ist eigentlich ein Torso geblieben. Groß angelegte, verallgemeinernde theoretische Werke zu schreiben war ihm nicht mehr vergönnt. Es war ihm auch kein langes Leben beschieden, er wurde nur 51 Jahre alt, und hinzu kommt noch, daß verschiedene Zwänge der letzten Lebensjahre — manchmal vielleicht auch Angst — den organischen und logischen Bogen seines Lebensweges gebrochen haben. Und von daher erklärt sich auch, daß unter seinen Arbeiten nicht wenig Fragmentarisches zu finden ist. Und da er sich ständig in Auseinandersetzungen und Konflikten befand, lassen sich in seinen Werken auch Paradoxa ausmachen, überspitzte Formulierungen, die nur einen einzigen Aspekt komplizierter Fragestellungen in den Vordergrund treten lassen.

Es unterliegt keinem Zweifel, daß sich in jener Epoche nur wenige finden lassen, die mit ähnlicher Bewußtheit, ähnlicher intellektueller Kraft und einem ähnlichen rationalen Realitätssinn auf alle Erscheinungen des Sozialismus, mit denen sie konfrontiert wurden, reagiert haben wie Makarenko.

Das Makarenko-Bild ist untrennbar mit einer Reihe von Helden der russischen Literatur verbunden — "überflüssigen Menschen" —, aber auch mit dem Prozeß der historischen Entwicklung, als Rußland — mit Worten Lenins — "sich den Marxismus abgequält hat". Makarenko ist einer der Kronzeugen dieses Weges; er ist ein Beispiel dafür, wie aus einem "überflüssigen Menschen" ein unentbehrlicher und nützlicher Mensch werden kann.

Götz Hillig

Der schwierige Weg zum Kommunismus

Makarenkos Entwicklung zu einem "parteilosen Bolschewiken"[0]

Der Beitrag versucht, nachzuzeichnen, wie sich der posthum zum führenden sowjetischen Pädagogen deklarierte A.S. Makarenko dem in der UdSSR etablierten Bolschewismus annäherte. Darüberhinaus sollen einige Ergebnisse der historisch-biographischen Makarenko-Forschung vorgestellt werden, die im Rahmen des Projekts "Wissenschaftliche Biographie A.S. Makarenkos" des Makarenko-Referats an der Universität Marburg erzielt wurden. Neben der innerhalb und außerhalb der Sowjetunion erschienenen Literatur konnten dabei auch bisher nicht ausgewertete Archivalien und zeitgenössische Publikationen sowie Erinnerungsbeiträge und Aussagen von Zeugen herangezogen werden, darunter einige, die der Forschung noch nicht bekannt waren.

1. Soziale Herkunft

Anton Semenovič Makarenko (geb. 1.(13.) 3.1888) wuchs nicht in der Familie eines armen Arbeiters auf (so seine eigene Darstellung in "Ein Buch für Eltern" (Knige dlja rodilelej; 1937) und "Ehre" (Čest'; 1937/38), entsprechend auch in der bisherigen biographischen Literatur), sondern — wie sein Bruder Vitalij glaubwürdig bezeugt[1] — in der Familie eines standesbewußten, bei einer Eisenbahngesellschaft (Südbahn) beschäftigten Handwerkers bzw. Facharbeiters (Malers), wodurch er sich gegenüber Angehörigen anderer 'werktätiger' Bevölkerungsgruppen des vorrevolutionären Rußland in einer vergleichsweise privilegierten Situation befand: Die Eisenbahner lebten in besonderen Siedlungen, versorgt mit elektrischem Strom, sie hatten eigene Schulen (Elementarbis zu Fachhochschulen), Klubs, Ärzte, Apotheken, Krankenhäuser etc.

---

[0]Durchgesehene und erweiterte Fassung folgender Publikationen des Verf.: L'evoluzione di Makarenko verse il communismo. In: Orientamenti Pedagogici, 1982, Nr. 4, S. 605-628; Nelegkij put'k kommunizmu. Kak A.S. Makarenko stal "bespartijnym bol'ševikom". In: F. Pataki/G. Chillig, Samoutverždenie ili konformizm? K voprosu idejno-političeskogo stanovlenija A.S. Makarenko, Marburg 1987, S. 23-74.

[1]Siehe dazu: Kolloquium mit V.S. Makarenko; V.S. Makarenko, Erinnerungen an meinen Bruder; Aus der Korrespondenz des Makarenko-Referats mit V.S. Makarenko. In: Makarenko-Materialien III. Quellen zur Biographie des jungen Makarenko (1888-1920), Marburg 1973, S. 154-247. — V. Makarenko, Moj brat Anton Semenovič. Vospominanija, pis'ma; Marburg 1985.

Makarenkos Vater — entgegen A.S. Makarenkos späterer Darstellung kein Analphabet — war zunächst einfacher Facharbeiter, dann Brigadier (Vorarbeiter) und zuletzt Meister und Leiter der Malerabteilung einer großen, neuerrichteten Reparaturwerkstatt (in Krjukov bei Kremenčug, Gouvernement Poltava) der Südbahn, in deren Auftrag er 1912 innerhalb einer Abordnung von Stahl- und Farbexperten Firmen in Deutschland besuchte. Seit 1905 bewohnte die Familie Makarenko ein eigenes kleines Haus, dessen Bau durch Mehrverdienst des Vaters aufgrund zusätzlicher Arbeitsschichten der Eisenbahnwerkstatt während des Russisch-Japanischen Krieges (1904-05) ermöglicht worden war. V.S. Makarenko bezeugte, daß sein Vater ein gläubiger Mensch mit einer konservativ-monarchistischen Gesinnung war, während sein Bruder ihn — in "Ehre" — zu einem Sympathisanten der Bolschewiki machte. Für Vitalijs Aussage spricht, wenn auch indirekt, die in der sowjetischen Literatur verschwiegene Tatsache, daß der Vater — wohl 1910 — für seine Verdienste um Volk und Vaterland während des Krieges gegen Japan (Bau von Sanitätswaggons!) mit der "persönlichen Ehrenbürgerschaft" (ličnoe početnoe graždanstvo) des Russischen Reiches ausgezeichnet wurde.[2]

2. Die politische Einstellung des jungen Makarenko

Für eine "entscheidende Prägung" durch die revolutionären Ereignisse des Jahres 1905, ja eigene politische Aktivitäten in dieser Zeit, wie sie Makarenko in der sowjetischen Literatur seit dem Erscheinen von E.Z. Balabanovič's Monographie "A.S. Makarenko" (1951)[3] zugeschrieben werden, seiner Witwe bei der Niederschrift ihres wegweisenden Artikels "Ein Leben voller Arbeit und Suchen" (1941)[4] jedoch offenbar nicht bekannt waren, gibt es keine stichhaltigen Beweise. Balabanovič's 'Kronzeuge' für diese und andere Aktivitäten Makarenkos als Elementarschullehrer in Krjukov ist dessen damaliger Vorgesetzter M.G. Kompancev, der hiervon erst in einem unveröffentlichten Nachtrag zu seinen 1944 publizierten Erinnerungen berichtet.[5]

---

[2]Ličnyj archiv F.I. Naumenko, L'vov. — Das besagt auch ein Auszug aus einem Geburts- und Sterberegister betreffend Tod und Beisetzung "des persönlichen Ehrenbürgers Semen Grigor'evič Makarenko" vom 1.3.1916 aus A.S. Makarenkos Nachlaß. Central'nyj gosudarstvennyj archiv literatury i iskusstva SSSR, Moskva (im weiteren zit. als: CGALI), f. 332, op. 4, ed. chr. 1099.

[3]E. Balabanovič, A.S. Makarenko. Očerk žizni i tvorčestva, Moskva 1951.

[4]G. Makarenko, Žizn', polnaja truda i iskanij. In: Učitel'skaja gazeta, 1941, Nr. 39, 30.3., S. 3.

[5]M.G. Kompancev, Iz vopominanij ob Antone Semenoviče Makarenko. In: Načal'naja škola, 1944, Nr. 5/6, S. 4-6. — Ders., Ešče o A.S. Makarenko. CGALI, f. 332, op. 4, ed. chr. 476.

Eine einleuchtende Erklärung dafür, weshalb über die politischen Interessen des jungen Makarenko erst nach dessen Tod etwas bekannt wurde, gibt Vitalij Semenovič. Auch er bezeugt, daß A.S. Makarenko Kontakt zur russischen revolutionären Bewegung hatte, aber er spricht von einer sozialrevolutionären und nicht von einer sozialdemokratischen bzw. bolschewistischen Orientierung seines Bruders.[6] Nach dem Scheitern der Revolution von 1905-07 wandte er sich jedoch, wie viele Intellektuelle seiner Zeit, ganz von der Politik ab und konzentrierte sich auf seine Tätigkeit als Lehrer und seine schriftstellerischen Ambitionen.

A. Makarenko im Jahre 1937

Diese weitgehende 'Entpolitisierung' bedeutete jedoch keineswegs, daß Makarenko nicht offen war für gesellschaftliche Veränderungen; vielmehr ist davon auszugehen, daß auch er den 1917 in Rußland mit dem Sturz des Zaren (Februarrevolution) eingeleiteten Demokratisierungsprozeß begrüßt hat.Ob das allerdings auch für die Machtübernahme durch die Bolschewiki gilt, muß bezweifelt werden. Die in der sowjetischen Literatur in diesem Zusammenhang immer wieder zitierten Bekenntnisse Makarenkos zur Oktoberrevolution stam-

---

[6]Siehe dazu vom Verf.· Eine Jugend in Rußland. Anstelle eines Nachrufs, Marburg 1987.

men sämtlich aus späterer Zeit (1936/37); sie enthalten zudem keine direkten Informationen zu politischen Fragen und sind deshalb wenig aussagekräftig. Die bekannteste dieser Äußerungen, die angeblich zeigt, daß Makarenko die Oktoberrevolution "begeistert begrüßt" habe,[7] lautet im Kontext wie folgt:

"Meine Lehrertätigkeit war mehr oder weniger erfolgreich, doch nach dem Oktober eröffneten sich mir ungeahnte Perspektiven. Wir Pädagogen waren damals von diesen Perspektiven so berauscht, daß wir uns nicht mehr in der Gewalt hatten, und in unserer Begeisterung für die verschiedensten Dinge richteten wir, ehrlich gesagt, ein großes Durcheinander an. Zum Glück hat man mir im Jahre 1920 eine Kolonie für Rechtsbrecher anvertraut. Die Aufgabe, die nun vor mir lag, war so schwierig und so unaufschiebbar, daß für wirre Gedanken keine Zeit blieb."[8]

3. Die ersten Jahre nach der Oktoberrevolution

Nach der Oktoberrevolution, die in der Ukraine nicht sofort zur Herrschaft der Bolschewiki ("Sowjetmacht") führte, sondern die Proklamierung einer Ukrainischen Volksrepublik durch die bürgerliche Zentralrada nach sich zog, verhielt sich Makarenko zunächst abwartend. Das zeigt auch seine kontinuierliche und wohl niemals gefährdete Tätigkeit als Schulleiter in Krjukov und später in Poltava unter den sich oft verändernden Machtverhältnissen in den Jahren des Bürgerkriegs: "Rote", ukrainische Nationalisten, deutsch-österreichische Besatzungsmacht bzw. Hetmanat Skoropadskijs, Anhänger des rebellierenden Atamans Grigor'ev, "Weiße". Entsprechend antwortete er dann 1939 im Rahmen eines von ihm angestrengten Parteiaufnahmeverfahrens auf die Frage nach seiner politischen Einstellung als Lehrer in der Zeit des Einmarsches von Truppen der "weißen" Denikin-Armee: "Ja, ich habe als Lehrer unterrichtet; ich war gegen die Denikin-Herrschaft, doch einen aktiven Kampf dagegen habe ich nicht geführt, ich befaßte mich mit pädagogischer Arbeit."[9]

In früheren autobiographischen Zeugnissen hatte Makarenko dagegen die — in der sowjetischen biographischen Literatur als authentische Aussage zitierte — Schutzbehauptung aufgestellt, er sei im August 1919 wegen des "Einmarsches der Denikin-Armee und der Zerstörung der Schule und ihrer einzelnen

---

[7] N.A. Morozova, A.S. Makarenko. Seminarij. Izd. 2-e, Leningrad 1961, S. 81.

[8] A.S. Makarenko, Sočinenija v semi tomach. 2-e izd., Moskva 1957-58 (zit. als: Soč. 1 ff.), t. 7, S. 298; auch in: A. Makarenko, Gesammelte Werke. Marburger Ausgabe, Ravensburg 1976-79, Stuttgart 1982 (zit. als: Ges. Werke 1 ff.), Bd. 7, S. 185; A.S. Makarenko, Pedagogičeskie sočinenija v vos'mi tomach, Moskva 1983-86 (zit. als: Ped. soč. 1 ff.), t. 4, S. 12.

[9] Institut mirovoj literatury im. A.M. Gor'kogo AN SSSR, otdel rukopisej, Moskau (zit. als: IMLI), f. 114, op. 1, d. 5, Bl. 5; auch in: Ped. soč. 8, S. 128.

Arbeitsorganisationen" aus Krjukov nach Poltava gegangen[10] bzw. wegen des Aufbaus einer landwirtschaftlichen Kommune an seiner Schule "in der Denikin-Zeit entlassen worden".[11]

Poltava war jedoch bereits am 29. Juli 1919 und damit früher als Krjukov (10. August) von den Denikin-Truppen eingenommen worden,[12] so daß Makarenko, als er, wie sein Bruder bezeugt hat, am 10. August Krjukov überstürzt verließ und zu seiner Freundin, E.F. Grigorovič, nach Poltava fuhr, von einer 'weißen' Stadt in die andere wechselte. In Poltava übernahm er dann — aufgrund eines ihm am 7. September 1919 unterbreiteten Angebotes[13] — die Leitung einer städtischen Elementarschule.

Im Sommer 1920, d.h. ein halbes Jahr nach der endgültigen Etablierung der Sowjetmacht in Poltava, verfaßte Makarenko als Mitglied des Vorstandes der Gewerkschaft der Lehrer an russischen Schulen dieser Stadt zwei Eingaben zur Reorganisierung der Arbeit des Gouvernementssektors Sozialerziehung, organisierte ein Fest zur Eröffnung eines Kinderpalastes in Poltava und war aktiv an der Reorganisierung der allgemeinbildenen in Arbeitsschulen beteiligt.

Trotz dieser pädagogischen Aktivitäten kann man von einer gewissen Reserviertheit Makarenkos gegenüber der nach 1917 in den Sowjetrepubliken eingeleiteten Entwicklung sprechen. Davon zeugen u.a. seine Vorbehalte gegenüber der Organisierung einer Komsomolzelle bzw. einer Pioniergruppe in der Gor'kij-Kolonie, die er mit Besorgtheit um die Einheit des Zöglingskollektivs begründete.[14] Diese ablehnende Haltung gab Makarenko erst 1925 auf, als in allen Kinderheimen der Ukraine Komsomol- und Pionierzellen eingerichtet wurden.[15] Von seiner Reserviertheit gegenüber der offiziellen Entwicklung zeugt jedoch vor allem eine in der sowjetischen Makarenko-Literatur bisher

---

[10]Soč. 7, 399; Ped. soč. 1, S. 8.

[11]A.S. Makarenko. (Kn. 10), L'vov 1978, S. 94.

[12]Radjans'ka enciklopedija istoriji Ukrajiny. T. 2, Kyjiv 1970, Sp. 501; t. 3, 1971, Sp. 413.

[13]CGALI, f. 332, op. 4, ed. chr. 360, Bl. 1; auch in: Ped. soč. 8, S. 120.

[14]So schrieb Makarenko in einem Fragebogen (Januar/Februar 1923): "Die Kolonie lebt in einer so engen Gemeinschaft, daß für die Organisierung spezieller gesellschaftlicher Formen kein Bedürfnis besteht." (Central'nyj gosudarstvennyj archiv Oktjabr'skoj revoljucii i socialističeskogo stroitel'stva USSR, Kiev, f. 166, op. 2, ed. chr. 1687, Bl. 102 f.). Und in einem im Sommer 1924 entstandenen Bericht über die Gor'kij-Kolonie heißt es diesbezüglich: "Das pädagogische Kollektiv betrachtet es als unmöglich, in der Kolonie eine eigene Komsomolzelle zu gründen, da die Kinder sonst zersplittert würden, doch inoffiziell betrachten sich alle als Komsomolzen." (Maro [M.I. Livitina], Rabota s besprizornymi. Praktika novoj raboty v SSSR, Char'kov 1924, S. 75 f.).

[15]Im "Pädagogischen Poem" bezog Makarenko die Gründung einer Komsomolzelle in den — die Jahre 1920-23 umfassenden — 1. Teil ein, was ihn jedoch nicht vor dem Vorwurf bewahrte, er übergehe den Komsomol als "den bedeutendsten Faktor der gesellschaftlich-politischen Erziehung der Kolonisten fast mit Schweigen" (B. Brajnina, Poėma pedagogičeskoj intucii.

nicht vollständig zitierte Äußerung aus dem Jahr 1922, in der er — und zwar zwecks Zulassung zum Studium in Moskau (Litkens-Zentralinstitut für Organisatoren der Volksbildung) — eine gewisse Sympathie für einen, allerdings erst noch wissenschaftlich zu begründenden Sozialismus bekundet. In diesem, "Anstelle des Kolloquiums" überschriebenen Dokument heißt es im Anschluß an die Darlegung einiger Kenntnisse auf dem "Gebiet der politischen Ökonomie und der Geschichte des Sozialismus":

"Zu meiner politischen Überzeugung — ich bin parteilos. Ich halte den Sozialismus in den schönsten Formen menschlichen Zusammenlebens für möglich, aber ich meine: solange die Soziologie nicht durch ein festes Fundament der wissenschaftlichen Psychologie, insbesondere der Kollektivpsychologie, untermauert ist, wird eine wissenschaftliche Ausarbeitung sozialistischer Formen unmöglich sein, doch ohne wissenschaftliche Fundierung ist ein vollkommener Sozialismus unmöglich."[16]

4. Lenin-Lektüre

Als ein Indikator für Makarenkos politische Entwicklung läßt sich seine seit 1928 nachweisbare systematische Beschäftigung mit den Schriften Lenins und deren Auswertung vor allem unter pädagogischen Aspekten ansehen.[17] Die bisherige Annahme, Makarenko habe sich bereits seit 1920 intensiv mit Lenins auf dem III. Komsomolkongreß gehaltenen Rede "Die Aufgaben der Jugendverbände" (Zadači sojuzov molodeži) beschäftigt, ja die Einzelausgabe dieser Rede ständig zur Hand gehabt,[18] ist schon deshalb sehr unwahrscheinlich, weil er sich erst 1925 oder sogar noch später Exzerpte aus deren Text gemacht hat, und zwar anhand jener Passagen, die N.K. Krupskaja in ihre nach Lenins Tod (1924) veröffentlichte Broschüre "Lenins Vermächtnis auf dem Gebiet der

---

In: Chudožestvennaja literatura, 1935, Nr. 3, S. 9-12, hier: S. 11).

[16]R.I. Jakovlev, "Referat" A.S. Makarenko. In: Istoričeskij archiv, 1961, Nr. 2, S. 228 f. — Wie schwer sich die sowjetische pädagogische Historiographie mit dieser Aussage Makarenkos tut, zeigt die Tatsache, daß bei der Veröffentlichung einer kritischen Zeitschrift des ukrainischen Literaturwissenschaftlers M. Getmanec, in der dieser auf die Notwendigkeit einer korrekten Textwiedergabe bei der Publikation von Makarenko-Archivalien hinweist und dabei u.a. auf das Fehlen der o.g. Aussage in "Sočinenija" aufmerksam macht, dieselbe erneut unvollständig abgedruckt wird: "Zu meiner politischen Überzeugung — ich bin parteilos. Ich halte den Sozialismus in den schönsten Formen menschlichen Zusammenlebens für möglich." In: Učitel'skaja gazeta, 1974, Nr. 73, 18.6., S. 3. Auch in der neuen, achtbändigen Makarenko-Ausgabe wurde auf die Wiedergabe dieser Stelle verzichtet (Ped. soč. 1, S. 10).

[17]Siehe darüber vom Verf.: "... Er steht auf unserer Seite!" Anmerkungen zu A.S. Makarenkos Lenin-Rezeption. In: Pädagogik und Schule in Ost und West, 1982, Nr. 4, S. 62-71.

[18]E. Balabanovič. (s. Anm. 3), S. 37.

Volksbildung" (Zavety Lenina v oblasti narodnogo prosveščenija) aufgenommen hatte.[19]

Makarenkos frühestes Selbstzeugnis, das einen Hinweis auf Lenin enthält, ist die bereits erwähnte Darlegung seiner Kenntnisse auf den einzelnen Wissensgebieten, die er seinem Gesuch zum Studium in Moskau (1922) beifügte. Darin heißt es u.a.: "Auf dem Gebiet der politischen Ökonomie und der Geschichte des Sozialismus habe ich Tugan-Baranovskij und Železnov studiert. Von Marx habe ich einzelne Werke gelesen, das 'Kapital' habe ich jedoch nicht gelesen, nur Ausführungen darüber. Gut bekannt sind mir die Arbeiten von Michajlovskij, Lafargue, Maslov und Lenin."[20]

Die Nennung Lenins an letzter Stelle ist dabei schon erstaunlich, und man muß sich fragen, ob Makarenko zu dieser Zeit überhaupt schon etwas von Lenin gelesen hatte oder ob er es einfach für unerläßlich hielt, in seiner Bewerbung auch Lenin mit anzuführen, zumal mit den von ihm zuvor genannten und wohl tatsächlich schon vor der Oktoberrevolution gelesenen Autoren N.K. Michajlovskij (Narodnik) und P.P. Maslov (Menschewik) zu dieser Zeit ohnehin kein Staat mehr zu machen war.[21]

Daß Makarenko als "Parteiloser" mit einer sozialrevolutionären Vergangenheit bereits zu Beginn der 20er Jahre die "Pravda" gelesen hat, in der die Mehrzahl von Lenins Arbeiten zunächst veröffentlicht wurde, ist äußerst unwahrscheinlich.[22] Außerdem muß man in diesem Zusammenhang berücksich-

---

[19]CGALI, f. 332, op. 4, ed. chr. 189. Faksimilewiedergabe eines Auszugs dieser Manuskripte in: A.S. Makarenko, Teorija i praktika kommunističeskogo vospitanija, Kiev 1985, nach S. 64.

[20]Soč. 7, 401; Ped. soč. 1, 10.

[21]Aufschlußreich für die bisherige Darstellung von Makarenkos Lenin-Kenntnis ist die Wiedergabe der o.g. Passage aus dessen Bewerbungsschreiben durch den sowjetischen Makarenko-Forscher A.A. Frolov: "In dem Dokument 'Anstelle des Kolloquiums' hat A.S. Makarenko auf die Frage (sic!) nach der Kenntnis der Werke V.I. Lenins folgendes eingetragen: 'Gut bekannt'", wodurch das Ausfüllen eines Fragebogens suggeriert wird (A.A. Frolov, Leninskie idei v učenii A.S. Makarenko o celjach i putjach kommunističeskogo vospitanija. In: Učen. zap. Gor'kovskogo pedagogičeskogo instituta, vyp. 147, Gor'kij 1972, S. 44-52, hier: S. 44).

[22]Auch von Makarenkos Mitarbeitern in der Gor'kij-Kolonie war keiner Mitglied der Partei der Bolschewiki; zudem hatte die ukrainische KP (B) ihr eigenes zentrales Parteiorgan, die Zeitung "Kommunist", die in Char'kov erschien. Im Zusammenhang mit der schließlich im Sommer 1925 — im Rahmen einer breit angelegten Werbekampagne des ukrainischen Komsomol, die zu einer Verdoppelung der Zahl der Mitglieder führte (s.: Kommunističeskaja partija Ukrainy v resoljucijach i rešenijach s-ezdov i konferencij, Kiev 1958, S. 332) — erfolgten Gründung einer Zelle des Komsomol in der Gor'kij-Kolonie schrieb der "Kommunist" (1925, Nr. 201, 4.9., S. 4): "Eine der Unzulänglichkeiten der Kolonie war, daß es unter dem Verwaltungs- und Lehrpersonal keine Kommunisten und keine Komsomolzen gab."

tigen, daß die Einzel- und Sammelausgaben von Lenins Schriften, die zudem sämtlich nicht in der Ukraine, wo Makarenko ja lebte, sondern in Petrograd bzw. Moskau erschienen, in den ersten Jahren nach der Oktoberrevolution — aufgrund der durch Papiermangel bedingten häufig geringen Auflagenhöhe — noch keine sehr große Verbreitung gefunden hatten.[23] Schon angesichts dieser Tatsachen ist eine genauere Kenntnis von Lenins Schriften durch Makarenko zu diesem Zeitpunkt höchst unwahrscheinlich.

5. Bekanntschaft mit ukrainischen Kommunisten

Makarenkos reservierte Haltung gegenüber der Kommunistischen Partei und ihrer Jugendorganisation, wie sie sich in seinem Widerstand gegen die Gründung einer Komsomolzelle in der Gor'kij-Kolonie zeigte, kann durchaus als repräsentativ für die Mehrheit der sowjetischen Lehrerschaft bis etwa Mitte der 20er Jahre gelten. Denn trotz der Sympathien, die den (in der RSFSR) 1918 bzw. (in der Ukraine) 1920 verkündeten pädagogischen Idealen von weiten Kreisen der Lehrer entgegengebracht wurden, gab es unter ihnen nur ganz wenige, die zugleich auch die politischen Ziele der Bolschewiki voll unterstützten. Entsprechend gering war deshalb auch der Anteil an Kommunisten und Komsomolzen unter den Lehrern.[24]

Makarenkos Annäherung an den Kommunismus erfolgte ganz offensichtlich in der zweiten Hälfte der 20er Jahre. Sie fällt damit in die Zeit einer allgemeinen Mobilisierung zunächst der Arbeiter, dann aber auch der Angestellten für die Kommunistische Partei.[25] Ein entscheidendes Moment für Makarenko

---

[23] Auch die im Februar 1921 begonnene, von L.B. Kamenev betreute erste Ausgabe der "Gesammelten Werke" (Sobranie sočinenij) Lenins erschien zunächst nur in 20 000 Exemplaren; V.A. Fokkev, K istorii izdanija pervogo sobranija sočinenij V.I. Lenina. In: Kniga, t. 30, Moskva 1975, S. 137-152, hier: S. 143.

[24] Siehe dazu: O. Anweiler, Geschichte der Schule und Pädagogik in Rußland vom Ende des Zarenreiches bis zum Beginn der Stalin-Ära, Berlin/Heidelberg 1964, S. 295-298. — Symptomatisch für diese Situation ist die erst sehr spät erfolgte Durchführung allgemeiner Lehrerkongresse in der UdSSR. Sowohl auf ukrainischer als auch auf gesamtsowjetischer Ebene fanden diese erstmals zu Beginn des Jahres 1925 statt. In diesem Zusammenhang schrieb der Historiker M.M. Pokrovskij, Stellvertreter Volkskommissar für das Bildungswesen der RSFSR: "Vor fünf Jahren wäre eine solche Veranstaltung Gefahr gelaufen, sich in eine antisowjetische Kundgebung zu verwandeln. Und selbst vor zwei Jahren, als von dem Kongreß bereits die Rede war, wäre das immerhin noch ein riskantes Abenteuer gewesen." (Na putjach k novoj škole, 1925, Nr. 1, S. 4-9, hier: S. 9).

[25] Der Anteil der Kommunisten (Kandidaten und Mitglieder der Partei) unter den Lehrern stieg zwar — bezogen auf die gesamte UdSSR — von 4,5 % (1925) auf 5,3 % (1927) und derjenige der Komsomolzen von 5,6 % auf 7,9 % an. In der Ukr.SSR waren jedoch auch 1927 noch relativ wenige Lehrer kommunistisch organisiert: 1,5 % Mitglieder, 1,8 % Kandidaten

war dabei sicher die Bekanntschaft mit Galina Stachievna Sal'ko, seiner späteren Frau, Parteimitglied seit 1918, und durch diese dann auch mit anderen ukrainischen Kommunisten.

G.S. Sal'ko war zu der Zeit Vorsitzende der lokalen Kommission für die Angelegenheiten minderjähriger Rechtsbrecher des Bezirks Char'kov; Makarenko hatte sie Anfang 1927 in Zusammenhang mit der Realisierung seines Projekts der Vereinigung aller Kinderheime des Bezirks Char'kov zu einem "Arbeitskorps" kennengelernt. Die Liebe zu dieser Frau bedeutete für ihn — wie die bisher publizierten bzw. auszugsweise zitierten Briefe Makarenkos an G.S. Sal'ko zeigen — nicht nur einen starken persönlichen, sondern (das beweist die intensive Arbeit am "Pädagogischen Poem") auch einen schöpferischen Impuls.

In zweien dieser Briefe an G.S. Sal'ko finden sich auch Erwähnungen Lenins. So heißt es in dem emphatischen, aber auch sehr poetischen Brief Makarenkos vom 2. Juli 1927: "Meine Welt — das ist eine Welt der organisierten Erschaffung des Menschen. Eine Welt präziser Leninscher Logik, doch hier gibt es so viel eigenes, daß es meine Welt ist (...)."[26] Und am 26/27. September 1928 schrieb Makarenko: "Ich lese viel Lenin und bin geradezu entzückt. (...) Auch er steht auf unserer Seite!"[27] Es handelt sich dabei um die Zeit nach Makarenkos Entlassung aus der Gor'kij-Kolonie, als er den Plan faßte, aufgrund der in dieser Jugendkolonie gewonnenen Erfahrungen ein "Pädagogisches Poem" zu schreiben.

Die zuletzt genannte Briefstelle, der für die Beurteilung von Makarenkos Lenin-Rezeption m.E. eine Schlüsselfunktion zukommt,[28] wurde in der sowjetischen Literatur bisher nicht herangezogen. Das hängt sicher damit zusammen, daß dieser Brief zu Beginn der 50er Jahre — im Zuge einer einseitigen 'stalinistischen' Vereinnahmung A.S. Makarenkos — von dem Makarenko-Biographen Balabanovič in einer "korrigierten" Fassung zitiert ("Ich lese viel Stalin...") und entsprechend kommentiert worden war: "In dieser schweren Krise vertiefte sich Anton Semenovič mit noch mehr Energie in den großen Schatz der Ideen des Marxismus-Leninismus, in die Arbeiten des Genossen Stalin. (...) Die Werke

---

der KP (B) U sowie 4,1 % Mitglieder des Komsomol. Angaben nach: Itogi desjatiletija sovetskoj vlasti v cifrach 1917-1927, Moskva, o.J., S. 89; Vsesojuznaja škol'naja perepis' 15 oktjabrja 1927 g. T. 1: Social'noe vospitanie, č. 3, Moskva 1930, S. XXVII. (Diesen Hinweis verdanke ich Reinhard Löhmann).

[26]Voprosy teorii i istorii pedagogiki. Pod red. A.V. Ososkova, Moskva 1960, S. 12.

[27]Rekonstruktion dieser Briefstelle nach E. Balabanovič (s. Anm. 3) S. 38, 56.

[28]So stammen die erhalten gebliebenen Exzerpte Makarenkos aus der Lenin-Gesamtausgabe (Polnoe sobranie sočinenij, 2. und 3. Auflage) — laut einem Archiv-Vermerk (CGALI, f. 332, op. 4, ed. chr. 99) — aus dem Zeitraum 1928-1935. Damit läßt sich der Beginn einer systematischen Beschäftigung Makarenkos mit Schriften Lenins ziemlich exakt auf den Spätsommer 1928 datieren.

des Genossen Stalin gaben Makarenko auf seinem Weg eines revolutionären Neuerers noch mehr Kraft."[29]

Es ist jedoch kaum anzunehmen, daß Makarenko in seiner Verzweiflung nach dem erzwungenen Ausscheiden aus der Gor'kij-Kolonie zu den Werken Stalins respektive Lenins griff, um Kraft für neue Aufgaben zu schöpfen. Wahrscheinlicher ist vielmehr, daß er dazu aufgrund der Lektüre der pädagogischen Fachpresse angeregt wurde, in der zu dieser Zeit wiederholt eine systematische 'Nutzung' der in Lenins Schriften enthaltenen pädagogisch relevanten Aussagen verlangt worden war. Mit dieser Forderung trat vor allem V.N. Šul'gin auf, einer der führenden Vertreter der damaligen Theoriediskussion in der Pädagogik; so heißt es in einem Vortrag, den Šul'gin zum zehnjährigen Jubiläum der Oktoberrevolution gehalten hatte und der in der Moskauer Zeitschrift "Narodnoe prosveščenie", unter dem Titel "10 Jahre Pädagogik" (Pedagogika za 10 let), veröffentlicht wurde: "(...) wir besitzen das an Wert grandiose und an Gehalt hochinteressante Erbe Lenins, das bisher jedoch auf pädagogischem Gebiet noch nicht vollständig bekannt ist, da es, zu unserer Schande, bei uns noch kein Buch von Lenin über die Pädagogik gibt, das alle Äußerungen Lenins zu dieser Frage zusammenfaßt. Ein solches Buch ist jedoch unbedingt erforderlich".[30]

---

[29]E. Balabanovič (s. Anm. 3), S. 56. — Entsprechend verändert hatte Balabanovič auch die andere Briefstelle wiedergegeben und diese wie folgt belegt: "Zitiert nach den Erinnerungen G.S. Makarenkos; Archiv A.S. Makarenko" (S. 49). Siehe auch die folgende Passage in diesem Buch: "Die lebendige Gestalt des Genius der Revolution (gemeint ist Stalin; G.H.) inspirierte Makarenko zu seinem Schaffen, zur Überwindung der Schwierigkeiten, zu kühnem Neuerertum. In Makarenkos Tagebuch lesen wir Worte voll glühender Liebe und Achtung gegenüber dem Führer (vožd'): 'Stalin! In diesem teuren Namen liegt der weltweite Ruhm des russischen Volkes, eine neue Epoche der Weltgeschichte' (Mitgeteilt von G.S. Makarenko)." Ebd, S. 192-194. Dieser und auch der o.g. Quellenbeleg lassen darauf schließen, daß Balabanovič die angeblich Stalin betreffenden Textstellen bereits in verfälschter Fassung von Makarenkos Witwe erhalten hatte. G.S. Makarenko, die das erste Briefzitat ("Stalinsche Logik") auch schon selbst publiziert hatte (in: A.S. Makarenko, L'vov 1949, S. 119), orientierte sich bei diesen Texteingriffen offenbar an der 1948 veröffentlichten Stalin-Biographie ("I.V. Stalin. Kratkaja biografija") und der darin enthaltenen Maxime "Stalin — das ist der Lenin unserer Tage."

[30]Narodnoe prosveščenie, 1927, Nr. 11-12, S. 25-31, hier: S. 30. (Diesen Hinweis verdanke ich Marianne Krüger-Potratz). —- Šul'gin, der zuvor bereits eine Schrift mit Auszügen aus Werken von Marx und Engels herausgegeben hatte (Marks i Engel's v ich pedagogičeskich vyskazyvanijach, Moskva 1924), stellte — unter dem Titel "Der Leninismus in der Pädagogik" (Leninizm v pedagogike) — eine solche Broschüre selbst zusammen, die bereits im September 1928 erschien. — Im Unterschied zu Šul'gin und anderen Autoren richtete sich Makarenkos Interesse — wie die bisher bekannt gewordenen Exzerpte sowie entsprechende Äußerungen von ihm zeigen — weniger auf direkte pädagogische Aussagen als vielmehr auf Ausführungen Lenins, die in anderen Zusammenhängen stehen, ihm aber als pädagogisch relevant erschienen. In ganz besonderem Maße gilt das für Textstellen über Disziplin. Außerdem

In jene Zeit fällt auch Makarenkos nähere Bekanntschaft mit ukrainischen Kommunisten, mit denen G.S. Sal'ko Ende der 20er/Anfang der 30er Jahre in Char'kov gemeinsam in einer großen Wohnung lebte. Neben dem 'Hauptmieter', V.P. Zatonskij, dem damaligen Volkskommissar für Arbeiter- und Bauerninspektion der Ukr.SSR, gehörten Parteifunktionäre, Behördenangestellte, Juristen und Ingenieure zu dieser 'Kommune' (so die Bezeichnung ihrer Bewohner). Makarenko war dort oft zu Besuch, und in diesem Kreis las er auch erstmals aus dem Manuskript seines "Pädagogischen Poems" vor.[31]

Die für Makarenkos weiteres Schicksal wahrscheinlich bedeutsame Freundschaft mit Zatonskij, der im Februar 1933 Skrypnik als Leiter des Narkompros der Ukr.SSR ablöste, wird in der sowjetischen Makarenko-Literatur bisher nicht erwähnt. G.S. Makarenko selbst (gest. 1962), auf deren Informationen sich die Biographen in erster Linie stützten, hatte sich dazu offenbar nicht geäußert — wohl deshalb, weil Zatonskij, der am 3. November 1937 wegen "nationalistisch-trotzkistischer Abweichungen" verhaftet und am 29. Juli 1938 erschossen worden war, in der Zeit der "Hochkonjunktur" der Makarenko-Propagierung (40er/Beginn der 50er Jahre) — wie auch andere Personen, die in Makarenkos Leben eine Rolle gespielt haben (z.B. Skrypnik, Grin'ko, Bubnov, Postyšev und Gor'kijs langjähriger Sekretär Krjučkov) — nicht genannt werden konnte, da er noch nicht rehabilitiert worden war.

Nach dem Zeugnis N.E. Feres, des ehemaligen Agronomen der Gor'kij-Kolonie, fällt in jene Zeit (ca. 1930) auch ein Versuch Makarenkos, Mitglied der KP(B)U zu werden.[32] Der Grund dafür, daß dieser und vielleicht noch ein weiterer entsprechender Versuch (Anfang der 30er Jahre) erfolglos blieben, wird sehr wahrscheinlich in einem biographischen Moment zu suchen sein: der Tatsache, daß A. Makarenko der Bruder eines ehemaligen Offiziers der 'weißen'

---

interessierten ihn kritische Ausführungen Lenins über "typisch Russisches", vor allem über den Mangel an Kultur (kul'tura) und elementarer Bildung (gramotnost') und daraus resultierende negative Erscheinungen im nachrevolutionären Rußland — einen Aspekt, den Frolov in seiner Auswertung dieses Materials verschweigt.

[31]V. Morozov, Volodymyr Petrovyč Zatons'kyj, Kyjiv, 1967, S. 235, 239-240. In einer früheren Fassung dieses Buches (1964) sind die Ausführungen über Makarenko noch nicht enthalten.

[32]Makarenko-Symposion Vlotho 1966, Marburg 1966, S. 34 f. N.Ė. Fere bestätigte das gegenüber dem Verf. — Siehe auch: L. Pecha, Biografické činitele formování tvořivé pedagogické osobnosti (s použitím analýzy osobnosti A.S. Makarenka), Praha 1985, S. 61. Der ukrainische Makarenko-Forscher M.P. Nižyns'kyj berichtet in seinem Buch "Žyttja i pedahohična dijal'nist' A.S. Makarenka" (vyd. 2-e, Kyjiv 1967, S. 82) von eiňem "besonders starken Gefühl der Verbundenheit mit der Partei" bei Makarenko schon in früherer Zeit, "in den Trauertagen 1924" nach Lenins Tod. Als Quelle dafür zitiert Nižyns'kyj u.a. L.T. Koval', der jedoch erst im Sommer 1925 zwecks Aufbau einer Komsomolzelle in die Kolonie gekommen war.

Freiwilligenarmee war, der seit 1920 im Ausland lebte. In einer Zeit, in der sich die Sowjetunion militärisch bedroht und von ausländischen Agenten infiltriert sah (Prozesse gegen die 'Industriepartei' und das 'menschewistische Unionsbüro', 1930/31), hatten Personen mit 'Auslandsverwandtschaft' zunehmend mit Repressalien zu rechnen.[33]

6. Bekanntschaft mit ukrainischen Čekisten

Durch seine Tätigkeit in der Dzeržinskij-Kommune, einer Einrichtung der GPU der Ukraine, war Makarenko mit Čekisten näher bekannt geworden. Hier ist vor allem A.O. Bronevoj zu nennen, der mit dem organisatorischen Aufbau der Kommune betraut war. Mit Bronevoj, seiner Funktion nach zunächst Mitglied, später (seit 1932 ?) Vorsitzender des Vorstandes der Dzeržinskij-Kommune, war Makarenko befreundet; als einziger Čekist wird er im "Pädagogischen Poem" namentlich erwähnt (Teil 3, die 1936 erschienenen Ausgaben), und in dem Theaterstück "Dur" (Mažor) hat Makarenko ihm in der Figur "Krejcer" ein literarisches Denkmal gesetzt.[34]

Im Unterschied zu Makarenkos anderen Werken enthält der 3. Teil des "Pädagogischen Poems" auch ein recht ungewöhnliches Bekenntnis zu den staatlichen Sicherheitsorganen, in deren Diensten Makarenko ja seit Ende 1927 — wenn auch als Pädagoge — gestanden hatte. Die Niederschrift dieses Schlußteils des "Poems" erfolgte in einer innenpolitisch sehr brisanten Situation — nach dem Prozeß gegen das 'Moskauer Zentrum' (Januar 1935), in dem Zinov'ev, Kamenev u.a. der Ermordung Kirovs angeklagt und zu langjährigen Freiheitsstrafen verurteilt worden waren.

Außer den bekannten, noch heute nachgedruckten Ausführungen über das von Makarenko bewunderte Kollektiv der Čekisten, die er als eine "wirkliche Gemeinschaft" beschreibt, nach der er jahrelang gesucht habe,[35] war im 3. Teil des "Poems" ursprünglich auch eine Stellungnahme zur Arbeitsweise der Čeka bzw. des NKVD gewissermaßen als Vollzugsinstrument des 'roten Terrors'

---

[33]V.N. Kljušnik, ein ehemaliger Zögling der Dzeržinskij-Kommune, der Makarenkos besonderes Vertrauen genoß, bestätigt, daß dieser aufgrund der Emigration seines Bruders in den 30er Jahren Schwierigkeiten hatte, ohne sie jedoch konkret zu benennen (A.S. Makarenko. Kn. 7, L'vov 1969, S. 158). Und G.S. Makarenko bezeugte gegenüber V.V. Kumarin, ihr Mann habe damals befürchtet, daß sein Bruder versuchen könnte, den Ende der 20er Jahre unterbrochenen brieflichen Kontakt wieder aufzunehmen und ihn dadurch in Gefahr zu bringen.

[34]Aleksandr Osipovič Bronevoj, zuletzt Stellvertretender Leiter des Volkskommissariats für Gesundheitsschutz der Ukr.SSR, wurde 1937 Opfer von Repressalien; 1956 posthum rehabilitiert (lt. Zeugnis seines Bruders S.O. Bronevoj; Archiv des Makarenko-Referats, Marburg).

[35]Soč. 1, S. 620-622; Ges. Werke 5, S. 232-234; Ped. soč. 3, S. 435 f.

enthalten. Neben einigen anderen, später ebenfalls getilgten Abschnitten mit besonders kritischen Ausführungen über frühere Vorgesetzte und Gegner Makarenkos im Volksbildungskommissariat der Ukr.SSR sowie im Ukrainischen Forschungsinstitut für Pädagogik (UNDIP), die er nun für seinen erzwungenen Weggang aus der Gor'kij-Kolonie im Jahre 1928 verantwortlich macht, ist diese, von Verachtung und Schadenfreude bestimmte Darstellung in der zweiten Hälfte von Teil 3 des "Poems" enthalten (Kap. 8 - 15), die nicht — wie der gesamte übrige Text dieses Werkes — in der Char'kover Dzeržinskij-Kommune entstanden ist, sondern bereits in Kiev (ab 1934 wieder Hauptstadt der Ukr.SSR), wo Makarenko seit dem 1.7.1935 in der Verwaltung Arbeitskolonien innerhalb des NKVD dieser Sowjetrepublik tätig war. Wie entsprechenden Vermerken auf dem Manuskript zu entnehmen ist, schrieb Makarenko diese letzten acht Kapitel z.T. in seinem Dienstzimmer, während und nach der Arbeit,[36] wobei er — wie es in einer dieser, später getilgten, Textstellen in Kapitel 9 heißt — in sich "eine unermeßliche Macht" (neizmerimoe moguščestvo) empfindet und zugleich "irgend etwas kolossal Weites, das sich nach allen Seiten über Tausende von Kilometern, über Felder, Wälder und Meere erstreckt und was die Grundlage meiner Macht ist — die UdSSR".[37]

In dieser neuen Umgebung, den historischen Schauplätzen in Char'kov (Volksbildungskommissariat, UNDIP — sog. "Olymp") örtlich und zeitlich entrückt, schrieb Makarenko u.a.:

"(...) Kollektive können, wie die Menschen, nicht nur an Altersschwäche sterben, sie können auch in der vollen Blüte ihrer Kräfte, Hoffnungen und Träume umkommen, sie können im Verlauf eines einzigen Tages von Bakterien umgebracht werden, wie diese einen Menschen umbringen können. Und in künftigen Büchern wird stehen, welche Pulver und Desinfektionen man gegen diese Bakterien anwenden muß. Doch schon jetzt ist bekannt, daß die kleinste Dosis NKVD in ähnlichen Fällen eine sehr gute Wirkung hat. Ich selbst konnte beobachten, wie schnell in Čajkin der Professor krepierte, als sich ihm ein Bevollmächtigter der GPU nur näherte, wie schnell seine Gelehrtenmantille Falten bekam, wie der vergoldete Heiligenschein von seinem Haupt abfiel und mit hellem Klang über den Fußboden rollte und wie leicht sich der Professor in einen ganz gewöhnlichen Bibliothekar verwandelte.
Mir wurde das Glück zuteil zu sehen, wie auf dem Olymp alles zu wimmeln begann und auseinanderkrabbelte, wie man sich vor den giftigen Pulvern der Čeka-Desinfektionen zu retten versuchte, wie die dünnen Beinchen der einzelnen Käfer zu zappeln begannen, wie sie auf dem Weg zu den Ritzen und zu einem feuchten Winkel dahinstarben, ohne auch nur eine einzige Sentenz von sich zu geben. Ich bedauerte

---

[36]CGALI, f. 332, op. 4, ed. chr. 4-9.

[37]God XVIII. Al'manach vos'moj, Moskva 1936, S. 250. In der schon kurz danach erschienenen Buchausgabe von Teil 3 des "Pädagogischen Poems" (Moskva 1936, S. 149) wurde "die UdSSR" (SSSR) in "die große Sowjetunion" (velikij Sovetskij Sojuz geändert; Ges. Werke 5, S. 150).

A. Makarenko in NKVD-Uniform 1935/36

das nicht, und ich wand mich auch nicht vor Mitgefühl, denn zu der Zeit war ich schon darauf gekommen: Das, was ich für den Olymp gehalten hatte, war nichts anderes als jene Brutstätte von Bakterien, die vor einigen Jahren meine Kolonie zerstört hatte."[38]

Es ist sehr wohl möglich, daß diese Textstelle, die nur in den beiden ersten, im Frühjahr 1936 erschienenen Drucken von Teil 3 des "Poems" enthalten ist, von Makarenko selbst gestrichen wurde, und zwar nach den Ereignissen vom August 1936, als aufgrund des Prozesses gegen das 'trotzkistisch-sinowjewsche terroristische Zentrum' der Bevölkerung die vielfältigen Aktivitäten des NKVD nachhaltig ins Bewußtsein gerückt wurden.

Wohl nicht zuletzt wegen der positiven Darstellung der Čekisten im "Poem" hatte der Schweizer Autor J. Ehret ausgeführt, Makarenko sei "alle Zeit hindurch (...) Schützling der Geheimen Staatspolizei" gewesen.[39] Und in jüngster Zeit wurde von dem jetzt in der BRD lebenden sowjetischen Wissenschaftler M. Voslensky sogar die Behauptung aufgestellt, Makarenko sei selbst Čekist gewesen.[40] Auf eine entsprechende Rückfrage des Verfassers dieses Beitrags teilte Voslensky mit, allein aufgrund von Makarenkos dienstlicher Stellung sei davon auszugehen, daß er ein Angehöriger der GPU bzw. des NKVD gewesen sein muß, wenn auch kein Mitarbeiter im direkten Einsatz ("operativnyj rabotnik"), so aber doch "ein Angehöriger der Čeka im weitesten Sinne des Wortes".

Zwei inzwischen in der Sowjetunion veröffentlichte Dokumente sowie noch unveröffentlichtes Archivmaterial scheinen diese Behauptung zu bestätigen.

Zwar weist Makarenko im Dezember 1930 in einem persönlichen Brief an ein Mitglied des Vorstandes der Dzeržinskij-Kommune ausdrücklich darauf hin, daß seine Situation in der Kommune deshalb so schwierig sei, weil er "parteilos und kein Mitarbeiter der GPU ist" (čelovek bespartijnyj i ne sostojaščij sotrudnikom GPU);[41] aber sein 1969 in faksimilierter Form publizierter Dienstausweis als Stellvertreter des Leiters der Abteilung Arbeitskolonien in Kiev aus dem Jahr 1935 trägt den Vermerk, daß er "im NKVD der Ukr.SSR beschäftigt ist" (sostoit na službe v NKVD USSR).[42] Und eine 1986 veröffentlichte Fotografie zeigt Makarenko in dieser Funktion — in Uniform und mit Rangabzeichen eines niederen Dienstgrades des NKVD.[43]

Die Publikation dieser beiden Dokumente (Dienstausweis und Fotografie)

---

[38]Ebda., S. 332 f.

[39]J. Ehret, Die neuste Entwicklung der Sowjetpädagogik, in: Civitas, 1959/60, S. 321-322, hier: S. 321.

[40]M. Voslensky, Nomenklatura, München 1980, S. 266, 345.

[41]CGALI, f. 332, op. 4, ed. chr. 387.

[42]P.H. Lysenko/I.S. Ubyjvovk, Anton Semenovyč Makarenko u dokumentach, fotohrafijach, iljustracijach, Kyjiv 1969, Bl. 64.

[43]Ped. soč. 7, nach S. 192.

A. Makarenko als Vortragender in NKVD-Uniform 1935/36

erfolgte in rein illustrativer Absicht zusammen mit weiterem bisher unbekannten Bildmaterial, und zwar ohne jeden Kommentar — vielleicht sogar in Unkenntnis des damit verbundenen brisanten Sachverhaltes. In der sowjetischen Makarenko-Literatur gibt es bisher auch anderswo keine Stellungnahme zu der Frage, ob Makarenko aufgrund seiner Beschäftigung im NKVD der Ukr.SSR (1935-1937) Čekist gewesen ist. Die o.g. Dokumente waren bezeichnenderweise von G.S. Makarenko unterdrückt worden — sie sind mit vielen anderen zunächst ebenfalls zurückgehaltenen Materialien erst nach ihrem Tod (1962) in den Makarenko-Fonds des Zentralen Staatsarchivs für Literatur und Kunst der UdSSR (CGALI SSSR) gelangt.

Davon, daß Makarenko in Kiev in einem ungewöhnlichen Beschäftigungsverhältnis stand, zeugt auch eine Eintragung in seinem Notizbuch, wo von Schwierigkeiten in Zusammenhang mit seiner Entlassung aus den Diensten des NKVD die Rede ist. Diese Eintragung stammt vom 20. März 1937, also aus einer Zeit, als Makarenko bereits in Moskau wohnte. Er war noch einmal nach Kiev gefahren und hatte seinen Vorgesetzten in der Abteilung Arbeitskolonien, K.M. Pinkus, aufgesucht. Danach schrieb er in sein Notizbuch:

"(...) bei K. M. habe ich den ganzen Abend verbracht. Er hat mich noch nicht entlassen, aber er sprach, ein Wort bei V. A. (Balickij — dem Volkskommissar des Inneren der Ukr.SSR; G.H.) einzulegen. Anscheinend ist es schwierig, mich zu entlassen. Und dabeï sagt Pinkus auf meine Frage, ob ich nach dem 20. Februar noch Gehalt bekomme, daß ich nicht mehr auf der Gehaltsliste stehe und kein Geld da ist. Doch heute ist schon der 20. März. Außerdem bittet P. darum, ihm einen großen Rechenschaftsbericht für Moskau zusammenzustellen. Wie läßt sich das alles miteinander vereinbaren? Und vielleicht passiert es auch, daß V. A. mich gar nicht entlassen wird?"[44]

7. Stalin-Huldigungen

Während Makarenkos Arbeiten aus den frühen 30er Jahren durchaus auch kritische Ausführungen über einzelne negative Erscheinungen im sowjetischen Alltag enthalten[45] — die in den posthumen Editionen der Moskauer Akademie der Pädagogischen Wissenschaften sämtlich getilgt sind –, findet sich im belletristischen und vor allem im publizistischen Werk nach dem ersten Moskauer Schauprozeß (August 1936) und dann noch einmal im Zusammenhang mit der Kampagne zu den Wahlen in den Obersten Sowjet (Oktober 1937) eine Häufung von Huldigungen an die Kommunistische Partei und ihren "wunderbaren Steuermann — den genialen Stalin". Diese Bekundungen lassen sich in der Mehrzahl als das Ergebnis einer aufgrund der innenpolitischen Entwicklung nach der Ermordung Kirovs (Dezember 1934) und dem Tod Gor'kijs (Juni 1936), als dessen Protegé Makarenko gelten kann, wohl für notwendig erachteten Anpassung — aus Angst vor Denunziation und Verhaftung — ausmachen.

Eine Vorahnung von möglichen Schwierigkeiten findet sich bereits in einem Brief Makarenkos vom 18. März 1936 an eine Redakteurin des "Pädagogischen Poems". Unter dem Eindruck der recht kritischen Rezensionen zu Teil 2 dieses Werkes und nicht zuletzt zweier (auf Stalin zurückgehender) Attacken gegen den Komponisten D. Šostakovič in der "Pravda" vom 28. Januar bzw. 6. Februar 1936 — "Chaos statt Musik" (Sumbur vmesto muzyki), "Falschheit im Ballett" (Baletnaja fal'š') — sah Makarenko dem Erscheinen von Teil 3 des "Poems", obwohl dieser (erstmals in seiner Belletristik!) auch zwei Erwähnungen Stalins enthält, in banger Erwartung entgegen: "Bedenken Sie, in was für einer Zeit wir leben. Jetzt geht es unsereins an den Kragen! Ich warte schon ständig

---

[44]Archiv des Makarenko-Referats. — Aufschlußreich ist in diesem Zusammenhang, daß in den ersten, bereits in den 40er Jahren von E.N. Medynskij verfaßten Makarenko-Biographien dessen Tätigkeit in Kiev noch ganz verschwiegen wurde; siehe z.B.: E.N. Medynskij, Anton Semenovič Makarenko. Žizn' i pedagogičeskoe tvorčestvo. S predisloviem G.S. Makarenko, Moskva/Leningrad 1949, S. 46: "1935 gab Anton Semenovič seine Arbeit in der Dzeržinskij-Kommune auf, übersiedelte für kurze Zeit nach Kiev und dann nach Moskau (...)."

[45]Siehe z.B.: Ges. Werke 1, S. 64, 75; 7, S. 68, 69, 80, 81, 110, 111.

darauf, daß man jeden Augenblick drucken wird: 'Das sogenannte "Pädagogische Poem" ist eine Ansammlung mittelmäßiger Sätze, es ist alles andere als
pädagogisch und keineswegs ein Poem, deshalb...' "[46]

Ein erster Hinweis darauf, daß Makarenko tatsächlich befürchtete, verhaftet zu werden, findet sich in einem kürzlich in der "Komsomol'skaja pravda"
erschienenen Artikel des Journalisten V. Hiltunen (Chiltunen) "Entdeckt Makarenko!" (Otkrojte Makarenko!). Dort heißt es: "Eine Frau, die die Archive
Anton Semenovič's sehr gut gekannt hat, äußerte einmal beiläufig, daß mindestens eine seiner Nächte schlaflos — angsterfüllter war als die anderen und er
aufmerksam auf Schritte hinter der Tür lauschte. Freilich, sie lenkte das Gespräch dann auf etwas anderes (...). Mehr konnte ich nicht herausbekommen
(...)."[47]

Die erste von Makarenkos Huldigungen an Stalin und die Partei erschien
unmittelbar nach Bekanntwerden der Todesurteile gegen alle 16 Angeklagten
des ersten 'Moskauer Prozesses' am 29. August 1936 in der Kiever Zeitung
"Literaturna hazeta", einem Organ des Schriftstellerverbandes der Ukraine. In
diesem, "Ein Urteil des ganzen Volkes" (Vsenarodnyj vyrok) überschriebenen
Artikel, in dem Makarenko die in Moskau gefällten Todesurteile ausdrücklich
begrüßt, heißt es abschließend: "Unser Trachten ist jetzt ganz auf den Schutz
des Genossen Stalin gerichtet. Man möchte ihm irgendwie mit besonders war-
men und überaus herzlichen Worten unsere bewegte Liebe mitteilen, unsere
noch nicht abgeklungene Erregung bekunden."[48]

Zeitgenössischen Presseveröffentlichungen läßt sich entnehmen, daß Makarenko damals an zwei eigens angesetzten Versammlungen der Kiever Schriftsteller (während des Prozesses und unmittelbar nach der Urteilsverkündung)
teilgenommen und dabei u.a. auch an der Verleumdung eines jüdischen Autors
namens Šaevič als 'Trotzkist' aktiv mitgewirkt hat.[49]

Bei dem Artikel "Ein Urteil des ganzen Volkes" handelt es sich übrigens
um die einzige bisher bekannt gewordene Veröffentlichung Makarenkos zu einem der politischen Prozesse der Jahre 1936-38. Zur Verdeutlichung dieser

---

[46]A.S. Makarenko. (Kn. 10), L'vov 1978, S. 116 f. auch in: Ped. soč. 8, 62.

[47]V. Chiltunen, Otkrojte Makarenko! In: Komsomol'skaja pravda, 4.10.1987, S. 1-2, hier:
S. 1.

[48]Ges. Werke 7, S. 208. Bei der Übersetzung dieses 1936 in ukrainischer Sprache publizierten
Artikels ins Russische für die 1. Auflage der Ausgabe "Sočinenija" (t. 7, Moskva 1952, S.
13 f.) wurde die Aussage dieser beiden Sätze noch verstärkt: "Unser Trachten ist jetzt ganz
auf ein Ziel gerichtet — das eigene Leben für den Genossen Stalin einzusetzen. Wir möchten
ihm (...)."

[49]Lit. hazeta, 23.8.1936, Nr. 39, S. 1, 4; 29.8., Nr. 40, S. 2; Lit. gazeta, 27.8.1936, Nr. 48,
S. 4.

höchst ungewöhnlich erscheinenden Tatsache — die Massenverhaftungen und -
deportationen und die dadurch bedingte existentielle Angst (für viele sicher ein
Anlaß zur Abfassung derartiger Stellungnahmen) setzten bekanntlich erst unter
Ežov ein, der Ende September 1936 Jagoda als Volkskommissar des Inneren der
UdSSR abgelöst hatte — sei darauf hingewiesen, daß im Zusammenhang mit
dem zweiten 'Moskauer Prozeß', gegen das 'antisowjetisch-trotzkistische Zentrum' (Pjatakov, Radek u.a., Ende Januar 1937), allein in der russischen und
ukrainischen Literaturzeitung ("Literaturnaja gazeta", "Literaturna hazeta")
insgesamt 58 einzelne und kollektive Stellungnahmen von Autoren und Redaktionen erschienen (von einigen Schriftstellern wie Bezymenskij, Fedin und
Novikov-Priboj sogar gleich zwei Beiträge) und sowohl in Moskau, wohin Makarenko im Februar 1937 übersiedelte, als auch in Kiev aus Anlaß dieses Prozesses
wiederum Schriftstellerversammlungen stattfanden.[50] Entsprechend wurden in
der "Literaturnaja gazeta" in Zusammenhang mit dem dritten Prozeß gegen
den 'Block der Rechten und Trotzkisten' (Bucharin, Rykov, Jagoda u.a., Anfang bis Mitte März 1938) 21 Stellungnahmen veröffentlicht, und auch aus
diesem Anlaß fand eine Vollversammlung der Moskauer Schriftsteller statt, auf
der die von der Anklagevertretung beantragten Todesurteile vorbehaltlos unterstützt wurden.[51]

Makarenko, der sich zur Zeit dieser beiden Schauprozesse offensichtlich nicht
in Kiev bzw. Moskau aufhielt, wird in den zeitgenössischen Presseberichten
auch nicht als Teilnehmer an einer dieser Versammlungen erwähnt. Ende Januar 1937 war er sehr wahrscheinlich noch in Brovary tätig, wo er — dafür
freigestellt von seiner Arbeit in Kiev — vorübergehend eine Arbeitskommune
des NKVD der Ukr. SSR leitete,[52] und Anfang März 1938, also mit Beginn des
dritten Prozesses, zog er sich nach Maleevka außerhalb von Moskau zurück, um
ungestört an einem belletristischen Werk ("Flaggen auf den Türmen" (Flagi na
bašnjach)) arbeiten zu können[53] — ob es sich dabei um Zufall oder Absicht
handelt, kann anhand der bisher bekanntgewordenen Quellen nicht entschieden
werden.

---

[50]Lit. gazeta, 26.1.1937, Nr. 5, S. 3-6; 1.2., Nr. 6, S. 2-5; Lit. hazeta, 29.1.1937, Nr. 5, S.
4; 5.2., Nr. 6, S. 4.

[51]Lit. gazeta, 5.3.1938, Nr. 13, S. 1, 5 f. 12.3., Nr. 14, S. 1, 5.

[52]Ges. Werke 1, 174. Bei der einzigen bisher bekannt gewordenen Äußerung Makarenkos
über den zweiten "Moskauer Prozeß" handelt es sich um die Niederschrift eines Alptraums
(!) seiner Frau. Dieser Eintrag in seinem Notizbuch lautet wie folgt: "Ekel. Am Abend liest
sie die Zeitungen über den Prozeß und wird von schweren Empfindungen überschüttet. In
der Nacht wacht sie auf und spürt neben sich im Bett die Zeitungen. Voller Entsetzen und
Abscheu schreit sie auf." (Archiv des Makarenko-Referats).

[53]M.P. Nižyns'kyj (s. Anm. 32), S. 201.

Dasselbe gilt für den Geheimprozeß gegen Tuchačevskij, Jakir und andere führende Militärs, die der Spionage bezichtigt worden waren. Am 8. Juni 1937, wiederum zum Zeitpunkt der Eröffnung des Verfahrens, hatte sich Makarenko erneut aufs Land zurückgezogen, dieses Mal in die Ukraine, um das "Buch für Eltern" fertigzustellen.[54] Doch im Unterschied zu den beiden anderen politischen Prozessen der "Ezovščina" trägt eine der — insgesamt 18 individuellen und kollektiven — Stellungnahmen in der "Literaturnaja gazeta"[55] auch Makarenkos Unterschrift. Dabei handelt es sich um einen "Brief" von 44 (vorwiegend Moskauer) Schriftstellern vom 11. Juni 1937, der am 15. Juni veröffentlicht wurde und der die Forderung nach Erschließung aller Angeklagten enthält —[56] diese war jedoch inzwischen (12. Juni) bereits erfolgt. Makarenkos Name steht hier an 34. Stelle.

Die Tatsache, daß Makarenko sich zur Zeit der Abfassung dieser Stellungnahme nicht in Moskau aufhielt und ganz offensichtlich auch nicht telefonisch erreichbar war,[57] sowie der Umstand, daß einzelne Namen unter diesem "Brief", wie inzwischen bekannt wurde, vom Schriftstellerverband hinzugefügt wurden, in einigen Fällen gegen den Willen der betreffenden Autoren, berechtigt zu der Annahme, daß es sich auch bei Makarenkos 'Unterschrift' um eine solche Ergänzung zur Auffüllung der Namensliste handelt.[58] So ist z.B. bezeugt, daß Pasternak, dessen Name an 31. Stelle, also noch vor Makarenko steht, sich ausdrücklich gegen seine Nennung gewehrt hatte.[59]

---

[54]Soč. 4, S. 530.

[55]Lit. gazeta, 15.6.1937, Nr. 32, S. 1 f. Unter den damals bekannten russischsprachigen, in der RSFSR lebenden Prosaschriftstellern gab es — neben Makarenko — nur wenige, die anläßlich der politischen Prozesse der Jahre 1937/38 weder als Verfasser eines Artikels in den Zeitungen "Literaturnaja gazeta" und Literaturnyj Leningrad" noch als Diskussionsredner auf einer der Moskauer oder Leningrader Schriftstellerversammlungen aufgetreten sind: V. Bachmet'ev, I. Ėrenburg (zu der Zeit Korrespondent in Spanien), O. Forš, I. Kasatkin, V. Kataev, N. Nikitin, K. Paustovskij, M. Prišvin, L. Sejfullina, A. Serafimovič, A. Šolochov (lebte im Dongebiet), S. Tret'jakov und V. Veresaev. Außer Ėrenburg, Nikitin sowie Kasatkin (13.5.1938 in Haft gestorben) und Tret'jakov (Herbst 1937 verhaftet, 9.8.1939 gestorben) zählen diese, wie auch Makarenko, dennoch zu den am 31.1.1939 mit einem Orden ausgezeichneten 172 sowjetischen Schriftstellern.

[56]Ne dadim žit'ja vragam Sovetskogo Sojuza, in: Lit. gazeta, 15.6.1937, Nr. 32, S. 1.

[57]Soč. 4, S.530.

[58]Warum Makarenko sich zwar zum ersten, nicht jedoch zu den späteren "Moskauer Prozessen" geäußert hat, hängt möglicherweise damit zusammen, daß — entsprechend der Praxis früherer Schauprozesse in der UdSSR z.B. gegen die "Industriepartie", das "menschewistische Unionszentrum" — mit der Umwandlung der Todesurteile in Haftstrafen gerechnet wurde, wie man das den Angeklagten des Prozesses von 1936 wohl auch in Aussicht gestellt hatte; s. V. Serge, Die sechzehn Erschossenen, Hamburg 1977, S. 47 f.

[59]Vgl. R. Conquest, The great terror. Stalin's purge of the thirties, London 1968, S. 329.

Eine besondere Häufung von Verweisen auf Stalin und die Partei läßt sich in Makarenkos Beiträgen anläßlich der Kampagne zu den ersten Wahlen in den Obersten Sowjet der UdSSR nach der neuen ('Stalinschen') Verfassung von 1936 ausmachen. Gleich nach der Eröffnung dieser Wahlkampagne (11. Oktober 1937) erschienen in den Moskauer lokalen und überregionalen Zeitungen auch einige Artikel von Makarenko,[60] die später — vor allem bei bundesdeutschen Autoren — zu dem Urteil führten, dieser habe sich "bedingungslos der bolschewistischen und stalinistischen Ideologie verschrieben".[61] Angesichts der Massenverhaftungen in den vorangehenden Monaten, von denen auch zahlreiche Pädagogen und Schriftsteller betroffen waren (was Makarenko kaum verborgen geblieben sein konnte), ist jedoch eher davon auszugehen, daß derartige Bekundungen auch zum eigenen Schutz gemacht wurden.[62]

Besonders zu erwähnen sind dabei zwei Artikel über Wählerversammlungen des Stalin-Wahlbezirks der Stadt Moskau, die in den überregionalen Zeitungen "Izvestija" (21. Oktober) bzw. "Literaturnaja gazeta" (26. Oktober) erschienen und die in der 2., entstalinisierten Auflage der bisher maßgeblichen Makarenko-Ausgabe "Sočinenija" (Bd. 7, 1957) — und dasselbe gilt auch für die neueste Edition "Pedagogičeskie sočinenija" (Bd. 7, 1986) — bezeichnenderweise nicht mehr enthalten sind: "Unser Banner!" (Naše znamja!) und "Für die herrliche Zukunft, der uns Stalin entgegenführt" (Za dorogoe buduščee, k kotoromu vedet Stalin). Hier ist die Rede vom "Gefühl der Dankbarkeit gegenüber der Kommunistischen Partei, das untrennbar ist von dem Gefühl der Dankbarkeit gegenüber dem Genossen Stalin", "einem der größten Genies in der Geschichte der Menschheit, das eine noch nie dagewesene Autorität genießt und das an der Spitze einer in ihrer Tiefe und Einmütigkeit ebenso einmali-

---

Siehe auch Makarenkos Notizbucheintrag v. 4.8.1938, nach dem Tod des Schriftstellers A. Malyškin: "Warum hat man eigentlich meine Unterschrift nicht unter Malyškins Nekrolog gesetzt?" (Archiv des Makarenko-Referats).

[60] A.S. Makarenko, Sočinenija, t. 7, Moskva 1952, S. 23-31. Siehe die Faksimile-Wiedergabe dieser Artikel in: Ges. Werke 9, S. 2-11.

[61] H.E. Wittig, Das Werk A.S. Makarenkos in westlicher und östlicher Sicht, in: moderne welt, 1959/60, S. 399-409, hier: S. 399; ähnlich auch G. Möbus u.a.

[62] Vgl. dazu: L. Froese, Anton Makarenko, in: Klassiker der Pädagogik. Hrsg. von H. Scheuerl, München 1979, Bd. 2, S. 196-211, hier: S. 200: "Ab 1936 erschienen verschiedene politische Stellungnahmen Makarenkos (...), die teils politische Überzeugungen, teils opportunistische Bekundungen zum Ausdruck bringen. Doch tat dies in der Zeit der großen stalinschen 'Säuberungswelle' nahezu jeder, der in seiner Position überleben wollte." — Hinzu kamen aber auch ökonomische Gesichtspunkte. So weist Makarenko in seiner Antwort vom 1.9.1937 an den ehemaligen Zögling N. Seršnev darauf hin, daß er auf die Honorare aus der Veröffentlichung von Zeitungsartikeln angewiesen sei, da er kein Gehalt beziehe und "das 'Päd. Poem' versiegt ist" . A.S. Makarenko. Kn. 3, L'vov 1956, S. 142 f. (hier irrtümlich auf den 1/VI — statt 1/IX — 1937 datiert).

gen Bewegung der arbeitenden Massen nicht nur unseres Landes, sondern des ganzen Erdballs steht".

Leider sind bisher so gut wie keine persönlichen, nicht für die Öffentlichkeit bestimmten Aufzeichnungen Makarenkos bekannt geworden, denen man entnehmen könnte, wie er zu den Ereignissen speziell der Jahre 1936-38 tatsächlich eingestellt war. Allerdings gibt es in Makarenkos Notizbüchern einzelne Eintragungen, die in diesem Zusammenhang von Interesse sind. Sie betreffen die damals weitverbreitete Praxis, Personen wegen ihrer Vergangenheit zu beschuldigen, die Spionagehysterie jener Zeit und, damit verbunden, die "Technologie der Wahrheit". Diese Eintragungen lauten wie folgt:

"Ein Gesetz. Es gibt kein Gestern. Es gibt keine Vergangenheit. Es gibt nur die Zukunft. Eine optimistische Perspektive." (November/Dezember 1937).

"Tanja — das ist ein unglückliches Geschöpf. Sie ist zehn Jahre alt. (...) dieses Kind führt mit ihrem Vater das folgende Gespräch:
'Jetzt muß man wachsam sein. Es ist dringend erforderlich, die Spione zu fangen und achtzugeben.'
'Auf wen willst du denn achtgeben?'
'Auf alle. Sowohl auf dich als auch auf Mama.'
'Nun, kann ich denn überhaupt ein Spion sein?'
'Aber natürlich kannst du einer sein!" (Herbst 1938).

"Irgendwann wird jemand eine Technologie der Wahrheit schreiben. Wann kann und wann muß man die Wahrheit sagen und wann darf man das auf keinen Fall? Welche ethischen Grenzen sind der Lüge und der Wahrheit gesetzt?" (Januar 1939).[63]

Die einzige bisher publizierte Äußerung Makarenkos zu den Massenverhaftungen jener Zeit findet sich in seiner Antwort (in einer Diskussionsveranstaltung über das "Buch für Eltern" am 9. Mai 1938) auf die Frage eines Zuhörers, "ob man, wenn der Vater verhaftet worden ist, beim Kind ein Gefühl des Hasses gegen den eigenen Vater wecken muß". Diese Antwort ist recht 'gewunden' und zugleich sehr banal — sie läßt sich als Anpassung übelster Art, aber auch als das Mindeste an Zugeständnis an den 'Zeitgeist' interpretieren:

"Wenn das Kind klein ist, so vergißt es, wenn es aber schon reifer ist und sich politisch auskennt, dann muß es diesen Vater als seinen Feind und als Feind der Gesellschaft ansehen. Man muß zu der Logik erziehen, daß er nicht allein deshalb gut ist, weil er der Vater ist. Natürlich soll man nicht speziell zu diesem Gefühl des Hasses erziehen, weil dadurch die Nerven des Kindes zerrüttet werden können und es zerbrochen werden kann; aber ein Gefühl der Distanz, ein Gefühl dafür, daß der Vater ein Feind der Gesellschaft ist, muß man schon wecken, anders geht es nicht, sonst bleibt bei Ihrem Kind ein Zwiespalt zurück: einerseits — ein Feind, andererseits — der Vater. Hier darf es keinerlei Kompromisse geben."[64]

---

[63]Archiv des Makarenko-Referats.

[64]CGALI, f. 332, op. 4, ed. chr. 173, Bl. 36 f. Außer dem zweiten Satz ist diese Aussage auch in der 1. Aufl. von "Sočinenija", t. 4, Moskva 1951, S. 454, enthalten, desgleichen in

In einem Brief an seinen früheren Zögling N.F. Šeršnev (13. Dezember 1937), in dem Makarenko seinen am zwanzigsten Jahrestag der Oktoberrevolution (7. November) in der Regierungszeitung "Izvestija" veröffentlichten Artikel "Glück" (Sčast'e) gegen den offenbar von seinem Briefpartner erhobenen Vorwurf verteidigt, er habe diesen Artikel "zum Vorzeigen" geschrieben, heißt es u.a.: "Im einzelnen Menschen hat die Revolution gerade erst begonnen. Jetzt sitzen noch viele Dummköpfe in Positionen, denen sie nicht gewachsen sind."[65] Ein entsprechender Hinweis auf Makarenkos Festhalten an einer Weiterentwicklung und damit auch Veränderung der sowjetischen Gesellschaft findet sich in einer seiner Vorlesungen vor Mitarbeitern des Volksbildungskommissariat der RSFSR (14. Januar 1938), wo es in Zusammenhang mit der Strafproblematik heißt:

"Wir haben die Möglichkeit, unsere ganze Gesellschaft entsprechend zu gestalten; bei uns gibt es so viel Achtung gegenüber dem Menschen, bei uns gibt es so viel Humanität gegenüber dem Menschen, daß wir die Möglichkeit haben, zu jener glücklichen Norm zu gelangen, die es bezüglich der Strafe geben kann. Diese glückliche Norm muß wie folgt lauten: Eine Strafe muß einen einzelnen Konflikt lösen und aufheben und darf keinen neuen Konflikt schaffen. (...) Ich behaupte, daß noch keine Strafe ausgearbeitet worden ist, die einen Konflikt endgültig löst."[66]

8. Demonstration politischer Wachsamkeit

Im Februar 1937 war Makarenko mit seiner Familie von Kiev nach Moskau übergesiedelt. In seiner ersten Veröffentlichung in der sowjetischen Hauptstadt — einer Stellungnahme zu einem Beschluß des Plenums des ZK der VKP (B), die am 10. März 1937 in der "Literaturnaja gazeta" erschien — unterbreitete Makarenko zunächst den Vorschlag, künftig auch Parteilose für die Mitarbeit im sowjetischen Schriftstellerverband (dem er seit 1934 angehörte) zu gewinnen, womit er nach dem ärztlichen Verbot, erneut eine geregelte Tätigkeit aufzunehmen, ganz offensichtlich sich selbst für die Übernahme entsprechender Funktionen empfahl, um dann zu bekennen:

"Das Gefühl meiner Verbundenheit mit der Partei, mit der ich als Staatsbürger und als Mensch, politisch und moralisch, eins bin, hat den Klang des Wortes 'parteilos'

---

der — im übrigen gründlich 'entstalinisierten' — 2. Aufl. (Soč. 4, S. 454) sowie in der neuen Makarenko–Ausgabe (Ped. soč. 7, S. 156 f.).

[65] A.S. Makarenko. Kn. 3, L'vov 1956, S. 144 f. Bei der Publikation dieses Briefes in Soč. 7, S. 461, sowie in Ped. soč. 4, S. 117, wurde der zweite Satz getilgt.

[66] CGALI, f. 332, op. 4, ed. chr. 170, Bl. 38; so auch in: A.S. Makarenko, Vospitanie detej v sem'e i škole, Čkalov 1941, S. 126; in Soč. 5, S. 159 verändert — "Unsere ganze Gesellschaft ist entsprechend gestaltet: (...)" — und ohne den letzten Satz (in Ped. soč. 4, S. 157 f., wurde die Änderung beibehalten, aber der letzte Satz wieder hinzugefügt).

längst verstummen lassen, eingeebnet. Und deshalb nehme ich Beschlüsse wie den Beschluß des jüngsten Plenums als Beschlüsse meiner Partei an, meines Kollektivs, meines Landes. Und ich bin überaus stolz, daß auch ich an seinem Zustandekommen teilhabe, daß auch ich, durch meine Arbeit, meinen Eifer, meine Gedanken, dazu beigetragen habe."[67]

Stalins auf diesem ZK-Plenum am 3. März 1937 gehaltene, berühmtberüchtigte Rede "Über Mängel in der Parteiarbeit und Maßnahmen zur Ausschaltung trotzkistischer und anderer Doppelzüngler" (O nedostatkach partijnoj raboty i merach likvidacii trockistskich i inych dvurušnikov), in der weitere Maßnahmen gegen angebliche trotzkistische und von ausländischen Geheimdiensten gelenkte 'Verschwörer' angekündigt und gerechtfertigt wurden, war Makarenko zum Zeitpunkt der Niederschrift seines Artikels sehr wahrscheinlich noch nicht bekannt; diese Stalin-Rede wurde erst am 29. März in der "Pravda" veröffentlicht.[68]

Seine politische 'Wachsamkeit' (bditel'nost') demonstrierte Makarenko in der Folgezeit nicht nur in Artikeln zu aktuellen innenpolitischen Ereignissen, sondern auch in Kritiken literarischer Neuerscheinungen zu politischen Themen. Hier ist vor allem sein Verriß eines Werkes einer jungen Leningrader Autorin, N. Girej, "Der achtundsechzigste Breitengrad" (Šest'desjat vos'maja paralel') über ein "Umerziehungslager" des NKVD zu nennen, der — unter der Überschrift "Ein schädlicher Roman" (Vrednaja povest') — am 15. Juli 1937 in der "Literaturnaja gazeta" erschien und dessen letzter Satz einer politischen Denunziation gleichkommt:

"Das Buch ist derart mißlungen, es verstößt dermaßen gegen alle Gesetze der Perspektive, die feindlichen Töne und feindlichen Worte überwiegen darin so stark, der sowjetische Horizont ist darin so verschleiert, es arbeitet mit derart suspekten Vergleichen und strömt eine solche Kälte aus, daß ich trotz allen guten Willens, der jungen Autorin gegenüber nachsichtig zu sein, keine Nachsicht üben kann."[69]

Aufgrund dieser Rezension wurde N. Girejs Roman auf einer eigens dazu in Leningrad einberufenen Sitzung von Schriftstellern und Verlagsangehörigen neu diskutiert und schließlich verurteilt. In einem "Ein feindseliges Buch" (Vraždebnaja kniga) überschriebenen Bericht über diese Sitzung in der "Literaturnaja gazeta" vom 31. Juli 1937 heißt es ausdrücklich, Makarenko habe in seiner Rezension "überzeugend aufgezeigt, daß N. Girejs Roman ein übelriechendes Werk (durnopachnuščee proizvedenie) ist, das die sozialistische Wirk-

---

[67] Soč. 7, S. 140; Ges. Werke 9, S. 67; Ped. soč. 7, S. 19.

[68] Ein Exemplar der Einzelausgabe von Stalins Rede und Schlußwort auf diesem Plenum (Moskva: Partizdat 1937) befindet sich in Makarenkos Privatbibliothek (Muzej A.S. Makarenko, Kremenčug).

[69] Soč. 7, S. 211; Ges. Werke 9, S. 96; Ped. soč. 7, S. 64.

lichkeit in verleumderischer Weise entstellt". Dadurch konnte, wie in dem Bericht weiter ausgeführt wird, "der eigentliche, faschistisch-kulakische Kern (fašisto-kulackoe nutro) dieses Werks" aufgedeckt werden.[70]

Ein Teilnehmer an dieser Sitzung, N. Lesjučevskij, veröffentlichte daraufhin eine entsprechend negative Rezension, und zwar unter der Überschrift: "Ein feindseliger Roman" (Vraždebnaja povest'). Aus diesem Beitrag geht auch hervor, daß N. Girej für ihren Roman in einem Wettbewerb um das beste literarische Werk des Gebiets Leningrad mit einem zweiten Preis ausgezeichnet und von der regionalen Organisation des Schriftstellerverbandes als Kandidat in den Verband aufgenommen worden war. Und die Leningrader Filiale des Staatlichen Literaturverlags hatte auch schon eine Buchausgabe des zunächst in einer Zeitschrift publizierten Romans geplant.[71]

Etikettierungen wie "übelriechend" und "faschistisch-kulakisch" bedeuteten in jener Zeit gewöhnlich: Verhaftung und Deportation, wenn nicht gar Erschießung. Fest steht, daß die angekündigte Buchausgabe nicht erschien. Ebenso erschienen keine anderen Werke dieser Autorin, und über ihr weiteres Schicksal ist bisher nichts bekannt geworden. In der Makarenko-Ausgabe "Sočinenija" fehlt sowohl im Text der Rezension als auch im Kommentar jeder Hinweis auf den Autor des von Makarenko besprochenen Werks.[72] Dasselbe gilt für die in der Sowjetunion erschienene Makarenko-Literatur.

Einer ähnlich scharfen Kritik — "leichtfertiges Verhalten gegenüber den wichtigsten und mit höchster Verantwortlichkeit zu behandelnden Themen aus unserem Leben und unserem Kampf, den Versuch, ernsthafte Arbeit durch unausgegorenes Geschreibsel zu ersetzen" — unterzog Makarenko fast gleichzeitig ein anderes Werk eines jungen Autors, das ebenfalls ein aktuelles Thema behandelt: "Gesetzmäßigkeit" (Zakonomernost') von N. Virta, den ersten Roman der sowjetischen Literatur über den Kampf gegen den 'Trotzkismus' — für Makarenko, so die Überschrift seiner Rezension, "Ein gesetzmäßiger Mißerfolg" (Zakonomernaja neudača).[73] Doch im Unterschied zu N. Girej handelte es sich hierbei nicht um die erste, sondern bereits um die zweite literarische Arbeit

---

[70]L. Vič, Vraždebnaja kniga. Pis'mo iz Leningrada, in: Lit. gazeta, 31.7.1937, Nr. 41, S. 6. Derselbe Autor schreibt in der "Lit. gazeta" vom 5.8.1937 (Nr. 42, S. 5), daß der Vorstand der Leningrader Organisation des Schriftstellerverbandes auf seiner Sitzung am 2.8.1937 "die Äußerung der 'Literaturnaja gazeta' über den '68. Breitengrad' von N. Girej", also Makarenkos Rezension, "einmütig als richtig anerkannt hat".

[71]N. Lesjučevskij, Vraždebnaja povest', in: Zvezda, 1937, Nr. 9, S. 195-199.

[72]Soč. 7, S. 206-211, 516. In Ped. soč., t. 7, wurde N. Girejs Name im Text der Rezension an zwei von insgesamt drei Stellen rekonstruiert (S. 61-64), aber im Kommentar bleibt er weiterhin unerwähnt (S. 301).

[73]Soč. 7, S. 211-217; Ges. Werke 9, S. 97-102; Ped. soč. 7, S. 66-71.

dieses Autors. Der zuvor erschienene, sehr erfolgreiche Roman "Einsamkeit" (Odinočestvo) war den sowjetischen Schriftstellern im März 1937 von Stalin persönlich zur Rezension empfohlen worden, und eine von Virta geschriebene Bühnenfassung des Romans unter dem Titel "Erde" (Zemlja) hatte das renommierte Moskauer Künstlertheater (MCHAT) zur Uraufführung angenommen, worüber die "Pravda" am 8. Mai 1937 informierte. Vom Erfolg dieses Erstlings war Makarenko, wie auch aus seiner Besprechung von Virtas zweitem Werk hervorgeht, unterrichtet; ob er aber auch von Stalins Protektion wußte, über die seinerzeit die "Literaturnaja gazeta" berichtet hatte,[74] ist nicht bekannt — bisher nicht ausgewertete persönliche Aufzeichnungen Makarenkos lassen dies jedoch vermuten.

Dabei handelt es sich um zwei Eintragungen über Virta in Makarenkos Notizbuch vom Frühjahr 1937, die ein anschauliches Bild von dessen kritischer Grundeinstellung gegenüber diesem Autor vermitteln, die aber auch zeigen, daß der Niederschrift von Makarenkos Rezension, die am 10.8.1937 in der "Literaturnaja gazeta" erschien, bereits entsprechende Überlegungen und auch Diskussionen mit Schriftstellerkollegen vorangegangen waren:

"Virta. Man durchschaut ihn. Seine 'Gesetzmäßigkeit' ist schrecklich durchschaubar und talentlos. Er selbst ist auch durchschaubar. Und durchschaubar ist sein Arbeitszimmer für 30 000 und das Feilschen mit dem Zimmermann um ein paar Rubel. Doch in diesem Fall — wozu der Ruhm und MCHAT und die schnell hingeworfenen Stücke, und wie mag das wohl alles enden?" (Mai 1937).

"Am Abend, auf einer Besprechung (...). Es hatte sich das 'Aktiv der Parteilosen' (bespartijnyj aktiv) versammelt — Paustovskij, Fajko, Fin, Fink, Slavin. (...) Man sprach auch viel von unserer Unfähigkeit, sich in dem, was in der Literatur vorgeht, zurechtzufinden. Seinerzeit hatte man den 'Haß' (Nenavist') von Šuchov und 'Ein Mensch wechselt die Haut' (Čelovek menjaet kožu) (von Bruno Jasenskij; G.H.) und mit Lob überschüttet, und jetzt macht man bereits dasselbe mit Virta." (11. Mai 1937).[75]

Abgesehen von einer literarischen Replik[76] blieb Makarenkos Kritik an Virtas Werk ohne erkennbare Folgen. Für seinen Erstling "Einsamkeit" erhielt

---

[74] V. Stavskij, der verantwortliche Sekretär des Schriftstellerverbandes der UdSSR, hatte diese von Stalin telefonisch geäußerte Empfehlung auf dem IV. Plenum des Verbandes seinen Kollegen übermittelt; Lit. gazeta, 5.3.1937, Nr. 12, S. 2.

[75] Archiv des Makarenko-Referats. Šuchov war am 9.5.1937 in der "Komsomol'skaja pravda" scharf angegriffen und Jasenskij (Jasieński) am 11.5.1937 aus der Partei ausgeschlossen worden (Pravda, 12.5.1937, Nr. 129, S. 6; Lit. gazeta, 15.5.1937, Nr. 26, S. 3).

[76] In einer Rezension der Buchausgabe von Virtas Werk, die am 21.11.1938 in der "Pravda" (Nr. 321, S. 3) erschien, wurde Makarenkos Artikel — unter Bezugnahme auf die 1932 aufgelöste Russische Assoziation proletarischer Schriftsteller (RAPP) als "Verriß (...) im RAPP'schen Geist unseligen Gedenkens" eines "gewissen Möchtegern-Kritikers" bezeichnet.

Virta 1941 einen Stalinpreis 2. Klasse.

Die von Makarenko vielleicht nicht voraussehbare Wirkung seines Artikels über N. Girejs Roman konnte ihm allerdings nicht verborgen geblieben sein. Davon ist allein schon aufgrund der Berichterstattung über die in Leningrad stattgefundene Beratung in der "Literaturnaja gazeta", in der er in dieser Zeit vornehmlich publizierte, auszugehen.[77] Sein späterer Verzicht auf die Rezension politisch brisanter Bücher sowie sein engagiertes Eintreten für einen anderen Nachwuchsautor, V. Panov, der aufgrund einer ebenfalls sehr kritischen Rezension in eine ähnliche, lebensgefährliche Situation geraten war wie zuvor N. Girej, läßt diesbezüglich auf eine entsprechende Revision seines Verhaltens schließen: In einem gemeinsam mit seinen Schriftstellerkollegen A. Karavaeva und A. Erlich gezeichneten Artikel, der unter der Überschrift "Verleumdung eines jungen Schriftstellers" (Kleveta na molodogo pisatelja) am 12. Februar 1938 in der "Komsomol'skaja pravda" erschien, weist Makarenko sehr engagiert Vorwürfe zurück, die wenige Tage zuvor (5. Februar) von der Lyrikerin A. Adalis in der Regierungszeitung "Izvestija" gegen V. Panov und dessen Erzählung "Im Norden" (Na severe) erhoben worden waren.[78]

9. Begegnung mit Stalin?

> "Wie der klare Verstand des Volkes selbst
> Liebte er Stalin und verstand er ihn
> Und ahmte ihn gekonnt als Gärtner nach —
> Ging mit den Menschen behutsam um,
> zog sie heran und führte sie empor."

So lautet eine Strophe aus einem dem Andenken Makarenkos gewidmeten Gedicht ("Pamjati A.S. Makarenko") des sowjetischen Lyrikers S. Vasil'ev.[79] Dieses Gedicht, das Makarenko als Retter der verwahrlosten Kinder in der Nachfolge Stalins würdigt — und dabei an Äußerungen von diesem anknüpft, die Makarenko selbst im ersten Kapitel des 1936/37 geschriebenen "Buchs für Eltern" aufnimmt: "Erinnert euch der Worte des genialen Gärtners, des Ge-

---

[77]Nach Abschluß der vorliegenden Arbeit konnte der Verf. eine Mappe mit Zeitungsartikeln aus Makarenkos Besitz einsehen, die auch jene Seite aus der "Literaturnaja gazeta" v. 31.7.1937 mit dem — durch Anstreichung hervorgehobenen — Artikel von L. Vič (s. Anm. 71) enthält; CGALI, f. 332, op. 1, ed. chr. 83, Bl. 38.

[78]Daß Makarenko der Autor des Artikels "Verleumdung eines jungen Schriftstellers" ist, wurde von V.E. Gmurman, dem 'Motor' der beiden Auflagen der siebenbändigen Ausgabe "Sočinenija" (gegenüber dem Verf.) bestätigt. Er wurde jedoch weder dort noch in der neuen, achtbändigen Ausgabe "Pedagogičeskie sočinenija" nachgedruckt.

[79]CGALI, f. 332, op. 4, ed. chr. 448, Bl. 1 f.

nossen Stalin..."[80] —, entstand 1943, also mitten im Großen Vaterländischen Krieg, als die Worte 'Heimat' (Rodina) und 'Stalin' fast zu austauschbaren Begriffen geworden waren und viele von Makarenko erzogene junge Menschen als Soldat oder Krankenschwester ihren Beitrag zur Verteidigung des Vaterlandes leisteten.[81]

Ob Makarenko Stalin wirklich "geliebt" hat, wissen wir nicht. Aber in Gesprächen mit alten Bekannten hat er sich ganz offensichtlich zuweilen damit gebrüstet, von Stalin einmal empfangen worden, ihm also persönlich begegnet zu sein. Die entsprechenden Quellen werden von der sowjetischen Forschung bisher allerdings ignoriert.

Eine solche Begegnung erwähnte beispielsweise E.S. Pichockaja, eine ehemalige Dzeržinskij-Kommunardin, auf einer am 20. April 1950 im Char'kover Pädagogischen Institut veranstalteten Makarenko-Konferenz. V.E. Gmurman, der in seiner mehrteiligen Publikation "Aus Gesprächen über Makarenko..."[82] die an diesem "Tag der Erinnerungen" gemachten Zeugenaussagen, darunter auch die Pichockajas, ausführlich referiert — und zwar anhand des Stenogramms der Veranstaltung —, erwähnt dabei die folgende Mitteilung nicht: Am 13. März 1939, also Makarenkos 51. Geburtstag, habe dieser während seines letzten Aufenthaltes in Char'kov, und zwar in Gesellschaft frühere Mitarbeitern und Zöglingen, u.a. erwähnt, daß Stalin ihn — offenbar in Zusammenhang mit dem von ihm zu der Zeit verfolgten Projekt der Reorganisierung aller Schulen der Stadt Moskau auf Produktionsbasis — "zu sich zitiert" habe (Stalin vyzyval ego k sebe na priem).[83]

Ein weiteres — detaillierteres — Zeugnis über eine angebliche 'Vorladung' Makarenkos zu Stalin sind in den 1978 niedergeschriebenen Erinnerungen K.M. Bezruks enthalten, einer ehemaligen Schülerin Makarenkos aus der Zeit seiner ersten Anstellung als Lehrer in Krjukov (1905), die mit ihren Eltern bei den Makarenkos zeitweilig zur Untermiete gewohnt hatte und von daher mit A.S. Makarenko näher bekannt war. Bezruk berichtet dabei u.a. von einer Begeg-

---

[80]Soč. 4, S. 21; Ped. soč. 5, S. 15.

[81]So erinnerte sich z.B. ein ehemaliger Dzeržinskij-Kommunarde, ebenfalls 1943, als Flieger im Fronteinsatz offenbar an einen Appell, den Makarenko im September 1936 — also unter dem unmittelbaren Eindruck des 1. "Moskauer Prozesses" — an die ins Leben hinaustretenden Zöglinge gerichtet hatte: "(...) seid aktive Anhänger unseres genialen Stalin!" (Sočinenija, t. 7, Moskva 1952, S. 454) und schrieb darüber in einem Brief an G.S. Makarenko: "Mit Stalins Namen in unserem Herzen! Mir ist, als hätte ich das, mit irgendwelchen anderen Worten, von Anton Semenovič gehört, aber gehört habe ich es." (Novyj mir, 1949, Nr. 4, S. 252 f.).

[82]V. Gmurman, Iz besed o Makarenko..., in: Narodnoe obrazovanie, 1963, Nr. 2 u. 10; 1965, Nr. 3; 1966, Nr. 3.

[83]Archiv des Makarenko-Referats.

nung mit diesem am Fedorov-Denkmal in Moskau, Anfang August 1937:

"Mir fiel auf, daß er einen Mantel im Stalinschen Schnitt und eine ebensolche khakifarbene Schirmmütze trug. 'Hör mal, Tosja! Was soll das: in Krjukov bist du à la Čechov herumgelaufen, dann à la Gor'kij — und jetzt à la Stalin!' Er lachte laut und antwortete: 'Nun, man geht eben mit der Zeit!'" Makarenko habe ihr dann davon berichtet, daß er sich in Moskau vor allem der schriftstellerischen Arbeit widmen wolle, dabei aber auch weiterhin pädagogische Fragen behandle; so habe er "ein großes Drehbuch geschrieben, das die sowjetische Schule in 50 Jahren darstellt. Eine so weitreichende Perspektive versetzte ihn in helle Begeisterung. Er hatte sich darüber mit Kollegen unterhalten, und so kam es, daß Iosif Vissarionovič Stalin von seinem pädagogischen Wagemut erfahren und das Drehbuch gelesen hatte.

Er zitierte ihn zu sich und sagte: 'Nun, Genosse Makarenko! Ich habe mich mit Ihrem Drehbuch "Die sowjetische Schule in 50 Jahren" befaßt, aber Sie sind da viel zu weit vorausgeeilt. Ich schlage Ihnen vor, diese Zeitspanne zu verkürzen und nicht die Schule in 50, sondern in 10 Jahren zu zeigen.'

Nach diesen Hinweisen von Iosif Vissarionovič Stalin mußte Anton Semenovič Makarenko das Drehbuch überarbeiten und die Zeitspanne von 50 auf 10 Jahre verkürzen. Wörtlich sagte Anton Semenovič: 'Iosif Vissarionovič Stalin hat die Zeitspanne in dem Drehbuch, als er es las, gehörig verkürzt — von 50 auf 10 Jahre.' Er mußte erneut viel daran arbeiten, und nun war das neue Drehbuch mit dem Titel 'Die sowjetische Schule in 10 Jahren' schon fertig.

Das Drehbuch war in die Pläne eines Filmstudios aufgenommen worden, und heute sollte Anton Semenovič Makarenko vorbeikommen und erfahren, was sie ihm darüber mitzuteilen hätten. Und er erläuterte mir höchst klar und deutlich den Inhalt dieses Drehbuchs." (Hier folgt ein sieben Punkte umfassender Katalog von "Fehlern, die die Schule des Landes der Sowjets überwinden muß").[84]

Mag es sich auch bei Einzelheiten dieses Zeugnisses um entsprechende Ausschmückungen handeln (der erwähnte Mängelkatalog erinnert z.B. an Makarenkos 1957 publizierte Arbeit "Einige Bemerkungen über die Schule und unsere Kinder" (Nekotorye soobraženija o škole i našich detjach) aus dem Jahr 1935!), so spricht doch für dessen Glaubwürdigkeit, daß es 1978, zum Zeitpunkt der Niederschrift von Bezruks Erinnerungen, als Stalins Name in der Sowjetunion noch weitgehend tabu war, eigentlich gar keine Notwendigkeit bestand, zu Makarenkos Gunsten eine solche Begegnung zu erfinden! Und das andere Zeugnis (Pichockaja, 1950) stammt aus einer Zeit, als Stalin noch lebte und es wohl schon deshalb kaum anzunehmen ist, daß jemand es gewagt haben könnte, eine solche Geschichte zu erfinden und in der Öffentlichkeit zu erzählen.

Wir können somit davon ausgehen, daß Makarenko in beiden Fällen Personen, die nicht zu seiner näheren (Moskauer!) Umgebung gehörten, glauben machen wollte, daß er seine pädagogischen Vorstellungen — wohl um ihnen mehr Gewicht zu verleihen — Stalin persönlich vorgetragen habe.

---

[84]Naučnaja biblioteka im. V. Stefanika AN USSR. Rukop. otdel, L'vov, f. 148, Nr. 5, Bl. 11 f.

Aber das bedeutet nun keineswegs, daß Makarenko tatsächlich einmal von Stalin empfangen worden ist! Vielmehr spricht eigentlich alles dagegen. Abgesehen davon, daß in den bisher bekanntgewordenen Berichten über derartige 'Vorladungen' von Schriftstellern, Komponisten usw. niemals von einer so kameradschaftlichen Atmosphäre die Rede ist (was sicher auch damit zusammenhängt, daß die — telefonisch — zu Stalin zitierten einer solchen Begegnung mit Angst und Schrecken entgegensahen), findet sich weder in Makarenkos für die Öffentlichkeit bestimmten Äußerungen noch in privaten Aufzeichnungen von ihm (Notizbücher!) ein Hinweis auf ein so bedeutsames Ereignis. Und dasselbe gilt für seine Witwe. Olimpiada Vital'evna Makarenko, die sie sehr gut gekannt hat, äußerte dem Verfasser dieses Beitrags genüber einmal — in Zusammenhang mit einer ihr zu Ohren gekommenen Variante dieser Geschichte (Stalin habe Makarenko zu sich zitiert und ihn beauftragt, einen Perspektivplan für die Entwicklung der sowjetischen Pädagogik in den nächsten zehn Jahren auszuarbeiten!) —, und das ist eigentlich der schlagendste Beweis gegen eine derartige Behauptung: Wäre Anton Semenovič von Stalin empfangen worden, dann hätte Galina Stachievna sich damit in der Öffentlichkeit ganz sicher gebrüstet!

10. Partei-Eintritt

Im Zeitraum Anfang Februar — Anfang März 1939, also unmittelbar vor dem XVIII. Parteitag der VKP (B) und wenige Wochen vor Makarenkos plötzlichem Tod, ist in seinen Artikeln und öffentlichen Vorträgen noch einmal eine Häufung politischer Bekenntnisse, verbunden mit Stalin-Zitaten, feststellbar. Auslösendes Moment für diese erneute "Verbundenheit mit der Partei" war zweifellos die überraschende Verleihung des zweithöchsten sowjetischen Ordens, "Rotes Arbeitsbanner" (orden "Trudovogo krasnogo znameni"), an Makarenko, und zwar in Anerkennung seiner Verdienste als Schriftsteller, wovon er am 1. Februar 1939 aus der "Pravda" erfuhr.[85]

Diese Auszeichnung, die in eine für Makarenko besonders kritische Situation fiel,[86] ermutigte ihn noch einmal zu vielfältigen Aktivitäten: In den letzten zwei Monaten seines Lebens hielt Makarenko noch mindestens fünf öffentliche Reden

---

[85]Das Präsidium des Obersten Sowjets der UdSSR zeichnete am 31.1.1939 insgesamt 172 Schriftsteller "für hervorragende Verdienste um die Entfaltung der sowjetischen Literatur" aus — 21 mit dem Lenin-Orden, 49 (darunter Makarenko) mit dem Orden "Rotes Arbeitsbanner" und 102 mit dem "Ehrenabzeichen" (Pravda, 1.2.1939, Nr. 31, S. 2).

[86]Vorausgegangen (Dezember 1938/Januar 1939) waren eine Kontroverse mit der "Komsomol'skaja pravda" in Zusammenhang mit Makarenkos Artikel "Der Stil der Kinder- und Jugendliteratur" (Stil' detskoj literatury) und vernichtende Kritiken zu seinem jüngsten literarischen Werk "Flaggen auf den Türmen" (Flagi na bašnjach); s. dazu: Ges. Werke 1, S.

und Vorträge (8., 19. Februar, 1., 9., 29. März 1939), verfolgte neue literarische Projekte und betrieb seine Rückkehr in die pädagogische Praxis: Er bewarb sich um den Direktorposten einer Schule in Moskau und entwickelte Pläne zum Aufbau einer Produktion in allen Schulen der Hauptstadt, die unter seiner Gesamtleitung innerhalb von fünf Jahren zur vollen Selbstverwaltung geführt werden sollten.[87] Sie veranlaßte ihn aber auch, einen Antrag zur Aufnahme in die Kommunistische Partei zu stellen.

Als formaler 'Aufhänger' für die publizistischen Aktivitäten der kommenden Wochen dienten ihm dabei Thesen zu Molotovs Referat auf dem Parteitag über den "3. Fünfjahrplan zur Entwicklung der Volkswirtschaft der UdSSR", die am 31. Januar 1939 in der "Pravda" und wenig später auch als Broschüre[88] veröffentlicht worden waren. Die darin enthaltene Feststellung, daß "die UdSSR in eine neue Entwicklungsetappe eingetreten" sei, "die Etappe des Aufbaus einer klassenlosen Gesellschaft und des allmählichen Übergangs vom Sozialismus zum Kommunismus", bezeichnete Makarenko am 1. März in seiner Vorlesung über "Kommunistische Erziehung und kommunistisches Verhalten" (Kommunisticeskoe vospitanie i povedenie) im Auditorium der Moskauer Universität als "festlichen Höhepunkt" (prazdnik) seines ganzen Lebens.[89] Diese Passage aus den Molotov-Thesen nahm Makarenko auch zum Ausgangspunkt seiner Artikel "Wille, Mut und Zielstrebigkeit" (Volja, muzestvo, celeustremlennost'), "Über kommunistische Ethik" (O kommunisticeskoj etike) und "Uns steht eine große Arbeit an uns selbst bevor" (Predstoit bol'saja rabota nad soboj), in denen er die Erziehungswissenschaft und die Praxis in den Schulen bzw. (im letzteren Artikel) die Tätigkeit der Schriftsteller und Literaturkritiker einer scharfen Kritik unterzieht.[90]

Der erst posthum veröffentlichte Artikel "Über kommunistische Ethik" enthält auch Bezüge zu den 'Säuberungen' der vorangegangenen Jahre, und zwar in Zusammenhang mit der Interpretation von Molotovs Forderung, "die bolschewistische Wachsamkeit in der gesamten Arbeit beim Aufbau des Kommunismus zu erhöhen", was sich nach Makarenkos Auffassung "auf das Gebiet

---

169 f.

[87]Narodnoe obrazovanie, 1963, Nr. 10, S. 97; Ges. Werke 1, 171 f.

[88]Diese Ausgabe (Moskva: Gospolitizdat 1939) befindet sich in Makarenkos Privatbibliothek.

[89]A.S. Makarenko, Socinenija, t. 5, Moskva 1951, S. 415.

[90]Bei der Wiedergabe dieser Artikel und Vorträge in der 2. Aufl. von "Socinenija" wurden sämtliche Bezüge auf die Molotov-Thesen getilgt (Soc. 5, S. 420-458; 7, S. 163-165 (Werke 5, S. 438-458; 7, S. 178-180); der auf diese Weise ganz besonders 'gerupfte' Beitrag "Über kommunistische Ethik" erhielt dabei auch gleich eine neue Überschrift: "Aus dem Artikel 'Über kommunistische Ethik'" (Iz stat'i "O kommunisticeskoj etike"). Alle diese Änderungen wurden in der neuen Ausgabe "Pedagogiceskie socinenija" beibehalten (Ped. soc. 4, 281-287, 316-320, 322-342; 7, 210 f.).

der Erziehung nicht weniger bezieht als auf alles andere". Er weist darauf hin, daß man "in den letzten Jahren" Gelegenheit hatte, sich "davon zu überzeugen, daß einige Leute, die ihre revolutionäre Gesinnung besonders beredt bekundeten, sich als geheime Feinde der Revolution erwiesen". Im weiteren fordert Makarenko zur Aufdeckung von 'Schädlingstätigkeit' im Bereich der Erziehung auf und führt in diesem Zusammenhang aus:

"Die Effektivität der feindlichen Einmischung im Bereich der Volkserziehung kann sehr groß sein, und hier ist es schwieriger, sie zu erkennen. Schädlingstätigkeit im Betrieb oder im Schacht zeigt sich über kurz oder lang an Erscheinungen materieller Art, die sich stets genau benennen und qualifizieren lassen. Schädlingstätigkeit im Bereich der Erziehung kann lange verborgen bleiben, da die Ergebnisse der Erziehung sehr langsam und immer in mehr oder weniger strittigen Formen in Erscheinung treten."[91]

Ein vergleichbarer Appell zur Denunziation, bezogen auf den Bereich der Literatur, findet sich in dem Artikel "Literatur und Gesellschaft" (Literatura i obščestvo), der am 5. Februar 1939, zusammen mit dem Beschluß des Präsidiums des Obersten Sowjets der UdSSR über die Ordensverleihung und Beiträgen anderer mit einer Auszeichnung bedachter Schriftsteller, in der "Literaturnaja gazeta" veröffentlicht wurde. Diese, in der Sekundärliteratur wiederholt als Beweis für Makarenkos "vorbildliche Wachsamkeit" bzw. dessen "Affinität zum Stalinismus" herangezogene Textstelle lautet wie folgt:

"Ich bin dafür verantwortlich, daß ich in meiner Arbeit ehrlich und aufrichtig bin, damit es in meinem Werk keine Verzerrung der Perspektiven und kein Hinters-Licht-Führen gibt. Dort, wo ich einen Sieg sehe, muß ich als erster die Fahne des Triumphes erheben, um den Kämpfern Freude zu bringen und die Kleinmütigen und Zurückgebliebenen zu beruhigen. Dort, wo ich einen Durchbruch des Feindes sehe, muß ich als erster Alarm schlagen, damit es dem Mut meines Volkes gelingt, diesen Durchbruch so schnell wie möglich zu schließen. Dort, wo ich einen Feind sehe, muß ich als erster ein Porträt von ihm zeichnen, das ihn entlarvt, damit der Feind so schnell wie möglich vernichtet wird."[92]

Auf die "Vernichtung der Feinde" (uničtoženie vragov) kommt Makarenko dann noch einmal in seinen Ausführungen vor Studenten in Char'kov (9. März) zu sprechen. Auf die Frage eines Zuhörers: "Wenn es keine Unverbesserlichen gibt, wie beurteilen Sie dann das höchste Strafmaß — Erschießen?" antwortet Makarenko zunächst ausweichend, indem er anhand eines instruktiven Beispiels von der in der Dzeržinskij-Kommune verhängten Höchststrafe — Ausschluß aus

---

[91] A.S. Makarenko, Sočinenija, t. 5, Moskva 1951, S. 401 f.

[92] Soč. 7, 172; Ped. soč. 7, 209 f. Ein Vergleich mit dem Autorentyposkript (CGALI, f. 332, op. 4, ed. chr. 137, Bl. 3) ergab, daß die hier wiedergegebene Textstelle authentisch ist. In der dt. Übers. dieses Artikels fehlt der Schluß: "(...) damit der Feind so schnell wie möglich vernichtet wird." (A.S. Makarenko, Werke, Bd. 7, Berlin-DDR 1963, S. 187).

dem Kollektiv — berichtet. Dann geht er aber doch noch auf das eigentliche
Anliegen des Fragestellers ein — die Liquidierung wirklicher oder vermeintli-
cher politischer Gegner — und opfert dabei den als "Feind" apostrophierten
Einzelnen in ganz unerwarteter, ja erschreckender Weise der Ideologie des Kollektivs:

"Und natürlich bedeutet auch Erschießen in unserem Land nicht, daß derjenige,
der erschossen wurde, aus irgendeinem Grund unverbesserlich gewesen wäre, wahrscheinlich hätte man sich mit ihm noch abgeben können; aber die kollektive Erfahrung, die kollektive Forderung, der kollektive Zorn — das ist es, was uns vor allem
interessiert. Wir vernichten solche Feinde, obwohl es möglich wäre, daß sie irgendwie
weiterleben könnten, und indem wir sie vernichten, erhöhen wir unsere Forderung an
den Menschen, unsere Achtung vor dem Kollektiv, unsere Hoffnungen und unseren
Haß gegenüber den Feinden."[93]

Am 15. Februar 1939 stellt Makarenko an die Moskauer Parteiorganisation
des Schriftstellerverbandes einen Antrag zur Aufnahme in die VKP (B).[94] Nach
den vergeblichen Bemühungen — um 1930, also noch in Char'kov —, Mitglied
der KP (B) U zu werden, war dies offenbar sein erster konkreter Versuch zum
Eintritt in die Kommunistische Partei.

In Kiev, wo Makarenko von Juli 1935 bis Januar 1937 lebte, hatte er wohl
nicht erwogen, einen solchen Antrag zu stellen — ganz abgesehen davon, daß
dies nach der Ende 1932 verfügten Aufnahmesperre erst wieder ab dem 1.
November 1936 möglich war. Eine eventuelle Erklärung hierfür gibt ein Eintrag
in seinem Notizbuch über "die technische Seite des Problems des Eintritts in
die Partei", der sich auf den Herbst 1935 datieren läßt und — festgehalten
als Thema eines möglichen literarischen Werks — Makarenkos Situation als
'Parteiloser' in der Zeit seiner Tätigkeit im NKVD der Ukr. SSR wiedergibt:
"Man kann sich jemanden vorstellen, der der Sache ergeben ist, der aber nicht
in die Partei eintreten will, weil es sich so einfacher arbeiten läßt."[95]

In Moskau pflegte Makarenko — wie seine Nichte Olimpiada Vitalievna
bezeugt — auf die Frage, warum er nicht der Partei angehöre, recht doppel-
sinnig zu antworten: "Ich bin dessen noch nicht würdig." (Ja ešče ėtogo ne

---

[93]CGALI, f. 332, op. 4, ed. chr. 187, Bl. 33 f. In Soč. 5, S. 306, und entsprechend auch
in Ped. soč. 4, S. 363 f., ist diese Stelle in grob verfälschender Weise abgeschwächt wiedergegeben: "Der Ausschluß war in der Kolonie das höchste Strafmaß. Wenn wir das höchste
Strafmaß anwenden, interessiert uns vor allem der kollektive Zorn, die kollektive Forderung,
die kollektive Erfahrung... Indem wir das höchste Strafmaß anwenden, erhöhen wir unsere
Forderungen an den Menschen, unsere Achtung vor dem Kollektiv, unsere Hoffnungen auf
die Vervollkommnung des Menschen und unseren Haß gegenüber den Feinden."
[94]Institut mirovoj literatury im. M. Gor'kogo AN SSSR. Otdel rukopisej, Moskau (zit.:
IMLI), f. 114, op. 1, d. 5, Bl. 1.
[95]Archiv des Makarenko-Referats.

dostoin).[96] Und in den Unterlagen des Aufnahmeverfahrens von 1939 findet sich die folgende Aussage eines der Bürgen: "Viele waren davon überzeugt, daß Makarenko Kommunist sei, doch es stellte sich heraus, er ist parteilos."[97] Als Angestellter mußte Makarenko — entsprechend dem auf dem XVII. Parteitag (1934) angenommenen Statut der VKP (B) — fünf Empfehlungen von Personen vorlegen, die der Kommunistischen Partei bereits mindestens zehn Jahre lang angehörten. Der Aufnahmeantrag vom 15. Februar 1939 verzeichnet die folgenden vier Bürgen: 1. V.V. Ermilov, Parteimitglied seit 1927, Literaturkritiker (mit dem Antragsteller persönlich bekannt seit Februar 1937); 2. A.G. Bobunov, Parteimitglied seit 1918, Prosaschriftsteller (1935); 3. V.N. Kolbanovskij, Parteimitglied seit 1919, Leiter der Sektion Diamat des Instituts für Philosophie der Akademie der Wissenschaften der UdSSR (1936); 4. P.A. Pavlenko, Parteimitglied seit 1920, Schriftsteller (1933).[98] Eine weitere Empfehlung (datiert vom 11. März 1939) erhielt Makarenko von einem seiner Zöglinge aus Char'kov: I.P. Sopin, Parteimitglied seit 1930.[99] Das Protokoll der Sitzung des Parteikomitees des Schriftstellerverbandes vom 16. März, auf der Makarenkos Antrag behandelt und zur endgültigen Entscheidung an die zuständige Parteivollversammlung verwiesen wurde, verzeichnet als fünften Bürgen jedoch nicht diesen ehemaligen Gor'kij-Kolonisten, sondern: A.A. Bulyga-Fadeev, Parteimitglied seit 1918, Schriftsteller.[100]

Aufgrund dieser Bürgschaft — Fadeev, der mindestens seit dem Frühjahr 1937 (Übersiedlung nach Moskau) mit Makarenko bekannt und der am 3.Februar 1939 zum Vorsitzenden des sowjetischen Schriftstellerverbandes ernannt worden war[101] — und der Darstellung des Sitzungsverlaufs im hierüber vorliegenden Protokoll kann davon ausgegangen werden, daß Makarenkos Antrag in der auf den 4. April 1939 angesetzten Parteivollversammlung stattgegeben

---

[96]Mitteilung O.V. Makarenkos gegenüber dem Verf.

[97]IMLI, f. 114, op. 1, d. 5, Bl. 5.

[98]Ebda., Bl. 3.

[99]CGALI, f. 332, op. 1, ed. chr. 47.

[100]IMLI, f. 144, op. 1, d. 5, Bl. 5.

[101]O.V. Makarenko bezeugt, daß zwischen beiden "enge Beziehungen" bestanden: "Fadeev war fast jeden Tag bei uns." Es ist somit naheliegend anzunehmen, daß auch der Vorschlag zur Verleihung des Ordens an Makarenko aus dem Kreis um Fadeev stammt, der nach dem Tod M. Gor'kijs (18.6.1936) in den letzten und schwierigsten Lebensjahren eine Art Schutzfunktion ausgeübt haben könnte. Diese Vermutung wurde nach Abschluß der vorliegenden Arbeit durch G.V. Gasilov (Moskau)bestätigt, welcher damals mit Makarenko befreundet war. Er charakterisierte die Beziehungen zwischen Makarenko und Fadeev im Gespräch mit Verf. wie folgt: "Fadeev verhielt sich Makarenko gegenüber sehr wohlwollend. Er (Makarenko; G.H.) hat sich über dessen Wohlwollen nicht nur einmal geäußert. Den Rotbannerorden hat er von ihm bekommen. Er hat das befürwortet."

worden wäre. Durch seinen Tod (1. April) kam das Verfahren jedoch nicht zum Abschluß.

Zusammenfassend kann man feststellen, daß Makarenko bis Mitte der 30er Jahre eine Entwicklung zum "parteilosen Bolschewiken" durchlaufen hat. Bezüglich der folgenden Jahre läßt sich jedoch nicht im einzelnen nachprüfen, inwieweit entsprechende Bekenntnisse auf Überzeugung oder, bedingt durch die verschärfte innenpolitische Situation, auf Anpassung beruhen.

Götz Hillig

Das letzte Jahr

Vom Scheitern des Schriftstellers Makarenko [0]

Makarenkos letztes Lebensjahr stellt sich in vielem als eine Fortsetzung des vorangehenden, ersten Jahres in Moskau dar. Für zahlreiche Aktivitäten waren bereits damals die Grundlagen gelegt worden — durch Kontakte mit Schriftstellerkollegen, Redaktionen und Verlagen, Hochschulen und gesellschaftlichen Organisationen. Es gibt jedoch einige Besonderheiten, bedingt durch eine Zuspitzung seiner schriftstellerischen und persönlichen Situation, die es sinnvoll erscheinen lassen, diesen Lebensabschnitt — 1. April 1938 bis 1. April 1939 — einmal genau zu betrachten.

Dabei sah sich Makarenko — im Gegensatz zu den beiden vorangehenden, innenpolitisch besonders 'turbulenten' Jahren — in diesen zwölf Monaten nicht vor die Notwendigkeit gestellt, 'zu bedeutenden Ereignissen' Stellung zu nehmen (wie etwa Verabschiedung der 'Stalinschen' Verfassung, Wahlen in den Obersten Sowjet, Moskauer Prozesse). Insofern war 1938/39 für ihn und natürlich auch für die anderen 'Kulturschaffenden' ein 'ruhiges' Jahr. In der Presse fanden lediglich einige 'Kampagnen' ihren Niederschlag. So veröffentlichte die "Literaturnaja gazeta", das Organ des Vorstandes des sowjetischen Schriftstellerverbandes, am 5. Juli 1938 Stellungnahmen in Zusammenhang mit der Zeichnung einer Staatsanleihe zur Finanzierung des 3. Fünfjahrplans, darunter auch eine von Makarenko — "Schriftsteller zeichnen die neue Anleihe" —, der dabei seine Mitteilung über die Zeichnung einer vergleichsweise kleinen Anleihe (3.000 Rubel) mit politischen Bekenntnissen verbindet.[1] Anfang August nahm Makarenko dann an einer Versammlung der Moskauer Schriftsteller teil, auf der eine Resolution zur Unterstützung der Politik der sowjetischen Regierung im Fernen Osten bei einem Grenzzwischenfall am Chasan-See verabschiedet wurde; diese Resolution wurde auch von Makarenko unterschrieben.[2] Am 6. Oktober schließlich — nach dem Abschluß des Münchner Abkommens — veröffentlichten die großen Zeitungen, darunter "Pravda" und "Izvestija", einen "Appell tschechoslowakischer Schriftsteller" sowie eine "Antwort

[0] Übersetzung der Tagebuchauszüge: Natalia Micke; der Rezensionen: Ljudmilla und Richard Buchner.

[1] A. Makarenko, Pistaleli-podpisčiki novogo zajma. In: Lit. gaz., 1938, Nr. 37, 5.7., S. 1.

[2] My gotovy vypolnit' svoj dolg. Rezoljucija pisatelej g. Moskvy. In: Lit. gazeta, 1938, Nr. 44, 10.8., S.1.

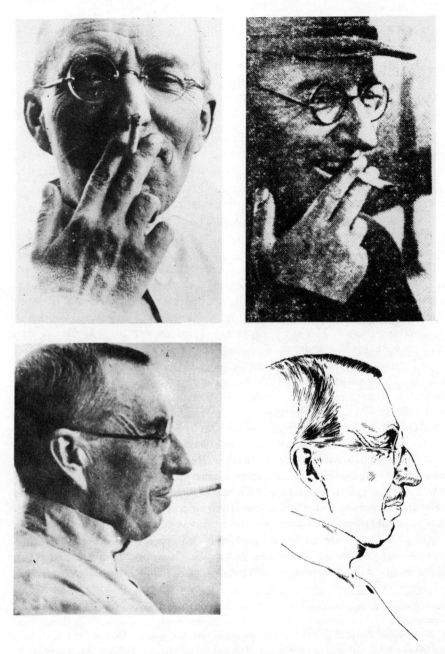

A. Makarenko 1937-1939, Bild u. r. wurde f. e. Nachkriegsveröffentlichung retuschiert.

sowjetischer Schriftsteller an die Schriftsteller der Tschechoslowakei", die auch seine Unterschrift trägt.[3] Makarenkos berufliche Aktivitäten liegen 1938/39 vor allem in folgenden Bereichen: Arbeit als Schriftsteller einschließlich Verhandlungen mit Zeitschriften-, Zeitungs- und Verlagsredaktionen sowie Auseinandersetzungen mit Kritikern seiner Werke; Verbandstätigkeit und Arbeit als literarischer Gutachter und Konsultant; Öffentlichkeitsarbeit wie Vortragstätigkeit, briefliche und persönliche Kontakte mit seinen Lesern und Zuhörern; Korrespondenz mit ehemaligen Zöglingen und Mitarbeitern.

Die zahlreichen, von Makarenko in jener Zeit gehaltenen Vorträge liegen inzwischen — sofern die Stenogramme dieser Veranstaltungen erhalten geblieben sind — mehr oder weniger vollständig publiziert vor. Dasselbe gilt — nach dem Erscheinen von Band 8 der "Pädagogischen Werke" (1986) — für seine Korrespondenz. So ist es wohl legitim, die beiden zuerst genannten, bisher kaum erforschten Bereiche ins Zentrum der weiteren Ausführungen zu rücken.

Neben publizierten Quellen (Zeitungen und literarische Zeitschriften der Jahre 1937-1939, Einzel- und Sammelausgaben von Makarenkos Werken) konnte für diese Untersuchung auch bisher nicht ausgewertetes Archivmaterial herangezogen werden. Hier sind in erster Linie Auszüge aus einem Tagebuch Makarenkos von 1937-1939 zu nennen, die der Forschung bisher nicht bekannt waren, außerdem Verträge von Verlagen und Zeitschriften mit ihm über zu schreibende literarische Werke sowie die Erinnerungen eines Zeugen, K.S. Kononenko, die auch längere Zitate aus Briefen Makarenkos enthalten.

1. Makarenkos Arbeit im Schriftstellerverband und seine Tätigkeit als literarischer Gutachter und Konsultant

Die Anfänge von Makarenkos aktiver Mitarbeit in der Moskauer Organisation des sowjetischen Schriftstellerverbandes (SSV) reichen in die Zeit kurz nach der Übersiedlung in die Hauptstadt zurück. Bei seinem ersten Auftritt auf einer Vollversammlung der Moskauer Schriftsteller am 5. April 1937 hielt er eine von den Zuhörern mit großem Interesse aufgenommene Rede. Wohl in Anlehnung an seine Erfahrungen in der Dzeržinskij-Kommune forderte er seine Kollegen zu "Mehr Kollektivität!" auf (so lautet die Überschrift der publizierten Fassung) und schlug ihnen vor, sich in Brigaden zu organisieren und bei der Verwertung des "literarischen Ausstoßes" nach Prinzipien der allgemeinen Güterproduktion vorzugehen:[4] "Ausschuß eliminieren, verwertbaren Ausschuß

---

[3]Vozzvanie čechoslovackich pisatelej. Otvet sovetskich pisatelej pisateljam Čechoslovakii. In: Pravda, 1938, Nr. 276, 6. 10., S. 3; Izvestija STD, Nr. 234, S.1.

[4]A. Makarenko, Bol'še kollektivnosti. In: Oktjabr', 1937, Nr. 5, S. 189 - 191, hier: S. 191; auch in: A. S. Makarenko, Sočinenija v semi tomach. 2-e izd., Moskva 1957-58 (im weiteren

245

umarbeiten, gute Produktion drucken."

Offenbar gelang es Makarenkos, sich in der Moskauer Organisation des SSV schnell zu etablieren. Denn bereits ein halbes Jahr nach dieser Vollversammlung wurde er in ein Führungsgremium des Verbandes — gewählt — in die Leitung (bjuro) der Sektion der Prosa-Autoren.

Am 16. November 1937 setzte er sich auf einer Sitzung dieser Sektion für eine effektivere Unterstützung der Schriftsteller ein. Gemeinsam mit K. Fedin plädierte er — wohl aufgrund seiner eigenen Erfahrungen mit dem "Pädagogischen Poem" und dem "Buch für Eltern" — dafür, "solche Bedingungen zu schaffen, daß der Schriftsteller die nötige Unterstützung bereits im Prozeß der Entstehung eines Werks erhält, damit sich nicht Beispiele aus der Vergangenheit wiederholen, als eine Beurteilung dieses oder jenes Werks erst nach dessen Erscheinen erfolgte, also erst dann, als es bereits keine Möglichkeit mehr gab, dessen Mängel zu beheben und konkrete Hinweise zu berücksichtigen, wie gut die auch sein mögen". Auf dieser Sitzung erfolgte auch Makarenkos Wahl in die Leitung der Sektion der Prosa-Autoren, und zwar in geheimer Abstimmung — aus einem Kreis von 27 Kandidaten — zusammen mit K. Fedin, V. Veresaev, I. Kasatkin und A. Novikov-Priboj mit der dritthöchsten Stimmenzahl.[5]

Auf einer gemeinsamen Sitzung des Präsidiums des SSV-Vorstandes und des Aktivs der Moskauer Schriftsteller trug Makarenkos am 26. Februar 1938 eine Variante seines Vorschlags vom April 1937 zur Reorganisierung des Verbandes vor, den er als eine Art "Produktionsorganismus zur Erzeugung künstlerischer Werte" verstand und der deshalb nach dem Produktionsprinzip umgestaltet werden sollte: Schaffung von Brigaden als primäre Produktionskollektive, die miteinander um die Qualität des "Ausstoßes" in Wettbewerb treten und deren Bevollmächtigte einen Rat (beim Sekretariat des Verbandes) bilden. Der Berichterstatter in der "Literaturnaja gazeta" über diese Sitzung hebt hervor, daß die Zuhörer den Ausführungen Makarenkos zunächst mit großem Interesse gefolgt seien, doch dann habe sich dieser — wie es dort heißt — "im Dickicht seiner Vorschläge verfangen und das Podium verlassen".[6]

Aus einer 1952 erschienenen Aufschlüsselung der Materialien des Makarenko-Fonds im heutigen Zentralarchiv für Literatur und Kunst der UdSSR geht hervor, daß dort u.a. eine Eingabe Makarenkos an den Vorstand des SSV über den Bestand der Sektion der Prosa-Autoren sowie Protokolle von

---

zit. als: Soč. 1ff.), t. 7, S. 141 - 145 (145); A. Makarenko, Gesammelte Werke. Marburger Ausgabe, Ravensburg 1976 - 78, Stuttgart 1982 (zit. als: Ges. Werke 1 ff.), Bd. 9, S. 72 - 75 (75); A. S. Makarenko, Pedagogičeskie sočinenija v vos'mi tomach, Moskva 1983-86 (zit. als: Ped. soč. 1 ff.), t. 7, S. 20 - 23 (23).

[5]Lit. gazeta, 1937, Nr. 63; S. 6.

[6]Lit. gazeta, 1938, Nr. 12, S. 4.

Sitzungen dieser Sektion aus essen Nachlaß aufbewahrt werden.[7] Leider ist es bisher nicht gelungen, diese und andere Materialien (z.B. aus Archivfonds des SSV) einzusehen.

In der erwähnten Eingabe forderte Makarenko offenbar eine personelle Überprüfung der Sektion. Aus einem Bericht der "Literaturnaja gazeta" geht hervor, daß er am 2. Juli 1938 auf einer Sitzung des Präsidiums des SSV-Vorstands seine Vorstellungen vortragen durfte. Er trat für strengere Maßstäbe bei der Aufnahme in den Verband ein: nicht jeder, der Artikel oder kleinere Erzählungen schreiben könne, sei bereits ein Schriftsteller — entscheidend für die Aufnahme müßten literarische Kriterien sein. Makarenko wies darauf hin, daß es "unter den Mitgliedern Leute gibt, die mit Literatur überhaupt nichts zu tun haben".[8] Am Tag nach dieser Sitzung notierte er in sein Tagebuch: "Es beginnt eine noch heißere Arbeit in der Leitung der Prosa-Sektion."[9]

Offensichtlich wurde Makarenkos mit der von ihm geforderten Überprüfung selbst beauftragt oder zumindest doch dazu mit herangezogen. Darauf lassen folgende Eintragungen in seinem Tagebuch schließen: "Arbeite viel im SSV an der Überprüfung des Bestandes der Prosa-Autoren." (14. Juli); "Sehr stört mich die Belastung in der Sektion der Prosa-Autoren und bei der Konsultation." (28. Juli). Wie man einer in der "Literaturnaja gazeta" am 20. Juli erschienenen Glosse über die Arbeit des SSV entnehmen kann, vertrat Makarenko zu diesem Zeitpunkt auch den Leiter dieser Sektion, Zuev — als einziges Mitglied von allen Sektionsleitungen war er weder im Urlaub noch "auf der Datscha".[10]

Das Stichwort "Konsultation" verweist auf einen weiteren Bereich von Makarenkos Aktivitäten im SSV — die Beratung von Nachwuchsautoren, konkret: die Lektüre und Begutachtung von deren Manuskripten. Über diese zeitraubende und offenbar wenig effektive Tätigkeit äußerte sich Makarenko auch in Briefen an Freunde.

Zur Begutachtung von Manuskripten war Makareno gelegentlich bereits 1937 von dem Autorenverlag "Sovetskij pisatel" (Sowjetschriftsteller) herangezogen worden. So erwähnte er in einem Vortrag im Januar 1938, daß er für diesen Verlag das Manuskript einer Moskauer Lehrerin zu einem schulischen

---

[7]Opis' archivnych materialov A.S. Makarenko Central'nogo gosudarstvennogo literaturnogo archiva SSSR. In: A. S. Makarenko, Sočinenija, t. 7, Moskva 1952, S. 480 - 490, hier: S. 482 f. (op. 1, ed. chr. 51).

[8]Lit. gazeta, 1938, Nr. 37, S. 6.

[9]Archiv des Makarenko-Referats, Marburg.

[10]N. Semenov, Reportaž v licach. Dejstvie proischodil 20 ijulja 1938 g. In: Lit. gazeta, 1938, Nr. 41, S. 4. — Am 28.7. 1938 notierte Makarenko in sein Tagebuch: "Es ist schlecht ohne Datscha. Galja leidet sehr." (Archiv des Makarenko-Referats).

Thema begutachtet habe.[11] Nachdem der Verlag "Sovetskij pisatel" als kooperatives Unternehmen aufgelöst und dem SSV zugeordnet worden war, wurde am 2. Juni 1938 auf einer Sitzung des Präsidiums des SSV-Vorstandes für diesen Verlag ein neues Statut verabschiedet und ein Redaktionsrat gewählt, der sich aus 15 Personen zusammensetzte (Schriftstellern und Verlagsmitarbeitern) — darunter auch Makarenko.[12]

Balabanovič erwähnt, Makarenko sei nicht nur "an der Arbeit des Verlags 'Sovetskij pisatel" beteiligt gewesen", sondern auch an der "im Redaktionskollegium der Zeitschrift 'Oktjabr' ', ohne dazu allerdings — und das gilt für beide Aktivitäten — nähere Angaben zu machen.[13] Über letzteres gibt es allerdings einige Notizen in Makarenkos Tagebuch.

Ihnen kann man entnehmen, daß die Arbeit in der Redaktion von 'Oktjabr' ' ihm von einem Schriftstellerkollegen, F. Panferov, "aufgebürdet" worden war, dem damals maßgeblichen Mann innerhalb der Redaktion dieses SSV-Organs. In "Oktjabr' ' erschien bekanntlich der Roman "Ehre" (Sommer 1938).

Nach Fertigstellung des Manuskripts hatte Makarenko im Februar/März 1938 wiederholt die Redaktion jener Zeitschrift aufgesucht, um sich nach dem Schicksal seines Romans zu erkundigen. In Zusammenhang mit diesen Besuchen finden sich in Makarenkos Tagebuch die folgenden Eintragungen über seine Tätigkeit in der Redaktion der Zeitschrift:

"12.IV.38 (...) Panferov vereinnahmte mich als Stellvertreter eines Redakteurs von 'Oktjabr' ', vermute, daß man mich als ungelernte Kraft zum Lesen von Manuskripten ausnutzen will."

"15.IV.38. (...) Bei 'Oktjabr' ' war ich zwei Tage. Im großen und ganzen herrscht dort Langeweile. Habe keine große Hoffnung, daß es mir gelingen wird, die aufzurütteln."

"19.IV.38. (...) Bei 'Oktjabr' ' arbeite ich mäßig — habe keine Lust."

"25.April 38. (...) Viel Zeit nimmt 'Oktjabr' ' in Anspruch, zum Teufel damit! Dort steckt man drei, vier Stunden, und dann noch mit den Manuskripten."

"5.Mai 38. (...) Bei 'Oktjabr' ' ist es nach wie vor trist und langweilig. Ich habe dort nichts zu tun, außer Lesen entsezlicher Manuskripte. Und Geld haben sie keins, und einer beliebigen Initiative begegnen sie mit schläfrigem Schweigen, und es ist nicht zu übersehen, daß jeder mit eigenen Dingen beschäftigt ist. Doch im allgemeinen sitzt man und wartet — vielleicht bringt irgendjemand einen guten Roman."

"3. Juli (nach der Rückkehr aus Jalta; G.H.). (...) Bei 'Oktjabr' ' war ich noch nicht, und sie schweigen. Offensichtlich haben sie kein Geld."

Weitere Eintragungen dieser Art finden sich ein halbes Jahr später:

---

[11]Soč. 5, S. 181; Ped. soč. 4, S. 173.

[12]Lit. gazeta, 1938, Nr. 31, S. 6.

[13]E. Balabanovič, Anton Semenovič Makarenko. Čelovek i pisatel', M. 1963, S. 329f.

"11.I.39. (...) Bei 'Oktjabr' ' hat man mich erneut eingespannt. Ich lebe von höchst unanständigem Kleinkram — Gutachten, Konsultationen."

"17.I.39. (...) Womit ich mich beschäftige. Schreibe Gutachten, im allgemeinen unbezahlt. Bei 'Oktjabr' ' hat man mich erneut bei den Anfängern eingespannt, aber ich habe erfahren, daß man mich von den Gehaltslisten gestrichen hat, und dagegen protestiert — werde nun unbezahlt arbeiten. Sie sind ein bißchen verlegen. Mal sehen."[14]

Doch zurück zu Makarenkos Arbeit mit dem literarischen Nachwuchs im Auftrag des SSV.

Anhand der vorliegenden Quellen zeichnen sich drei Zeitabschnitte ab, in denen er sich dieser Tätigkeit besonders intensiv widmete: Juni/Juli 1938, September/Oktober 1938 und Januar/Februar 1939.

Aus der ersten Phase wurden folgende Vorgänge bekannt: Am 11. Juli referierte Makarenko vor Nachwuchsautoren über das Thema "Wie ein belletristisches Werk entsteht",[15] und drei Tage später verfaßte er eine Art Denkschrift, die kürzlich publiziert wurde: "Zum Problem der Konsultation" (K voprosu o konsul'tacii). Darin kritisiert er u.a., daß die Konsultation der jungen Autoren bisher nicht von der Redakteurstätigkeit der Zeitschriften und Verlage unterschieden werde. Unter Konsultation wolle er nur jene "ernsthafte, organisierte literarische Unterstützung eines jungen Autors" verstanden wissen, um die dieser selbst nachsuche; sie solle nur dann erfolgen, wenn sie "notwendig und angebracht" erscheint. Im weiteren kritisiert Makarenko, daß eine solche Konsultation sich oft darin erschöpfe, daß das "fertige Produkt" geprüft und dessen Fehler aufgezeigt werden. Die Unterstützung eines jungen Autors müsse individuell erfolgen, sie erfordere eine intensive Beschäftigung mit dessen schriftstellerischen Fähigkeiten. Dazu benötige man jedoch nicht unbedingt einen Schriftsteller, allerdings müsse es jemand sein, der über eine große Belesenheit auf dem Gebiet der Literatur, über Geschmack und pädagogische Begabung verfügt. "Um so mehr ist es unzulässig, eine einzelne Person mit einer ganzen Gruppe von Anfängern bei Honorierung nach Zahl der Druckbogen zu betrauen und die Konsultationstätigkeit in eine Akkordarbeit mit einem Berg von Manuskripten zu verwandeln."[16]

Daß Makarenko damit nicht zuletzt seine eigene Belastung als Konsultant beschreibt, die ihn von der schriftstellerischen Arbeit abhält, geht aus zwei Zeugnissen aus dieser Zeit hervor. Am 19. Juli 1938 notierte er in sein Tage-

---

[14]Archiv des Makarenko-Referats.

[15]Beseda pisatelja Makarenko s načinajuščimi pisateljami — 11 ijulja 1938 g. Central'nyj gosudarstvennyj archiv literatury i iskusstva SSSR, Moskau (zit. als: CGALI), f. 332, op. 4, 174.

[16]Ped. Soč. 8, S. 256 f. (dort falsche Datierung: 14 avgusta 1938 g.).

buch: "Der gestrige Tag ging fast völlig mit fremden, immer wieder fremden Manuskripten und leeren Gesprächen verloren."[17] Und am 27. Juli äußerte ein von ihm betreuter Nachwuchsautor, Jurij Krymov, anläßlich seiner Aufnahme in den SSV auf einer Präsidiumssitzung "(...) wenn ein literarischer Konsultant in eine solche Lage gerät wie Gen. Makarenko, wenn man ihn zwingt, pro Monat fast 200 Manuskripte durchzusehen, kann dabei nichts herauskommen."[18]

Über die zweite Phase dieser Konsultationstätigkeit liegen nur wenige Zeugnisse vor. So notierte Makarenko am 3. Oktober 1938 in sein Tagebuch: "Immer mehr belastet man mich auf der Linie des Verbandes."[19] Und drei Tage später berichtete er in Briefen an zwei ehemalige Zöglinge (V.G. Zajcev und S.A. Kalabalin) von seiner "sehr schweren Arbeit" mit den Nachwuchsautoren: "(...) unter ihnen gibt es wenige künftige Schriftsteller und viele sogenannte Graphomanen. Ich muß ganze Berge von vollgeschriebenem Papier lesen, doch zu 99 % ist das alles Quatsch. Viel Zeit muß man auch auf Sitzungen vergeuden."[20] "(...) momentan bin ich durch die Arbeit mit den sogenannten Jungen besonders belastet. Das sind Leute mit Willen und Entschlossenheit, geduldig und zielstrebig, nur gibt es unter ihnen leider keine Talente — ein außerordentlich wichtiger Umstand. Deshalb befürchte ich, daß meine Arbeit für die Katz sein wird."[21]

Aus der dritten Phase sind detaillierte Aufzeichnungen enthalten geblieben, in denen Makarenko Tag und Uhrzeit des Besuchs junger Autoren, den Inhalt der Gespräche sowie eine allgemeine Beurteilung des jeweiligen Manuskripts festgehalten hat. Daraus geht hervor, daß er im Verlauf eines Monats (15. Januar - 15. Februar 1939) 21 Manuskripte mit einem Gesamtumfang von 120 Druckbogen durchgesehen und begutachtet hat.[22]

Hinzu kam noch eine Aufgabe, die wohl nur auf dem Papier stand: Am 26. Oktober 1938 berichtete die "Literaturnaja gazeta" über die Bildung von Kommissionen — beim Präsidium des SSV — zur Unterstützung von Schriftstellern, die in verschiedenen Regionen der RSFSR leben. Vorsitzender der Kommission

---

[17]Archiv des Makareko-Referats.

[18]Lit. gazeta, 1938, Nr. 42, S. 4 (statt 200 Manuskripte müßte es wohl heißen: Manuskripte im Umfang von 200 Druckbogen).

[19]Archiv des Makarenko-Referats.

[20]Ped. soč. 8, S. 98.

[21]Ebd., S. 97.

[22]M. F. Getmanec. A. S. Makarenko — literaturnyj kritik, Char'kov 1971, S. 4. — Eine Überprüfung des von Getmanec herangezogenen Materials (CGALI, f. 332, op. 4, ed. chr.135: Otzyvy o rukopisjach načinajuščich pisatelej) ergab, daß Makarenko sich im Zeitraum vom 5.1. - 22. 2. 1939 mit diesen Manuskripten beschäftigt bzw. mit deren Autoren Gespräche geführt hat.

zur Unterstützung der Irkutsker Autoren wurde Makarenko. Diese Ernennung hinterließ weder in seinem Tagebuch noch in Briefen oder Presseberichten eine Spur.[23]

2. Makarenkos eigene literarische "Produktion"

In Moskau war Makarenko bekanntlich auf die Honorare aus seiner schriftstellerischen Arbeit angewiesen. Wohl Ende Mai 1937, also etwa drei Monate nach der Übersiedlung aus Kiev in die Hauptstadt, schrieb er an einen Freund in Char'kov, K.S. Kononenko: "Unsere materielle Lage ist jetzt ziemlich abscheulich; die ersten Honorare hat die Wohnung verschlungen,[24] und neue sind noch nicht erarbeitet. Ich schreibe an einigen Sachen zugleich und weiß nicht, was dabei herauskommen wird." Und seine Frau, Galina Stachievna, fügte noch hinzu: "Anton hat sich auf ziemlich harte Verträge eingelassen, und jetzt muß er viel arbeiten."[25]

Damals schloß Makarenko folgende Verträge ab, die ihn z.T. noch 1938/39 belasteten:

am 9. März 1937 mit dem Staatverlag für Schöngeistige Literatur über die Einzelausgabe von "Ein Buch für Eltern" (Kniga dlja roditelej), Umfang ca. 20 Druckbogen, Termin der Manuskriptabgabe: spätestens 13. August 1937, Honorar: 16.000 Rubel;[26]

am 8. Mai mit demselben Verlag über einen Roman mit dem Titel "Der Mensch" (Čelovek) zur Veröffenlichung in der Zeitschrift "Oktjabr' ", 25 Druckbogen, Termin: 15. August 1937, 20.000 Rubel;[27]

am 20. Mai mit dem Jugendbuchverlag "Detizdat" beim ZK des Komsomol über ein Buch mit dem Arbeitstitel "Die Vorošilover' ' (Vorošilovcy) "über eine Kommune ehemaliger Verwahrloster im Jahre 1937", 20 Druckbogen, ohne Terminabgabe,

---

[23]Lit. gazeta, 1938, Nr. 59, S. 6. — In einem Bericht über die erste Sitzung von Vertretern dieser Gebietskommissionen, die am 5.2.1939 in Moskau stattfand, wird Makarenkos Name ebenfalls nicht erwähnt. Allerdings ist in dessen Brief an V. G. Zajcev vom 6.10.1938 von einer bevorstehenden dienstlichen Reise nach Irkutsk die Rede (Ped. soč. 8, S. 98).

[24]Siehe dazu folgende Tagebuchnotiz vom 25.5.1937: "Bezahlte für die Wohnung März, April und Mai 2.358 Rubel." Ab 1. 6. 1937 vermerkte Makarenko in seinem Tagebuch auch wiederholt die Zahlung größerer Summen an Galja, seine Frau, in Zusammenhang mit "Ausgaben für die Datscha", deren Kauf jedoch erst nach seinem Tod erfolgte. In der Regel gab Makarenko fast alle seine Einkünfte aus schriftstellerischen Arbeiten (Vorschüsse, Honorare etc.) seiner Frau, die einen Großteil dieser Gelder auf ihre eigenen Sparbücher einzahlte. So registrierte er im Mai/Juni 1937 — nach dem Abschluß 'einträglicher' Verträge über drei neue Romane — eine "Ernte" (na poljach) von insgesamt 18.793 Rubel, wovon er 7.580 "an Galja" (Gale) weitergab.

[25]Archiv des Makarenko-Referats.

[26]CGALI, f. 332, op. 1, ed. chr. 49, Bl. 10.

[27]Ebd., Bl. 12.

30.000 Rubel.[28]

Der Ausstellung eines solchen Vertrags ging in der Regel die Ablieferung einer ersten Kapitelfolge aus dem betreffenden Werk voraus, und bei Vertragsabschluß erhielt der Autor jeweils 25% des vereinbarten Honorars ausgezahlt. Für die Weiterarbeit an den geplanten Werken fand Makarenko allerdings nicht die erforderliche Zeit und Konzentration. So geht aus einer Tagebuchnotiz hervor, daß er zwar vom 1.-4. Mai 1937 an dem Roman "Der Mensch" schrieb, jedoch bereits nach drei Kapiteln "steckenblieb".[29] In dem schon zitierten Brief an Kononenko bezeichnet er diesen Roman als seine "Lieblingsarbeit" — "er hat einen tollen Titel (...), ob er aber auch so toll wird, wer weiß das schon". In den folgenden Wochen und Monaten konzentrierte sich Makarenko dann auf die Fertigstellung des "Buchs für Eltern", immer wieder unterbrochen von aktuellen Aufgaben: Versammlungen, Vorträgen, Rundfunksendungen und Schreiben von Zeitungsartikeln.

Nach dem "Buch für Eltern" nahm er jedoch nicht die Arbeit an den Werken "Der Mensch" und "Die Vorošilover' ' wieder auf; vielmehr begann er die Niederschrift zweier neuer Romane: "Ehre" (Čest') für "Oktjabr' ' und "Wege einer Generation" (Puti pokolenija) für "Molodaja gvardija". Für "Ehre" — diesem Roman liegen Erfahrungen seines Bruders Vitalij als Offizier im Weltkrieg zugrunde — erhielt er offenbar schon bald einen Vertrag, und "Oktjabr' ' begann auch bereits in Nr. 11/1937 mit dem Abdruck, was ihn zur Weiterarbeit drängte. Und so kam es, daß Makarenko, nachdem sich "Detizdat", wie er in seinem Tagebuch notierte, am 13. Dezember 1937 ganz überrraschend telefonisch nach den "Vorošilovern" erkundigt und er dieses Manuskript spontan für Mitte Februar 1938 versprochen hatte, zwei Tage lang parallel an diesem Roman und an "Ehre" arbeitete und am 14. Dezember gleich noch einen Vertrag über einen Vorabdruck der "Vorošilover' ' — unter dem Titel "Die Čapaever" — in "Krasnaja nov' " (dort war das "Buch für Eltern" erschienen) mit Abgabetermin 15. Februar 1938 abschloß.[30] Das hinderte ihn jedoch nicht, ein ihm am 16. Dezember telefonisch übermitteltes Angebot von "Molodaja gvardija" über die Publikation von "Wege einer Generation" ebenfalls anzunehmen: 20 Druckbogen, Termin — 1. August 1938, Honorar: 16.000 Rubel.[31]

Am 20. Februar 1938 notierte Makarenko in sein Tagebuch: "Beendete 'Ehre', gab sie für 'Oktjabr' ' und für Einzelausgabe ab." Vom Staatsverlag für Schöngeistige Literatur erhielt er daraufhin am 27. Februar einen Ver-

---

[28]Ebd., Bl. 13.

[29]Archiv des Makarenko-Referats.

[30]Tagebuchnotiz. Archiv des Makarenko-Referats.

[31]CGALI, f. 332, op. 1, ed. chr. 49, Bl. 18.

trag über die Buchausgabe dieses Romans — 18 Druckbogen, Honorar: 14.400 Rubel.[32] Doch inzwischen war der Abgabetermin für die "Vorošilover' ' verstrichen, an denen er offenbar seit Dezember 1937 nicht weitergearbeitet hatte. Dazu heißt es im Tagebuch, ebenfalls unter dem 20. Februar: "Man rief von 'Detizdat' an. U.a. 'bittet man darum, am 22. vorbeizukommen'. Werde nicht vorbeikommen." Allerdings zog sich Makareko im März 1938 in ein Schriftstellerheim nach Maleevka in der Nähe von Moskau zurück und brachte dort das Manuskript der "Vorošilover' ' bis knapp zur Hälfte voran.[33] Doch die beiden anderen Projekte — "Der Mensch" und "Wege einer Generation" — blieben vorerst liegen.

Hinzu kamen jedoch neue Verträge und damit neue Verpflichtungen:

am 16. Februar 1938 mit Dem Filmstudio "Ukrainfil'm" in Odessa über ein Drehbuch für einen Tonfilm zu dem Thema "Die sowjetische Schule" (Sovetskaja škola), Abgabetermine: Plan dafür — 20. Mai, Drehbuch — 1. Juli 1938, Honorar 25.000 Rubel;[34]

am 5. März mit dem Dritten Moskauer Kindertheater über ein Stück zu dem Thema "Sowjetische Jugendliche und Kinder' ' (O sovetskoj molodeži i detjach), Termin: 1. August 1938, 5.000 Rubel;[35]

am 13. Mai mit dem Verlag "Sovetskij pisatel" über einen Band mit Erzählungen unter dem vorläufigen Titel "Kinder' ' (Deti) — gemeinsam mit seinem Schriftstellerkollegen N. Škljar, Umfang ca. 20 Druckbogen, Termin: 30. November 1938, 16.000 Rubel;[36]

am 9. Juli mit dem "Alamanach" (dort war 1934-36 das "Pädagogische Poem" erschienen) über — wie Makarenko in seinem Tagebuch notiert — einen von ihm vorgeschlagenen "Roman über die Liebe" (roman o ljubvi), Umfang: 8 Druckbogen, Termin: 15. Februar 1939;[37]

am 1. September mit dem Filmstudio "Sojuzdetfil'm" über ein Drehbuch für einen Jugendfilm mit dem vorläufigen Titel "Ein wahrer Charakter' ' (Nastojaščij charakter); Termin: 1. Januar 1939, 25.000 Rubel.[38]

Dabei kam der Vertrag mit "Sovetskij pisatel" fast gegen Makarenkos Willen zustande! Am 20. Februar 1938 notierte er darüber in sein Tagebuch: "Abends kam Škljar. Ein unwahrscheinlicher Schwätzer. Redet die ganze Zeit über einen gemeinsamen Sammelband von uns mit Erzählungen über Kinder. Ich hatte keine Kraft abzusagen."[39]

---

[32]Ebd., Bl. 22.

[33]Tagebuchnotiz vom 29.3.1938. Archiv des Makarenko-Referats.

[34]CGALI, f. 332op. 1, ed. chr. 49, Bl. 19-21.

[35]Ebd., Bl. 23.

[36]Ebd., Bl. 24.

[37]Tagebuchnotiz vom 9.7.1938. Archiv des Makarenko-Referats.

[38]CGALI, f. 332, op.4, ed. chr. 435.

[39]Archiv des Makarenko-Referats.

Auch in seinem letzen Lebensjahr konnte Makarenko sich nicht voll auf sein schriftstellerisches Programm konzentrieren. In Zusammenhang mit dem 1937 erschienen "Buch für Eltern" wandten sich Betriebe und gesellschaftliche Organisationen mit der Bitte um einen Vortrag oder Teilnahme an einer Leserversammlung an ihn, Zeitschriften und Zeitungen baten um literarische und publizistische Texte, oder er selbst bot entsprechende Beiträge zur Veröffentlichung an — in der Regel Vorabdrucke einzelner Kapitel aus einem Roman, an dem er gerade arbeitete. Hinzu kamen, wie bereits ausgeführt wurde, die ständigen Belastungen im SSV und mit der Lektüre und Begutachtung "fremder Manuskripte". "Man läßt mich nicht schreiben. Dispute, Vorträge, Verband. Mußte eine Erzählung, 'Die Prämie', für 'Molodoj kolchoznik' schreiben, auch nicht erste Qualität, aber man nahm sie an. Für den 15. habe ich 'Smena' ein Kapitel aus 'Flaggen auf den Türmen' versprochen." — notierte er am 12. April 1938 in sein Tagebuch.[40]

Eine weitere Belastung bedeutete das Erscheinen kritischer Rezensionen zu den bereits publizierten Werken, was u.a. zu Überlegungen führte, ob er selbst oder vielleicht besser ein befreundeter Kollege etwas zu seiner Verteidigung veröffentlichen sollte. Das betraf zunächst den Artikel von Storoženko in der "Sovetskaja pedagogika" über "Ein Buch für Eltern" — darin sah Makarenko einen "Indikator für die Stimmungen im Volksbildungskommissariat" (15. April) — und dann Reaktionen auf den Abdruck von "Ehre" in "Oktjabr". So notierte er zu dem Artikel von Zelinskij in der Zeischrift "Literaturnoe obozrenie": "Er erklärt meinen Roman für mißlungen, ohne die zweite Hälfte abzuwarten. Das ist höchst originell und zeugt von einer besonderen Aufmerksamkeit mir gegenüber." (1. Juni).

Weitaus betroffener fühlte Makarenko sich durch die Attacken Malachovs. Dessen erster Artikel, der am 7. Juni in der "Pravda" erschienen war, las er noch in Jalta, wohin er sich Mitte Mai für einen Monat zum Arbeiten zurückgezogen hatte. Am 11. Juni notierte er dazu: "Eine höchst geschmacklose und dreiste Gemeinheit. Ich schrieb an die Abteilung Literatur (der "Pravda"; G.H.) einen Protest. Natürlich wird dabei nichts herauskommen." Von Malachovs zweitem Artikel, in der Zeitschrift "Literaturnyj kritik", erfuhr er sofort bei seiner Rückkehr nach Moskau. "Es stellt sich heraus, dieser Kritiker hat in 'Lit. kritik' einen ganzen Artikel gegen 'Ehre' gedruckt, in dem er von mir ganz ungeniert Standardarbeiter und Standardoffiziere verlangt." (15. Juni). "Der Artikel von Malachov macht offenbar auf alle Eindruck. Man müßte antworten, aber wer druckt es?" (18. Juni). Als die "Literaturnaja gazeta" wenige Tage später Makarenko um einen Artikel "über den Charakter unseres Helden"

---

[40]Ebd.

bat, nutzte er diese Chance, wie er am 24. Juni notiert, um Malachov "scharf anzugreifen" — "ich fürchte, daß man ihn nicht drucken wird". Zu seiner Überraschung erschien dieser Artikel — "Gegen die Schablone" — jedoch am 30. Juni, und zwar "fast ohne Änderungen" (3. Juli). Um so verblüffter war Makarenko, als dieselbe Zeitung dann auch eine Antwort auf seinen Beitrag publizierte. Am 9. Juli notierte er: "Malachov hat sich mit einem nochmaligen Abdruck seines Artikels in der 'Literaturnaja gazeta' beeilt. Von seiten der Zeitung ist das originell. Man muß antworten, jetzt darf man es nicht mehr auf sich beruhen lassen."

Nach entsprechender Vorbereitung — "Lese Lenin für den Artikel bezüglich der Kritik in 'Literaturnyj kritik'." (14. Juli) — schrieb Makarenko für "Oktjabr" eine Verteidigung von "Ehre", die jedoch nicht gedruckt wurde.[41] Auf diesem Umstand nahm später, kurz nach Makarenkos Tod, eine Redakteurin der "Literaturnyj gazeta" (O. Vojtinskaja) in einer SSV-Sitzung Bezug, als sie ausführte: "Wir waren das einzige Presseorgan, das dem Gen. Makarenko seine Seiten zur Diskussion mit dem Artikel von Malachov in der 'Pravda' zur Verfügung stellte. Wir waren das einzige Presseorgan, das Makarenko in einer für ihn schwierigen Situation unterstützte."[42]

Gelegentlich hielt Makarenko in seinem Tagebuch auch kurz aufflackernde Erinnerungen an alte Vertragsverpflichtungen fest, so etwa bezüglich "Wege einer Generation": "Es wird Zeit, den Roman 'Wege einer Generation' in Angriff zu nehmen. Was für ein Roman das werden wird, ist, außer dem generellen Thema, völlig unklar." (9. Juni). "Keine Zeit zum Schreiben, aber dem Roman 'Wege einer Generation' rücken die Termine zu Leibe." (14. Juli). Zwei Wochen später zwang ihn jedoch sein Vertragspartner an diese Arbeit — zumindest für einen Tag:

" 'Molodaja gvardija' erinnerte sich an 'Wege einer Generation'. Ich versuchte zu erbitten: bis zum 1. September — daraus wird nichts. Sie verlangen es bis zum 20. August. Heute begann ich zu arbeiten. Jetzt ordne ich erst einmal das Material. Weiß der Teufel, was das ist! Ich kenne noch nicht einmal das Sujet, und in 23 Tagen muß ich mindestens die Hälfte abgeben. Einfach Unsinn!" (28. Juli).

Und wiederum zwei Wochen später hinterließ dieses Romanprojekt eine letzte Spur in seinem Tagebuch; krankheitsbedingt heißt es am 12. August: "'Wege einer Generation' und alles übrige sind steckengeblieben." Offenbar gelang es Makarenko, seine Verpflichtungen gegenüber der Komsomol-Zeitschrift

---

[41] Die von Makarenko hierfür gewählte, SOS signalisierende Überschrift "Beachten Sie meine Notlage!" (Obratite vnimanie na moe bedstvennoe položenie" wurde bei der posthumen Veröffentlichung geändert in: "Über das Buch 'Ehre" (O knige "Čest").

[42] Lit. gazeta, 1939, Nr. 26. S. 1.

"Molodaja gvardija" so zu regeln, daß er ihnen ein anderes Werk anbot, dessen Planung er schon bald aufnahm. Dazu verwendete er die bereits fertiggestellten Anfänge der Romane "Der Mensch" und "Wege einer Generation" und gab ihm den Titel eines 1935 entstandenen, aber unveröffentlicht gebliebenen Theaterstücks: "Newtonsche Ringe" (N'jutonovy kol'ca).

Um eine vergleichbare Lösung war Makarenko auch bezüglich seiner Verplichtungen gegenüber dem Odessaer Filmstudio bemüht — Drehbuch zu einem schulischen Thema zum 1. Juli 1938. Einen Monat vor diesem Termin notierte er in Jalta: "Jetzt muß ich im Feuerwehrtempo das Drehbuch für Odessa schreiben, das ich gar nicht schreiben will und das den Themenanwandlungen heutiger Phantasien bereits nicht mehr entspricht. Werde es trotzdem schreiben, und heute will ich damit beginnen — eine sehr schwere Aufgabe." (1. Juni). Acht Tage später heißt es: "Romincyn vom Odessaer Studio schickt ein Telegramm — verlangt das Drehbuch. Ich habe die ganze Zeit nachgedacht und dabei das Drehbuch noch nicht einmal begonnen. Antwortete mit einem Brief, in dem ich ein Drehbuch 'Flaggen auf den Türmen' vorschlage (...)." Als man dieses Drehbuch, mit dessen Niederschrift Makarenko sich sehr aufgehalten hatte, schließlich ablehnte, bot er zwei neue Themen an: "Familie und Schule" sowie "Beharrlichkeit und Nachgiebigkeit"; Termin: 1. Februar 1939.[43] Da er auch diese neue Frist nicht einhielt, wurde er, wie L. Pecha aufgezeigt hat, schließlich kurz vor seinem Tod telegrafisch zur Rückzahlung des Vorschusses aufgefordert.[44]

3. Entstehungs- und Publikationsgeschichte von "Flaggen auf den Türmen"

Im Sommer 1938 schrieb Makarenko sein letztes größeres literarisches Werk — den Roman "Flaggen auf den Türmen" (Flagi na bašnjach) über den er — unter dem Titel "Die Vorošilover" — mit dem Jugendbuchverlag "Detizdat" und der Zeitschrift "Krasnaja nov" Verträge abgeschlossen hatte. Der neue Titel taucht im Tagebuch erstmals in Zusammenhang mit der Fertigstellung von Teil 1 dieses Werkes auf. Von der Weiterarbeit an dem Roman, Makarenkos Selbstzweifeln und den Schwierigkeiten in Zusammenhang mit der Publikation, die ihn schließlich an eine Verschwörung seiner alten Gegner aus dem Lager der Volksbildung glauben ließen, zeugen zahlreichen Eintragungen aus dem Zeitraum April bis August 1938 in seinem Tagebuch, die nachfolgend breit dokumentiert werden sollen. Gewissermaßen im Mittelpunkt dieser Ereignisse steht V. Ermilov, der damals maßgebliche Mann innerhalb des Redaktionskollegiums

---

[43]Ped. soč. 7, S. 197 f.

[44]L. Pecha, Biografické činitele formování tvořivé pedagogické osobnosti (spoužitím analýzy osobnosti A. S. Makarenka), Praha 1985, S. 117.

von "Krasnaja nov".

"12.IV.38. (...) Am 5. gab ich den ersten Teil 'Flaggen auf den Türmen' 'Detizdat' und auch Ermilov. Bis zum heutigen Tag habe ich von niemandem auch nur ein Wort gehört. Nikitin von Detizdat gibt nichts von sich, Ermilov sagt, er hat es noch nicht gelesen. Beginne an der Qualität dieses Romans zu zweifeln, kann es selbst nicht verstehen. Einen Auszug hatte ich an 'Družnye rebjata' geschickt; geht nicht, man sagt, es sei von der Komposition her nicht abgeschlossen. Versprach allen, den zweiten Teil am 11.-14. zu geben, aber innerhalb von 6 Tagen habe ich statt 200 Seiten nur 66 geschafft. Gut wäre es, wenn ich den zweiten Teil bis zum 18. fertig hätte. Mich ängstigt ein wenig das Schweigen über den ersten Teil."

"15.IV.38. (...) Ermilov rief an, er sagt, 'Flaggen auf den Türmen' habe ihm gefallen, aus irgendeinem Grund glaube ich ihm das nicht. In Detizdat schweigt man, obwohl alle Fristen verstrichen sind. (...) Der zweite Teil 'Flaggen auf den Türmen' kommt voran, habe noch 46 Seiten geschafft, das ganze III. (Kap.), bis zum Schluß bleiben noch ungefähr 140 Seiten. Wann werde ich das machen? Die nächsten Tage bin ich beschäftigt."

"19.IV.38. Ermilov bekräftigt seine hohe Einschätzung von 'Flaggen auf den Türmen'. Sagt, daß das Buch besser sei als das 'P.P.'. Auch Detizdat hat sich gemeldet — bat darum, den zweiten Teil zu schicken. (...) Der zweite Teil "Fl. T." kommt nach wie vor schlecht voran, geschafft seit dem 15.IV. — 27 Seiten."

"25.April 38. Man läßt mich fast nicht schreiben. Innerhalb von fünf Tagen habe ich 37 Blatt geschafft (damit insgesamt 175). Dennoch nähert sich der zweite Teil dem Ende. Mein eigener Eindruck ist unklar. (...) Ich glaube, daß bis zum Schluß des zweiten Teils noch 35 Blatt nötig sind, eigentlich zwei gute Tage, wenn man Zeit hätte. Und in einem solchen Fall für den dritten Teil ungefähr 10 Tage. Ich befürchte nur, die wird man mir nicht lassen. Mal sehen. Sehr ärgerlich: am 26/27. bin ich ganz und gar beschäftigt. Wie sehr man doch jeden Abend zu schätzen wissen muß! Sie lassen sich nicht beliebig ausdehnen."

"5. Mai 38. Den zweiten Teil 'Flaggen auf den Türmen' gab ich am 4. Mai sowohl Ermilov als auch Detizdat — Nikitin. Ermilov äußert sich nach wie vor begeistert, was ich ihm aber nach wie vor nicht glaube. In Detizdat sagt man gar nichts, aber ich habe den Eindruck, daß sie drucken wollen, auf jeden Fall sprechen sie von einem Künstler (als Buchillustrator; G.H.). Von den Redakteuren habe ich insgesamt einen zwiespältigen Eindruck, und sie haben das gleiche von dem Roman. Mal sehen, wie es weitergeht. Gestern begann ich den dritten Teil. Den braucht man nicht in die Länge zu ziehen, aber ich werde es ohnehin nicht schaffen. Am 13. wollen wir nach Jalta fahren. Den Rest muß ich von Jalta aus schicken. Hier läßt man mich nicht schreiben."

"Jalta, 1. Juni. (...) In Jalta habe ich innerhalb von 15 Tagen viel geschafft. Schrieb die letzten sechs Bogen 'Flaggen auf den Türmen' und schickte sie Ermilov und Nikitin in Detizdat. Von Nikitin erhielt ich noch vor dem Abschicken ein unflätiges Telegramm: 'schicken Sie Schluß, andernfalls wird Herausgabe auf Jahr 39 verschoben'. Entweder ist das die Folge einer Planungspsychose, oder sie sind überhaupt gegen das Buch. Deshalb schrieb ich auch an Nikitin: 'mit einer Konservierung bin ich nicht einverstanden, notfalls habe ich nichts gegen eine Lösung des Vertrags einzuwenden'. Manuskript und Brief schickte ich am 27. Mai ab. Etwa bis zum 10. erwarte ich eine Antwort. 'Flaggen auf den Türmen' ist insgesamt nicht schlecht geworden, es gibt gute Kapitel, und es gibt, wie es scheint, Kolorit."

257

"9. Juni. Jalta. Ermilov schickte einen Brief — eine ganz ungewöhnliche, weitschweifige Stellungnahme zu 'Flaggen auf den Türmen'. Detizdat schweigt. (...) Detizdat beunruhigt mich. Bei der verwirrten Geschmacklosigkeit und dem Starrsinn, den es dort gibt, muß man auf alles gefaßt sein."

"Moskau, 18. Juni 38. Dieser Tage muß Nr. 6 von 'Krasnaja nov'" mit dem ersten Teil 'Flaggen auf den Türmen' erscheinen. Sah Ermilov. Im Reden hat er von 'Flaggen auf den Türmen' nach wie vor eine hohe Meinung, aber mir schien, daß es bei ihm bereits keine große Begeisterung mehr gibt. Obwohl erkennbar ist, daß er seine gute Meinung von dem Buch in der ganzen Stadt verbreitet. Davon sprachen Kolbanovskij und Lukin. Nach Kolbanovskijs Worten hat auch Stupniker eine sehr hohe Meinung, Stupniker selbst äußert sich jedoch zurückhaltend: 'Gut, aber ich habe nur den 1. und 2. Teil gelesen. Mein Eindruck: leicht, wenig Spannung.' Telefonisch sprach ich mit Nikitin von Detzidat. Im Reden ist er gut: 'Ich habe die auf Trapp gebracht! Alles in Ordnung! Das Buch geht in die Herstellung. Und der Künstler erst! Das wär's. Wir werden anrufen.' Aber er hat sich überhaupt nicht über das Buch geäußert, und im Ton spürte ich etwas Geheimnisvolles. Bin überzeugt, daß sie noch nichts entschieden haben oder irgendsoeine Gemeinheit vorbereiten."

"24. Juni. Moskau. Nichts geht voran. Wie ich es auch erwartet hatte, wurde in Detizdat noch nichts entschieden, irgendjemand liest es noch, und 'Andreev selbst' wird es noch lesen. Ich ahne schon verschiedene Gespräche und Forderungen — zum Bespiel: 'Warum gibt es keine Pionierorganisation?' Man versprach mir, das Ergebnis bis zum 28. mitzuteilen. (...) 'Flaggen auf den Türmen' wird in 'Krasnaja nov' ' gedruckt, aber einen besonderen Enthusiasmus kann ich nicht erkennen. Hatte Ermilov dieses Buch nicht übermäßig gelobt?"

"3. Juli 38. (...) Nr. 6 von 'Krasnaja nov' mit dem ersten Teil 'Flaggen auf den Türmen' ist erschienen. Wer es liest, dem gefällt es. Von der Literaturagentur hat man zweimal angerufen. Man verlangt eine Übersetzung in irgendeine Sprache. Aber für die Übersetzung des 'Pädagogischen Poems' hat niemand auch nur eine Kopeke gezahlt. Sprach telefonisch mit Nikitin von Detizdat. Ständig liest es irgendjemand, aber es ist ganz offensichtlich, daß sie irgendeine Gemeinheit sagen werden, deshalb antworten sie: 'Wir kommen zu Ihnen und besprechen es.' (...) gab einen Auszug aus 'Flaggen auf den Türmen' an 'Trud'. Die 'Literaturnaja' hat meinen Auszug bisher nicht gedruckt."

"9. Juli 1938. (...) Von 'Detizdat' — totales Schweigen. Ermilov bekräftigte gestern: 'Las noch den dritten Teil — sehr gut.' (...) 'Trud' hat es abgelehnt, den Auszug — über den Diebstahl — zu bringen. 'L(iteraturnaja g(azeta)' hat ihn auch zurückgehalten. Zum Teufel mit denen!"

"14. Juli 1938. Nichts geht voran. (...) Detizdat schweigt. Ermilov sagt, daß er den dritten Teil 'Flaggen auf den Türmen' noch einmal gelesen hat und daß er ihm nach wie vor gefällt. die 'Komsomol'skaja pravda' hat einen Auszug angefordert. N.V. Petrov hat den ersten Teil gelesen, sagt, daß dies das Beste nach dem 'Poem' sei."

"26. Juli. (...) Dort (bei 'Krasnaja nov'; G.H.) steht alles unter dem Einfluß von Libedinskij, einem nicht sehr gebildeten Menschen, ohne Geschmack. Beginne zu vermuten, daß es auch bei Emilov mit dem Geschmack nicht so weit her ist und daß es völlig unwichtig ist, sich zu erinnern, wie sehr er 'Flaggen auf den Türmen' gelobt hatte."

"28. Juli. (...) Gestern im SSV sagte Lozovskij (Direktor des Staatsverlags für

Schöngeistige Literatur 'Goslitizidat'; G.H.), daß es kein Buch zum 20. Jahrestag des Komsomol gibt. Ich sagte nichts von 'Flaggen auf den Türmen'. Dieses Buch, voller Atmosphäre der sowjetischen Jugend, wäre das beste Geschenk zum Jubiläum des Komsomol. Das meint auch Ermilov. Er versprach heute, mit Serebrjanskij zu sprechen. Auf jeden Fall, wenn Detizdat es kürzen sollte, stellt sich von selbst die Frage der Einzelausgabe bei Goslitizdat. Wird die Verschwörung wirklich weiterhin anhalten, und wird man sich als Vorwand auf das Fehlen von Papier berufen?"

"4. August. Schließlich habe ich in Detizdat ganz offen über 'Flaggen auf den Türmen' gesprochen. Irgendeine völlig unscheinbare, kleine Redakteurin unbestimmten Alters namens Vorob'eva, wie es scheint die Hauptinspiratorin dieser ganzen Geschichte, erklärte mir mit ziemlich offener Bosheit, daß der Roman 'überarbeitet' werden soll. Dann stellte sich heraus, daß eine sehr große Überarbeitung erforderlich wäre. Es gab folgende Einwände:

1. Das ist eine Erziehungseinrichtung, doch es ist nicht ersichtlich, wie umerzogen wird.

2. Es wäre besser, die Rolle Ruslans mehr herauszuarbeiten — seine Umschmiedung.

3. Einzelne Personen sind überhaupt nicht auszumachen, alles dreht sich immer nur um das Kollektiv.

4. Die Helden bleiben nicht im Gedächtnis haften.

5. Zu langweilig und zu lang.

6. Zu schwammig.

7. Das ist kein Roman, sondern eine Serie von Skizzen.

8. Es ist von einer Fabrik die Rede, doch es ist nicht zu sehen, wie einzelne Personen arbeiten.

Ich fing ein richtiges Geschrei an. Ich protestierte, daß man mir das Thema Umschmiedung aufzwingt,[45] daß man von mir verlangt, ein Kollektiv als die einfache Summe seiner Mitglieder zu zeigen. Forderte das Manuskript zurück. Aber da kam Andreev — der Direktor von Detizdat — und erklärte, daß er es selbst lesen und mich am 7. anrufen wird.

Es ist ganz offensichtlich, daß dort Leute sitzen, die mich noch vom Volksbildungskommissariat her nicht ausstehen können. Das war schon bei den ersten Gesprächen den Blicken und einzelnen kleinen Bemerkungen zu entnehmen. Vorob'eva und Nikitin, das merkt man aus allem, hassen jede Zeile von mir.

Unter solchen Umständen kann man von Andreev nichts erwarten. Detizdat — das ist ein Hort meiner prinzipiellen Gegner, von Idealisten und Speichelleckern, von sentimentalen Individualisten. Andreev, selbst wenn er wollte, kann gegen diese Sippschaft nicht ankommen.[46]

Es scheint, daß der 'pädagogische' Widerstand in Goslitizdat eingedrungen ist. Auf jeden Fall schweigt Ermilov seit dem 28. Juli von der Einzelausgabe, obwohl er damals versprochen hatte, mit irgendjemandem zu sprechen. Sehr gut möglich, daß

---

[45] "Umschmiedung" (perekovka) ist hier offenbar im Sinne eines evolutionären Prozesses gemeint, dem Makarenko die "Expolsion" (vzryv) als Resozialisierungsmethode entgegensetzt.

[46] Auf diese 'Verschwörung' gegen ihn kommt Makarenko noch einmal in einem Brief an V.N. Kolbanovskij von 12.11.1938 zurück (Ped. soč. 8, S. 106).

der erste Teil des Romans irgendeinen schon empfindlich getroffen hat. Der Roman ist in großer Gefahr, und mich würde es gar nicht wundern, wenn auch 'Krasnaja nov' seinen Abdruck einstellt. Aus irgendeinem Grund schweigt man auch von der englichen Übersetzung.

Mit einem Wort, man nähert sich mir von zwei Seiten: wegen 'Ehre' an der literarischen Front und wegen 'Flaggen auf den Türmen' an der pädagogischen. Schrecklich interessant!"[47]

Einen Tag nach diesen Aufzeichnungen über seine Auseinandersetzungen mit "Detizdat" brach Makarenko, wie er in einem Brief an S.A. Kalabalin schrieb, "am hellichten Tag, auf einer Hauptstraße, ohne jede Warnung des Schicksals und ohne jede Vorahnung, direkt an einer Straßenbahnhaltestelle ohnmächtig zusammen."[48] "Am 5. bin ich auf der Straße in Ohnmacht gefallen. Die Ärzte sprechen von Überanstrengung. Sie verboten mir zu arbeiten, es wird arrangiert, daß ich für einen Monat nach Peredelkino komme." Diese knappe Notiz trug Makarenko am 12. August 1938 in sein Tagebuch ein, und zwar gewissermaßen zur Erklärung der vorangehenden Mitteilung über Schwierigkeiten mit seiner schriftstellerischen Produktion: "Ich will schreiben, aber aus irgendeinem Grund kann ich nicht arbeiten."[49]

In Zusammenhang mit "Flaggen auf den Türmen" notierte er an jenem Tag und in den nächsten Wochen folgendes:

"12. August. Nichts geht voran. Es ist fast zum Lachen. An Lozovskij hatte ich ein Gesuch gerichtet, er sagt, daß er den Anfang gelesen hat, aber 'auf seiner Stirn hat sich nichts bewegt'. Dann hat er am 5. versprochen, daß er am 7. anrufen wird, aber bisher hat weder er noch Andreev angerufen. (...) Unklar, was morgen mit der Literatur sein wird. Man sagt, bei Lozovskij sind 400 Bücher 'matriziert' — es gibt kein Papier.[50] Wahrscheinlich lügt man. Aber anscheinend ist auch 'Ehre' matriziert. Ich fahre nach Peredelkino, und meine Lage ist wie folgt: ich komme zurück — es wird trotzdem nichts vorangehen."

"18. August. Eigentlich geht fast nichts voran. Reznik in Goslitizda sagt, daß 'Flaggen auf den Türmen' schon lange auf dem Plan steht, daß am 15. September ein Vertrag unterschrieben werden kann. Libedinskij, heißt es, schreibt einen guten Artikel über den Roman. Irgendwelche Leser, die den 1. Teil gelesen haben, sagen, daß es dort eine Wiederholung des 'P.P.' gebe. Schon möglich. Das kommt alles von dem verdammten Drehbuch. Die meisten sprechen über den ersten Teil zurückhaltend. Detizdat schweigt einfach."

"26. September. (...) Reznik von Goslitizdat sagte heute am Telefon, daß sie das 'PP', 'Flaggen auf den Türmen' und noch irgendwas herausbringen, daß sie darüber einen Brief abgeschickt haben. Von Detizdat nichts zu hören, nichts zu riechen. Die

---

[47]Archiv des Makarenko-Referats.

[48]Ped. soč. 8, S. 88. Hier datiert Makarenko diesen Vorfall auf den 10.8.1938.

[49]Archiv des Makarenko-Referats.

[50]In einem Brief an A. K. Vinogradov (14.8.1938) schreibt Makarenko, daß der Papiermangel durch den Druck großer Mengen von Schulbüchern bedingt sei (Ped. soč. 8, S. 83).

'Literaturagentur', so scheint es, übersetzt dennoch 'Flaggen auf den Türmen'."
"3.X. (...) Nichts höre ich über 'Ehre'. Wird es als Einzelausgabe erscheinen? Aus irgendeinem Grund schiebt man in Goslitizdat das Unterschreiben der Verträge auf. Detizdat schweigt einfach, wie Friedhofsstille. Interessant, wie es mit 'Fl.T.' in Goslitizdat wird."

"19.X.38. (...) In Goslitizdat ist man bereit, einen Vertrag für 'Fl.T.' zu unterschreiben, aber anscheinend haben sie kein Geld. (...) Detizdat schweigt."[51]

Während es in den zuletzt wiedergegebenen Tagebuchaufzeichnungen nur noch um Vertrags- und damit um Honorarfragen geht, enthalten zwei Briefe Makarenkos aus jener Zeit Erklärungsversuche für das weniger gute Gelingen seines Romans. Am 7. September, während des Kuraufenthaltes in Peredelkino bei Moskau, äußerte er sich gegenüber einem früheren Zögling, N.F. Seršnev, selbstkritisch über seine jüngste literarische Produktion:

"'Ehre' und 'Flaggen' sind übereilt gemacht. 'Flaggen' ist ein bißchen besser, 'Ehre' ein bißchen schlechter, aber es ist trotzdem nicht das, was ich sagen müßte und sagen kann. Die Geschichte der Dzeržinskij-Kommune hatte ihr eigenes Drama, nicht weniger heftig als das der Gor'kij-Kolonie, aber über dieses Drama will ich noch nichts schreiben, werde warten, bis es sich in der Seele gesetzt hat. Themen gibt es natürlich, aber ich habe irgendsoeine geistige Ungewißheit. Ich weiß, was man sagen muß, aber die Frage, wie man es sagen soll — das ist eine außerordentlich schwierige Frage. Das Verfahren des 'Pädagogischen Poems' — in der ersten Person — ist bereits nicht mehr angebracht, aber in der dritten kann ich den Stil nicht finden. 'Ehre' ist in einem Stil gemacht, 'Flaggen' in einem anderen."[52]

Und zwei Monate später, während eines erneuten Kuraufenthaltes, dieses Mal in Kislovodsk, kommt Makarenko in einem Brief an V.N. Kolbanovskij noch einmal auf sein jüngstes Werk zurück (12. November):

"Hier gibt es sowohl große Bewunderer von 'Flaggen auf den Türmen' ('besser als das "Pädagogische Poem") als auch Ablehner ('unmöglich!'). Im allgemeinen bin ich zufrieden, denn das zeigt, daß es lebt. Interessant ist jedoch, daß unser Leserpublikum manchmal gar nicht fähig ist, an eine Idylle zu glauben. Diese Unfähigkeit ist natürlich durch die Praxis des Volksbildungskommissariats anerzogen worden. Deshalb ist es möglich, daß ein solcher Schuß von mir nicht immer ins Ziel trifft, nämlich eine Idylle zu zeichnen, die nicht auf Gutherzigkeit basiert, sondern auf Disziplin und Organisation. Nun, was soll's! 'Flaggen auf den Türmen' ist leider in einer Hinsicht verdorben. Ich hatte es auf Anforderung von Detizdat für Jugendliche geschrieben. Das war bestimmend für den sehr einfachen Ton und das fast völlige Fehlen literarischer Schnörkel." Von daher, heißt es in diesem Brief weiter, rühre "die Infantilität' des Buchs", "und das bedrückt mich ein bißchen".[53]

Von der literarischen Kritik wurde "Flaggen auf den Türmen" jedoch keineswegs — wie hier von Makarenko erwartet (und im nachhinein von Morozova

---

[51] Archiv des Makarenko-Referats.
[52] Ped. soč. 8, S. 95.
[53] Ebd., S. 106

und anderen behauptet) wurde — "widersprüchlich" aufgenommen, sondern ziemlich einhellig, und zwar negativ. Darüber jedoch weiter unten.

4. Makarenkos schriftstellerische Arbeit im Herbst 1938

Den Kuraufenthalt in Peredelkino nutzte Makarenko u.a. dafür, um in seine zahlreichen vertraglichen Verpflichtungen und das sich daraus ergebende gewaltige Arbeitspensum eine gewisse Ordnung zu bringen. Im Mittelpunkt seiner Planungen und Schreibbemühungen stand dabei der Roman 'Newtonsche Ringe' für die Zeitschrift 'Molodaja gvardija' zum Komsomoljubiläum (29.10.1938). In der Öffentlichkeit — so in einem Interview über seine Arbeitsvorhaben, das am 28. September in der Abendzeitung 'Večernjaja Moskava' erschien,[54] sowie in Vorträgen — entwickelte er dagegen auch weitergehende Perspektiven für eine Fortsetzung des "Buchs für Eltern", d.h. für weitere 3-4 Bände, die er für 1939/40 ankündigte.

Über seine detaillierten Planungen, die sich jedoch schon bald als revisionsbedürftig erweisen sollten, ergibt sich aufgrund von Tagebucheintragungen folgendes Bild:

"26. September 38. Einen Monat war ich in Peredelkino. Die wichtigsten Ergebnisse in diesem Monat: (...) Schrieb die beiden ersten Bogen 'Newtonsche Ringe' und gab sie am 13. September 'Molodaja gvardija', wegen deren schrecklicher Notlage zum XX. Jahrestag des Komsomol. Befürchtet, daß sie es nicht drucken werden, bisher haben sie mir noch nichts mitgeteilt. Setzte die Arbeit an den 'N.R.' fort, schaffte aber nur noch einen Bogen, viel Zeit hat mich der Plan gekostete. (...)

Anstehende Arbeiten:		Termin
'Newtonsche Ringe'	20 Druckb.	1.I.
'Ein wahrer Charakter'	3 Druckb.	1.I.
Drehbuch für Odessa	3 Druckb.	1.I.
Buch mit Erzählungen	10 Druckb.	1.XII.
'Buch für Eltern', Bd. 2	15 Druckb.	1.I.
Theaterstück	4 Druckb.	1.II.
INSGESAMT	55 Bogen	

Das muß bis zum 1. Februar gemacht werden, d. h. innerhalb von 126 Tagen, d. h. pro Tag 0,43 Bogen, eine gar nicht so möderische Norm — das bedeutet 8 1/2 Seiten pro Tag. Wenn man sogar die Arbeit des Korrigierens und Abtippens wegläßt, so heißt das, daß der Plan vielleicht bis zum 1.-15. März erfüllt ist. Eine Übersicht am Ende des Buchs zeigt die noch geringere Norm bei Berücksichtung lediglich des Entwurfs, bei einer Norm von 0,40 (8 Seiten) pro Tag bis einschließlich 11. Februar bezogen auf 55 Druckbogen.

28.IX. Der Plan wird erfüllt: gestern abend gab es eine Übererfüllung — anstatt 1,2 Bogen: 1 Bogen, 35. (...)

3.X.38. Der Arbeitsplan wird fast präzise erfüllt. Aber von 'Molodaja gvardija' ruft niemand an, und ich vermute, daß sie den Anfang von 'N.R.' nicht drucken

---

[54]Nad čem rabotajut pisateli. A. Makarenko. In: Večernjaja Moskva, 1938, Nr. 223, S. 3.

werden."

"19.X.38. Heute kehrte ich aus Leningrad zurück, wo ich 7 Abende vom 12. bis 18. Oktober verbracht habe. Über 'Flaggen auf den Türmen' spricht man gut, über 'Ehre' wiederholt man ein bißchen Zelinskij. Das 'Neue Theater für junge Zuschauer' schlägt einen Vertrag für ein Stück vor. Im allgemeinen war ich einverstanden. (...) Mit 'N. R.' bin ich nicht zurechtgekommen: seit dem 5. Oktober habe ich nichts geschrieben — und so bald werde ich, scheint es, auch nicht dazu kommen. Am 28. fahre ich nach Kislovodsk.

Moskau, 1. Dez. 38. Heute kam ich aus Kislovodsk zurück, wo ich einen Monat verbracht habe. Versuchte dort 'N.R.' zu schreiben und schrieb 5 Bogen, aber meines Erachtens ist es schlecht geworden. Überhaupt fiel es mir schwer zu arbeiten. Vor meiner Abreise hatte man von 'Molodaja gvardija' angerufen und es für die Januar-Nummer erbeten, aber jetzt sehe ich, daß ich mich mit diesem Roman auf gar keinen Fall beeilen darf. Überhaupt sind alle meine Pläne durcheinandergeraten, und jetzt wird es schwierig voranzukommen. Meinen ständigen Fehler — allzu optimistische Pläne aufzustellen — muß ich schnellstens überwinden. Irgendwann muß man doch einen realistischen Plan haben, der im allgemeinen pro Tag nicht übersteigen darf: Entwurf — 1/4 Druckbogen unter unbedingter Berücksichtigung des Ausfeilens und Überarbeits pro Tag von 3/4 Druckbogen. Die Arbeit muß sich unbedingt in die erste und zweite Textfassung und in die Pläne gliedern. Bei Berücksichtigung all dessen werde ich die bestehenden vertraglichen Verpflichtungen erfüllen. Er ergibt sich folgendes:

1. NEWTONSCHE RINGE. Schreiben muß man noch im Entwurf 20 Druckbogen, wofür man 80 Arbeitstage braucht, und für die saubere Überarbeitung von 30 Druckb. — 40 Arbeitstage. Insgesamt. 120 Arbeitstage.

2. BUCH FÜR ELTERN. Für 10 Druckb. braucht man für den Plan 10 Arbeitstage, für den Entwurf 40 Arbeitstage und für die zweite Fassung 14 Arbeitstage. Insgesamt 64 Arbeitstage.

3. BUCH MIT ERZÄHLUNGEN — genauso eine präzise Berechnung.

4. ROMAN FÜR DEN ALMANACH. 6. Druckbogen: Plan 7 Arbeitstage, 1. Fassung 24 Arbeitstage, 2. Fassung 8 Arbeitstage, insgesamt 39 Arbeitstage.

5. ODESSAER DREHBUCH — 4 Druckbogen. — Plan 4 Tage, 1. Fassung 16 Tage, 2. Fassung — 6 Arbeitstage, insgesamt — 26 Arbeitstage.

6. MOSKAUER DREHBUCH — genauso eine Berechnung.

Eine Zusammenfassung dieses Plans ergibt folgendes:

	Plan	Entwurf	Reinschrift	
Newtonsche Ringe	—	80	40	120
Buch für Eltern	10	40	14	64
Buch mit Erzählungen	10	40	14	64
Roman	7	24	8	39
Odessaer Drehb.	4	16	6	26
Moskauer Drehb.	4	16	6	26
Theaterstück	4	16	6	26
Insgesamt	39	232	94	365

INSGESAMT 365 Tage

263

Das ist ja eine Überaschung — 1 Jahr —, weiß der Teufel! Freilich, Lohn für all das in Tausenden — mehr als 100 tausend, aber auch die angegebenene Termine sind überall prall gefüllt. Und trotzdem, wie man's auch dreht und wendet, doch mit verschiedenen Unannehmlichkeiten lassen sich diese Termine einhalten, eigentlich sind sie gar nicht so besonders hart. Entsprechend den Terminen muß man die Arbeiten so anordnen:

1. Moskauer Drehbuch.
2. Sammelband mit Erzählungen.
3. Newtonsche Ringe.
4. Theaterstück.
5. Odessaer Drehbuch.
6. Roman.
7. Buch für Eltern.

Wenn man es in dieser Reihenfolge schreibt, ergeben sich folgende Termine für die Manuskriptabgabe:

Moskauer Drehbuch	26. Dezember
Sammelband mit Erzählungen	2. März
Newtonsche Ringe	1. Juni
Theaterstück	27. Juli
Odessaer Drehbuch	22. August
Roman	30. September
Buch für Eltern	30. November

Taktisch gesehen ist das ganz unmöglich. Hinausschieben lassen sich die Termine nur beim 'Buch für Elter', beim Roman und ein bißchen bei den 'Newtonschen Ringen'. Alles andere ist dringend, und zwar in folgender Reihenfolge:

Moskauer Drehbuch	1. Januar
Sammelband mit Erzählungen	1. Februar
Newtonsche Ringe	1. Mai
Odessaer Drehbuch	1. Mai
Theaterstück	1. Juni
Roman	1. August
Buch für Eltern	1. Dezember

Ich habe trotzdem einen neuen Plan zusammengestellt, ausgehend von normalen Arbeitsnormen. Und dann werden wir weitersehen. Der Plan steht auf einen gesonderten Blatt.

Andere Neuigkeiten gibt es bisher nicht, habe noch niemanden gesehen.

Moskau, 13. Dez,. 38.

Auch ein solcher Plan läßt sich nicht erfüllen. Jeden Tag verzettelt man sich mit Kleinkram: Besuchern, Anfängern, einem ganzen Meer von Manuskripten, Gästen, Erledigungen, Besprechungen und Briefen. Was tun? Man braucht eine besonder Schärfe und Hartnäckigkeit zu seinem eigenen Schutz. Aber vielleicht bis ich einfach faul geworden.

'Flaggen auf den Türmen' werde ich umgestalten — man muß das Idyllische verringern. Über 'Ehre' stehen erneut irgendwelche Gespräche an. Mit dem Moskauer

Drehbuch drängt man. Das ist überhaupt kompliziert. Das Wichtigste — es gibt keine Möglichkeit zum Arbeiten."[55]

Aber nicht nur "Kleinkram" hinderte Makarenko an der Erfüllung seiner "Produktionspläne". Hinzu kamen in den folgenden Wochen massive Attacken von seiten der Literaturkritik, die ihn verständlicherweise verunsicherten, ja lähmten und letzten Endes fast nur noch "Ausschuß" zustandebringen ließen. Die Erkenntnis, "Flaggen auf den Türmen" müsse ein wenig 'entidyllisiert' werden, ist dabei wohl schon eine Reaktion auf die erste Pressestimme.

5. Der erste Ansturm der Literaturkritik

Gegenstand dieser Rezensionen war nicht nur "Flaggen auf den Türmen", sondern auch ein Artikel, den die Zeitschrift "Detskaja literatura" im September 1938 zur Diskussion gestellt hatte — "Der Stil der Kinderliteratur" (Stil' detskoj literatury). Den Auftakt bildete jedoch eine kurze, Anfang Dezember in der Leningrader Zeitschrift "Literaturnyj sovremennik" erschienene Parodie auf "Flaggen auf den Türmen": "A. Makarenko, Kinderchen in Sirup. Fragmente einer honigsüßen Romanze" von A. Flit. Der letzte, "Liebe" überschriebene Abschnitt dieses Textes lautet wie folgt:

"Ein zarter, errötender Jüngling näherte sich einem goldgelockten, zartschimmerndem Mädchen und nahm es bei dem reizenden Händchen. Die Seele des Mädchens war blaßlila mit einer silbernen Schattierung und bebte süß zwischen den Rosen und Chrysanthemen, die hie und da erblühten.
Der Jüngling schmolz vor himmmelblauem Glücke und neigte sich in einer wunderbaren Aufwallung über die Hand des Mädchens. In der Ferne war der Gesang der Zapfenschneidemaschinen zu vernehmen.
'Nicht doch!' flüsterte das Mädchen und verschwand im Park.
'Nicht doch!' erglühte der Jüngling und eilte in die Werkhalle.
'Nicht doch!' stöhnte der Leser, der wie eine vertrauensselige Fliege auf einer honigbestrichenen Seite dieses Romans klebengeblieben war."[56]

Die erste Rezension — "Zwei Schriftsteller" von M. Loskutov — erschien am 15. Dezember in der "Literaturnaja gazeta". Der Autor dieses Artikels schreibt dort von "zwei Büchern über ein und dasselbe. Ein und derselbe Stoff, ein und dasselbe Thema. Jedoch unterschiedlich geschrieben." Er vergleicht "Flaggen auf den Türmen" als das Werk eines "professionellen Schriftstellers" mit dem von einem Pädagogen geschriebenen "Pädagogischen Poem" und kommt zu dem Schluß, daß "der Schriftsteller schlechter schrieb als der Pädagoge".

Das "Poem" bezeichnet Loskutov dabei als ein "bemerkenswertes Doku-

---

[55] Archiv des Makarenko-Referats.
[56] A. Flit, A. Makarenko. Detki v sirope. (Fragmenty medovogo romansa). In: Lit. sovremennik, 1938, Nr. 12, S. 226 f.

ment der Epoche". "Weder Pestalozzi noch Rousseau hatten es mit Kindern zu tun, die mit Messern aufeinander losgehen, Karten spielen und Selbstgebrannten trinken, später jedoch zu Vorbildern und, was das Wichtigste ist, zu Organisatoren und Erziehern solcher Verwahrloster und 'Rechtsbrecher' werden, wie sie einst selbst welche waren. Dabei ist das keine gewöhnliche belehrende und abstrakte Belletristik, sondern ein authentischer Stoff." Und weiter heißt es dort: Für das "Poem" müsse noch ein Platz in der Literatur gefunden werden.

"Es ist nicht möglich, es der speziell pädagogischen Literatur zuzuweisen. Dort akzeptiert man es nicht. Noch löst der Name Makarenko Widerspruch und Streit aus, bestätigt sich die 'Diskutabilität' seines pädagogischen Systems." "Wir kennen nicht den Grad der Bedeutung dieses Buchs auf dem Gebiet der Pädagogik, aber dafür ist seine Rolle auf dem Gebiet der Literatur völlig klar. Es ist erstens eines der besten und markantesten Dokumente aus der Epoche des Aufbaus der sowjetischen Kultur, der Herausbildung des sozialistischen Humanismus, und zweitens ist es ein hervorragendes künstlerisches Werk, weil seine Form frei, natürlich und schlicht ist, von jener komplizierten Einfachheit, die wahre Poesie auszeichnet. Hier wird der Leiter und Pädagoge Makarenko zu einem der besten Schriftsteller, und hier genau beginnt die Anklage gegen den zweiten Makarenko."

Bei seiner Kritk an "Flaggen auf den Türmen" bezieht Loskutov sich auf Kategorien, die Makarenko selbst zwei Monate zuvor zur Charakterisierung der Kinder – im Unterschied zur Erwachsenenliteratur veröffentlicht hatte:

"Einige seiner Überlegungen zur Kinderliteratur erklären sehr gut die Fehler seines letzten Romans. Der Kern seiner Ausführungen läuft darauf hinaus, daß für Kinder nur gradlinige Charaktere und eine möglichst große Zahl von Ereignissen nötig sind — 'und keinerlei Nuancen'. Der ganze Roman vermittelt den Eindruck, nach diesem Rezept 'für Kinder gemacht' zu sein. Ein warmer, künstlicher Wind durchweht ihn von allen Seiten. Die 'Weihnachtsknaben' werden in die sowjetische Zeit übertragen, doch im Unterschied zu den vorrevolutionären Jungen, die von guten Onkeln und Tanten gerettet wurden, sind sie gezwungen, die keineswegs immer eigenständige, aber harte Arbeit der Umschmiedung selbst zu leiten. Hier ist alles einfach: Jungen und Mädchen, Verwahrloste und Rechtsbrecher, die, wie der Leser gleich von Anfang an spürt, irgendwo am Ende des Buchs in die Sphäre des Glücks und des Guten gelangen müssen. Keinerlei 'Entwicklung' der Charaktere. Keinerlei Kampf. Stattdessen Spektakel und 'Vorfälle'."

Loskutov, der "Flaggen" als "eine schöpferische Umsetzung eines gewissen Traums seines Autors" bezeichnet, kommt in diesem Artikel zu folgendem Resümee:

"Makarenkos Mißerfolg ist für die sowjetische Literatur bedauerlich. Von irgendjemandem wurde bereits gesagt, daß sein Roman ein zum zweiten Mal aufgegossener, verdünnter Tee sei. Das ist nicht ganz richtig: zwar das zweite Glas, aber mit einer doppelten Portion Zucker. Das Wesentliche liegt jedoch gar nicht darin, daß 'Biographisches' für einen Schriftsteller, wie es gewöhnlich heißt, leichter ist als Erfundenes. (...) Einige Schriftsteller begannen als Memoirenschreiber und wurden dann zu Belletristen oder auch umgekehrt. Rezepte für den richtigen Weg zu geben, wäre fahrlässig, aber wir würden es begrüßen, wenn der erste Makarenko dem zweiten einmal erzählt, wie man ein gutes Buch schreibt."[57]

Vorausgegangen war jedoch ein in Ton und Inhalt viel schärferer Artikel des Jugendbuchautors A. Bojm in der "Komsomol'skaja pravda" vom 2. Dezember 1938, von dem Makarenko jedoch erst nach seiner Rückkehr aus Kislovodsk erfuhr. In dieser Replik auf den Aufsatz "Der Stil der Kinderliteratur" wurde — und dem polemischen Titel "Offenbarungen A. Makarenkos" — der Vorwurf erhoben, "nach dem Erfolg des 'Pädagogischen Poem' und dem Mißerfolg des 'Buchs für Eltern' bildet sich A. Makarenko nunmehr ein, das Monopol in der Auslegung der Grundsätze der marxistischen Pädagogik zu besitzen".[58] Wie sehr Makarenko dieser Vorwurf getroffen hat, ist einem Brief an S. A. Kalabalin von Anfang/Mitte Januar 1939 zu entnehmen, wo es — in bezug auf eine Volksbildungsmitarbeiterin aus dem "Poem" — heißt:

"Schreiben will ich nichts, mich lesen sowieso nur die Leser, die Zojas lesen grundsätzlich nicht und schreiben Gemeinheiten in der 'Komsomol'skaja pravda'. Diese Zojas kriechen einzeln hervor, setzen ihren Dreck ab und verschwinden wieder, doch einzeln will ich mich mit ihnen nicht einlassen."[59]

So ist es nicht verwunderlich, daß Makarenko auf den Artikel "Zwei Schriftsteller" mit einem Dankschreiben an O. Vojtinskaja von der Redaktion der "Literaturnaja gazeta" reagiert:

"Ich bitte Sie, dem Gen. Mich. Loskutov für den taktvollen, kameradschaftlichen Ton seines Artikels 'Zwei Schriftsteller' meinen herzlichen Dank zu übermitteln. Nach der Beleidigung durch den Gen. Bojm ist dieser Ton vor allem für mich angenehm. Das bedeutet jedoch keineswegs, daß ich mit dem Artikel des Gen. M. Loskutov völlig einverstanden bin. Übrigens, auch im Roman 'Flaggen auf den Türmen' spiegelt sich keineswegs ein Traum von mir wider. Alles in dem Roman Beschriebene ist die echte sowjetische Wirklichkeit, fast ohne Erfundenes."[60]

Eintragungen in Makarenkos Tagebuch zeigen, daß er — trotz dieser kritischen Pressestimmen und neben all seinen anderen Belastungen — auch in den folgenden Wochen versucht hat, an den bereits begonnenn und geplanten Werken weiterzuarbeiten, daneben auch noch kleine Erzählungen und Artikel zu schreiben und die durch die Rezensionen gefährdeten Buchausgaben von "Ehre" und "Flaggen auf den Türmen" bei den Verlagen "Goslitizdat" und "Detizdat" nicht in Vergessenheit geraten zu lassen. Bis zum Bekanntwerden neuer Angriffe von seiten der Literaturkritik (Ende Januar 1939) vermitteln

---

[57]M. Loskutov, Dva pisatelja. In: Lit. gazeta, 1938, Nr. 69, S. 5.

[58]A. Bojm, Otkrovenija A. Makarenko. In: Komsomol'skaja pravda, 1938, Nr. 276, S. 3.

[59]Ped. soč. 8, S. 112.

[60]Ebd. 7, S. 200.

Makarenkos Tagebuchnotizen folgendes Bild:

"17. Dezember. Irgendjemand hatte das richtig vorausgesagt. Man beschimpft mich von allen Seiten, und viele wahrscheinlich ganz unbegründet — ich gefalle denen einfach nicht. Ein gewisser Loskutov hat in der 'L.G.' einen langen Artikel gebracht — 'Zwei Schriftsteller'. Der Ton ist korrekt, aber er hält 'Fl.T.' für mißlungen, mit der Genauigkeit der Formulierung gibt er sich keine Mühe. Er versichert, daß dieses Buch — ein Traum von mir sei und daß in dem Buch alles nivelliert sei und daß es keinen Kampf und keine Entwicklung der Charaktere gebe. Überhaupt ist die Kritik formal, ausgehend von den alten Gesetzeskodexen. Das alles ist langweilig. Man darf sich mit einem solchen Zustand nicht abfinden, wenn irgendsoein Loskutov schreibt, was er will, und es unmöglich ist, ihm zu widersprechen. Man muß einfach Geduld haben. Die Leser schreiben gut über 'Fl.T.'. Kann es denn sein, daß die Kritiker nicht erkennen, daß es in 'Fl.T.' um ein ganz anderes Thema geht als im 'P.P.'? Mal sehen.

28. Dezember. Langweilig und monoton. Mit 'Flaggen' zieht es sich hin, und bei 'Ehre' ist erneut eine Umarbeitung nötig. Im Kinosektor hat ein gewisser Jutkevič bereits gesagt, daß 'Flaggen' ein Fiasko sei. Man erfand neue Etiketten, mit deren Hilfe es sich mit jemandem leicht abrechnen läßt.

Für das Moskauer Drehbuch finde ich überhaupt keinen Anfang — kann keine Fabel erfinden. In die Kindergesellschaft will eben nichts Triviales eindringen! Die Mode verlangt von mir die dümmsten Drehungen und Wendungen und dabei noch ganz altmodische. Irgendwelche prizipienlosen Bestien geben den Ton an und erziehen unser Publikum bemerkenswert aktiv um, auf irgendsoeine billige, dumme und schädliche Weise. Von diesen Bestien gibt es viele, sie alle wollen leben, und mit ihnen zu kämpfen ist unmöglich. Wenn man ihnen offen widerspricht, fallen sie als ganzer Haufen über einen her, und sogar die 'Erste Hilfe' der Partei trifft da niemals rechtzeitig ein.

Gestern gab ich die Erzählung 'Neue Jahre' an eine Kiever Zeitung. Mir und Galja gefällt sie — Avdeenko nicht.

Habe mit 'Krasnaja nov' einen Vertrag für den II. Band 'Buch für Eltern' abgeschlossen. Aber wann schreiben? Verträge, Verträge! Die 'Newtonschen Ringe' liegen. Wann werde ich damit anfangen?

Und Geld gibt es sowieso keins. Wenn ich Geld hätte, was für ein schönes Buch könnte ich dann über den MENSCHEN schreiben, wie ich ihn unter unseren hervorragenden Möglichkeiten sehe.

30. Dezember Gestern beendete ich für 'Izvestija' die Erzählung 'Die Berechnung von Tragflächen'. Irgendwoher habe ich so ein Gefühl, daß sie meine Erzählung jetzt gar nicht brauchen — irgendwelche Umstände haben sich geändert. Die Erzählung ist in orgineller Weise lyrisch, aber ob sie wohl das Licht der Welt erblicken wird? Man muß ernsthaft an das Drehbuch herangehen, doch mich quälen fremde Manuskripte.

11.I.39. Weder in 'Izvestija' noch in 'Sovetskaja Ukraina' hat man meine Erzählung gedruckt. Sehe darin eine ganz natürliche Erscheinung.

In Detizdat, wohin man mich bestellt hatte, sagte man nur eins — daß man 'Flaggen' nicht drucken wird: für Kinder nicht geeignet, und außerdem — der Alltag. Der Alltag! Was kann man dagegen schon sagen? Es gibt Wörter, die eigentlich gar nichts ausdrücken, aber man verwendet sie, um jemanden zu verurteilen.

Das Drehbuch an Sojuzdetfil'm gegeben und durchgelesen. Wenn ich auch viel daran gearbeitet habe, aber meiner Meinung nach ist es gar nicht so schlecht geworden, selbstverständlich besser als 'Die Siebtkläßler'. Zu meinem Erstaunen wurde es ziemlich kühl aufgenommen. Man sagte etwa so: es gibt da natürlich Vorzüge, aber das ist ein Roman, es gibt keine Spannung, keinen bereinigenden Konflikt.

Man muß Morde und 'Konflikte' erfinden — und das in einer Betriebsberufsschule! Für den 17. ist eine Besprechung angesetzt, aber ich erwarte bereits nichts Gutes mehr. Ich glaube zwar nicht, daß sie es ohne irgendwelche Bedingungen zurückweisen werden, aber man muß wahrscheinlich noch viel daran arbeiten.

Stavskij lud mich für 'Novyj mir' ein — 'schreiben Sie einen Roman!' —, aber einen Vertrag hat er nicht angeboten.

Von Goslitizdat bezüglich 'Flaggen' nichts. Ein Vertrag über das 'Buch für Eltern' wird, scheint es, zustandekommen. (...)

Nehme mir das Theaterstück für Leningrad vor. Soll ich darin jemanden ermorden, erstechen, irgendeinen schrecklichen Konflikt erfinden?

Für Odessa habe ich, scheint es, ein ausreichend blutrünstiges Sujet gefunden — Galja hilft dabei.

'Molodaja gvardija' schweigt.

17.I.39. Nichts geht voran. Na bitte!

1. 'Flaggen auf den Türmen'. Lukin schweigt und redigiert. Lozovskij war da, aber Verträge unterschreiben sie noch nicht. Ich würde mich nicht wundern, wenn sie überhaupt keinen Vertrag mit mir unterschreiben wollen.

2. 'Ein wahrer Charakter'. Die heutige Sitzung wurde selbstverständlich verschoben, sie wollen später anrufen. Aber ich will ihnen einfach Frechheiten sagen. Und das werde ich auch tun.

3. 'Buch für Eltern' II. Band. 'Krasnaja nov' schickte einen Vertrag, der schon am 19. Dezember unterschrieben worden ist. Interessant, wann werden sie den vertraglich zugesicherten Vorschuß zahlen?

4. Leningrader Theaterstück — kommt nicht voran, aber bald werde ich es zu schreiben anfangen.

5. 'Ehre' liegt, scheint es, zum allgemeinen Vergnügen.

6. Beim Almanach fleht man mich an, bittet darum, daß ich den Roman über die Liebe bis zum 1. März abliefere. Aber was, wenn dieses Thema rein zufällig verloren gegangen ist?

7. Die 'Newtonschen Ringe' liegen. 'Molodaja gvardija' schweigt. Interessant, was sich da wohl zusammenschweigen werden!

8. Bei 'Oktjabr' macht man vorsichtig eine Anspielung auf 'Der Mensch', aber anscheinend erwartet man da nichts Gutes.

9. Odessaer Drehbuch. Ein ganz fernes Projekt."[61]

Kurz nach diesem, von Humor bestimmten Tagebuchaufzeichnungen muß Makarenko von neuen Kritikeräußerungen über seine literarische Produktion erfahren haben, und das bewirkte u.a. auch einen etwas strengeren Ton seiner Notizen.

---

[61] Archiv des Makarenko-Referats.

6. Die entscheidenen Attacken gegen "Flaggen auf den Türmen"

Es handelt sich dabei um eine Rezension von A. Ragozin in der Zeitschrift "Literaturnoe obozrenie" vom 5. Januar 1939 sowie um einen umfangreichen Aufsatz von F. Levin in der Mitte Januar 1939 erschienenen Dezember-Nummer von "Literaturnyj kritik".

Auch Ragozin vergleicht Makarenkos neuen Roman mit dem "Poem" und kommt zu dem Schluß: "Es ist kaum zu glauben, daß das 'Pädagogische Poem' und 'Flaggen auf den Türmen' aus der Feder ein und desselben Autors stammen. In dem Maße, wie das erste Buch den Leser durch seine Aufrichtigkeit und Wahrhaftigkeit fesselt, wirkt das zweite durch seine Konstruiertheit und Falschheit abstoßend." Doch dieser Rezensent beschränkt sich in seiner Kritik nicht auf literarische Aspekte:

"Obwohl in 'Flaggen auf den Türmen' nicht eine einzige publizistisch geschriebene Seite enthalten ist, stellt der ganze Roman ein Pamphlet gegen die dem Autor verhaßte pädagogische Theorie dar. Bereits im 'Pädagogischen Poem' stellte Makarenko die Praxis seiner Arbeit in einen scharfen Gegensatz zu den theoretischen Lehrsätzen der Pädagogik. Er warf die Pädagogik und die Pädologie in ein und dieselbe Müllgrube und behauptete, das gesamte pädagogische Denken, von Pestalozzi bis Blonskij, habe sich als ohnmächtig erwiesen, ihm bei der Arbeit mit Verwahrlosten und Rechtsbrechern zu helfen. Im weiteren war diese Polemik für den Leser nicht immer überzeugend. Die Vorwürfe des Schriftstellers klangen oft leichtfertig, und viele seine Ausfälle verfehlten ihr Ziel. Und wenn das 'Pädagogische Poem' voller Glanz das Rechthaben des Autors und den Sieg seiner Prinzipien zeigte, dann besiegte er dabei dennoch nicht das progressive pädagogische Denken, sondern jene ungebildeten Bürokraten aus dem Volksbildungskommissariat der Ukraine, die seine Arbeit behinderten. 'Flaggen auf den Türmen' setzt diese Polemik fort. Aber seine Argumentation gewinnt der Autor bereits nicht mehr aus dem Leben, sondern aus seinem Traum von einer idealen Kolonie für Jugendliche. Die 1. Mai-Kolonie — das ist eine Utopie, ein märchenhaftes Wunderland, das nicht mir Verbrechern, Vagabunden und Prostituierten von gestern besiedelt ist, sondern mit begeisterungsfähigen, feinfühligen Jungen und Mädchen (...)."

Zum Schluß seiner Rezension fragt Ragozin nach der pädagogischen Relevanz dieses Romans über eine "ideale Kolonie" für "ideale Jugendliche":

"Doch was können wir dann aus Makarenkos Roman lernen? Welche neuen Erziehungsprobleme werden darin angeschnitten? (...) Welche Empfingungen der Freundschaft und der Liebe zum Kollektiv kann man bei jungen Leuten stimulieren, die beim Anblick eines zurückkehrenden Kameraden in Reih und Glied Tränen des Glücks vergießen? Die braucht man gar nicht mehr zu erziehen. Über sie kann man sich nur noch freuen und entzückt sein, wie das der Leiter der Kolonie ja auch tut. Makarenkos Roman beweist nichts und widerlegt auch nichts, weil der Autor selbst alle Fäden durchtrennt hat, die sein Werk mit dem Leben verbanden. In unserem Land gibt es eine Menge großartiger und herrlicher Menschen. Sie zu zeigen, ist für einen Künstler eine äußerst dankbare Aufgabe. A. S. Makarenko, der mit einem solchen Talent in seinem ersten Buch wirklich großartige und interessante Menschen zeigte, hätte dieser Aufgabe ehrenhaft nachkommen können. Aber der Schriftsteller hat Verrat an seinem Talent und seiner schöpferischen Methode begangen. Der Wahrheit des Lebens und der Wahrheit der Kunst hat er schöne Worte und ihm schön erscheinende Phantasien vorgezogen. Es ist ganz natürlich, daß der Roman leblos und nicht überzeugend geworden ist, er bringt es nicht fertig, die Leser an den völlig unmotivierten Begeisterungsausbrüchen und der Ergriffenheit des Autors teilnehmen zu lassen."[62]

Zu einem noch vernichtenderen, dabei jedoch gut begründeten und differenzierten Urteil über Makarenko als Schriftsteller kommt F. Levin in seinem Artikel "Der vierte Roman A. Makarenkos". Da bisher zwar Makarenkos "Offener Brief" sowie eine entsprechende Antwort von fünf ehemaligen Kolonisten und Kommunarden an Levin allgemein bekannt sind (beide Texte gehören seit den 50er Jahren zum Kanon jeder Ausgabe von "Flaggen auf den Türmen"), nicht jedoch der diese auslösende Artikel selbst, soll Levins Argumentation hier ausführlich wiedergegeben werden:

Zunächst gibt der Literaturkritiker Worte Maksim Gor'kijs wieder, die dieser 1934 in einer Begegnung mit jungen Schriftstellern geäußert hatte. Fast jeder einigermaßen gebildete Mensch mit einem interessanten Leben könne ein gutes Buch schreiben. Auch das zweite Buch könne sich als interessant und gehaltvoll erweisen, "vor allem dann, wenn das Leben des Autors reich an Fakten und Konflikten, Begegnungen und Eindrücken war. Was nicht in das erste Buch aufgenommen wurde, bildet den Inhalt des zweiten." In den meisten Fällen erweise sich das dritte Buch als das entscheidende; hier zeige sich bereits der Gedankenreichtum des Autors — "ob er es versteht, nicht nur das, was er unmittelbar selbst erlebt hat, darzustellen, sondern auch das, was er gesehen, beobachtet hat", "seine Fähigkeit, den Stoff, den das Leben gibt zu sammeln und zu bearbeiten, charaktervolle Gestalten zu meißeln, Gedanken zu entwickeln und zu verallgemeinern, Typen zu schaffen".

Diese Maßstäbe legt Levin dann Makarenkos schriftstellerischem Werk an und führt dazu u.a. aus:

"Ohne aufdringliche Schulmeisterei, ohne Beschönigung und Versüßlichung hat Makarenko im 'Pädagogischen Poem' völlig aufrichtig den Triumph der sozialistischen Erziehung aufgezeigt. Die Überzeugungskraft dieses Buchs lag in seiner lebendigen Wahrheit, in seiner echten Unmittelbarkeit und in seiner tiefen ideellen Bedeutung. Unsere Kritik — darunter auch der Autor dieser Zeilen — begrüßte das Erscheinen des 'Pädagogischen Poems', das einen Platz unter den besten Büchern der sowjetischen Literatur eingenommen hat. Es schien, daß die folgenden Werke A. Makarenkos einen noch wertvolleren Beitrag zu unserer Literatur darstellen würden.

Doch diese Hoffnungen haben sich nicht erfüllt. Das nächste Werk des Schriftstellers war das 'Buch für Eltern', das lediglich großes Befremden hervorrief. Das Buch war pretentiös didaktisch im schlechtesten Sinne dieses Wortes. In Form von

---

[62] A. Ragozin, "Flagi na bašnjach". In: Lit. obozrenie, 1939, Nr. 1, 5.1., S. 9 - 14.

Erzählungen über verschiedene Vorfälle aus dem Leben stellte Makarenko Fragen nach der Erziehung von Kindern. Ob diese Fälle aus dem Fundus der Lebenseindrücke des Autors stammen oder ob ein Teil davon eigens ausgedacht war, ist in diesem Fall ohne Bedeutung; sie alle gleichen Parabeln. Die enge utilitaristische Aufgabe, die der Autor sich gestellt hatte, bestimmten von vornherein die unverhüllte, tendenziöse und offensichtliche 'Schulmeisterei' dieser Erzählungen. Es entstand irgendsoein Mittelding zwischen schöngeistiger Literatur und Pädagogik, ein Zwitter, eine belletristisch gefärbte Pädagogik. Verschiedene 'Parabeln', die eine falsche Erziehung der Kinder demonstrieren, endeten mit der zuckersüßen Beschreibung einer kinderreichen Musterfamilie, in der ein Kind das andere an Gutartigkeit und Sittsamkeit übertraf. Eine belletristisch gefärbte Moral, eine äußerliche, trügerische Form von schöngeistiger Literatur — das war es, was das 'Buch für Eltern' charakterisierte.

Weiter erschien das erste Buch des Romans "Ehre", welches bereits die schärfste Mißbilligung von seiten unserer Kritik erhielt (siehe vor allem den Artikel von K. Malachov in 'Literaturnyj kritik', Nr. 5/1938). Die Kritik sah in dem Roman zu recht eine politisch schädliche Behandlung des imperialistischen Krieges von 1914 - 1918. Der Autor stellte am Beispiel seiner positiven Helden, der beiden Teplovs, Vater und Sohn, die Frage nach der Teilnahme am imperialistischen Krieg als eine Sache der Ehre dar; er war nicht nur unfähig, sie als Menschen darzustellen, die in die Irre gehen und betrogen werden, sondern solidarisiert sich in seiner gesamten Darstellung gleichsam mit ihnen und unterstützt gleichsam deren Einstellung zum Krieg. (...)

Die Kritik hat "Ehre" nicht nur wegen der politisch verwerflichen Verherrlichung des imperialistischen Krieges verurteilt, sondern auch wegen der äußersten Unzulänglichkeit des Romans in literarischer Hinsicht. Hier tritt, wie schon im 'Buch für Eltern', erneut die Schulmeisterei des Autors zutage. Doch andererseits wurde klar, daß A. Makarenko gerade jene Fähigkeiten fehlen, von denen Gor'kij gesprochen hat, nämlich Phantasie, ohne die man keinen sozialen Typ, keine synthetische Gestalt schaffen kann. Nachdem er sich vorgenommen hatte, das 'Theorem' der Ehre zu 'beweisen', zwang Makarenko alle seine Helden, vor allem über die Ehre, über den Ehrenkodex nachzudenken und zu sprechen. Offenbar hat er da eine der schwächsten Seiten E. Zolas übernommen — die Konzentration auf ein einziges, hervorgehobenes und für sich betrachtetes Gefühl oder Laster. (...) Makarenko schuf in 'Ehre' nicht eine einzige wirklich typische und interessante Figur. Die fehlerhafte Behandlung des imperialistischen Krieges und die künstliche, didaktische Absicht, von den Unzulänglichkeiten der Darstellung ganz zu schweigen, bestimmten von vornherein dieses traurige Ergebnis.

Interessant ist, daß im zweiten Buch von 'Ehre', das erst 1938 erschien, der Autor — möglicherweise unter dem Einfluß der Kritik — versucht hat, sich vom Problem der Ehre, um das sich im ersten Buch alle seine Helden so hartnäckig drehten, ein wenig zu lösen. Er begann ein Bild der sich entfaltenden revolutionären Bewegung in der von ihm beschriebenen Stadt zu entwerfen. Doch dabei wurde um so deutlicher, daß es ihm nicht gelungen ist, Charaktere zu schaffen, und daß diese außerhalb des Problems der Ehre überhaupt nicht leben können."

Im Anschluß an diese Ausführungen kommt Levin auf den "vierten Roman A. Makarenkos" zu sprechen:

"Man möchte meinen, daß sich der Autor hier in einer gut bekannten Sphäre bewegt. Er ist zu dem Stoff zurückgekehrt, den er so lebendig im 'Pädagogischen

Poem' dargestellt hat. Aber — o weh! — zwischen diesen beiden Büchern liegen Welten. Alles oder doch fast alles, was den Leser am 'Pädagogischen Poem' so sehr erfreut hat, ist verschwunden, ist aus dem Buch 'Flaggen auf den Türmen' verflogen.

Die Kolonie ist gleichsam nicht mit Tinte dargestellt worden, sondern mit Rosenwasser, vermischt mit Süßstoff. Im Leben der Kolonisten sehen wir in erster Linie Ordnung, Disziplin und natürlich süßliche Bravheit. Die überwältigende Mehrheit der Kolonisten wird ohne Bewegung und Wachsen, ohne Entwicklung des Charakters dargestellt, sie sind von Anfang an fertige Persönlichkeiten. Der Roman ist sentimental und zähflüssig wie Sirup, und gäbe es da nicht den Dieb und Feind Ryžikov, so hätten wir vor uns das reinste Paradies mit lauter Engeln, nur ohne Flügel. Sieht man näher hin, so erkennt man, daß die Helden dieses Romans in Wirklichkeit auch gar keine Verwahrlosten und keine Rechtsbrecher sind und niemals welche waren, daß sie niemals eine Fehlentwicklung erlebt haben, die eine Besserung erforderlich macht. Die Geringfügigkeit ihrer Vergehen und Unzulänglichkeiten würden die Leiter der besten und vorbildlichsten Schulen in unserem Land vor Neid erblassen lassen, die es mit gewöhnlichen, in der Familie aufgewachsenen Kindern zu tun haben. Unsere Schulkinder machen tausendmal mehr Unfug und Streiche als die Helden von Makarenkos Roman.

Sie alle, mit Ausnahme von Ryžikov, sind solche Musterknaben und Mustermädchen! Die sauberen Mündchen, klaren Äuglein und die ausgezeichnete, sittsame Führung der Kolonisten sind geeignet, die hartgesottenste Klassenleiterin eines Pensionats für höhere Töchter, die strengste 'zierlich-manierliche' Gouvernante in Rührung und helles Entzücken zu versetzen.

Es ist schwer zu glauben, daß dieser süßliche Roman vom Autor des 'Pädagogischen Poems' geschrieben worden ist — eines blutvollen und äußerst wahrhaftigen Buchs, in dem es wirkliche Schwierigkeiten, echte Probleme, wirkliche Menschen und Charaktere, echte Begeisterung und Siege gibt, errungen durch Anstrengung und Mut. Wohin ist das alles entschwunden?"

Im Anschluß an eine detaillierte Analyse von "Flaggen auf den Türmen", die u.a. auch die aus dem "Offenen Brief" bekannte Formulierung "Palast aus einem Märchen, erzählt von dem guten Onkel Makarenko" enthält, fragt Levin:

"Was bedeuten nun diese Mißerfolge im Schaffen A. Makarenkos, sein Abstieg vom 'Pädagogischen Poem' zu 'Flaggen auf den Türmen'? Wie denn — ist er wirklich jener 'fast jeder', der nur über sein eigenes Leben ein ganz gutes Buch schreiben kann? Nein, so ist das nicht. Erstens ist es gar nicht so einfach, ein Buch zu schreiben, selbst wenn man eine interessante, abwechslungsreiche Biographie gehabt hat. Das erfordert besondere Fähigkeiten und gelingt bei weitem nicht jedem. In den Arbeitskolonien arbeitete nicht allein Makarenko, doch niemand anders hat ein solches Buch wie das 'Pädagogische Poem' geschrieben. (...) Aber vielleicht ist A. Makarenko ein 'mit Lob überhäufter Mensch' geworden (Zacharov in 'Flaggen auf den Türmen' sagt, daß 'es nichts Schlimmeres gibt als einen mit Lob überhäuften Menschen') und hat in der Arbeit an sich selbst nachgelassen, hat sich auf das Schnellschreiben verlegt. Zu diesem Gedanken führt ein Interview mit Makarenko, das seinerzeit in der 'Literaturnaja gazeta' abgedruckt war und in dem er von fünf oder sechs großen Werken spricht, die er zugleich begonnen habe.[63]

---

[63] Gemeint ist eine Umfrage der "Literaturnaja gazeta" über Arbeitsvorhaben des Schrift-

Wenn allein das der Grund wäre, so ließe er sich gar nicht so schwer ausräumen.

Aber vielleicht — und das ist wahrscheinlicher — liegt es an Schwierigkeiten beim Übergang von einem autobiographischen, memoirenhaften Buch zu künstlerischer Phantasie. Memoiren können glänzend und literarisch im besten Sinne des Wortes sein, doch der Übergang zur Gestaltung von Typen, zur Phantasie erweist sich als sehr kompliziert.

Schließlich, und das ist am wahrscheinlichsten, kann die Ursache von Makarenkos Mißerfolg auch in der Art seines Talents liegen."

Levin führt in diesem Zusammenhang das folgende Zitat aus Belinskijs "Betrachtung über die russische Literatur des Jahres 1847" über einen bestimmten Schriftsteller an:

"Offensichtlich hat er kein rein schöpferisches Talent, kann er keine Charaktere schaffen und sie in solche Beziehungen zueinander setzen, aus denen sich von selbst ein Roman oder eine Erzählung entwickelt.

Er kann die Wirklichkeit darstellen, die er gesehen und studiert hat, wenn man so will — etwas schaffen, aber aus einem fertigen, von der Wirklichkeit vorgegebenen Stoff. Das ist nicht einfach ein Abschreiben von der Wirklichkeit, diese gibt dem Autor nicht die Ideen, sondern führt, stößt sozusagen auf sie zu. Er verarbeitet den von ihm genommenen fertigen Inhalt nach seinem Ideal, und daraus entsteht bei ihm ein Bild, das lebendiger, aussagekräftiger und ideenreicher als der wirkliche Vorfall ist, der ihn veranlaßt hat, dieses Bild zu schaffen; auch dazu ist in einem bestimmten Maße poetisches Talent erforderlich. Freilich, manchmal besteht seine ganze Fähigkeit darin, eine ihm bekannte Person oder ein Ereignis, dessen Zeuge er war, der Wahrheit entsprechend wiederzugeben, denn in der Wirklichkeit gibt es manchmal Erscheinungen, die man nur wahrheitsgetreu zu Papier zu bringen braucht, damit sie alle Anzeichen künstlerischer Phantasie haben. Aber auch dafür braucht man Talent, und Talente dieser Art gibt es von unterschiedlichem Grad."

Und Levin kommentiert dieses Belinskij-Zitat wie folgt:

"Diese bemerkenswerte Charakteristik erklärt unseres Erachtens viel von der Art des Talents A. Makarenkos und ermöglicht es, die Ursachen seines literarischen Mißerfolgs zu verstehen.

In der Tat: im 'Pädagogischen Poem' hat Makarenko aus einem fertigen, ihm von der Wirklichkeit vorgegebenen Stoff geschöpft. Er hat diesen Stoff gedanklich durchdrungen, er hat nicht von der Wirklichkeit abgeschrieben, hat nicht fotografiert, sondern ihn 'nach seinem Ideal' verarbeitet, und ihm gelang tatsächlich 'ein Bild, das lebendiger, aussagekräftiger und ideenreicher als der wirkliche Vorfall ist, der ihn veranlaßte, dieses Bild zu schaffen'. In 'Flaggen auf den Türmen' bezieht sich

---

stellers, die am 31.12.1937 (Nr. 71, S. 2) veröffentlicht wurde. Dort nannte Makarenko fünf Werke, die er 1938 beenden wolle: die Romane "Ehre", "Kolonisten" (Kolonisty) — damit war offensichtlich "Die Vorossilover" bzw. "Flaggen auf den Türmen" gemeint —, "Der Mensch", "Wege einer Generation" und den 2. Band des "Buchs für Eltern". Wohl aufgrund dieser kritischen Bemerkung F. Levins nennt Makarenko in einer am 10. 2. 1939 publizierten Umfrage nur noch ein Werk, an dem er gerade arbeitete: Bd. 2 des 'Buchs für Eltern' (Lit. gaz., 1939, Nr. 8, S. 2).

das Beste, was man in dem Roman finden kann, ebenfalls auf einen Stoff, der der Wirklichkeit entnommen ist und der lebendig und markant wiedergegeben wird.

Aber dort, wo A. Makarenko sich der Phantasie, der Schöpfung statt der Beschreibung von Charakteren zuwendet, wenn er sich bemüht, mehr Künstler als Zeuge oder teilnemender Erzähler zu sein, dort tritt seine Schwäche auf dem Gebiet zutage, welches Belinskij das 'rein Schöpferische' nennt. Anstelle der Bearbeitung der Wirklichkeit nach seinem Ideal, das heißt ihrer Darstellung im Lichte jener Ideen, die den Schriftsteller begeistern, beginnt er idealisierte Menschen zu schaffen: ein Nichtsnutz verwandelt sich bei ihm in einen finstern, fast melodramatischen Übeltäter, positive Gestalten jedoch — in rosarote Gebilde aus Wachs und Pappmaché. Es erfolgt ein Austausch des Ideals gegen eine verlogene Idealisierung. Makarenko erweist sich als unfähig, Charaktere zu schaffen, ganz zu schweigen von ihrer Typisierung. Er ist stark nur als Erzähler von wirklichen Ereignissen und Menschen und schwach als Künstler — als Schöpfer synthetischer Gestalten. Und von daher ist auch klar, daß die Sache allein durch Streichung aller süßlichen Stellen aus 'Flaggen auf den Türmen' durch den Redakteur noch nicht zu bereinigen ist.

Zum Abschluß fügen wir hinzu, daß die von uns angeführten Worte von Belinskij über Turgenev gesagt worden waren, der seinen Schaffensweg damals gerade erst begonnen hatte. In bezug auf Turgenev erwies sich Belinskijs Charakteristik als nicht ganz zutreffend. Durch sein Schaffen hat Turgenev später bewiesen, daß sein Talent noch facettenreicher, wertvoller und glänzender war, als das nach seinen frühen Werken scheinen konnte, er hat seine Fähigkeit zum rein Schöpferischen, zur Schaffung von Charakteren bewiesen.

Wir wünschen sehr, daß auch Makarenko durch seine Arbeit, durch seine Werke in Zukunft zeigen wird, daß er fähig ist, nicht nur einen ihm bekannten Stoff markant zu beschreiben, sondern aufgrund dessen auch synthetische Gestalten zu schaffen."[64]

7. Makarenkos Reaktion

Eine erste Auswirkung zeigt sich in einem veränderten 'Stil und Ton' der Tagebucheintragungen. Statt der ursprünglichen zwei 'Fronten' — einer 'literarischen' und einer 'pädagogischen' — ist nun von einem ganzen System von 'Kriegsschauplätzen' die Rede, mit denen sich Makarenko konfrontiert sieht. Solche Vorstellungen sind wohl von der Propaganda jener Jahre über die tatsächliche und angebliche Bedrohung der Sowjetunion durch innere und äußere Feinde mitbestimmt. Doch in ihrer Terminologie assoziieren diese Aufzeichnungen — mehr als zwei Jahre vor Kriegsbeginn! — den Gedanken an Frontberichterstattung.[65]

---

[64]F. Levin, Četvertaja povest' A. Makareko. In: Lit. kritik, 1938, Nr. 12, S. 138 - 154.

[65]Hier zeigt sich auch die militärische Grundstruktur von Makarenkos Denken. Vgl. dazu die folgenden Ausführungen O.-H. v. d. Gablentz' in Zusammenhang mit einem Aufsatz von F. C. Endres (1927) "über das Verhältnis politischen und militärischen Denkens": "die militärische Denkmethode geht von der vergleichbaren Beurteilung feindlicher und eigener Stärke und (der) militärischen Lage aus. Der Soldat denkt in 'Lagen' und meint, so müßte man auch die politische Situation, die ja doch auch zweifellos ein Machtkampf zwischen Freund

In seinem Tagebuch registriert Makarenko die bereits im Gang befindlichen und bevorstehenden 'Schlachten', bestimmt dabei seine eigene 'Lage' und die seiner 'Gegner' und notiert zuweilen auch den seinerseits erforderlichen 'Einsatz' (literarische Produktion, Verteidigung von Ansehen und Glaubwürdigkeit) sowie die zu erwartende bzw. dringend notwendige 'Beute' (Vorschüsse, Honorare). Dementsprechend verwandeln sich die Redaktionen und Verlage in diesen Tagebuchaufzeichnungen in einzelne 'Kampfabschnitte', die er wie folgt benennt:

Buchausgabe von "Flaggen auf den Türmen" wie überhaupt das Schicksal dieses Romans — "Hauptfront" (Central'nyj front), Moskauer Filmstudio mit dem Drehbuch "Ein wahrer Charakter" — "Nordfront" (Severnyj front), "Krasnaja nov' " mit dem 2. Band des "Buchs für Eltern" — "Elternfront" (Roditel'skij front), Leningrader Kindertheater — "Westfront" (Zapadnyj front), Odessaer Filmstudio mit dem Drehbuch über ein schulisches Thema — "Südfront" (Južnyj front), "Goslitizdat" mit der Buchausgabe von "Ehre" — "Südwestfront" (Jugo-zapadnyj front), "Molodaja gvardija" mit dem Roman "Newtonsche Ringe" — "Ostfront" (Vostočnyj front), "Sovetskij pisatel'" mit dem Erzählungsband "Kinder" — "Nordwestfront" (Severnozapadnyj front), "Almanach" mit dem "Roman über die Liebe" — "Innere Front" (Vnutrennij front).

Entsprechend diesem Muster notierte Makarenko die beiden letzten bekanntgewordenen Tagebucheintragungen wie folgt:

"25. Januar 39.

Lage an den Fronten.

Hauptfront: Ruhe. Sogar Lukin schweigt. Aber es ist sehr wahrscheinlich, daß sie nicht drucken werden, weil gleich zwei kritische Artikel auf einmal erschienen sind — von Fedor Levin in 'L(it.) K(ritik)' und von einem gewissen Ragozin in 'Lit.obozrenie'. Nach den Worten von Augenzeugen sind das Schmähartikel, und z. T. verteidigen sie die 'Pädagogik'. Kolbanovskij war bei mir und brüstete sich damit, daß er einen Artikel zur Verteidigung schreiben wird. Ermilov sagte heute, daß Libedinskij sehr empört ist und einen Artikel in der 'Literaturnaja gazeta' schreiben will. Ich glaube, daß ich mich selbst äußern muß, aber ich habe die Artikel noch nicht gelesen. Mal sehen.

Nordfront: Für den 28. ist eine Beratung im ZK (des Komsomol; G. H.) über Probleme der Kinder-Kinematographie angesetzt. Figerovič hat mich eingeladen. Über das Drehbuch sagt er: wir werden darüber sprechen.

Elternfront: Es scheint so, daß ich morgen einen Vorschuß bekomme. Das 'Buch für Eltern' muß man schreiben. Der zweite Band muß dem ganzen Buch Solidität verleihen.

Westfront: Das Theaterstück habe ich noch nicht begonnen.

Südfront: Kommt nicht voran. Das Drehbuch.

---

und Feind ist, bewältigen können mit einer Analyse der Lage." O.-H. v. d. Gablentz, Das preußisch-deutsche Offizierskorps. In: Schicksalsfragen der Gegenwart. Handbuch politisch-historischer Bildung. Bd. 3, Tübingen 1958, S. 47 - 71, hier: S. 65. (Diesen Hinweis verdanke ich Heinz Stübig).

Südwestfront: Kommt nicht voran. 'Ehre' liegt — habe keine Zeit zum Arbeiten. Ostfront: Weder ich noch 'Molodaja gvardija' erinnern sich an die 'Newtonschen Ringe'.

Innere Front: Roman über die Liebe, denke darüber nach — vielleicht wird daraus sogar etwas.

Der Kinderkalender hat sich auch irgendwo versteckt. Kann durchaus sein, daß man mich einfach nicht als Redakteur bestätigt hat. Möglich ist alles.

Jetzt herrscht eine angespannte finanzielle Lage, die durch den Vorschuß an der E(ltern-) F(ront) nur unwesentlich gelockert wird. Geldeingänge sind mit sehr geringer Wahrscheinlichkeit möglich and der N(ord-) F(ront) und der H(aupt-) F(ront).

Kritische Anspannung auf der Linie von 'Flaggen', sie wird nicht so bald nachlassen. Befürchte, daß die Angelegenheit sich noch bedeutend verschlechtern kann, falls die Zeitungen etwas bringen. In Libedinskij setze ich keine Hoffnungen mehr.

1. Februar 39 - 6. II.

Heute wurde ich mit dem Orden Rotes Arbeitsbanner ausgezeichnet. Bin sehr froh. Die Anspannung an der literarischen Front muß nachlassen, aber konkret ist davon noch nichts zu spüren.

Lage an den Fronten.

Hauptfront. Lage ungewiß. Morgen schicke ich die Antwort an Levin ab, "L(it.) G(azeta)' stimmte zu, sie zu drucken. Am 13. ist ein Disput über 'Flaggen', von dem ich übrigens noch mehr Unannehmlichkeiten erwarte. Libedinskij scheint verstummt zu sein.

Nordfront: Schlichtes Schweigen, aber zum Orden hat das Filmstudio gratuliert.

Elternfront: Vorschuß 4.500 bekommen. Beginne den II. Band am 7. März zu schreiben, mit der Absicht, ihn am 18. April abzuschließen.

Westfront: Das Stück für das Neue Theater beginne ich am 8. Februar, mit der Absicht, es am 28. Februar abzuschließen. Auf dieses Stück hat das Moskauer Theater für junge Zuschauer schon Ansprüche angemeldet.

Südfront: Man schweigt. Vorgemerkt habe ich die Arbeit am Odessaer Drehbuch für 25. März bis 24. April.

Südwestfront: Kommt nicht voran. Für die Überarbeitung von 'Ehre' habe ich die Zeit vom 14. Februar bis 25. März vorgemerkt.

Ostfront: 'Molodaja gvardija' erinnert sich nicht. Die Arbeit an dem Buch habe ich für 21. März bis 31. Mai vorgemerkt.

Jetzt muß man einige Artikel abschließen: 'Ogonek', 'Večernjaja Moskva', 'Krasnaja nov' ', 'Broschüre über Kinder für die Amerikanische Ausstellung'. Außerdem beende ich die Redaktion des Spielzeug-Kalenders.

Nordwestfront: 'Sovetskij pisatel' ' hat schon gemahnt. Sie sind damit einverstanden, es auf den 15. März zu verschieben. Werde die Arbeit vom 1. bis 20. März beginnen. Beziehe einiges von dem Gedrucken mit ein (4 Erzählungen).

Kein Geld in Sicht."[66]

Zeugnis von der bedrückenden finanziellen Lage sowie von der Vereinsamung Makarenkos in jener Zeit geben auch zwei Briefe an Freunde, beide vom Januar 1939. So schreibt er an V. P. Zacharževskij u.a.: "Wir leben bescheiden

---

[66] Archiv des Makarenko-Referats.

— haben wenig Geld, besuchen niemanden, und ins Theater gehen wir fast nie."[67] Noch eindringlicher ist die (wenn auch sehr humorvolle) Beschreibung der Situation in einem Brief an K. S. Kononenko — und zwar vor Bekanntwerden der Artikel von Ragozin und Levin:

"Bei uns, was gibt's da schon ... bei uns fließt alles, am besten natürlich die Jahre und das Geld. Auf der Sparkasse haben wir leider weder das eine noch das andere. Ich verdiene wenig, erstens habe ich keine Lust zum Schreiben, zweitens habe ich Angst vor den Kritikern (das sollte man nicht vor dem Einschlaften erwähnen!), und drittens habe ich keine Zeit — weiß der Teufel, wohin die vergeht! Am Morgen stehst du mit der tiefen Überzeugung auf, daß du den ganzen Tag zur Verfügung hast, doch dann stellt sich heraus; die Hälfte der Zeit hast du am Telefon verbracht, und die zweite Hälfte hast du irgendwo geraucht und im allgemeinen gewöhnliche Worte gewechselt. Am Telefon hast du fast ausschließlich mit Schizophrenen gesprochen, normale Menschen haben aufgehört, sich an dich zu wenden. Und das ist natürlich ärgerlich — es rufen mich nicht diejenigen an, die ich brauche, sondern die, die mich brauchen. Ich möchte sehr gern nach Char'kov fahren. Mit Kostja sprechen — davon träume ich regelrecht, wie ein Hund, und der Speichel läuft mir in unnatürlicher Menge im Mund zusammen. Aber wie kannst du da fahren, wenn du kein Geld hast, und du schämst dich zu fahren, ohne etwas zu tun zu haben, und wenn keine Zeit dazu da ist. Die Kritik verschlingt mich, aber ich bin da gar nicht mal böse. Ein Geprügelter ist so viel wert wie zwei Ungeprügelte. Ich reagiere so grob ich kann, aber das fällt schwer, und oft kommt dabei nichts Besseres heraus, sondern es wird dadurch nur noch schlimmer."[68]

Auch ein weiterer, ebenfalls unveröffentlichter Brief an diesen Freund in Char'kov und dessen Frau, vom 27. Februar 1939, ist in dieser Beziehung recht aufschlußreich. Hier versucht Makarenko seine schwierige (nicht nur finanzielle!) Lage durch ironische Bemerkungen, z.T. auf Kosten der Adressaten — ukrainischer "Provinzler" — zu überspielen. Dieser Brief lautet wie folgt:

"Ich bin Euch für den schönen, freundlichen Brief und die Einladung schrecklich dankbar. Der beste Beweis meiner aufrichtigen Freude ist der, daß ich wirklich zu Euch komme und Eure Gesellschaft genießen werde. Es ist so angenehm, daß Ihr das gar nicht verstehen könnt, weil Ihr Provinzler mit groben geistigen Strukturen statt richtiger Seelen seid. Es ist durchaus möglich, daß Ihr Euren unüberlegten Schritt jetzt schon bereut, aber es ist bereits zu spät, da kann man nichts mehr machen. Ich komme am 6. mit dem Zug, der um neun Uhr morgens eintrifft. Die Zugnummer teile ich noch telegrafisch mit, wie das alle kultivierten Europäer tun.

Da ich wirklich kein Geld habe — im Verlag gibt es kein Papier — und ich ohne Geld eine ehrbare, aber arme Familie nicht überfallen kann, war ich gezwungen, einige diplomatische Maßnahmen zu ergreifen, die ihren Ausdruck darin finden, daß Eure beiden Pädagogischen Institute mich zu Gesprächen eingeladen haben, von deren Nutzen sie selbst viel mehr überzeugt sind als ich. Sie werden natürlich das Hotel für mich mieten, das mir als offizielle Basis dienen und das verhindern wird, daß Ihr

---

[67] Ped. soč. 8, S. 111.
[68] Archiv des Makarenko-Referats.

über mich verschiedene schlimme Sachen denkt wie z. B.: er ist ja nur deshalb zu uns gekommen, weil er nirgends bleiben kann. Doch in Wirklichkeit werde ich eine Bleibe haben, aber zusammen mit Euch ist es für mich angenehmer. Über Einzelheiten meines Lebens berichte ich Euch bei unserem Wiedersehen. Vor kurzem hatte ich die Grippe — in Moskau gehört das zum guten Ton. Galja liegt immer noch im Bett."[69]

Doch zurück zur "Lage an den Fronten", vor allem — zur "Hauptfront".

Ob Kolbanovskij, der seinerzeit ja schon in Zusammenhang mit dem "Pädagogischen Poem" und dem "Buch für Eltern" längere Artikel zu Makarenkos Verteidigung publiziert hatte, auch dieses Mal versuchte, etwas zu schreiben und zu veröffentlichen, ist nicht bekannt. Dagegen gibt es von Libedinskij ein umfangreiches Manuskript mit der Überschrift "Der jüngste Roman Makarenkos" (Poslednjaja povest' Makarenko), das sich mit F. Levins Kritik auseinandersetzt. Die dabei vorgebrachten Argumente sind allerdings nicht sehr überzeugend. Im Grunde genommen erschöpfen sich sich in Allgemeinplätzen und Vorwürfen wie die folgenden (und vielleicht wurde der Artikel aus diesem Grund nicht publiziert):

"So muß man zugeben, daß der Artikel F. Levins sich auf grobe Verfälschungen, Verheimlichungen und Verzerrungen der eigentlichen Bedeutung von Makarenkos Werk stützt. (...) Makarenkos Werk ist im ganzen ein Erfolg der sowjetischen Literatur. (...) der Artikel F. Levins stützt sich auf ein grobes Unverständnis dieses Werks, zeichnet sich durch einen eitel-nachlässigen, belehrenden Ton aus, dieser Artikel wurde von einem rückständigen Menschen geschrieben, der nur schwer erfaßt, was um ihn herum vorgeht, von einem Menschen, der nicht versteht, daß es ihm weniger geziemt, Makarenko zu belehren, als vielmehr von ihm zu lernen."

Und zu F. Levins m.E. zutreffendem Resümee, Makarenko "ist stark nur als Erzähler von wirklichen Erlebenissen und Menschen und schwach als Künstler — als Schöpfer synthetischer Gestalten", fällt Libedinskij nichts anderes als der Vorwurf ein, diese Aussage "deckt weniger die schwachen Seiten Makarenkos als Künstler auf als vielmehr das schändliche Vorgehen F. Levins als Literaturtheoretiker".[70]

Ganz ähnlich wurde auch auf dem "Makarenko-Abend" am 13. Februar im Moskauer Schriftstellerklub argumentiert. Dort traten die Schriftsteller A. Karavaeva, V. Gerasimova, V. Ermilov und Ju. Libedinskij, der Regisseur N. Petrov, der Psychologe V. Kolbanovskij u.a. auf und verteidigten — in Anwesenheit Makarenkos — "Flaggen auf den Türmen" und seine anderen Werke gegen die in den vorangegangenen Wochen von seiten der Kritik vorgetragenen Angriffe.[71]

Doch was unternahm Makarenko selbst zu seiner Verteidigung?

"29. Januar. Schreibt einen 'Offenen Brief an F. Levin' als Antwort auf dessen Artikel über den Roman 'Flaggen auf den Türmen'."

---

[69]Ebd.

[70]CGALI, f. 1099, op. ed. chr. 254, Bl. 39, 41.

[71]Večernjaja Moskva, 1939, Nr. 36, S. 3; Lit. gazeta, Nr. 12, S. 6.

So ist es bei N. A. Morozova zu lesen,[72] und diese in der Makarenko-Literatur übliche Dastellung stützt sich auf ein in dessen Nachlaß gefundenes Autorentyposkript mit Datum und Makarenkos Unterschrift.[73] Dabei handelt es sich um jenen Text, der am 26. April 1939 in der ' Literaturnaja gazeta' erschienen ist — also erst nach Makarenkos Tod, unter der Überschrift "Offener Brief an Genosse F. Levin" (Otkrytoe pis'mo tovarišč024u F. Levinu).[74] Ebenfalls bekannt sind die in diesem Zusammenhang gegen die Redaktion dieser Zeitung erhobenen Vorwürfe, sie habe es seinerzeit versäumt, den Brief umgehend zu veröffentlichen. Dabei hätte eigentlich schon der Umstand, daß sich das Orginal des Briefes in Makarenkos Unterlagen befand, von diesem also offenbar gar nicht aus der Hand gegeben worden war, zu denken geben müssen.

In der letzten der oben wiedergegebenen Tagebuchnotizen vom 6. Februar war davon die Rede, daß Makarenko seine "Antwort an Levin" am folgenden Tag an die "Literaturnaja gazeta" schicken wollte. Der Berichterstattung über die bereits in Zusammenhang mit Malachovs Artikel über "Ehre" erwähnten Präsidiumssitzung des Schriftstellerverbandes zu Problemen der Literaturkritik (20. - 25. April 1939) kann man entnehmen, daß es sich dabei um eine andere Fassung des Briefes handelte.

Der Vorwurf, die "Literaturnaja gazeta" habe diesen Text bewußt unterdrückt, war auf der SSV-Sitzung von den Schriftstellern A. Karavaeva, V. Gerasimova und K. Fedin erhoben worden. Karavaeva verlas dabei auch das ihr vorliegende (wohl aus Makarenkos Nachlaß stammende) Manuskript des "Offenen Briefes". In ihrer Antwort wies die zuständige Redakteurin O. Vojtinskaja in derselben Sitzung darauf hin, daß diese Fassung sich von der ihr seinerzeit von Makarenko zugeschickten "stark unterscheidet. Eigentlich sind das zwei ganz verschiedene Artikel." Weiterhin führte sie dazu aus:

"Es ist unverständlich, warum Genossin Karavaeva es nötig hat, die 'Literaturnaja gazeta' der Nichtveröffentlichung von A. Makarenkos Artikel zu beschuldigen, der niemals in ihre Hände gelangt ist. (...) In der Redaktion gab es einen anderen Brief A. Makarenkos, den ich jetzt vor mir habe. Eben dieser Brief war von A. Makarenko für die Veröffentlichung in der 'Literaturnaja gazeta' bestimmt gewesen. Ich hatte Meinungsverschiedenheiten mit Gen. Makarenko wegen eines Punktes in dem Brief, der im Grunde genommen eine politische Anschuldigung gegen die Kritik an Makarenkos Buch durch Gen. Levin enthielt. Ich bat Gen. Makarenko, diese Stelle zu streichen, weil die Kritik an Makarenkos Roman keine Grundlage für eine

---

[72] N. A. Morozova, A. S. Makarenko. Seminarij. Iz. 2-e, Leningrad 1961, S. 121.

[73] CGALI, f. 332, op. 4., ed. chr. 134. — Im Kommentar zur Wiedergabe des "Offenen Briefes" in der neuen Makarenko-Ausgabe vertreten L. Ju. Gardin und A. A. Frolov die Auffassung, daß die Zeitschrift "Literaturnyj kritik" der Adressat gewesen sei (Ped. soč. 7, S. 311).

[74] Ped. soč.7, S. 204

politische Beschuldigung Levins gab. Nach unseren Gesprächen in dieser Angelegenheit strich Gen. Makarenko die betreffende Stelle, und wir gaben den Artikel in den Satz. Zu der Zeit erschien der Überblick L. Levins über die Zeitschrift 'Oktjabr' ', wo über stilistische Mängeln von 'Ehre' geschrieben wurde. Makarenko rief mich an und sagte, daß er diesen Brief zurückzieht. Ich finde es unverschämt, wenn man hier mit Makarenkos Tod spekuliert und versucht, die 'Literaturnaja gazeta' in Mißkredit zu bringen."[75]

Soweit die Ausführungen Vojtinskajas, die die Vorgänge um die Nichtveröffentlichung des "Offenen Briefes" in einem neuen Licht erscheinen lassen. Der Hinweis auf den Artikel von L. Levin ermöglicht zudem eine genauere Datierung der einzelnen Etappen dieses Vorgangs.

Als sicher kann gelten, daß Makarenko die zunächst — am 29. Januar, d.h. bereits vier Tage, nachdem er einen ersten Hinweis auf F. Levins Artikel erhalten hatte — geschriebene Fassung seines Briefes nicht aus der Hand gegeben hat. Die von Vojtinskaja beanstandete, F. Levin diskreditierende Passage wurde von ihm erst wenige Tage später ergänzt — ganz offensichtlich wurde er dazu durch die Verleihung des Ordens ermutigt.[76] L. Levins Artikel, eine Sammelrezension der 1938 in der Zeitschrift "Oktjabr'" publizierten literarischen Werke, erschien am 26. Februar in der "Literaturnaja gazeta".

Dort heißt es u. a., der Roman "Ehre" sei von der Kritik "ganz zu recht als mißlungen bezeichnet worden. Darüber hinaus lenkt L. Levin die Aufmerksamkeit noch auf die "Hilflosigkeit in der Ausdrucksweise", die zu ausgesprochenen Stilblüten geführt habe. Diese Einschätzung übernahm Makarenko dann ganz offensichtlich in seinem Char'kover Vortrag vom 9. März, als er ausführte, "Ehre" sei "ein mißlungener Roman, fehlerhaft in vielerlei Hinsicht".[77]

In der publizierten Fassung des "Offenen Briefes" erhebt Makarenko bekanntlich den Vorwurf, F. Levin wolle ihn "aus der Literatur verweisen". Dabei bekennt er sich gleichsam zu dem ihm von diesem Kritiker in dessen Rezension des "Pädagogischen Poems" erhobenen Vorwurf der Faktographie: "'Flaggen auf den Türmen' ist kein Märchen und auch kein Traum, das ist unsere Wirklichkeit. In dem Roman habe ich die Dzeržinskij-Kommune geschildert, die ich acht Jahre lang geleitet habe. Es gibt in dem Roman nicht eine erfundene Situation, nur sehr wenige erdachte Personen und keine Spur von künstlich ge-

---

[75]Lit. gazeta, 1939, Nr. 23, S. 1.

[76]Vgl. den Artikel "Literatur und Gesellschaft" (Literatura i obščestvo), den Makarenko anläßlich der Ordensverleihung schrieb und der folgende ungewöhnliche Formulierung über seine Aufgabe als Schriftsteller enthält: "Dort, wo ich einen Feind sehe, muß ich als erster ein Porträt von ihm zeichnen, das ihn entlarvt, damit der Feind so schnell wie möglich vernichtet wird." (Soč. 7, S. 172; Ped.soč. 7, S. 209f.).

[77]CGALI, f. 332, op. 4, ed. chr. 187, Bl. 2. In den bisherigen Makarenko-Ausgaben ist diese Stelle jeweils getilgt (Soč. 5, S. 279; Ped. soč. 4, S. 344).

schaffenem Kolorit." Und als Zeugen hierfür benennt Makarenko prominente Besucher der Kommune, darunter auch zwei Schriftsteller, F. Gladkov und A. Bezymenskij, die das "alles gesehen" hätten.[78] F. Levins eigene Reaktion auf die von Makarenko erhobenen Vorwürfe ist bisher nur durch deren polemisch verzerrte Wiedergabe in dem Brief der ehemaligen Zöglinge bekannt. In der Präsidiumssitzung des SSV hatte F. Levin wörtlich ausgeführt:

"Was Gen. Makarenko betrifft, so kann ich nicht etwa deshalb nicht viel sagen, weil ich nichts zu sagen hätte, sondern deshalb, weil ich über das Grab hinweg auf seinen Artikel nicht antworten kann. Ich kann nur mein tiefes Bedauern darüber zum Ausdruck bringen, daß der Antwortbrief des Gen. Makarenko nicht rechtzeitig veröffentlicht wurde, sonst hätte ich antworten können, und das Ganze hätte einen etwas anderen Charakter angenommen. Jetzt kann ich nur sagen, daß ich einen Artikel geschrieben habe, in dem ich meine Auffassung über Makrenkos Werke zum Ausdruck brachte, und ich sehe nicht ein, wovon ich mich da distanzieren soll."[79]

In dem Brief der Zöglinge "An die Redakteurin der 'Literaturnaja gazeta' O. Vojtinskaja und den Kritiker F. Levin", der in der Forderung gipfelt, dieser solle seinen Artikel "in der Presse widerrufen", werden dem "Bürger F. Levin" die Worte in den Mund gelegt, "niemand könne ihn zwingen, 'vor der Urne A. S. Makarenkos Kratzfüße zu machen'."[80]

Die Erstveröffentlichung dieses Briefes erfolgte — unter der diskreditierenden Überschrift "Antwort an einen ästhetisierenden 'Kritiker'" (Otvet ėstetstvujuščemu "kritiku") — in der "Učitel'skaja gazeta" kurz vor Makarenkos zehntem Todestag (1949), also in der Phase des spätstalinschen Antisemitismus. Auf diese Publikation bezieht sich ganz offensichtlich folgende Ausführung des Literaturhistorikers G. Svirskij:

"In der Zeit des kosmopolitischen Pogroms wurde Fedor Markovič plötzlich daran erinnert, daß ihm aus irgendeinem Grund Makarenkos Buch 'Flaggen auf den Türmen' nicht gefallen hatte: 'Sie haben Makarenko umgebracht!' (Vy ubili Makarenko!) schrien professionelle Henkersknechte."[81]

Kononenko, der Makarenkos Weg als Schriftsteller wie kein anderer freundschaftlich begleitete, berichtet in seinen Erinnerungen in Zusammenhang mit "Flaggen auf den Türmen": Im Mai 1938 hatte Makarenko ihm aus Jalta geschrieben, daß er mit diesem Werk, dessen Manuskript er gerade abgeschlossen hatte,

"hoffe, die Rentiergefahr, von der Du sprichst, völlig zu überwinden. Das Leben gibt auch jetzt genug Stoff, ich hoffe, daß ich mich nicht darin verliere. Das Wichtigste,

---

[78]Soč. 3, S. 448 - 454; Ped. soč. 7, S. 204 - 208.

[79]Lit. gazeta, 1939, Nr. 23, S. 2.

[80]Soč. 3, S. 463 - 469, Ped. soč. 7, S. 292 - 295.

[81]G. Svirskij, Na lobnom meste. Literatura nravstvennogo soprotivlenija (1946 — 1976 gg.), London 1979, S. 294. (Diesen Hinweis verdanke ich Isabella Rüttenauer).

was ich jetzt brauche, ist, mich nicht zu sehr zu beeilen. Ich habe Gefallen daran gefunden, gut und langsam zu arbeiten. Ich hoffe, daß ich in einem halben Jahr die Möglichkeit haben werde, in aller Ruhe zu arbeiten."

Im Anschluß an dieses Zitat aus Makarenkos Brief schreibt Kononenko:

"Auf die Vorzüge und Nachteile von 'Flaggen auf den Türmen' möchte ich nicht eingehen. Das ist Sache der Literaturkritiker, und das ist jetzt nicht mein Ziel. Ich will nur das eine erwähnen, daß dieses Buch mir wahrscheinlich mehr sagen konnte als irgendeinem anderen. Ich behaupte, daß Anton Semenovič eigentlich niemals vorgehabt hatte, zur Beschreibung seiner Zöglinge zurückzukehren. Das hat er stets von sich gewiesen. Als Material für 'Flaggen auf den Türmen' dienten ihm zum Teil Entwürfe für ein Drehbuch, doch im wesentlichen das Buch 'FD-1', das er vor langer Zeit geschrieben, aber nicht zum Druck gegeben hatte. Aber beides unterschied sich stark von 'Flaggen auf den Türmen'. Allein die Tatsache der Rückkehr zu einem solchen Thema und die Idealisierung der Jugend haben mir ganz klar gezeigt, daß die Sehnsucht nach dem früheren Milieu Anton Semenovič nicht verlassen hatte. Diese Idealisierung ist ein direktes Ergebnis der Sehnsucht nach der Vergangenheit. Ich glaube, als Epigraph zu diesem Buch könnten mit vollem Recht Worte Dantes aus dem 'Inferno' dienen, die ich hier nur aus dem Gedächtnis zitieren kann: 'Kein Schmerz ist größer, als sich der Zeit des Glückes zu erinnern, wenn man im Elend ist.' Anton Semenovič's Traum, ein halbes Jahr später in aller Ruhe arbeiten zu können, war nicht beschieden, Wirklichkeit zu werden..."[82]

Einen Ausweg aus diesem "Inferno" sah Makarenko offenbar in seiner Rückkehr in die "Kinderwelt": Ende Februar 1939 bewarb er sich um den Direktorposten einer Schule im Moskauer Rostokinskij-Stadtbezirk.[83] Er erhielt eine Zusage und war entschlossen, diese Stelle mit dem Beginn des neuen Schuljahrs, am 1. September, anzutreten.[84] Wahrscheinlich sah er darin — neben einer finanziellen Absicherung — eine Chance, sich einen ihm eigentlich gut bekannten Erfahrungsbereich neu zu erschließen und damit auch eine neue Basis für künftige literarische Vorhaben zu schaffen.

[82]Archiv des Makarenko-Referats.

[83]N. A. Morozova (s. Anm. 72), S. 122.

[84]G. V. Gasilov, Moskau, im Gespräch mit dem Verf.

Götz Hillig — Mykola Oksa

Die sieben Tode des Anton Makarenko

Legenden und Tatsachen über die Ereignisse des 1. April 1939[0]

Makarenko starb am 1.April 1939 auf der Station Golicyno der Belorussisch-Baltischen Bahnlinie, als er gerade von einem in der Nähe gelegenen Erholungsheim für Schriftsteller nach Moskau zurückkehren wollte.

Diese Angaben finden sich bereits in den Arbeiten von E. N. Medynskij (1944, 1949),[1] und sie wurden auch niemals in Frage gestellt. Doch die näheren Umstände des plötzlichen Todes — Makarenko war drei Wochen vorher gerade erst 51 Jahre alt geworden — blieben bisher so gut wie ungeklärt. Dies wiederum hat u.a. dazu geführt, daß sich um Makarenkos Tod Legenden bildeten, und zwar gerade im Kreis seiner Zöglinge, die wohl einfach nicht wahrhaben wollten, daß ein Mensch, der für sie wie ein Vater war, ohne erkennbaren Grund so plötzlich gestorben sein sollte.

In diesem Beitrag wollen wir versuchen, die uns bisher bekannt gewordenen Informationen über die näheren Umstände von Makarenkos Tod zusammenzustellen und zu bewerten.

a) Die Quellen

Insgesamt handelt es sich dabei um sieben Versionen, von denen zwei (Nr. 1 und 6) bereits publiziert worden sind.

1. E. Z. Balabanovič schreibt in seinem Buch "A. S. Makarenko. Abriß seines Lebens und Schaffens" (1951):

"Am 1. April 1939 befand sich Makarenko auf dem Weg von dem in der Nähe von Moskau gelegenen Erholungsort Golicyno nach Moskau. In der Hand hielt er ein Drehbuch, das er in ein Filmstudio bringen wollte. Makarenko stieg in einen Wagen des Vorortzugs ein, setzte sich auf eine Bank und brach sofort zusammen. Er konnte gerade noch sagen: 'Ich bin der Schriftsteller Makarenko.' — Anton Semenovič starb an Herzmuskelriß."[2]

2. Valentina Vladimirovna Koval', eine ehemalige Gor'kij-Kolonistin, berichtete 1986 in einem Gespräch mit M. Oksa: Sie hatte sich im Krieg freiwillig an die Front gemeldet und traf auf dem Weg dorthin zufällig den Dichter Džek Al'tauzen — der war Kriegsberichterstatter. Als dieser erfuhr, daß Koval' ein

[0]Die Verfasser danken Irene Wiehl für die kritische Durchsicht des Manuskripts.

[1]E. N. Medynskij, A. S. Makarenkos. Žizn', dejatel'nost, pedagogičeskaja sistema; Moskva 1944, S. 48. — Ders., Anton Semenovič Makarenko. Žizn' i pedagogičeskoe tvorčestvo, Moskva/Leningrad 1949, S. 51.

[2]E. Balabanovič, A. S. Makarenko. Očerk žizni i tvorčestva, Moskva 1951, S. 196

ehemaliger Zögling A. S. Makarenkos war, erzählte er ihr einiges von dem, was sich unmittelbar vor Makarenkos Tod zugetragen habe und dessen Zeuge er gewesen sei: Auf dem Weg in das Erholungsheim "Der Schriftsteller" traf er direkt an der Station Golicyno A. S. Makarenko, der zusammen mit seiner Frau Galina Stachievna den Zug nach Moskau nehmen wollte. Galina Stachievna ging sofort zum Zug, während Makarenko noch etwas zögerte. Zwischen ihnen entwickelte sich ein lebhaftes Gespräch über Angelegenheiten des Schriftstellerverbandes. Dann schaute Makarenko auf die Uhr, er hatte es plötzlich eilig und erklärte, seine Frau werde ihm "die übliche Szene machen, wenn er sich verspätet", und stieg schnell in den Zug. Gleich danach hörte D. Al'tauzen, wie laut gerufen wurde: "Jemandem ist schlecht geworden!"

3. Ehemalige Zöglinge berichteten L. Pecha 1964: A. S. und G. S. Makarenko fuhren gemeinsam nach Moskau. Sie hatten sich sehr beeilen müssen, um den Zug noch zu erreichen. Den Platz, den A. S. Makarenko eingenommen hatte, wollte er — trotz energischer Proteste seiner Frau — einem Mitreisenden freimachen. Im Verlauf dieser Auseinandersetzung führte eine Herzattacke plötzlich zum Tod.

4. Der ehemalige Gor'kij-Kolonist S. A. Kalabalin berichtete in den 60er Jahren bei einem Besuch in Bulgarien Prof. Najden Čakarov, daß er folgendes gehört habe: Makarenko wurde in dem Augenblick, als er gerade in den Zug nach Moskau einsteigen wollte, von einem seiner früheren Zöglinge, der sich von ihm offenbar ungerecht behandelt gefühlt hatte, hinterrücks mit einem Messer erstochen.

5. G. V. Gasilov, ein ehemaliger Mitarbeiter des Volksbildungskommissariats der RSFSR, der mit Makarenko befreundet war, berichtete G. Hillig im Rahmen eines Interviews 1982 — über (wie er sich ausdrückte) "die Technik des Todes A. S. Makarenkos":

"Er mußte sich beeilen, um den Zug noch zu erreichen. Einen Transport von dem Erholungsheim gab es an diesem Tag nicht. Er ging auf die Straße, um dort ein Auto anzuhalten. Das Auto kommt zum Bahnhof, und der Zug nähert sich schon. Um ihn nicht zu verpassen, läuft er los und kann gerade noch auf den letzten Wagen aufspringen. Fünf Minuten später bekommt er einen Herzanfall. Die Station Golicyno ist der erste Haltepunkt. Er ist bereits bewußtlos. Man nimmt ein Protokoll auf. Der Milizionär hatte zunächst geglaubt, daß er betrunken sei. Dann kam ein Sanitätswagen, und alles klärte sich auf."

Auf die Rückfrage, woher er diese Informationen habe, antwortete Gasilov:

"Aus Dokumenten. Das Protokoll der Miliz habe ich auch gesehen. Ich war auf dieser Wache. Dort, in dem Protokoll, war angegeben, daß Makarenko im Zustand der Trunkenheit gewesen sei. Mitarbeiter im Erholungsheim in Ruza haben mir einige Einzelheiten berichtet. Zwei Tage vor seinem Tod war ich noch bei ihm gewesen. Er hatte mir voller Freude gesagt, daß er einen Antrag zum Eintritt in die Partei gestellt habe (das war in Moskau). Galina Stachievna hätte sich damals mehr um ihn kümmern sollen!"[3]

6. S. I. Fonskaja, seinerzeit Direktorin des Erholungsheims "Der Schriftsteller", schreibt in ihrem 1967 erschienenen Erinnerungsbuch "Das Haus in Golicyno. Erzählungen über Schriftsteller": Makarenko hatte sich im März 1939 gemeinsam mit seiner Frau in diesem Heim aufgehalten, das dem Literaturfonds unterstand, einer Organisation des Schriftstellerverbandes zur materiellen Unterstützung seiner Mitglieder. Am 1. April — es herrschte Frost, minus vier Grad — war er gleich nach dem Frühstück zum Bahnhof gegangen, um nach Moskau zu fahren. Schon wenig später wurde Fonskaja telefonisch vom plötzlichen Tod Makarenkos verständigt.

"Ich zog mir im Gehen den Mantel an und lief schnell zum Bahnhof. Der Zug stand unter Dampf. Auf der Plattform des Wagens befand sich ein Diensthabender. Ein Militär.

'Kommen Sie mit!'

Ich stieg in den Wagen ein. Links auf einer Bank lag Anton Semenovič. Außer mir und dem Diensthabenden war niemand in dem Wagen. Der Diensthabende sagte:

'Nehmen Sie seine Papier!'

Ich wurde ganz verwirrt.

'Knöpfen Sie seinen Mantel auf!'

Mit zitternden Händen zog ich aus der linken Innentasche seines Mantels eine schwarze Brieftasche. Darin befanden sich eine Fahrkarte, eine Vorladung zum Schriftstellerverband, ein Paß und zwei Briefe. Der Diensthabende hob die Hand zum Gruß und sagte:

'Sofort, ein leichter Tod ... Der Zug fährt jetzt gleich ab. In diesem Wagen wird niemand sein ... Benachrichtigen Sie in Moskau die Leitung, und seiner Frau sagen Sie: Herzanfall im Eisenbahnwagen...'

Mir war ganz kalt, ich hatte Angst. Ich hielt die Papiere in den Händen. Die Sonne stach ... Mir kamen Worte Gor'kijs in den Sinn, die dieser an ihn gerichtet hatte: 'Sie sind ein bemerkenswerter Mensch, gerade so einer, wie Rußland ihn braucht.'

Ich rief in Moskau an, die Sekretärin Blinnikova kam ans Telefon:

'Solch üblen Scherze macht man am 1. April nicht!', sagte sie.

Ich konnte es nicht mehr aushalten und begann zu weinen.

Von den Dächern tropfte es. Der Literaturfonds schickte ein Auto. Galina Stachievna, ich und noch zwei Personen fuhren nach Moskau."[4]

7. 1986 gelang es M. Oksa, im Makarenko-Fonds (Nr. 332), Abt. 4, des Zentralen Staatsarchivs für Literatur und Kunst der UdSSR (CGALI), Moskau, ein in der Makarenko-Literatur bisher noch nicht erwähntes Protokoll einzusehen.

---

[3]Interview mit G. V. Gasilov, 7. u. 21.12.1982. Protokoll. Archiv des Makarenko-Referats, Marburg, Bl. 6, S. 13 f.

[4]S. I. Fonskaja, Dom v Golicyne. Rasskazy o pisateljach, Moskva 1967, S. 83 - 90, hier: S. 87 - 89.

Dieses mit Bleistift auf herausgerissenen Seiten eines Kontorbuchs geschriebene Dokument ("Protokoll vom 1. April 1939") lautete wie folgt:

"Ich, Linienbevollmächtigter der Bahnmiliz der Station Golicyno, Vydrin, habe in Gegenwart von Čibisov G. T. und Kondrat'ev N. N. das vorliegende Protokoll in folgender Angelegenheit geschrieben:

Heute um 10 Uhr 30 Minuten stieg in den Zug Nr. 134 auf der Station Golicyno der Bürger Makarenko Anton Semenovič ein, der sich schlecht fühlte und sich auf eine Bank legte. Sofort wurde zu dem Passagier Makarenko A. S. der Arzt der Siedlung Golicyno gerufen, aber fünf Minuten später, noch vor dem Eintreffen des Arztes, starb der Bürger Makarenko. Um 10.43 traf die Ärztin Stoljarova ein, die den Tod des Passagiers Makarenko feststellte."

Es folgt ein fünfzig Positionen umfassendes detailliertes Verzeichnis von Gegenständen und Unterlagen, die man bei dem Verstorbenen gefunden hatte. Das Protokoll schließt mit den Worten:

"Mehr wurde nicht gefunden. Der Leichnam Makarenkos wurde mit dem Zug 134 nach Moskau geschickt. Die Aufstellung der gefundenen Sachen wurde in Gegenwart der Direktorin des Erholungsheims 'Der Schriftsteller', Fokinaja (sic!), angefertigt."

Außer dem Milizionär und den beiden Zeugen trägt das Protokoll auch die Unterschrift von Fonskaja.[5]

b) Bewertung und Diskussion der Quellen

Bevor man diese Versionen näher analysiert, muß man beachten, daß sie von unterschiedlichem Quellenwert sind. Wie aus der Darstellung hervorgeht, stammen einige der Versionen aus zweiter oder dritter Hand und können somit nicht ohne weiteres als zuverlässig gelten.

Zunächst einmal läßt sich sagen, daß die sich von allen anderen unterscheidene Version Nr. 4 als Phantasieprodukt bezeichnet werden muß: Eine Ermordung Makarenkos wäre nicht nur von der Bahnmiliz, sondern auch von der Kriminalpolizei behandelt worden. Bei Makarenkos Bekanntheitsgrad hätte das einen entsprechenden Niederschlag in der Presse gefunden, die seinen plötzlichen Tod ja noch am selben Abend gemeldet hatte. ("Večernjaja Moskva").

Abgesehen von der sehr allgemein gehaltenen Information in der ersten Fassung des Buchs von Medynskij (1944) — "er starb plötzlich auf einem Bahnhof" — berichten doch die anderen hier vorgestellten Quellen davon, daß Makarenko bereits in den Zug nach Moskau eingestiegen war und dort Platz genommen hatte und daß der Zug noch auf dem Bahnhof stand, als Makarenko starb. Darin stimmen alle diese Versionen überein. Das gilt jedoch nicht bezüglich der Anwesenheit bzw. Nichtanwesenheit Galina Stachievnas.

---

[5] Central'nyj gosudarstvennyj archiv literatury i iskusstva SSSR, Moskau (im weiteren zit. als: CGALI), f. 332, op. 4. ed. chr. 357 (Akt. 1939 g. aprelja 1-go dnja).

In zwei Versionen (Nr. 2 und 3) ist von einer *gemeinsamen* Fahrt Makarenkos und seiner Frau nach Moskau die Rede, das würde bedeuten: sie war bei ihm, als er starb. Bei Balabanovič (Nr. 1) bleibt dieser Punkt offen, aber in zwei anderen Versionen (Nr. 5 und 6) heißt es dagegen ausdrücklich, Makarenko sei *allein* zur Bahn gegangen, und auch im Protokoll wird seine Frau nicht erwähnt. Natürlich hätte es so gewesen sein können, daß sie beide gemeinsam zum Bahnhof gegangen und dann in verschiedene Wagen eingestiegen sind (so Nr. 2). Doch aufgrund der anderen Zeugnisse kann man das ausschließen; G. S. Makarenko selbst, die ihren Mann ja noch 23 Jahre überlebte, hat davon auch niemals etwas erzählt.

Daß Makarenko sich in Golicyno gemeinsam mit seiner Frau zur Erholung aufgehalten hatte, schrieb bereits M. Luppol (1948).[6] Auch der ehemalige Dzeržinskij-Kommunarde V. I. Kljušnik berichtet — in einem Brief an F. I. Naumenko —, daß Galina Stachievna mit in Golicyno war — dort habe er beide noch zwei Tage zuvor besucht. Makarenko habe dabei ihm gegenüber geklagt, daß er sich ziemlich schlecht fühle und schon in den nächsten Tagen nach Hause fahren wolle; außerdem müsse er dringende Terminarbeiten fertigstellen. Ganz offensichtlich wollte Makarenko an jenem Tag jedoch noch nicht endgültig nach Moskau zurückkehren. Fonskaja (Nr. 1) schreibt, er sei, als er in das Heim kam, mit einem "kleinen Koffer" angereist, doch im Zug hatte er — wie aus dem Protokoll (Pos. 47) hervorgeht — nur eine "schwarze Aktentasche" mit. Kleidungsstücke hatte Makarenko, sieht man einmal von "7 Taschentüchern" (Pos. 43) ab, nicht bei sich.

Gasilov (Nr. 5), der ebenfalls erklärte, zwei Tage vor Makarenkos Tod bei ihm in Golicyno gewesen zu sein, traf dort jedoch Makarenko allein an — Galina Stachievna lernte er erst nach dessen Tod kennen. Es ist zwar bekannt, daß Makarenko an jenem Tag, dem 29. März, in Moskau war, wo er bei einer Veranstaltung für Lehrer der Jaroslavler Bahnlinie zum letzten Mal mit einem Vortrag in der Öffentlichkeit auftrat; aber trotzdem kann natürlich die Möglichkeit nicht ganz ausgeschlossen werden, daß beide Zeugen (Kljušnik und Gasilov) Makarenko in Golicyno zu verschiedenen Tageszeiten und damit in verschiedener Gesellschaft — mit seiner Frau bzw. allein — angetroffen haben.

Davon, daß der Schriftstellerband die Information über Makarenkos Tod von Fonskaja erhalten hat, berichtet auch Viktor Fink, Makarenkos Nachbar im Moskauer Schriftstellerhaus in der Lavrušinskij-Gasse.[7]

Der von Gasilov mitgeteilte Umstand, daß man Makarenko zunächst für einen Betrunkenen gehalten habe, wird zwar im Protokoll nicht erwähnt, ist

---

[6]M. Luppol, A. S. Makarenko. Kratkaja biografija. K 60-letiju so dnja roždenija, Krasnojarsk 1948, S. 36.

[7]V. Fink, Literaturnye vospominanija, Moskva 1967.

aber auch nicht auszuschließen. Denn man kann sich durchaus vorstellen, daß der diensthabende Milizionär, als er Makarenko bewußtlos auf einer Bank liegend vorfand, im ersten Augenblick gedacht haben könnte, daß es sich um einen Betrunkenen handelt, und dies den anderen Passagieren gegenüber auch geäußert hat. Laut Gasilovs Zeugnis haben ihm "Mitarbeiter im Erholungsheim in Ruza" — muß heißen: in Golicyno — "einige Einzelheiten berichtet" (darunter vielleicht auch dieses Detail), die davon wiederum von Fonskaja erfahren haben könnten.

Die Version Nr. 3, die von Auseinandersetzungen zwischen Galina Stachievna und Makarenko berichtet, läßt sich durch die insgesamt recht ablehnende Einstellung erklären, die dessen Zöglinge seiner Frau gegenüber hatten. Diese Version sagt somit eher etwas über das Verhältnis der ehemaligen Kolonisten und Kommunarden zu Galina Stachievna aus als über deren angebliche Mitschuld am Tod ihres Mannes. Ähnliches gilt natürlich auch in bezug auf die Version Nr. 2 (V. V. Koval'!).

N. V. Nazarenko, ein ehemaliger Gor'kijer und Dzeržinkijer, berichtet in seinen unveröffentlichten Erinnerungen, wie er und drei weitere Zöglinge, alles Kursanten einer Militärtechnischen Schule in der Nähe von Moskau, nachdem sie am 1. April abends im Radio in den letzten Nachrichten von Makarenkos Tod erfahren hatten, am nächsten Morgen nach Moskau in die Lavrušinskij-Gasse fuhren, wo sie in Makarenkos Wohnung bereits Kljušnik und noch einige Personen antrafen. Galina Stachievna "lag, wie erschlagen von dem Kummer, im Bett — der Arzt hatte ihr verboten aufzustehen".[8] Ihr Sohn, Lev Michajlovič Sal'ko, hielt sich, nach gerade bestandenem Ingenieur-Examen, zu dieser Zeit zur Erholung in Soči auf, und Makarenkos Nichte, Olimpiada Vital'evna Makarenko, lebte seit Sommer 1938 nicht mehr bei ihnen — sie studierte am Char'kover Pädagogischen Institut. "So lag die ganze Vorbereitung des Begräbnisses auf den Schultern von uns Kommunarden", schreibt Nazarenko. Einige Jungen und Mädchen blieben in jenen Tagen bei der krank im Bett liegenden Galina Stachievna und "ließen sie keine Minute allein. Man mußte auch Makarenkos Arbeitszimmer im Auge behalten, denn es gab da 'Liebhaber', die in Anton Semenovič's Archiv wühlen wollten, und es doch unsere Pflicht war, es für die nächste Generation zu erhalten." Wegen ihrer Erkrankung konnte Galina Stachievna auch nicht an der Trauerfeier am 4. April im Konferenzsaal des Hauses der Schriftsteller teilnehmen, wo Makarenko am 2. April aufgebahrt worden war, ebenso nicht an der anschließenden Beisetzung auf dem Novodevičij-Friedhof.

Doch wie steht es nun um die Glaubwürdigkeit der bisher verbreitetsten

---

[8] Archiv des Makarenko-Referats.

Version Nr. 1 mit den angeblich letzten Worten "Ich bin der Schriftsteller Makarenko"? Hierbei wird es sich aller Wahrscheinlichkeit nach um eine Erfindung Galina Stachievnas handeln, die Balabanovič bekanntlich mit ihr angebracht erschienenem — authentischem und gefälschtem — Material versorgt hatte. Das Protokoll (Nr. 7) war weder diesem noch den anderen Biographen bekannt — es ist erst nach G. S. Makarenkos Tod zusammen mit weiteren von ihr zurückgehaltenen Unterlagen in den Makarenkos-Fonds des CGALI gelangt. Bei dem "Schriftsteller Makarenko" wird es sich wohl um eine Stilisierung der im Protokoll enthaltenen Aussage über den "Passagier Makarenko" bzw. den "Bürger Makarenko" handeln.

c) Die Ursache des Todes

Die Ursache des Todes von Makarenko war ohne Zweifel akutes Herzversagen. Das wurde von O. V. Makarenko 1971 gegenüber G. Hillig und S. Weitz bestätigt: sein Herz sei "regelrecht in zwei Teile zerrissen" gewesen — so etwas habe der untersuchende Pathologe noch niemals gesehen gehabt.

Es ist bekannt, daß Makarenko herzkrank war, und zwar — wie sein Bruder bezeugte — wohl auch aufgrund einer entsprechenden erblichen Belastung.[9] Im März 1935 hatte er sich zu einer kardiologischen Untersuchung und Behandlung in einer Spezialklinik in Odessa aufgehalten, und am 5. August 1938 war es zu einer dramatischen Verschlechterung seines Gesundheitszustandes gekommen, als Makarenko plötzlich auf der Straße zusammenbrach. Von einem ähnlichen, bisher nicht bekannten Vorfall am 18. November 1936 in Kiev zeugen Eintragungen in seinem Notizbuch sowie ein Brief.[10] Daß Makarenko dem Tod dabei gewissermaßen 'ins Auge gesehen' hat, geht aus einem Brief vom 24. August 1938 hervor, wo er in Zusammenhang mit Katastrophen schreibt: "Gut bekannt sind mir zwei Arten von Katastrophen: der Tod und die Gemeinheit."[11]

Der alarmierende Zustand seines Herzens hatte dazu geführt, daß die Ärzte Makarenko in den letzten Monaten seines Lebens verboten hatten zu arbeiten; er war krankgeschrieben worden und bezog vom Literaturfonds Krankengeld.[12] Trotz dieser finanziellen Absicherung hatte er sich ein mörderisches Arbeitsprogramm auferlegt und mit Redaktionen von Verlagen und Zeitschriften immer neue Verträge abgeschlossen. Eine während seines Kuraufenthaltes im Kislovodsker Gor'kij-Sanatorium am 1. November 1938 vorgenommene röntgenolo-

---

[9]V. Makarenko, Moj brat Anton Semenovič. Vospominanja, pis'ma; Marburg 1985, S. 26, 48.

[10]Archiv des Makarenko-Referats; A. S. Makarenko, Pedagogičeskie sočinenija v vos'mi tomach, Moskau 1983-1986 (im weiteren zit. als: Ped. soč. 1ff.),t. 8, S.68 Moskva 1985, S. 53.

[11]E. Balabanovič, Anton Semenovič Makarenko. Čelovek i pisatel', Moskva 1963, S. 344.

[12]CGALI, f. 332, op. 1, ed. chr. 50, Bl. 7.

gische Untersuchung hatte ergeben, daß sein "Herz unbedeutend vergrößert" war.[13] Deshalb glaubte er wohl, außer Gefahr zu sein.

Besonders belastend auf Makarenkos Gesundheitszustand wird sich auch der Umstand ausgewirkt haben, daß er ein starker Raucher war. Der bereits erwähnte Nazarenko berichtet von seinem letzten Besuch, gemeinsam mit anderen ehemaligen Zöglingen, bei Makarenko im Februar oder März 1939. Gleich nach der Begrüßung habe er seinen Gästen Papirossy angeboten und auch selbst geraucht.

"'Das Rauchen ist schädlich, und ich rauche sehr viel. Vier Päckchen reichen mir nicht, an manchen Tagen rauche ich 120 Papirossy. Mir ist klar, daß das nicht gut ist, aber ich kann nichts machen, um mir das Rauchen abzugewöhnen oder doch wenigstens die Zahl der Papirossy zu verringern', sagte Makarenko zu uns und machte sich die nächste Papirossa zurecht."

So ist es auch nicht verwunderlich, daß sich unter den Gegenständen, die Makarenko bei sich hatte, als er starb, auch "zwei Päckchen Papirossy, beide geöffnet, angebrochen, d. h. unvollständig" sowie "drei Schachteln Streichhölzer" befanden (Pos. 49,50).

Neben derartigen physischen Belastungen spielten sicher auch psychische Faktoren eine Rolle. Hier ist vor allem die Wiederaufnahme des Briefwechsels mit einer Frau zu nennen, der er in den 20er Jahren — nach der Abkühlung seiner Verbindung zu Elizaveta Fedorovna Grigorovič und vor der Bekanntschaft mit Galina Stachievna Sal'ko — glühende Liebesbriefe geschrieben und die sich nun zu Makarenkos Geburtstag nach neunjähriger 'Pause' erneut gemeldet hatte: Ol'ga Petrovna Rakovič. In einer Zeit, als seine Ehe mit Galina Stachievna nur noch formal bestand[14] und er sogar entschlossen war, sich scheiden zu lassen,[15] bewirkte dieser unerwartete Brief aus dem fernen Poltava einen emotionalen Aufschwung: Makarenko antwortete postwendend an jenem 13. März 1939. Er schrieb ihr, wie angenehm es ihm gewesen sei, zu lesen, daß sie allein lebe, gestand ihr seine Einsamkeit und Verlassenheit — "ich habe jetzt nichts mehr in den Händen, was ich bereit wäre, bis zum letzten Blutstropfen zu verteidigen" — und versicherte sie seiner Liebe und Ergebenheit: "ich verehre

---

[13]Ebd., Bl. 3. Dort heißt es u.a.: "Herz unbedeutend vergrößert auf Kosten der linken Vorkammer, die anderen Bereiche des Herzens nicht verändert. Schläge rhythmisch, regelmäßige Amplituden. Aorta altersentsprechend."

[14]Einer neuen Briefpartnerin hatte Makarenko am 6.10.1938 anvertraut: "(...) geheiratet habe ich mit 40 Jahren, und zwar aus Freundschaft und Dankbarkeit." (Ped. soč. 8, S. 101).

[15]Lt. Zeugnis O. V. Makarenkos hatte G. S. Makarenko der Frau eines Cousins, Katja Solov'eva, gegenüber bekannt: "Weißt du, Katja, wenn Tosja (A. S. Makarenko) nicht gestorben wäre, hätte er mich verlassen."

Sie aufrichtig und bin Ihnen mit meinem ganzen Herzen inbrünstig ergeben".[16]
Einen weiteren Brief an O. P. Rakovič schrieb Makarenko am 28. März und schickte ihn am 29. selbst ab, als er anläßlich der Vortragsveranstaltung zum letzten Mal in Moskau war.[17] Vermutlich lag ihm daran, daß seine Frau von dieser neuaufflammenden Beziehung nichts erfuhr.

Außer persönlichen Faktoren könnten bei den Ereignissen des 1. April 1939 auch politische Umstände eine Rolle gespielt haben. Nicht, daß Makarenko — wie S. Weitz den bereits erwähnten Autopsie-Befund auf ganzheitlich-großzügige Weise interpretiert — ein Opfer jenes "spannungsreichen Widerspruchs" zwischen 'Westlern' und 'Slawophilen' wurde, "der ihn schließlich getötet hat",[18] und auch nicht, wie der Schriftsteller Michail Roščin in einem Interview mit dem "Novosti"-Redakteur V. Pylev ausführte, daß Makarenkos Tod im Jahr 1939 "ihn wahrscheinlich vor den damaligen Repressalien bewahrt hat. Wir sind Quellen auf die Spur gekommen, die vielleicht dazu beitragen können, den Befehl zu Makarenkos Verhaftung zu finden."[19] Für soche konkreten Schlüsse gibt es bisher keine Grundlage. Aber in Zusammenhang mit der bevorstehenden Aufnahme in die Kommunistische Partei hatte Makarenko detaillierte Befragungen durch die Parteiorganisation des Schriftstellerverbandes befürchtet, ja — wie Kalabalin L. Pecha gegenüber bezeugte — eine spezielle Vorladung zum Schriftstellerverband erhalten, was der eigentliche Grund seiner Reise nach Moskau an jenem 1. April 1939 gewesen sei...

d) Der Grund für die Reise

Auch Fonskaja (Nr. 6) erwähnt, daß Makarenko eine Vorladung zum Schriftstellerverband bei sich hatte, als er am 1. April nach Moskau fuhr. Sie berichtet jedoch, Makarenko habe ihr gegenüber beim Frühstück erzählt, daß es dabei um den Roman "Flaggen auf den Türmen" gehe, und außerdem müsse er "einmal zu Hause vorbeischauen". In dem Verzeichnis der bei ihm gefundenen Sachen sind vier "offizielle Schreiben" mit den Daten 26. II., 10., 14. und 15. III. 39 aufgeführt, allerdings ohne nähere Angaben über deren Absender und Inhalt (Pos. 15, 16, 22, 23).

---

[16] Archiv des Makarenko-Referats.

[17] Siehe das Faksimile des Briefumschlags mit dem Stempel eines Moskauer Postamts; Archiv des Makarenko-Referats.

[18] S. Weitz, Makarenko in ganzheitlicher Sicht. Eine vorläufige Skizze. In: Pädagogische Rundschau, 1984, S. 55 - 59, hier: S. 57, 59. E. Sauermann sieht darin "eine neue, besonders melodramatische Variante" der "bürgerlichen Makarenko-Deutung", daß Makarenko "zerbrochen ist, und zwar vor allem an dem Widerspruch zwischen inhumaner Politik und humaner Pädagogik"; E. Sauermann, Makarenko und Marx. Praktisches und Theoretisches über die Erziehung der Arbeiterjugend, Berlin-DDR 1987, S. 237.

[19] Interview für "Sowjetunion heute", Nr. 3/1988.

Aufgrund der persönlichen Papiere, die Makarenko an diesem Tag bei sich hatte, kann man schließen, daß er in Moskau auch private Angelegenheiten erledigen wollte, wie z.B. Briefe abschicken (Pos. 30), das am Monatsanfang fällige Krankengeld abholen und es auf Sparkonten einzahlen (Makarenko hatte zwei auf seinen Namen lautende Sparbücher — Pos. 4, 5 — sowie etwas Bargeld — Pos. 9 — bei sich). Weshalb er an diesem Tag jedoch alle seine persönlichen Papiere bei sich trug — Mitgliedsausweis des Schriftstellerverbandes (Pos. 10), Ordensbuch (Pos. 3), seinen Paß und sogar den seiner Frau (Pos. 1, 2) —, muß offen bleiben.

Seit Luppol (1948) wird in der Makarenko-Literatur als eigentlicher Grund für dessen Fahrt nach Moskau die Teilnahme an einer Sitzung der Redaktion des Filmstudios "Detfil'm" in Zusammenhang mit einem von ihm geschriebenen Drehbuch genannt. Dabei wird es sich um ein Manuskript mit dem Arbeitstitel "Die Delegierung" (Komandirovka) handeln, das von diesem Studio am 29. März 1939 zur Verfilmung angenommen worden war — Makarenko sollte sich, wie es im Kommentar zu Publikation des Drehbuchs ("Werke", Bd. 6) heißt, an jenem Tag, dem 1. April, zu einzelnen von den Gutachtern gemachten Anmerkungen äußern.[20] Es ist daher sehr gut möglich, daß Makarenko sowohl an dieser Sitzung bei "Detfil'm" teilnehmen als auch den Staatsverlag für Schöne Literatur aufsuchen wollte, um ein in den vorangehenden Tagen geschriebenes zusätzliches Kapitel ("Das kann nicht sein!") für die Buchausgabe von "Flaggen auf den Türmen" dem zuständigen Redakteur, Ju. B. Lukin, zu übergeben; dabei könnte es sich um die im Protokoll erwähnten "10 Halbbögen, mit der Maschine beschrieben" (Pos. 36) handeln. Dagegen ist dort kein größeres Manuskript aufgeführt, das Balabanovič's Version (Nr. 1) entsprechen könnte — der Schriftsteller Makarenko stirbt mit seinem gerade fertiggestellten jüngsten Werk in den Händen!

Im Protokoll wird auch eine "Empfehlung vom 11. III. 39" erwähnt (Pos. 20). Dabei handelt es sich zweifellos um jenes Empfehlungsschreiben, daß Makarenko von seinem früheren Zögling I. P. Sopin aus Char'kov, Parteimitglied seit 1930, für seinen Antrag zur Aufnahme in die Partei erhalten hatte.[21] Somit kann man davon ausgehen, daß Makarenko in Moskau auch das Parteikomitee des Schriftstellerverbande aufsuchen wollte, um dieses Schreiben nachzureichen. Die entscheidene Sitzung des Parteikomitees, an der Makarenko teilgenommen und wo er auch nach seiner Vergangenheit befragt worden war, hatte jedoch

---

[20] A. S. Makarenko, Sočinenija v semi tomach. 2-e izd., Moskva 1957-58, t. 6, S. 446.

[21] CGALI, f. 332, op. 1, ed. chr.47 , Bl. 1. In der Makarenko-Literatur ist diese Empfehlung bisher falsch datiert (10.3.1939), entsprechend der Angabe in: N. A. Morozova, A. S. Makarenko. Seminarij. Izd. 2-e, Leningrad 1961, S. 122.

bereits am 16. März stattgefunden,[22] und jene Parteivollversammlung der Moskauer Organisation des Schriftstellerverbandes, auf der über Makarenkos Antrag endgültig entschieden werden sollte, war für den 4. April angesetzt worden. Somit ist die von Kalabalin gemachte Mitteilung, daß Makarenko gerade an jenem 1. April zu einer zusätzlichen Befragung zum Parteikomitee vorgeladen worden sei, sehr unwahrscheinlich — ganz abgesehen davon, daß Kalabalin eine solche Information nur aus zweiter Hand haben konnte, denn er selbst lebte zu der Zeit noch in der Ukraine (Vinnica), und in Makarenkos Briefen an ihn wird das Thema Parteieintritt mit keinem Wort erwähnt.

e) Ergebnisse der Untersuchung

Aufgrund der hier diskutierten Zeugnisse, vor allem der besonders glaubwürdig erscheinenden Versionen Nr. 5 - 7, ergibt sich folgender Ablauf jener Ereignisse, die am 1. April 1939 mit Makarenkos Tod endeten:

Makarenko, der sich zusammen mit seiner Frau seit etwa zwei Wochen in dem Erholungsheim "Der Schriftsteller" in Golicyno nicht weit von Moskau aufgehalten hatte, wollte am Vormittag jenes 1. April zu einem Tagesbesuch in die Stadt fahren, um dort dienstliche und private Angelegenheiten zu erledigen. Unmittelbar, nachdem er im Zug Platz genommen hatte, brach er zusammen. Der diensthabende Milizionär der Station Golicyno fand den Bewußtlosen auf einer Bank liegend vor und hielt ihn zunächst wohl irrtümlich für einen Betrunkenen. Die aus der Siedlung herbeigerufene Ärztin konnte, als die um 10.43 Uhr eintraf, nur noch den Tod des "Passagiers Makarenko" feststellen. Man ließ den Zug warten und verständigte telefonisch die Direktorin des Schriftstellerheims, S. I. Fonskaja, die daraufhin schnell zur Bahnstation lief und gleich in den von den übrigen Fahrgästen geräumten Wagen geführt wurde; dort half sie bei der Registrierung der bei Makarenko gefundenen Papiere und Gegenstände für das Protokoll der Bahnmiliz. Anschließend fuhr der Zug mit dem Leichnam Makarenkos verspätet nach Moskau. Seine Frau wurde mittags mit einem Auto des Literaturfonds in die Stadt gebracht.

Der Tod des bedeutenden Pädagogen und bekannten Schriftstellers weckt Erinnerungen an den Tod eines anderen bedeutenden Pädagogen und noch berühmteren Schriftstellers, der ebenso einsam auf einer Bahnstation starb: Tolstoj.[23]

---

[22]Institut mirovoj literatury im. A. M. Gor'kogo. Otdel rukopisej, Moskau, f. 114, op. 1, d. 5, Bl. 5.

[23]O.V. Makarenko bestätigte: Galina Stachievna hatte ihr berichtet, daß sie an jenem Tag nicht mit zum Zug gegangen war; offenbar war sie schon in Galicyno krank. Sie fuhr erst anschließend nach Moskau. "Er ging allein zum Bahnhof, im Eisenbahnwagen war er allein. In jenem Zug wurde er nach Moskau gebracht, und zwar ins Leichenschauhaus und von dort in den Schriftstellerverband. Nicht nach Hause."

Die Autoren

Bybluk, Marian, Dr.phil., Lektor für Russisch, Universität Toruń, Polen

Froese, Leonhard, Dr.phil., Professor für Erziehungswissenschaft, Leiter der Forschungsstelle für Vergleichende Erziehungswissenschaft, Universität Marburg

Frolov, Anatolij Arkad'evič, Dr.paed.habil., Dozent für Pädagogik, Pädagogisches Institut Gor'kij, UdSSR

Hillig, Götz, Dr.phil, wissenschaftlicher Mitarbeiter, Sprecher des Makarenko-Referats der Forschungsstelle für Vergleichende Erziehungswissenschaft, Universität Marburg

Krivonos, Ivan Fedorovič, Dr.paed., 1985-1987 Leiter der Makarenko-Arbeitsstelle am Pädagogischen Institut Poltava, UdSSR

Naumenko, Fedir (Fedor Ivanonvič), Dr.paed., Dozent em. für Pädagogik, Universität L'vov, UdSSR

Oksa, Mykola (Nikolaj Nikolaevič), Assistent, Lehrstuhl für Pädagogik, Pädagogisches Institut Melitopol' (bis 1986: Pädagogisches Institut Char'kov), UdSSR

Pataki, Ferenc, Dr.phil., Professor, Direktor des Instituts für Psychologie der Ungarischen Akademie der Wissenschaften, Budapest

Pecha, Libor, Dr.phil.habil., Dozent für Pädagogik, Leiter des Lehrstuhls für Pädagogik, Philosophische Fakultät, Universität Olomouc, ČSSR

Širjaeva, Karmija Michajlovna, Dr.paed., Lektorin em. für Pädagogik, wissenschaftliche Mitarbeiterin am Makarenko-Museum in Kovalevka und in der Makarenko-Arbeitsstelle am Pädagogischen Institut Poltava, UdSSR

Weitz, Siegfried, Dr.phil., Akademischer Rat, Makarenko-Referat der Forschungsstelle für Vergleichende Erziehungswissenschaft, Universität Marburg

Zeittafel

1888, 1.(13.) März	Geboren in Belopol'e (Ukraine)
1895–1904	Besuch der Elementarschule in Belopol'e und Kremenčug
1904–1905	Ausbildung zum Elementarschullehrer in Kremenčug
1905–1911	Lehrer an der Eisenbahnschule in Krjukov
1911–1914	Lehrer und Erzieher an der Eisenbahnschule in Dolinskaja
1914–1917	Studium am Lehrerinstitut in Poltava
1917–1919	Schulleiter in Krjukov
1919–1920	Schulleiter in Poltava
1920–1928	Leiter der Gor'kij-Arbeitskolonie in Poltava, ab 1926 in Kurjaž
1927–1935	Leiter, ab 1932 "Gehilfe" des Direktors der Dzeržinskij-Jugendarbeitskommune in Char'kov
1935–1937	Stellvertretender Leiter der Abteilung Arbeitskolonien des NKVD der Ukr.SSR in Kiev
1937–1939	freier Schriftsteller in Moskau
1939, 1.April	Gestorben in Golicyno bei Moskau

Bildnachweis: Alle verwendeten Bilder wurden freundlicherweise vom Makarenko-Referat (Marburg) zur Verfügung gestellt.

Namenregister

Achmatova: 29 Adalis: 128, 129, 234 Afinogenov: 126 Alfan: 116 Al'tauzen: 284 Andreev: 258, 259, 260 Anweiler: 13, 195, 215 Aragon: 12 Archangel'slkaja: 44 Archangel'skij: 43f., 45, 46 Astachova: 127 Avdeenko: 268 Averbach: 126 Avutychov: 54

Bachmet'ev: 227 Balabanovič: 10, 15,25, 26, 29, 31, 124f., 145, 148, 149, 150, 152, 209, 213, 216, 217, 248, 284, 290, 293 Balickij 181, 185, 224 Bartenev: 48 Bazanov: 32 Bechheim: 31, 89 Bechterev: 198 Belinskij: 274f. Belkin: 34, 36 Belkovskij: 42, 44 Bellerate: 12, 15 Berlin: 70, 80, 85 Bezruk: 235f. Bezymenskij: 226, 282 Bindjuk: 42, 43 Blinnikova: 286 Blonskij 270 Bobunov: 241 Bočačer: 130, 189 Bojm: 267 Brajnina: 212 Breuers: 8, 42, 47, 55, 157 Bronevoj: 219 Bubnov: 184, 218 Bucharin: 236 Buchner: 243 Büchner: 53 Bultmann: 9 Busch: 190 Bybluk: 31-41, 174, 295 Bykovec: 68, 176f., 178, 179 Bytykov: 52, 53

Čakarov: 22, 285 Calov: 20, 21, 29, 37 Calov A.: 37 Čechov: 173, 196, 236 Černyavskij. 53 Chiltunen: 8, 225 Christenko: 34 Chvostov: 9 Čibisov: 287 Čigirik: 34, 35 Conquest: 227 Čubarov: 17 Čubovskij: 140 Cybul'ko: 30

Danilevskij: 37 Dante: 283 Degtjar': 37 Dejung: 9 Denikin: 211 Deltey: 10 Dimara: 187 Djušen: 94 Dolgin: 140 Dolinskij:37 Dubinka: 37 Dunstan: 13

Ehret: 222 Endres: 275 Engels: 48, 49, 217 Ėrenburg: 227 Ėrlich: 129, 234 Ermilov: 134, 241, 256-59, 276, 279 Ermolenko: 170 Ežov: 29, 226, 227

Fadeev (Bulyga): 125, 139, 241 Fajko: 233 Fedin: 226, 246, 280 Fedorov: 236 Fere: 44, 180, 218 Feuerbach: 47-54 Fichte: 51 Figerovič: 276 Fin: 233 Fink: 155, 233, 288 Fiš: 90, 99 Fivejskij: 107 Flit: 265 Fokkev: 215 Fonskaja: 286, 287, 288, 292, 293, 294 Forš: 227 Froese: 9-14, 228, 295 Frolov: 21, 330, 31, 67, 90, 108-11, 111-19, 126, 214, 218, 280, 295

Waskowycz: 187 **Weitz:** 12, 60-65, 292, 295 **Wiehl:** 8, 66, 100, 101, 102, 103, 105, 106, 107, 108, 109f. 141, 192, 284 **Windelband:** 50 **Wittig:** 195, 228

Zacharova: 51, 52, 53 **Zacharževskij:** 277 **Zajcev:** 250, 251 **Zajčik:** 91, 94, 99 **Zalužnyj:** 70 **Zarečnaja:** 127 **Žarvoronkov:** 48 **Zatonov:** 42, 44, 45 **Zatonskij:** 107, 218 **Ždanov:** 129f. **Zelenina:** 142 **Železnov:** 214 **Zelinskij:** 138, 254, 263 **Zil'berštejn:** 94, 105, 106, 148, 151 **Zinov'ev:** 219 **Zjazjum:** 55 **Zola:** 272 **Zuev:** 247 **Žurakovskij:** 94

Schwerpunkt Osteuropa

M.S. Gorbatschow: "ZURÜCK DÜRFEN WIR NICHT". Programmatische Äußerungen zur Umgestaltung der sowjetischen Gesellschaft. Eine kommentierte Auswahl der wichtigsten Reden aus den Jahren 1984 - 1987. Hg. von Horst Temmen, 288 Seiten, Pb., 12,80 DM – ISBN 3-926958-00-6

Die Auswahl und Kommentierung durch ausgewiesene Beobachter (U. Engelbrecht, Moskau; H. Meyer, Moskau; W. Schlott, Bremen; K. Segbers, Bremen) umfaßt die wichtigen Bereiche Gesellschaft, Wirtschaft, Kunst und Kultur sowie Außen- und Sicherheitspolitik.

...eine ausgezeichnete Materialsammlung.   Fritjof Meyer (Spiegel)

György Dalos: ARCHIPEL GULASCH. Die Entstehung der demokratischen Opposition in Ungarn. Mit vielen Dokumenten, 176 Seiten, Pb., 22,00 DM – ISBN 3-926958-03-0

Das Werk vermittelt einen guten Überblick über die verschiedenen Strömungen des oppositionellen Geisteslebens...   Neue Züricher Zeitung

...informative Analyse...   Die Welt

...dieser heitere Titel... verspricht nicht zuviel: Informativ, witzig und ironisch schildert Dalos das wechselvolle Verhältnis von Staat und Intelligenz...   Der Spiegel

Schriftenreihe Forschungen zu Osteuropa
Hg. von W. Eichwede, D. Beyrau, K. Eimermacher

— BISHER ERSCHIENEN SIND —

J. Křen - V. Kural - D. Brandes: INTEGRATION ODER AUSGRENZUNG. Deutsche und Tschechen 1890 - 1945. 156 S., 1 Karte, 7 Abb., 19,80 DM – ISBN 3-926958-04-9

Der sehr interessante Band enthält Aufsätze zum spannungsreichen tschechisch - deutschen Verhältnis... in jeder Hinsicht Hochachtung.   Österreichische Osthefte

...das hochinteressante Buch verdient es, auch von den nicht direkt Betroffenen zur Kenntnis genommen zu werden.   Luzerner Tageblatt

...außergewöhnliche Beiträge...   Hans Raupach, Das hist.-pol. Buch

D. Beyrau - W. Eichwede (Hg.): AUF DER SUCHE NACH AUTONOMIE. Kultur und Gesellschaft in Osteuropa. 220 Seiten, 10 Abb., 35,– DM – ISBN 3-926958-02-2

In neun Beiträgen namhafter, z. T. osteuropäischer Autoren werden die Entwicklung unabhängigen Denkens und die Zurückdrängung staatlicher Dirigismen und Kontrollen vor Augen geführt und somit neue Perspektiven in der Beurteilung sozialistischer Gesellschaften eröffnet. Behandelt werden die Länder Sowjetunion, Polen, ČSSR und Ungarn.

D. Beyrau - I. Bock: DAS TAUWETTER UND DIE FOLGEN. Kultur und Politik in Osteuropa nach 1956. 184 Seiten, 14 Abb., 35,00 DM – ISBN 3-926958-01-4

Das Buch läßt Zeitzeugen aus mehreren Ländern Osteuropas und Wissenschaftler ihre persönlichen Erfahrungen und Erkenntnisse berichten. In vielfältiger Weise werden die historischen Traditionen der aktuellen, durch M.S. Gorbatschow ausgelösten Reformprozesse thematisiert, die für die Analyse der heutigen Entwicklungen in verschiedenen Ländern des Ostblocks (Sowjetunion, Polen, Tschechoslowakei und Ungarn) von großer Bedeutung sind.

Zeitgeschichte

E. Suhr: DIE EMSLANDLAGER. Die politische und ökonomische Bedeutung der emsländischen Konzentrations- und Strafgefangenenlager 1933-45. Vorwort von H. Langbein. 300 Seiten, 30 Abb., 1 Karte, Pb., 32,00 DM – ISBN 3-926958-07-3

Erstmals wird mit dieser Studie ein Kapitel deutscher Vor- und Nachkriegsgeschichte dargestellt, das bis zum heutigen Tage, in handhabbarer Form und mit wissenschaftlicher Akribie erarbeitet, der Öffentlichkeit noch nicht zugänglich war: DIE GESCHICHTE DER EMSLANDLAGER, die 1933 - 38 entlang der Ems zwischen Papenburg im Norden und Lingen im Süden errichtet worden sind und in denen Gegner des NS-Regimes wie Carl v. Ossietzky, Fritz Husemann, Ernst Heilmann und Fritz Ebert in überaus grausamer Weise gequält wurden.

K. Fiedor: CARL V. OSSIETZKY UND DIE FRIEDENSBEWEGUNG. Die deutschen Pazifisten im Kampf gegen Wiederaufrüstung und Kriegsgefahr. Wrocław 1985, 140 S., 18,- DM ISBN 3-926958-11-1

Der bekannte polnische Zeithistoriker Karol Fiedor (Universität Wrocław/Breslau) legt mit dieser Studie ein bisher wenig beachtetes Kapitel des Lebens von Carl v. Ossietzky vor. Bislang gänzlich unbearbeitet blieb die polnische Reaktion auf das Leben und Wirken des Friedenskämpfers, die der Autor hier ausführlich und präzise darstellt.

H. Wehberg: IDEEN UND PROJEKTE BETR. DIE VEREINIGTEN STAATEN VON EUROPA IN DEN LETZTEN 100 JAHREN. 95 Seiten, 10,- DM ISBN 3-926958-05-7

Der bekannte Völkerrechtler H. Wehberg analysiert und dokumentiert in knappen und präzisen Zügen die Geschichte des Konzeptes eines Vereinigten Europas.
... es gehört zu den Grundtexten der europ. Einigungsbewegung...   Europäische Zeitung

A. & K. Reinfrank: BERLIN. Zwei Städte unter sieben Flaggen oder Warum die Berliner immer Recht haben. 254 Seiten, 60 Ill., 24,80 DM – ISBN 3-926958-06-5

Eine humorvolle, mit historischen Bezügen angereicherte Berlin - Darstellung.